第 八 卷

1922.1—1922.12

孙中山史事编年

主　编　桑　兵

副主编　关晓红　吴义雄

谭群玉　楚秀红　著

中华书局

目　　录

1922 年（民国十一年　壬戌）五十六岁

1 月

1 月 1 日　在桂林庆祝元旦慰劳会上致词。

△　报载在桂林召集西南各省及军事长官会议，讨论北伐进军路线、设立大元帅分府等事宜。

香港探员报称：孙中山暂驻桂林，阳历新年曾两次召开军事会议，仍主北伐。只是其进行路线，"则改为先令驻扎永州联军开向衡州，定州军队开向郴州，拟自率桂林军队移驻湘边"，以便观察各处有无特殊动作，并拟在衡州设立西南陆海军大元帅分府，以资调度一切。又驻桂委员电：联军北伐路线"前系规定四路，旋内部发生争议，未能积极进行"。（北美庚共：《北伐声中之昨讯》，《北京日报》1922 年 1 月 7 日，"要闻"）

△　在桂林大校场举行大阅兵。

在桂林度新年，除参与各界的提灯会、庆祝会，共庆升平外，特在桂林大校场举行大阅兵。从桂林粤军每营抽补一连赴桂林，加入大阅兵典礼，共计步兵五营、骑兵两营、炮兵一营、工兵一营、辎重一营、北伐先锋军两营。只是各军集合操练参差不齐，媒体认为其颇为扫兴。（东美平央自：《西南之举动与各将领》，《北京日报》1922 年 1 月 9 日，"要闻")

　　△　重申通缉梁士诒、徐世昌令,罪名系"以帝制相号召,叛乱民国"。

　　通缉令说,二人"均属从前袁世凯叛国称帝之谋臣,兹复沆瀣一气,公然以帝制相号召,叛乱民国,罪证确凿,自应严拿治罪,以彰国法"。因此函令各厅检察长,"迅即遵办,将徐世昌、梁士诒一并行文各省通缉"。(国闻社:《广东通缉梁士诒》,《中华新报》1922年1月1日,"特约电")

　　△　陈炯明、吕志伊等来电恭贺新年。(《内务总长陈炯明次长吕志伊暨全体职员贺年电》,《陆海军大元帅大本营公报》第1号,1922年1月30日)

　　△　广西各界向省长马君武请愿,反对以桂省石油矿作抵,向日商借款。

　　广西各界得悉因军政两费需款甚亟,孙政府特向日商三井洋行借款五百万元,以广西石油矿作抵,九二交款。特于元旦日向省长马君武请愿拒绝,并电各省桂籍同乡一致反对,且上书桂林日本总领事,请其"尊重中国民意,严禁三井日商履行契约"。(神:《孙文借外债之反响》,《北京日报》1922年1月8日,"要闻")

　　1921年7月29日,孙中山任命马君武为广西省长,并曾对人说:"我使一个不贪财、也不惜死,既能文、也懂理工的人做你们的长官。"8月,马正式就省长职。当时广西政局混乱,广西银行已被陆荣廷等席卷一空,军政大权主要控制在驻桂粤军将领陈炯明手里;再加上民军蜂起,马省长并无实权,掌桂十月,政令不出省城南宁。(欧正仁:《马君武传》,第22—24页)

　　△　朱和中来函,请拨款支持其继续在德活动。

　　函中首先报告前三个月在德的开支情况;继而请求拨3月至8月的国内家用薪金和在德活动费总数四千二百元,其中后者用费三千元换成美金或英镑;末尾指出"此间用费,若蒙惠拨,即可度支至年底矣。此间诸事方得门径,进行方殷,半年期满,绝不能中止回国。

因此请款饬拨"。("中华民国"史事纪要编辑委员会:《中华民国史事纪要(初稿)——一九二二年一至六月》,第1243—1244页)

关于孙中山联德始末和结果,可追溯至1917年3月在上海与德驻华领事的接洽。当时,德国希望孙中山方面能推翻亲日的段祺瑞政府,并允诺给以财政支持。稍后德国履行了承诺,并负担了孙南下组建护法军政府的开拔费。1918年11月,委派曹亚伯赴德联络,后因德国一战中的失败以及孙中山遭桂系武力派排挤离粤而搁浅。1920年,孙中山重返广州建立政权,再次计划联德。1921年7月,派朱和中赴德洽商,希望承认广东政府,提供军事、经济等援助,并转达缔结中德俄三国联盟的构想。1922年6月,陈炯明部发动兵变,联德计划再次受阻。1923、1924年间,孙中山再次积极联络德国,结果除了经济、贸易上有所进展外,因陈炯明阻挠等内外原因,计划再次受挫。随之而有孙中山向苏俄寻求军事援助之举。(《1920年代国民党人的联德思想与实践》,马振犊:《知非文集——马振犊论文选》上册,第226—231页)

△　报纸载文呼吁国民加入国民党,并称,如果"有一个一样能建设新中国的党,我们未尝不认彼做良友。如果有一个更透彻的主义,投身在那个主义下,尽忠服务,也不失为志士"。(《本报今年的第一句话》,上海《民国日报增刊》1922年1月1日)

△　中国国民党澳洲美利滨分部党所落成,召开恳亲大会,特颁训词,勖勉有加。("中华民国"史事纪要编辑委员会:《中华民国史事纪要(初稿)——一九二二年一至六月》,第1页)

△　报载莫如中呈文,请开发广西永福县铜矿并发委任状。(《总统抵桂林后之政闻》,上海《民国日报》1922年1月1日,"要闻")

1月2日　在梧州设国立中华民国中央银行,任命陈少白为银行监督。是日,又任命梁长海为行长,伍于簪为副行长。(《陆海军大元帅大本营公报》第1号,1922年1月30日)粤海关档案本月9日进一步译载有关信息,其中把监督和行长译为监理和经理,并披露梁长海的简况:"孙总统专门指示南洋群岛富商梁长海筹集巨资,在中国适当的地方开办中央银行。梁接到孙总统的指示后,已经筹集到几百万元资本,决定投放在两广商业中心梧州。孙总统已任命梁为这一未来机构的经理,一位叫陈少白的人为监理。"(广东省档案馆编译:《孙中山与广东:广东省档案馆库藏海关档案选译》,第361页)

△ 赵恒惕的代表杨丙自桂返湘,详报孙中山联络西南联军北伐近况。

杨报称,西南粤、桂、滇、黔、赣五省联军一致支持北伐;中坚分子为李烈钧、许崇智、唐继尧、朱培德等,所部多为劲旅;官兵全体一致加入国民党;弹药物资准备充足。大本营亦已组织就绪,其誓师时间大约在阳历二月间,而讨伐令须俟联军抵达衡阳、长沙后方下。湘军也全体加入北伐,从前之嫌隙已冰释无遗。(长沙通信员无尘:《湘直粤关系与北伐消息》,《商报》1922年1月3日,"内外要闻")

△ 近日,唐继尧运动驻桂滇军回滇,因内外多有反对而未果。

报载唐继尧近日在柳州陈炳焜旧署召集了滇军将领大会,各将领都主张先定滇局,谋根本后再行北伐,唐遂决定是月中旬率全军回滇。(民共大:《孙文北伐消息昨讯》,《北京日报》1922年1月6日,"要闻")对此,滇黔粤桂反对之通电达百余起。(长沙通信员无尘:《湘直粤关系与北伐消息》,《商报》1922年1月3日,"内外要闻")唐见事机已泄,不得已表示与孙中山携手赴桂。又据报载,唐到梧州后,忽借口昭平、阳朔土匪太多而绕道赴柳州。至柳州后,用其久不使用的滇黔联军总司令头衔,临时召集军事会议,宣布先解决桂省内部,后出师北伐。与会者除胡若愚等二旅少数军官赞同外,李友勋始终不发一言,杨青圃且表示反对。此时唐继尧虽未做有力之决定,然与孙之间的暗礁显然未泯。(天任:《孙唐关系暗潮未已》,《商报》1922年1月4日,"内外要闻")最终,唐继尧鉴于周围的压力,而由柳州抵达桂林。(长沙通信员无尘:《湘直粤关系与北伐消息》,《商报》1922年1月3日,"内外要闻")唐氏此次运动驻桂滇军回滇失败,关键在于不信任朱培德。(天任:《孙唐关系暗潮未已》,

《商报》1922 年 1 月 4 日,"内外要闻")

1 月 3 日 《商报》载,赵恒惕投粤态度渐明,彼此联系紧密。宋鹤庚、鲁涤平、谢国光、罗先闿等拥有实力之高级军官,也争先恐后献媚于孙中山,密电多如雪片,代表络绎不绝,桂林、长沙之间遥相呼应。(长沙通信员无尘:《湘直粤关系与北伐消息》,《商报》1922 年 1 月 3 日,"内外要闻")

△ 胡汉民以陆海军大元帅秘书长名义,先后向湘方发出三电,报告设置大本营、北伐联军准备就绪之情况。

电一:"大总统支日抵桂,现正组织大本营,军事上已积极准备。各军将领,勇气百倍,争思饮马黄河。各军整厉所部,待命出发,知注特闻。"电二:"大本营已组织就绪,另有组织表,快邮陈揽。尊处现有军额若干,械枪若干,暨营长以上各军官衔名,希一并详细电示,俾造册具报,以便预为编拨。"电三:"本大元帅令:现在大本营组织已全,联军前锋次第出发。兹将各□□路线项目奉上,烦饬诸将查照。"《商报》据此三电认为,湘当局已加入北伐确切无疑。(长沙通信员无尘:《湘直粤关系与北伐消息》,《商报》1922 年 1 月 3 日,"内外要闻")

△ 《商报》载,北伐出师时间约在阴历谷雨以后,陈炯明请王伯群代向孙中山解释彼此隔膜缘由,认为二人对北伐意见并无根本冲突,只是激进与持重方法态度上的不同。(天任:《徐树铮抵粤与北伐》,《商报》1922 年 1 月 3 日,"内外要闻")《北京日报》认同这种看法,但进一步认为,有可能此二人彼此之配合难以捉摸。称日前陈氏之用兵计划,"尤为局外人所不易揣测,表面上宣言裁减军队,而内容则训练军队,与孙氏呼吸相通,故意示人以不测。(北美庚共:《北伐声中之昨讯》,《北京日报》1922 年 1 月 7 日,"要闻")

△ 徐树铮随同蒋介石拟离粤赴往桂林来谒,商量北伐经费问题;孙建议在粤就商即可,不必前来。("中华民国"史事纪要编辑委员会:《中华民国史事纪要(初稿)——一九二二年一至六月》,第 50 页)是日海关档案载:安福系首领、北京前总理段祺瑞的亲信徐树铮,上星期五从香

港乘火车到达广州,巡回晋谒所有达官显要以及此时的广东名人。在总统府仅逗留一天,受到廖仲恺和汪精卫的款待。据说,徐氏此行只是顺便一睹南方政府的新政,并无任何正式使命。(广东省档案馆编译:《孙中山与广东:广东省档案馆库藏海关档案选译》,第254页)证之上述材料,显然徐此行是有特别任务的。

1月4日　出席桂林广东同乡会欢迎会,发表题为《欲改造新国家当实行三民主义》的演说,强调建设新国家,需要铲除旧思想,发扬新思想即公共心,而欲改造新国家,即当实行三民主义。(《总统新年在桂之演说》,上海《民国日报》1922年2月23日,"要闻")

　　△　批张兆基来函,准与陕北军管匪部联络一致,以待时机。

张兆基报告其旧部管匪改编为陕北新编步兵团,区域大为扩展,请示可否与之联络。孙中山请人代批曰:"请他通信彼方,联络一致,以待时机。"又批:"西北事,当汇为一部,以便查考。"(罗家伦主编、黄季陆增订:《国父年谱(增订本)》下册,第948页)

　　△　因桂省匪患猖獗,陈炯明任魏邦平为桂省剿匪督办。(《上海快信摘要》,长沙《大公报》1922年1月11日,"快信")

1月5日　云南省议会暨各团体以"不惟滇省涂炭,尤碍北伐事业",电请阻止唐继尧回滇。

是日,唐继尧在柳州通电就任滇黔联军总司令,声明"继尧息影海滨,久甘肥遁,乃承元首及同志诸公一再以大义相敦勉,并据在桂滇军将领以统驭无人,吁请出而主持"。现在经溯江来到柳州,暂于该处设置总司令部,"并赴各地慰问诸军,力求整顿"。(《唐继尧自柳州通电》,长沙《大公报》1922年1月11日,"中外新闻")云南省议会暨各团体得知唐继尧准备回滇,遂电请孙中山加以制止。电谓:"滇省早已准备出兵,克日集中兵力,待机北伐。闻唐继尧图滇心切,意欲趁此时机,亟谋返滇,一面煽惑驻桂滇军三路回滇,一面勾结土匪吴学显,扰乱滇省内部,作内外夹攻之计,噩耗传来,群情愤骇。此说果成事实,不惟滇省生灵从此涂炭,尤碍北伐事业,请先生对唐力加劝告,勿使回滇。"（《陆海军大元帅大本营公报》第 1 号,1922 年 1 月 30 日）为此,本月 7 日,孙中山派专员赴柳州,催促唐继尧赴桂林参加军事会议,以阻其回滇。（《上海快信摘要》,长沙《大公报》1922 年 1 月 13 日,"快信"）唐继尧之所以消极对待北伐,执意回滇,是由于他早与陈炯明暗通款曲,主张联省自治,反对孙中山北伐。

　　△　北京外交部来电,告以对于华盛顿会议方针,请明示周行,以借作后盾。

　　略谓:内阁成立,"对于华府会议,一守前此方针,业今通告代表,转知各国"。目下华府闭会在即,势难久延,"除电知三代表坚持原案,以保主权外,尚盼切实筹维,兼权利害,明示周行,借为后盾,大局幸甚。并希立复"。（《北阁关于鲁路问题之通电》,长沙《大公报》1922 年 1 月 10 日,"中外新闻"）

　　△　令许崇智肃清抚河沿岸土匪,许已分兵出发,并在平乐设弭盗振新总局,赶办联团,以补兵力之不足。（《上海快信摘要》,长沙《大公报》1922 年 1 月 11 日,"快信"）

　　△　报载,宋庆龄携红十字会赴桂。（《广州》,《国民公报》1922 年 1 月 5 日,"要讯"）

　　1 月 6 日　就国会经费困难复国会参议院议长林森。

　　日前,林森因国会经费万分困难,特电请设法维持。是日复电云:"世电顷诵,国会经费曾令财政部按月筹付。兹因北伐用兵,需款浩大,以至愆期,殊所心疚。现已电令该部极力筹措,嗣后经费务必按月清付。以前积欠,亦需设法陆续补交,以资维持。"（《孙中山之新政令》,《商报》1922 年 1 月 18 日,"粤闻零简"）

　　△　电令李烈钧部先发衡阳。（《广州》,《国民公报》1922 年 1 月 6 日,"要讯"）

　　△　报载陈炯明在粤裁兵,决定五项办法:（一）裁减骈枝机关。（二）淘汰各区善后处。（三）划定广州、香山、汕头、肇庆、惠阳、韶州等处为陆军驻兵区,每区有一团至两团。（四）饬令各县办团自卫。

（五）分三期裁兵，每期裁二十五营或三十营。（民共大:《孙文北伐消息昨讯》，《北京日报》1922年1月6日，"要闻"）

△　是日海关档案载:与李烈钧、许崇智两将军以及各省代表，就北伐计划圆满磋商以后，确定了从桂林开始进军的日期。一俟各军汇集衡州、永州，就公开发布讨伐令。（广东省档案馆编译:《孙中山与广东:广东省档案馆库藏海关档案选译》，第254页）

1月7日　报载向日本松本、西田两大资本家借现款。（《广州》，《国民公报》1922年1月7日，"要讯"）

△　报载孙中山将在衡州设立西南陆海军大元帅分府，任徐树铮为西南总参谋长。（北美庚共:《北伐声中之昨讯》，《北京日报》1922年1月7日，"要闻"）是日，《益世报》广州电闻:徐树铮就西南总参谋长后，"即赴桂林，与孙文商榷北伐问题"。（《广州电》，天津《益世报》1922年1月7日，"国内专电"）

△　报载孙中山任李福林为第一路北伐攻赣总司令。（北美庚共:《北伐声中之昨讯》，《北京日报》1922年1月7日，"要闻"）

△　报载顾品珍电请将滇事另列议案，防止唐继尧返滇，以维持其地位。

顾品珍鉴于唐继尧连次图谋返滇，实有驱逐个人之意，屡经质问，联军北伐司令部一味搪塞，遂致各界异常惊慌。现又电请孙中山，乞将滇事分列议案，提出北伐案内解决办法，维持倘无具体办法，所有滇省派出北伐联军即行撤回。（北美庚共:《北伐声中之昨讯》，《北京日报》1922年1月7日，"要闻"）

1月8日　特任顾品珍为云南讨贼军总司令，金汉鼎代理海军总司令。（刘绍唐主编:《民国大事日志》第1册，第205页）

1月9日　以大总统名义布告徐世昌、梁士诒罪状，列举徐、梁二人洪宪复辟、僭称总统等旧日恶行，谴责他们与日本秘商山东问题及向日借款。指出"假使徐世昌稍具天良，必能外恤国交，内惭民意，幡然悔悟，束身归罪，使国事易底于敉平。不图包藏祸心，变本加厉，近更伪令梁士诒为伪国务总理，同时有伪代表在华盛顿与日本代表秘密商妥山东事件，急谋向日本借款之事。查梁士诒本帝制罪魁之一，民国 8 年，曾经明令通缉，去年谋扰乱西南，又经本大总统令行通缉。各在案。似此国法不容之人，徐世昌竟敢于全国鼎沸之时，公然使柄伪政而无所忌惮，复不恤牺牲山东问题，为借款之交换品"。号召全国人民起来共诛危害民国者。（《广州》，上海《民国日报》1922 年 1 月 11 日，"本社专电"）报载除发声讨徐世昌、梁士诒布告外，即日下通缉令，由孙政府用万急电通电中外。（《广州》，上海《民国日报》1922 年 1 月 12 日，"本社专电"）

　　2 月 7 日，复电全国各界联合会、外交大会等团体，重申反对徐世昌卖国之举。2 月 20 日，又发布《申讨徐世昌与日本协约的布告》。25 日，非常国会申明，北京政府在华盛顿会议上与日本缔结山东问题条约无效。4 月间，与美报记者谈话时，甚至表示广东合法政府北伐之目的，在于日本及为日本外府之北庭，在推翻日本之外府。6 月 6 日，徐世昌下台后，即再无此种攻击。（李吉奎：《孙中山与日本》，第 525 页）

　　△　报载经周震鳞介绍，赵恒惕加入国民党，声言追随孙中山，并说湘军与自己主张一致。（《广州电》，天津《益世报》1922 年 1 月 10 日，"国内专电"）

　　△　据报纸载文分析北伐推迟原因，系军饷不支，唐继尧、李烈钧、陈炯明、赵恒惕、顾品珍各主要将领各怀异志。又称李烈钧电请速行誓师北伐，意在图赣以作为根据地。李烈钧之电谓，之所以主张誓师北伐，是为了避免全功尽废。如果孙中山等再犹豫不决，"钧惟统率所部各军，单独北攻，愿效马革裹尸，不甘坐守自毙"。措词愤慨，极形于电。（东美平央自：《西南之举动与各将领》，《北京日报》1922 年 1 月 9 日，"要闻"）

　　△　下令取消梧州等地护商团。（"中华民国"史事纪要编辑委员会编：《中华民国史事纪要（初稿）——一九二二年一至六月》，第 88 页）

1月10日　马林根据在桂林与孙中山会谈内容,起草《中国的复兴和同俄国关系》备忘录内容五条,希望双方达成协议,至少应派代表团赴莫斯科联络。

备忘录内容包括:第一,中俄两国在反抗四国联盟方面,必须互相合作和帮助。第二,在中国建立一个真正独立、强大的中央集权政府,具有国内国际意义。第三,要进行纯粹的民族主义宣传,使国民党发展成为一个革命政党。第四,在世界上,只有俄国支持中国独立,中国应与俄达成协议,以加强自己的地位。第五,如果目前还做不到这一步,则应当派一个代表团去莫斯科,以建立秘密联系。(马林档案第 3111 号和 3112 号,转引自杨云若:《共产国际和第一次国共合作的形成》,《党史通讯》1987 年第 2 期)

△　桂北兴安、全州、灌阳三属联合会来电,请令驻桂各义军"贯彻扶植桂人治桂之本旨",始终爱护、维持,"扶助促成广西民政统一,俾委署桂属各县知事早日到任,以应人民渴望自治之心"。("中华民国"史事纪要编辑委员会编:《中华民国史事纪要(初稿)——一九二二年一至六月》,第 89 页)

△　上海四团体来电,请将地方行政公诸省民自治,催促尽早北伐。

电谓:"诸公身总师干,号称北伐,应早进攻,为民除害。何竟勒兵观望,久不实行? 道路传闻,有谓诸公同床异梦,并无救国诚心,与北庭军阀同一步骤者,诸公将何以自解? 夫改革内政,固国民所切望,扫除障碍,乃诸公之责任。诸公如果以改造邦家、救国卫民为职志者,务速将地方行政公诸省民自治,亲率大军,挥戈北指,和衷共济,讨伐奸慝。"(《四团体促西南挥戈北指》,上海《民国日报》1922 年 1 月 11 日,"本埠新闻")

△　报载孙中山的代表马素及纽约、波士顿国民党员,强烈反对北京政府代表周自齐在美借款一万万元,以作为偿还外债之基金。(德:《周自齐在美借款》,《北京日报》1922 年 1 月 10 日,"要闻")

　　△　报载梁士诒贿买香港英报以刊载长文,谎称孙中山已服从北京政府议和。对此,伍廷芳饬外交界予以驳斥,并定梁氏罪案。(《广州电》,天津《益世报》1922 年 1 月 11 日,"国内专电")

　　△　粤海关档案载称:训令各省驻广西军队,不许扣留政府税款,全部军饷由北伐军大本营财政处支给;并以海陆军总司令名义,任命北伐军大本营财政处长林云陔兼任在桂林新设的广西省银行经理。(广东省档案馆编译:《孙中山与广东:广东省档案馆库藏海关档案选译》,第 255 页)

　　1 月 9 日至 10 日　据报载,北京政府认为,西南症结在于粤桂两省。拟就南北统一问题来电,征询切实解决时局意见,以了解孙中山是否愿意速和。(民政北美平央政:《政局之趋势与各方面》,《北京日报》,1922 年 1 月 10 日,"要闻")

　　1 月 11 日　报载孙中山将粤北防军撤赴广西,陈炯明宣言绝不派兵参加北伐。(《香港电》,天津《益世报》1922 年 1 月 12 日,"国内专电")

　　△　据报载,孙中山日前异常忙碌,不断与李烈钧、朱培德等得力干部,商议军队布置调遣和军资接济筹备事宜;拟依据军事会议条例,在大本营召集北伐军事会议。可见北伐事似仍在积极进行之中。(方共美:《西南方面近日之形势》,《北京日报》1922 年 1 月 11 日,"要闻")

　　△　报载已将联军出发要境实行戒严,以防止唐继尧回滇驱逐顾品珍而影响北伐。(方共美:《西南方面近日之形势》,《北京日报》1922 年 1 月 11 日,"要闻")

　　△　报载欲邀刘震寰共同北伐,并许其以桂军第一师长名义,充任北伐军总司令;刘则因受陈炯明严厉干预而消极观望。拟再向华侨借款,以争取在桂军官。(方共美:《西南方面近日之形势》,《北京日报》1922 年 1 月 11 日,"要闻")

　　△　报载马素由华盛顿来电。(《广州》,《国民公报》1922 年 1 月 11 日,"要讯")

　　△　力促赵恒惕参加北伐。("中华民国"史事纪要编辑委员会编:《中

华民国史事纪要(初稿)——一九二二年一至六月》,第93页)

　　△　任赵士觐为大本营军粮局局长。("中华民国"史事纪要编辑委员会编:《中华民国史事纪要(初稿)——一九二二年一至六月》,第93页)

　　1月12日　由于陆荣廷的散兵在广西各地扰乱社会治安,特令许崇智、刘震寰、叶举、何国樑、魏邦平等将领,在广西各地分头进剿,并限一月肃清。(《上海快信摘要》,长沙《大公报》1922年1月18日,"快信")粤军诸将以桂乱日炽,归咎于马君武主抚贻祸,后者惭愧,决意辞广西省长职。(《上海快信摘要》,长沙《大公报》1922年1月18日,"快信")

　　△　陈炯明为节约庞大的军费开支,在广州省议会召集军界要人讨论裁兵问题。同时,广州商、农、教育各会会长,齐赴省会支持请愿裁兵。(央神东:《西南方面之近况》,《北京日报》1922年2月3日,"要闻")

　　△　班乐卫来函,请求赞助在巴黎万国大学村庄筹建中国学院,建议为维护中国国体威严,中国不论南北及党派,凡是乐意与西方学界接近之分子,均当赞成此种盛举。(孙庆泰:《班乐卫请赞助巴黎建筑万国大学村庄致孙中山函》,《历史档案》1985年第1期)

　　△　全国各界联合会电请速行北伐。

　　电谓:"事急矣,时迫矣,务望公等剑及履及,克日兴师北指,为国讨贼,竟公等数年未竟之功,以慰吾民喁喁之望。若仍因循自误,苟且偏安,则公等纵任北庭卖国之咎,百喙难辞。"(《北伐呼声如潮之涌》,上海《民国日报》1922年1月13日,"本埠新闻")

　　△　江苏自治期成会李铠等认为,应趁北方政府涣散,舆论支持等有利时机,速行北伐。谓"伏乞明令宏宣,指挥三军,以申天讨,勿以日久而劳师,勿以庞言而瞻顾。尤望我西南诸将同心一气,众志成城,存破釜沉舟之志,惕卧薪尝胆之心,大举远图,毋谋私外。则大军北临之日,苏为首应之区,两江健儿,均愿躬擐甲胄,谨效驰驱"。(《北伐呼声如潮之涌》,上海《民国日报》1922年1月13日,"本埠新闻")

　　△　广州总统府宣传局专函香港西报《每日新闻》,驳斥南北议和之说,谓"南北议和一说,系梁士诒制造空气,使便于借款。现孙方

督师向若辈讨伐,何调和可言"。(《上海快信摘要》,长沙《大公报》1922 年
1 月 18 日,"快信")

1 月 13 日　香港中国海员开始罢工。

△　复电顾品珍、范石生、杨希闵、蒋光亮等将领,望速行北伐。
"现在时机迫促,滇省道途修阻,希即赶紧拔队前进为盼。"(《陆海军大
元帅大本营公报》第 1 号,1922 年 1 月 30 日)顾品珍接电后,建议由金汉鼎
代理滇军总司令。1 月 14 日,接受顾品珍建议,任金汉鼎代理滇军
总司令,兼管全省军务。(《孙文任命滇军司令》,《京报》1922 年 1 月 19 日,
"紧要新闻")16 日,顾品珍通电就北伐军滇军总司令职,改编部队分路
北伐,留守任务由代总司令金汉鼎负责。18 日,金汉鼎通电就任代
理云南总司令职。(《上海快信摘要》,长沙《大公报》1922 年 2 月 9 日,"快
信")

△　颁布大总统令,着桂林县赶筑由桂林至全州马路。(《广州》,
上海《民国日报》1922 年 1 月 14 日,"本社专电")

△　上海履业工会来电,"恳请政府除派代表力争外交外,并希
即日出兵,挥戈北指"。(《工界望速兴师北伐》,上海《民国日报》1922 年 1 月
14 日,"本埠新闻")

△　章太炎发表时局意见,指出北伐计划不能实现,与唐继尧同
梁士诒,陈炯明同吴佩孚及梁士诒均有关系。(《章太炎时局观察谭》,
《商报》1922 年 1 月 15 日,"本埠新闻")

△　《益世报》发表社论,批评南北政府对内不能统一,对外意见
分歧。

文谓,"孙文所派马素,运其宣传政策,极端鼓吹,极端破坏,已属
毫无心肝。而北京代表团,互相不睦,或愤而辞职,或从中播弄,亦腾
诸报纸,贻笑外人"。呼吁南北携手争取华盛顿会议外交胜利。"环
顾国中,南北各当局,既无一负责之人,我全国同胞,若不急起直追,
共图挽救,一发危机,稍纵即逝。恐外交问题,绝无胜利之可言,彼甘
心卖国之官僚,与辱国丧权之代表,虽寸磔其尸,又有何益哉。"(懒

云:《倒阁声中之外交》,天津《益世报》1922年1月15日,"社论")

1月15日　《北京日报》载文称,北伐停顿后,李烈钧、唐继尧、顾品珍等西南各将领均分道扬镳,自谋本省地盘。(袁一方:《西南内部之变化》,《北京日报》1922年1月15日,"要闻")

△　报载响应唐继尧之滇军蜂起,顾品珍被迫出走云南,将总司令印信暂交与卫戍司令金汉鼎,代理维持省垣秩序。(袁一方:《西南内部之变化》,《北京日报》1922年1月15日,"要闻")

△　报载与朝鲜革命党及俄国过激派联合;日前有前往日本神户游说华侨之意,当地官吏警备甚严。(袁一方:《西南内部之变化》,《北京日报》1922年1月15日,"要闻")

△　报载湘中盛传南军重启北伐说。周震鳞部在郴州次第实行"招安土匪"、联络某军等计划,对北伐事宜日谋进取。(袁一方:《西南内部之变化》,《北京日报》1922年1月15日,"要闻")

△　报载唐继尧与以黔人治黔相号召的黔军司令谷正伦相结纳,在柳州通电,就任滇黔联军总司令职,以防止顾品珍与贵州卢焘结合,并认为滇黔局势当有大的变化。(自美大神东袁赓:《西南近日之变幻》,《北京日报》1922年1月21日,"要闻")

△　上海六团体来电,请速行北伐。(《六团体续向新政府请愿》,上海《民国日报》1922年1月22日,"本埠新闻")

1月16日　以大元帅名义公布《北伐大本营条例》。

《大本营条例》共十五条,主要内容有:陆海军大元帅于战时执行最高统帅事务,设置大本营。陆军总长、海军总长、参谋总长、大本营文官长,承大元帅之命,综理所主管之各事宜。大本营置大元帅,下设幕僚处、兵站处、军事委员会、军务处、军法处、参军处、政务处、建设处、度支处、宣传处,分管大本营的具体工作。(《大本营条例》,上海《民国日报》1922年2月1日,"要闻";《南政府公布大本营条例》,《盛京时报》1922年2月16日,"论说")

△　被选为海陆军大元帅,拟于本月25日率赣军十营北伐,誓师典礼定于日内举行。(《上海快信摘要》,长沙《大公报》1922年1月23日,

"快信")

△ 任刘祖武代理云南省长。(《大总统命令》,上海《民国日报》1922年2月1日,"要闻")

△ 追赠赵士槐为陆军中将。(《大总统命令》,上海《民国日报》1922年2月1日,"要闻")

△ 顾品珍通电就任北伐讨贼滇军总司令职。

电谓:"谨于一月十六日就职。即便躬亲统帅,克日北指。所有留守任务,已交由金代总司令汉鼎接收,仗钺专征,万无返顾,尚望时颁方略,匡我未逮,奠我邦家,藉偿夙愿,临风翘首,无任主臣。"(民:《风起泉涌之西南北伐》,《北京日报》1922年2月8日,"要闻")顾品珍出师北伐,表面上率部远离昆明,实系移师云南边陲,以拒唐继尧回滇。(姜南英:《孙中山先生北伐在广西》,广西壮族自治区政协文史资料委员会编:《孙中山先生在广西》,第216页)

△ 报载唐继尧逗留柳州,仍有回滇之传;经孙中山派李烈钧、胡汉民、许崇智等人电劝免为奸人所利用,拟于本月15日、16日起,自柳州赴桂林,赞同北伐。(大东方东:《变幻靡定之西南形势》,《北京日报》1922年1月20日,"要闻")

1月17日 敕令驻桂各客军,一律不得截留国家税收。"所有税饷,统由桂省主管财政机关办理。以后各客军应发饷项,统由大本营金库筹措给领,借资整顿"。(《孙中山之新政令》,《商报》1922年1月18日,"粤闻零简")

△ 筹设桂林广西银行,任林云陔兼任经理,龙鹤龄、谢尹等为协理。(《孙中山之新政令》,《商报》1922年1月18日,"粤闻零简")据悉,孙中山本想以广西银行为基础,将它改组为中央银行,但是出乎意料之外,这个建议遭到广西民众的反对,以致这家银行久未建成。(广东省档案馆编译:《孙中山与广东:广东省档案馆库藏海关档案选译》,第362页)

△ 致电李福林,催促叶荃就任该军总指挥。(《上海快信摘要》,长沙《大公报》1922年1月25日,"快信")

△ 三藩市总支部黄子聪来函,报告清理财政并汇缴年捐事。

　　略谓,根据党员每年缴纳本部年捐应按年清解之规定,本总支部所辖党员虽多,但直接汇缴本部之年捐,除个别支部外,延期未缴者不在少数,需要清理缴交。"今将所得民国十年五至十二月年捐,由美金折成上海银,共计三千七百六十五元七毫七仙,如数汇解,俾资支付。"基金部分照章一并清理,除规定开销外,其余存入银行,非到万分急需,不得随便挪支,以重公款而符定章。(《三藩市总支部黄子聪上总理呈》,环龙路档案第 08688 号)

　　1 月 18 日　报载唐继尧在柳州设滇军总司令部,分两路假道贵州回滇,与顾品珍激战日久,双方死伤惨重。3 月 25 日下午,唐继尧率领胡若愚所部进入昆明城。25 日夜,吴学显部奇袭包围顾品珍设在天山关的司令部,顾品珍及其总参谋长姜梅龄并其他高级军官二十余人同时遇难,副司令张开儒负重伤。(《唐继尧回滇之情形》,长沙《大公报》1922 年 4 月 17 日,"中外新闻")此处顾品珍遇难一说不实。

　　△　徐树铮到桂林来访,建议早行北伐,愿担任一千五百万军费;并与唐继尧、李烈钧联络。(央:《西南与长江接洽之拟议》,《北京日报》1922 年 2 月 5 日,"要闻";自:《徐树铮在桂之活动》,《北京日报》1922 年 2 月 8 日,"要闻")。同时,蒋介石从上海携虞洽卿、张静江等提供的一笔巨款,抵达桂林北伐大本营。

　　△　复函阮伦,告可以面商资本家,只要愿意出资和机器设备,允许其主持引进外国机器,以兴办油业事,并签订办理合同。(《复阮伦同志论创办油业函》,中国国民党中央委员会党史委员会编订:《国父全集》第 3 册,第 799 页)

　　△　沪上风传宋庆龄被掳。(《上海》,《国民公报》1922 年 1 月 18 日,"要讯")

　　1 月 19 日　令粤军总司令将黄大伟所部第一路军调往桂林,改编为北伐军序列,以补兵力之不足。(广东省档案馆辑译:《孙中山与陈炯明》[粤海关档案],广东省孙中山研究会编:《孙中山研究》第 1 辑,第 388 页)

　　1 月 20 日　应大理院长兼管司法行政事务之徐谦呈请,发布大总统人事任免令。分别任命罗任、石铭勋、余谷、黎思赞、钟馥、张通焕、黄昌群为湖南高等审判厅推事。任命罗兆奎为湖南高等检察厅检察官;唐冠亚署湖南高等检察厅检察官;派徐谦兼文官高等惩戒委员会委员长;任刘咏阆、冯自由、蔡庚、冯演秀、刘通、翁捷三、余尧、杨光湛、朱念祖、邓台荫为文官高等惩戒委员会委员。(《大总统令》,上海《民国日报》1922 年 2 月 14 日,"要闻")

　　△　报称,北伐准备工作又渐活跃,已下一部分动员令,着赣军赖世璜、李明扬两部先期入湘;大元帅行营移驻永州,桂林防务则委黄大伟布置,李福林所部开向南雄。(大东方东:《变幻靡定之西南形势》,《北京日报》1922 年 1 月 20 日,"要闻")

　　△　报载沈鸿英部贻祸平江,派员与吴佩孚联络北归。(大东方东:《变幻靡定之西南形势》,《北京日报》1922 年 1 月 20 日,"要闻")

1 月 21 日　派张秋白出席远东劳苦人民代表大会。

　　是日,远东各国共产党及民族革命团体第一次代表大会(即远东劳苦人民代表大会)在莫斯科克里姆林宫举行开幕式。2 月 2 日,在彼得格勒举行闭幕式,派张秋白代表中国国民党参加,并带去给苏俄外交人民委员齐契林的信,对列宁和苏俄政府表示敬意。(《苏联外交政策文件集》第 5 卷,第 63 页)会议期间,列宁接见了中国代表张秋白等,关切地询问国共两党"是否可以合作"。(张国焘:《我的回忆》第 1 册,第 197－198 页)会后,为进一步加强彼此联系和理解,齐契林根据同张秋白会谈和来信情况,于 2 月 7 日回信,要点为:希望今后经常保持联系,愿做真诚的朋友;苏俄决不干涉中国内政和主权;解释同时与北京政府保持联系的缘由等。(《苏联外交政策文件集》第 5 卷,第 83－84 页)此信由达林带到中国,并于 4 月 27 日面呈孙中山。

　　△　唐继尧来急电,呈报任命各军长事。谓:"前以出师事急,筹备宜先,特于柳州暂设总部,规划进行,并经遍赴各地,巡视诸军,宣扬德意,仰托威福,士气极为奋发。兹拟委任李友勋为第一军长,田钟谷为第二军长,胡若愚为第三军长,杨益谦为第四军长,除饬赶速筹备、

分道会师外,谨电陈。请查核备案。"(《唐蓂赓在柳就总司令职》,上海《民国日报》1922年2月15日,"要闻")2月19日,唐继尧公开来电,告知已经委任。

1月22日　在桂林学界欢迎会上发表演说,主张把"知之非艰,行之维艰"的思想,变成"知之维艰,行之非难"的观念;并举军队驻满学校,学校不能开学之当地例子,阐释"知难行易"的道理。(人鹤:《孙总统对桂林学界之演说》,上海《民国日报》1922年2月6日、7日,"要闻")

△　以陆海军大元帅名义发布命令,着改编援桂联军第四路司令谷正伦部为中央直辖黔军,谷任总司令;彭汉章为中央直辖黔军第一独立旅旅长,王天培为中央直辖黔军第二混成旅旅长。(《陆海军大元帅大本营公报》第1号,广州,1922年1月30日;《上海快信摘要》,长沙《大公报》1922年2月7日,"快信")

△　是日起,鉴于北方发生阁潮,连日召集临时特别会议,提倡积极北伐。

除陈炯明代表未加赞成外,唐继尧等已同意将联军司令部移至衡州;西南各省平均筹措巨款;劝慰闽、浙、赣各省加入南方。(民美央东:《西南方今日之变化》,《北京日报》1922年1月25日,"要闻")

△　上海《民国日报增刊》载,记者Patriek Callagher撰《华盛顿会议与中国孙总统》一文,称孙中山对于日本取消仇亚政策的能力很表怀疑。谓:"有一次我问他:'你怕日本么?'孙说:'不,实在不。现在的日本,已经不能危险中国了。伊的大人物桂太郎已死掉了。目前日本人中间,并没有大得了不得的人才。'"(罗刚编著:《中华民国国父实录》第5册,第3924页)

△　田钟谷来电,宣告就任靖国军滇军第二军军长职。(《田钟谷电告就军长职》,上海《民国日报》1922年2月20日,"要闻")

△　全国国民外交大会来电,对内外宣布北京政府为非法。(《国民外交会发表紧要电文》,上海《民国日报》1922年1月23日,"本埠新闻")

△　张继请委刘扬为中国国民党四川支部酉秀黔彭第一办事处处长。(《张继请总理委刘扬为四川酉秀黔彭办事处长》,环龙路档案第

00370.2 号)

后指示张继,告知四川西秀彭黔支部无设立之必要,改设办事处;同意任命刘扬为中国国民党四川支部西秀黔彭第一办事处处长。指出四川全省支部正在组织中,西秀彭黔一属无设立支部之必要。经定中国国民党四川西秀彭黔第一办事处归四川支部统辖,并委刘扬为第一办事处长。除由该办事处奉谕照办发给委任状外,特将该办事处委任四川职员名单列册函送本部。中国国民党四川职员姓名册:西秀彭黔主盟人:王安富、罗觐光;西秀彭黔第一办事处长:刘扬。各属主盟人:曹叔实、夏之时、郭崇渠、向楚、陈汉、颜如愚、谢百城、廖泽宽、张为、彭远耀、汤国定、胡忠亮、潘江、刘祖章、肖人龙。(《张继致总理函》,环龙路档案第 00373 号)

△ 越南华侨兴仁社韦少伯等来函,报告由于内部纠纷,请求批复同意兴仁社党员另设南圻支部,直接在广州特设办事处。

函曰,此前承派特派员李志伟来南圻调处联合党务后,兴仁社表面上联合团结,但实际效果不佳。已商定派吕子砺回粤面陈一切,并恳"钧座垂询志伟先生,两方对礀〔勘〕,便知曲直端详"而明是非。李特派员在南圻制定联合党务办法后返粤,究竟该办法与总部规定有无抵触,实行结果如何,没有下文。因消息不通,诸同志均极悬望,因此开会公决,拟将兴仁社党员另设为南圻支部,直接在广州特设办事处,希望早日发委,以便于整理党务,统一领导,并吁恳俯从所请,以免诸同志观望。(《韦少伯等上总理及张继函》,环龙路档案第 04959 号)

1 月 23 日　共产国际代表马林经湖南前来拜会后,自桂林抵广州,观察到南方政府对苏俄的支持态度,从而积极推进国共合作。

时值香港海员大罢工,马林认为,海员组织是孙中山同海外华侨联系的一个纽带。(《马林在中国的有关资料(增刊本)》,第 215—216 页)3月,马林返回上海,分别向国共两党领导人提出党内合作方式的建议,遭到中共拒绝,而孙中山坚持"党内合作"形式。从 8 月起,孙一方面热忱欢迎共产党员加入国民党,以便使国民党增添新血液,集中和增强国民革命力量;另一方面又尊重共产党的独立地位,允许共产党员跨党。8月下旬,与马林和中国共产党人李大钊等分别洽谈国共合作问题,竭诚欢迎国共两党实行党内合作,亲自主盟李大钊加入国民党,并鼓励李一面做第三国际党员,一面加入国民党帮助自己。(《汪精卫先生在第二次全国代表大会之政治报告》,《政治周报》1926 年 3 月 7 日第 5 期)至此,"联共"政策初步确立。为容纳更多人才加入国民党,还取消了原来中华革命党时期盖手印和宣誓服从其本人的入党手续。(刘曼容:《孙中山与中国国民革命》,第 100 页)

　　△　公布《大本营供给局条例》。

　　本条例共十四条,规定大本营供给局"主沿兵站线采办军民需要物品,运至前方,以备军民购买。同时采办沿途重要物产,运回后方营卖"。供给局设局长、文牍、会计员、庶务员、营业员、录事、司事等办事人员。局长由大元帅简任,局员由局长委任。(《大本营供给局条例公布》,上海《民国日报》1922 年 2 月 13 日,"要闻")

　　△　委任邢森洲为庇能中国国民党支部正部长。(《任邢森洲为庇能支部长状》,中国国民党中央委员会党史委员会编订:《国父全集》第 4 册上,第 408 页)

　　1 月 24 日　滇军将领李友勋、田钟谷等来电,报告已决议恳请唐继尧尽快率旅回滇,筹备北伐,不日即可马首是瞻。

　　电略谓:既已决定北伐,则宜先筹备。只有巩固了策源地,才能杀敌致果。因此决议恳请唐继尧于最短时间内,先行率旅回滇,积极筹备,然后会师汉、沔,共扫逆氛,与孙中山的北伐军尽快保持一致。(《国家图书馆藏历史档案文献丛刊·民国初期稀见文电辑录》第 1 册,第 47—49 页)

　　△　英伦利物浦支部国民党评议员黄荣,赠送德制军用望远镜一具,性能较好,价格不菲。特于该日运往总统府,交大本营使用。(《英国华侨送北伐礼》,上海《民国日报》1922 年 2 月 10 日,"要闻")

　　△　在桂林举行北伐军事会议,议决北伐各军出发路线和时间,

以及军用物资负担各责。

决议四点:(一)北伐联军分成三路,第一路由李烈钧率领,限二月上旬集中桂林,中旬向全州出发。第二路由李明扬率领,已集中于全州,应令分为两队,一由全州进驻零陵、黄沙河,一由双凤直入永州。第三路由黄大伟率领,拟随大本营于二月底向衡州出发。(二)滇、黔各军应分路由黔边、桂边入湘,出发期宜在3月1日以前,于衡、永会合。(三)川军应请刘湘、但懋辛由鄂西沿恩施、鹤峰直下,与湘南各军遥相策应。(四)军饷除粤政府直辖各军由大本营负责外,其滇、黔各本省所发之军队,由各省自行筹拨。军械、弹药则拟分别由川、粤各兵工厂接济。(田子渝:《孙中山与北伐》,《湖北大学学报(哲学社会科学版)》1997年第5期)

△ 伍英璋、卢天祥来函,希望收到五十名党员入党党费银五百盾后,回信嘉奖,并将党证早日下发。至于北伐款项,俟收到后,自然会陆续汇来。(《伍英璋、卢天祥上总理呈》,环龙路档案第08690.2号)

1月25日 徐树铮由桂林返粤,档案与报纸对其此行接洽结果的判断分析,有信任与猜忌两种明显不同的看法。

徐树铮至粤后,2月2日赴往香港。其随行人员说他因态度傲慢,而遭孙中山嫌忌,致此行不得要领。而孙中山身边人则言,徐此行对南方有了充分了解,拟2月5日乘便船赴上海,在北方谋起事。(《上海快信摘要》,长沙《大公报》1922年2月10日,"快信")2月8日,粤海关档案则载:徐树铮此次抵穗,引起各派注意。其在桂林逗留期间,"曾就北伐计划向孙总统提出许多建议,孙总统因而相当信赖他"。(广东省档案馆编译:《孙中山与广东:广东省档案馆库藏海关档案选译》,第256页)

关于徐树铮此次行程的时间和使命,还有不同说法。《北京日报》记载:徐树铮1月30日抵桂林,(央神东:《西南方面之近况》,《北京日报》1922年2月3日,"要闻")2月2日返粤,3日赴港,"并有代粤政府购买军械之事"。据说徐定于阴历春节前后赴沪或入浙,其所负任务大致与北伐有关。(民：《又形吃紧之孙文北伐》,《北京日报》1922 年 2 月 10 日,"要闻")

1 月 26 日　伍廷芳照会美国政府,要求承认广州中华民国政府。(罗家伦主编、黄季陆增订：《国父年谱(增订本)》下册,第 950 页)

△　齐契林先后两次与列宁通信,报告孙中山来信情况,说列、孙二人虽未曾见面,但互表友好。又报告说,苏俄与国民党建立了实际联系,并将派威连斯基到中国担任驻北京政府的裴克斯使团的顾问,同时负责同广州的国民党联系。(《列宁文稿》第 10 卷,第 51 页;《苏联外交政策文件集》第 5 卷,第 63 页;卡尔图诺娃：《论孙中山与苏俄的关系》,《苏联历史问题》1966 年第 10 期)

△　上海全国国民外交大会来电,否认北京政府,宣言拥护广州正式政府。2 月 7 日,复电全国国民外交大会,揭露徐世昌的罪状,号召国民推翻北京政权。(《大总统督师北伐复电》,上海《民国日报》1922 年 2 月 22 日,"本埠新闻")

△　依总统府参军长徐绍桢呈请,准副官吕国治辞职,并准任朱廷燎为副官。(《准吕国治辞职令》《准任朱廷燎职务令》,陈旭麓、郝盛潮主编,王耿雄等编：《孙中山集外集》,第 748 页)

1 月 27 日　旧历年除夕,28 日至 30 日春节假日,在桂林度假,放假三天。(姜南英：《孙中山先生北伐在广西》,广西壮族自治区政协文史资料委员会编：《孙中山先生在广西》,第 199－232 页)

1 月 29 日　海军总长汤廷光来电恭贺新春。(《陆海军大元帅大本营公报》第 1 号,广州,1922 年 1 月 30 日)

1 月 30 日　与蒋介石、胡汉民商决北伐出师日期,拟将大本营移设韶关。(《陆海军大元帅大本营公报》第 1 号,广州,1922 年 1 月 30 日)

△　杨庶堪来电,请求善待张作霖代表李梦庚。

因直、奉矛盾,张作霖特派代表李梦庚等赴广东,以与孙中山联络。该日杨庶堪自沪来电,谓李梦庚"由粤赴桂,上谒钧座,磋商条件,宁孟岩等同行"。又云,"据李言,张意甚决,且促我速出师",请予善待。(罗家伦主编、黄季陆增订：《国父年谱(增订本)》下册,第 950－951 页)

以此为开端,逐渐形成孙中山、段祺瑞、张作霖合作局面。

△　报载徐绍桢、廖仲恺、程潜等来电恭贺新春,称颂德功。其中有"手创共和,德功并茂,更造区夏,惠普兆民,大憝凭陵,乃用致讨"之语。(《陆海军大元帅大本营公报》第 1 号,广州,1922 年 1 月 30 日)

△　广西陆军第一师师长刘震寰来电,报告所部军事捷报。(《桂省军事近讯》,长沙《大公报》1922 年 2 月 17 日,"中外新闻")

1 月 31 日　云南省议会议员季增禄等来电,报告议员陈善受北京政府唆使,回滇谋乱,非法否定 1 月 25 日第十一次大会议长选举等情形。(《云南省议会之风波》,《申报》1922 年 2 月 25 日,"国内要闻二")

2 月

2 月 1 日　在桂林召见四川代表王希闿,听其陈述川事。(毛思诚编纂:《民国十五年以前之蒋介石先生》第 4 册,第 7 页;"中华民国"史事纪要编辑委员会编:《中华民国史事纪要(初稿)一九二二年一至六月》,第 217 页)

△　南洋芙蓉埠华侨来电,否认北京政府,拥护广州政府,并请求克日北伐。(姜南英:《孙中山先生北伐在广西》,广西壮族自治区政协文史资料委员会编:《孙中山先生在广西》,第 218 页)

△　派代表吕超就入湘答记者问。

吕超称:"此次奉孙总统命令,与赵总司令有所接洽,业将大本营组织情形及一切计划,与赵总司令详细言之。"一旦与赵恒惕总司令接洽妥帖,即当返桂林复命。(《总统代表在湘之谈话》,上海《民国日报》1922 年 2 月 14 日,"要闻")

△　北京交通部来电,告知筹赎胶济铁路事。(《北交部关于鲁路问题电》,长沙《大公报》1922 年 2 月 7 日,"快信")

2 月 2 日　报载致电陈炯明,严厉斥责其不附从北伐,并扬言要班师回粤,改造粤省。(《上海快信摘要》,长沙《大公报》1922年2月9日,"快信")

据说原拟北伐,但年前因桂省余患,致未实行,此时林俊廷既经收抚,而联省各军司令亦经表决同意参加,只有陈炯明对此尚未附从。孙中山因此从桂林致电陈炯明,严厉斥责其不附从北伐,并有"如不北伐,将移在桂所部军队回粤,改造粤省"等语。舆论不知陈氏接得此电后如何答复。(大:《孙文电责陈炯明》,《北京日报》1922年2月7日,"要闻")

2月3日　以大元帅名义颁发北伐动员令,饬各军兵分两路,取道长沙、岳阳,会师武汉,直抵幽燕。

大体布置为:李烈钧率滇、黔、赣各军为第一路,兼攻赣南和鄂东;许崇智率本部粤军为第二路,联合湘军出湖南,直攻武汉。(刘绍唐主编:《民国大事日志》第1册,第206页)对此,湖南督军赵恒惕多方运动阻挠北伐军过湘,并派代表与湖北督军萧耀南商讨对付办法。湖南各团体也分电南北当局,请求划湘省为中立区。

因为既定的北伐策略必须取道湘省,故而如何拉住湖南,即成为北伐之关键。根据后来学者研究,随后的改道北伐,即北伐先不经湖南而直指江西,既可稳住湖南,促使湖南继续援鄂,又可使陈炯明放心粤后方的"自治",不至于形成与赵恒惕南北夹击北伐之师的格局。另外,出于策略需要,孙中山还积极寻求与奉系张作霖的合作,这点颇为英、美所关注。当时苏俄支持广东革命政府与奉系的这种合作,是为了离疏张作霖对日本的依赖关系,避免因此给苏俄造成麻烦和威胁。尽管当美国记者问孙是否与张作霖达成妥协时,他断然予以否认。但此时为了北伐的胜利,孙中山显然已将张作霖当作暂时的盟友,体现了原则性和策略灵活性的结合。这一系列策略的基本点,即"稳住粤湘,联奉破直,联苏俄倒北廷,取得中国的革命统一"。(陆炬烈:《桂林大本营时期孙中山革命思想的伟大转变》,陈震宇、张宏儒、黄方方编:《"孙中山北伐与梧州"学术研讨会论文集》,第372—373页)

4月初,赵恒惕代表李汉丞来桂林谒见,请求北伐改道。出于以上政治和军事因素考虑,终于接受。(邱捷:《孙中山的北伐战略与"三角反直同盟"》,陈震宇、张宏儒、黄方方编:《"孙中山北伐与梧州"学术研讨会论文集》,第76页)改道后的北伐计划是:首先班师回粤,然后改道赣南北伐。因此命令许崇智率各部由桂林两岸进至梧州待命,大本营也随迁梧州。(曾宪林、朱丹:《试论二十年代初孙中山的两次北伐》,《江汉论坛》1991年第1期)北伐军计划兵分三路:右翼由许崇智指挥,以许崇智粤军第二军、梁鸿楷第一师、李福林军全部由南雄进攻江西信丰,再向赣州前进;中路由李烈钧指挥,带领滇军朱培德、赣军彭程万部,由南雄逾梅岭进攻南安,再向赣州挺进;左翼由黄大伟指挥,以所部粤军第一路军由仁化经长圩向江西崇义、上饶进击,然后转攻赣州。(田子渝:《孙中山与北伐》,《湖北大学学报(哲学社会科学版)》1997年第5期)5月6日,亲自到韶关誓师北伐讨贼。随后,北伐军在赣州附近展开军事行动。6月12日,北伐军右翼攻占赣州。6月15日,大本营决定实施第二期作战计划:许崇智、李福林部分二路向万安前进;滇、赣北伐军李烈钧部,沿赣江右岸向万安前进;黄大伟部进占遂安,夹击万安之敌。6月16日,陈炯明部兵变,避走"永丰"舰,领导平叛斗争五十余日。这一突发事件,使北伐军不得不于7月下旬分途从江西、湖南边境撤退,第二次护法运动失败。(田子渝:《孙中山与北伐》,《湖北大学学报(哲学社会科学版)》1997年第5期)

论者指出,关于北伐改道江西进而韶关的原因有:(一)最主要的原因是原作为后盾的陈炯明阳奉阴违,处处掣肘。陈暗中与吴佩孚、赵恒惕勾结,反对北伐军进攻湘南,拒绝负担北伐军饷。本年4月16日,孙中山从桂林抵达梧州召集军事会议,陈拒不出席。(二)滇系内讧,唐继尧与顾品珍在滇省开战,都退出北伐行列。特别是唐继尧重新占领云南后,反而成为北伐的后顾之患。(三)孙中山的同志章太炎、柏文蔚、谭延闿等也害怕北伐军进入湖南后,与湘军发生冲突,使吴佩孚得利,曾劝改道进攻江西。(田子渝:《孙中山与北伐》,《湖北大学学报(哲学社会科学版)》1997年第5期)(四)当时江西是直系军阀在华南统治力量最为薄弱的地区,北伐军在此的阻力将会较小。(曾宪林、朱丹:《试论二十年代初孙中山的两次北伐》,《江汉论坛》1991年第1期)

　　△　派北伐军大营参军欧阳振声赴衡阳布置大元帅行辕。

　　是日,特派北伐军大营参军欧阳振声赴衡布置大元帅行辕。11日,欧氏抵衡,择定旧学院为大元帅行营,设置一切。据说定于月初亲自督师入湘。至于湘赵态度,其时仍然暧昧,对于粤军入湘既不表赞同,也未加阻止。其他反赵派军人如宋鹤庚、鲁涤平等早已表明倾向西南的态度,不受赵之命令。赵之亲信军官叶开鑫、谢国光等也拟将长沙腾出,让与粤军和湘军。(醒:《湘鄂近日之形势》,《北京日报》1922年2月17日,"要闻")

　　△　报载唐绍仪再倡南北和议。

　　唐绍仪鉴于粤省首领趋向分歧,北方又徒然内讧,拟与西南在野派接近,再倡南北议和。以国际风云益亟,拟即赴沪筹备一切。(共:《唐绍仪再倡和议》,《北京日报》1922年2月3日,"要闻")

　　△　海关档案载:命令北伐军大本营侦探长李天德之"铁血团员"立即从韶关入湘待命。(广东省档案馆编译:《孙中山与广东:广东省档案馆库藏海关档案选译》,第256页)

　　2月4日　任命陈德春为中央直辖第四军军长兼粤东八属各军总司令。(《任陈德春为第四军军长兼粤东各军总局令令》,中国国民党中央委员会党史委员会编订:《国父全集》第4册上,第408页)

　　△　陈炯明派代表罗佩从香港出发,赴桂林参加大本营军事会议。(民:《西南北伐之近讯》,《北京日报》1922年2月9日,"要闻")

　　2月5日　任命吴介璋为北伐军兵站站长,赶设北伐兵站。(《上海快信摘要》,长沙《大公报》1922年2月11日,"快信")9日《北京日报》又称:已派吴介璋为大本营兵站处处长①,并已于2日由桂林赴全州。

―――――――

　　①　据本月16日公布《大本营条例》内容,兵站站长应为"兵站处处长"之职。

(民:《西南北伐之近讯》,《北京日报》1922 年 2 月 9 日,"要闻")

△ 《北京日报》载《湘省之粤军北伐》一文,详述湖南境内北伐军进展情况。

略谓,派定李明扬所部充作北伐先锋军,其余各军亦经分别派定。此时李部已分别向湘南进发,大元帅秘书、赵总司令之湘省驻粤代表袁华选也电告回湘之事。驻韶关之李部第二联队长蔡致华已派所部之一部,由连县取道南风坳入湘属蓝山。此路赣军分两路前进,一路由连县进入湘之蓝山、临武、永明、江华各县;一路绕向由始兴入湘的桂东等军。以上各县及郴县、嘉禾等县均已满布赣军。然而,由于正值天气严寒,行军颇为不易,估计要到春令之交,方能积极进行。

(方:《湘省之粤军北伐》,《北京日报》1922 年 2 月 5 日,"要闻")

△ 大总统府咨议宁少清来函,报告已运动范玉琳军愿意服从命令以讨伐吴佩孚情形。

函谓,当时大变政局、和平统一的最大障碍,即为吴佩孚。故而若要收到统一之效应,不但要使用武力,而且还须擒贼先擒王,拿下洛阳。大本营讨贼军挺进队司令范玉琳所部之五千余人,在进入豫东后被阻,被迫退回山东菏泽等地待命,经动员表示愿意服从调遣,为国家效力疆场。如有调用,请将命令下达至蚌埠方面驻军及皖豫接壤之各处民军,以资策应。宁氏本人则愿意继续担任该部的联络工作。(《宁少清上总理函》,环龙路档案第 00291 号)

2 月 6 日 在桂林誓师北伐,先发部队已出动。

报界探其所以突发之原因,据称为徐树铮居间运动所致。而直军第二十五师四十九旅旅长王启贵七日自岳州来省急报,衡州附近发现李烈钧部下侵入,湘赵态度不明,有将长沙让与粤军,以与驻岳直军两相对峙之说。(方:《孙文在桂誓师》,《北京日报》1922 年 2 月 15 日,"要闻")

△ 《北京日报》载北伐全军分配及各军首长任命情况。

报载北伐全部军队分联合军、独立军两种,包括粤、湘、川、滇、黔、桂六省部队。各军司令已全数发表,其分配约略如下:(一)大元帅府直辖之联合军分作两组。甲组即粤军北伐第一、第二军,第一军总司令为许崇智;第二军总司令为黄大伟;乙组即滇黔联军北伐第一、第二军,第一军总司令唐继尧;第二军总司令李烈钧。(二)各省北伐之独立军分为五组。川军北伐总司令刘湘,副司令但懋辛;湘军北伐总司令赵恒惕,副司令宋鹤庚;滇军北伐总司令顾品珍,副司令蒋光亮;黔军北伐总司令谷正伦,副司令胡瑛;桂军北伐总司令卢焘,副司令林俊廷。(民自:《孙文北伐之消息》,《北京日报》1922年2月6日,“要闻”)

2月7日　复电上海全国各界联合会,告北伐部署粗定,决不苟且偏安,届期将尽快督师北伐。

1月26日,上海全国各界联合会来电,否认北京政府,请速北伐。2月7日复电,大略谓:自己从广州出发北伐,已到桂林,此时军实搜讨、军事部署均已粗定,即刻就要出兵。亟盼全国各界爱国之士与政府一致进行,各尽所能以赞助政府。自己忠于主义已三十余年,希望能本革命之精神以战胜一切。本次督师北伐,即为革命党人的根本改造之道,此时中国也确如来电所言般事急时迫,故而为国讨贼不可迟行。(《大总统督师北伐复电》,上海《民国日报》1922年2月22日,“本埠新闻”;《孙文复各界联合会电》,天津《大公报》1922年3月4日,“政闻[二]”)

2月8日　报载国民党近期北伐的原因及进程:北伐联军向湘边开动;大本营拟从桂林迁往永州;滇军一部已开抵罗定。

据称国民党近期北伐的原因,是“以北方内争正烈,拟乘此时机长驱直进,借欲撼动鄂赣两省,而为南北分治之基础”。故于桂林会议之后,即于1月16日将李明扬所部调往郴县,李烈钧所部则于1月20日离开柳州,李福林所部也于上年年底直入衡水。此时大本营虽暂设桂林,但一旦滇、黔两省独立军出发,即将行营移向永州前进。而此时滇军杨希闵之两支队也已开抵罗定。(民:《风起泉涌之西南北伐》,《北京日报》1922年2月8日,“要闻”)

△　报载近期向某国购得大宗军械,北伐先锋已抵衡水。(大:《孙文北伐先锋抵衡水》,《北京日报》1922 年 2 月 8 日,"要闻")

△　北伐各军云集桂林,湘省已允北伐军通过。然而北伐前方虽很有进展,但后方因交通与兵匪干扰,则颇有不易。

报载孙中山自莅止桂林后,军队逐渐增多。驻桂各军已有许崇智军长所部粤军五旅,朱培德所部滇军四旅,谷正伦所部黔军二旅,杨益谦所部滇军约三个旅。湘省有代表抵桂晋谒,允诺西南北伐之通过。(或:《驻桂各军之大略》,《北京日报》1922 年 2 月 8 日,"要闻")而档案所记驻桂各军数目与报刊报道有所不同。10 日,江西督军陈光远电告北京政府有关北伐军在桂林集结情况:滇军三个旅,黔军一个旅,李烈钧指挥的赣军二个旅,许崇智指挥的粤军三个旅。(广东省档案馆编译:《孙中山与广东:广东省档案馆库藏海关档案选译》,第 257 页)

然而,北伐前方情形虽颇有进步,但后方防御布置则尚欠周密。因桂林地居崇山峻岭之间,陆路崎岖,难以通行;加上自梧州至桂林均恃帆船,滩高水急,船行极为不易。况且近期沈鸿英溃军还盘踞在平乐、昭平、八步、柳庆、灌阳、恭城一带,流为土匪,与前统领秦步衢桂军所变成的土匪联络一气,北伐难免会受其牵掣。(或:《驻桂各军之大略》,《北京日报》1922 年 2 月 8 日,"要闻")

2 月 9 日　北伐计划分三路出兵,直指鄂、赣、闽三省。

外人所传,近日北伐热更炽,孙中山在行辕连日召集文武官员大开会议,筹划北伐方略,拟兵分三路出击:西路李烈钧率军由湖南进取鄂南,以李福林的福字军为后援;东路许崇智率军攻闽,以魏邦平所部作后援;北路包作霖率军援赣,以陈炯光之第二军为后援。(神:《外人所传孙文北伐消息》,《北京日报》1922 年 2 月 9 日,"要闻")

△　报载桂林会议决定北伐计划大纲,并得西南各方认可;盛传 3 月 1 日为北伐军出发日。

桂林会议所决定之北伐计划大纲约有四种:(一)联合军于 3 月 1 日以前入湘,审察各方情形后再定行止。(二)四川刘湘川军拟先派邓锡侯援陕,俟粤军出发后,即沿夔巫东下,彼此策应。(三)由徐树铮担任长江方面的其他任务。(四)闽赣方面则完全由陈炯明磋商不侵犯条件,以舒后顾之忧。据说此项议案已得各方同意,并由五省复电认可,待大本营移入衡州后,再开二次军事会议,以决定攻略。连日粤中盛传,3 月 1 日将为北伐军出发之期。(民:《西南北伐之近讯》,《北京日报》1922 年 2 月 9 日,"要闻")

△ 拟组织北伐舰队进攻闽浙,但计划不为外界看好。

报载近拟组织北伐舰队,以图进取。"刻已着手编制,以'海圻''海琛''飞鹰''退康''豫章''同安'各舰为主力舰队,以'镇海''宝璧''广己''广庚''广戊''广玉''广金''广海''登〔州〕''瀛洲'各炮舰辅助,并以十二鱼雷艇及新由某国购到之二潜水艇,编成鱼雷舰队",拟以之先攻闽浙,并已与海军总长汤廷光接洽。孙氏并筹赏各舰士兵恩饷一月,以鼓舞士气。而据旅粤西人观察,此种计划恐难奏效,因为海军此时虽然效忠,但颇难借其进攻闽浙。(北:《组织北伐舰队之计划》,《北京日报》1922 年 2 月 9 日,"要闻")

2 月 10 日 报载定于 20 日将全军向湖南零陵开拔,所有桂林行营事务已命黄梦熊料理。命李烈钧部在桂林集合,以便一同入湘。电复广州财政部及省署,要求拨盐税以充北伐军饷。(民:《又形吃紧之孙文北伐》,《北京日报》1922 年 2 月 10 日,"要闻")

△ 报载为阻止唐继尧返滇,特任命其为北伐军总司令,金汉鼎代滇军总司令,以李烈钧为总参谋。因唐继尧虽阳示随同顾军北伐,阴则私图率师返滇,故拟借此打消其回滇之举。(央:《孙文阻唐返滇》,《北京日报》1922 年 2 月 10 日,"要闻")

△ 电令粤省长公署,称盐税是中央政府收入,不宜转由省金库管理。

粤海关档案载:1918 年后,广东省盐务税成了军政府进款的一部分。1921 年省长公署提出,将这项税收拨归省金库收入,并指示盐运使采取行动。本月 3 日孙中山电令,"盐税是中央政府之收入,不宜转由省金库管理"。省长公署收到该电后,拟重新考虑后再作明确答复。

(广东省档案馆编译:《孙中山与广东:广东省档案馆库藏海关档案选译》,第362页)

2月11日 报载已经将大本营移驻衡阳,实为移往永州。(大:《北攻消息与川鄂形势》,《北京日报》1922年2月16日,"要闻";自:《直军已向衡阳进发》,《北京日报》1922年2月11日,"要闻")

△ 公开发表宣言,称"以国家为重者为国友,争私人权利者为国仇",意在警告奉、直两系。

鉴于当时直系和奉系均派私人代表南下与陈炯明联络之形势,遂发表此宣言,认为从前交换勾结之习,皆为认国家在后,私人在前。长此沿袭,无以对国家人民,因此西南决不苟且结合,致蹈从前覆辙。

(湘君:《孙总统最近宣言》,上海《民国日报》1922年3月14日,"言论")

△ 复函咸马里夫人,告以从广州到桂林筹备北伐情形,并说不会在桂林停留很久,盼能尽早开始北伐。(《荷马李档案简述》,黄季陆等著:《研究中山先生的史料与史学》,第465—466页)

△ 北伐军各部积极预备开拔。

报载北伐军最近确已积极进行,各部开拔电告有案者有五:黄大伟前军已抵平南,未定由桂林抑或韶关入湘;李烈钧之左翼已由全州入衡,右翼尚羁于柳州未发;叶举之七营则屯于梧州,候令开拔;许崇智之五旅,前三旅已屯全州,后二旅仍驻桂林;李福林十五营,福字左五营驻于平乐,右五营驻于贺县,中五营拟随孙氏入湘。(民:《北伐军最近之行动》,《北京日报》1922年2月11日,"要闻")

△ 因黔、滇、川各省内讧影响北伐进展,特派人接洽调解。

报载除滇省方面顾品珍已派杨、蒋两旅分由百色直入柳州外,黔省之北伐军仍无开拔消息,孙中山对此极为焦急,故于日前派亲信间道入黔,与卢焘从长接洽。一面又加派谷正伦统率黔军定日入湘,以示谷并无反攻之意;一面派人与熊克武、刘湘调解一切,以期刘氏不至于为他省所利用,或者还可帮助粤军出师图赣鄂。(博:《川滇各省内江与孙文北伐》,《北京日报》1922年2月11日,"要闻")

△ 令北伐先锋军集中衡阳以抗直军,支援宣布独立之湘军。

报载近日直军由岳州运来省垣长沙的军队不下一师,且有增无减,并陆续向衡阳、耒阳等处开拔,渐与南军接近。湘军谢国光因赵恒惕附北业已得到证实,遂在衡阳召集会议,联络陈嘉祐等宣布独立,以协同倒赵。孙中山遂乘机饬李烈钧、许崇智、李福林、李明扬各军先锋速行开拔,集中衡阳。据说此时李烈钧军队抵衡者已有五百人,许崇智军三百人,后方大军大约月底即可开到。(自:《直军已向衡阳进发》,《北京日报》1922年2月11日,"要闻")

△ 北伐联军各部首长电请总司令部筹款。

报载西南联军北伐此时尚未实行,已迭次催促择地会师。顾品珍、卢焘、谷正伦、胡瑛、李烈钧、刘震寰、李明扬、李福林、许崇智、黄大伟等数次来电,严词请求北伐总司令部筹款开发军队。(共:《联军电请孙文筹款》,《北京日报》1922年2月11日,"要闻")

2月12日 张作霖代表李绍白到桂林,反直三角同盟最终形成。李氏21日来谒见,陈述奉系关于南北夹击合作讨伐直系的主张。(毛思诚编纂:《民国十五年以前之蒋介石先生》第4册,第7页)《民国大事日志》记载则系12日会见。(刘绍唐主编:《民国大事日志》第1册,第207页)因为已同皖系于两年前合作反直,此时再加入奉系,于是三方反直秘密军事同盟(又称反直三角同盟)终于形成。(邱捷:《孙中山的北伐战略与"三角反直同盟"》,陈震宇、张宏儒、黄方方编:《"孙中山北伐与梧州"学术研讨会论文集》,第76页)

此前之1月18日,徐树铮秘密到桂林来谒,商讨北方奉、皖两系与北伐军三路出兵问题。2月11日,段祺瑞在四个日本人的保护下,化装乘汽车由北京逃出,经过通州时得到当地奉军的照料,当天到达天津。此后,孙、段、张共同对付直系的三角联盟逐步形成。3月上旬,派伍朝枢到奉天"报聘",同时到奉天的有广东省长朱庆澜、广州国会议长吴景濂(吴是奉天兴城县人)等。他们受到张作霖的热烈欢迎。据说张作霖很不满意徐世昌,而对孙中山则推崇备至,他建议建立"三角联盟",推倒直系后召开南北统一会议,恢复旧国会法统。此时直奉战事快要爆发,因此,孙中山又任命朱培德为北伐军滇军总司令,谷正伦为北伐军黔军总司令,彭程万为北伐军赣军总司令,李烈钧为大本营参谋长,胡汉民为文官长,决定与奉系同时出兵,讨伐徐世昌、曹锟和吴佩孚。(陶菊隐:《北洋军阀统治时期史话》4,第 108 页)

△　电促李福林、黄大伟、罗绍雄三部预备开拔;并檄李烈钧率部来衡遣兵调将,极为忙碌。此举据称已影响到川鄂形势,双方均在暗中进行,尤以四川的刘湘备战最为积极。此时成都及各行营兵工厂正在赶造枪弹,被服厂也在赶造行军服装,其反攻形势已可概见。鄂军方面则专意固守,除已三面布防、据险扼守外,又派第一旅全部及第十六旅增防大支坪,第二师炮营增防典巴,设防较前更为巩固。(大:《北攻消息与川鄂形势》,《北京日报》1922 年 2 月 16 日,"要闻")

△　报载致电唐继尧,力请即日向湘开拔,协力进行,以贯彻西南护法之本意。(民:《孙唐大张北伐之近讯》,《北京日报》1922 年 2 月 12 日,"要闻")

△　报载派代表、前川军司令吕超等赴湘与赵恒惕接洽,后者答应出兵援鄂。

经吕超接洽,赵恒惕已允与西南一致行动,主张出兵援鄂北伐。闻其出兵步骤,第一步即拟先向直军提出归还岳州。如直军不允,即以直军破坏湘省统一为辞,出兵攻鄂。此时湘军宋鹤庚部已由常德进驻安乡,鲁涤平部已由益阳进驻湘阴,连日来粤军由桂入湘者,已有八千余人,前站已抵祁阳。报称湘鄂形势十分严峻。(醒:《湘鄂之形势》,《北京日报》1922 年 2 月 14 日,"要闻")

△　报载定于 2 月 15 日在桂林召开第三次军事会议并言及其目的。

在桂除通令直辖各军队赶于 20 日以前在衡南集合外,闻复定于

15日仍在桂林召开第三次军事会议。据一般人之观测，该会议表面
上难言北伐，其实与应付滇黔大局颇有关系。(《孙文北伐与滇黔局势》，
《北京日报》1922年2月14日，"要闻二")

　　△ 林俊廷来电，要求任命其暂代广西北伐军总司令一职。
(《桂系遗孽已就抚》，上海《民国日报》1922年2月14日，"要闻")

　　2月13日 北伐军进抵湘南，章太炎、谭延闿等闻讯后，特联名
上书，认为南北力量悬殊，提出上中下三策："乘衅为上，出赣为中，出
湘为下"，反对北伐军入湘。

　　所谓"乘衅为上"，指敌方有衅乘衅，无衅待其衅成。此时"直奉
虽争，曹吴亦非辑睦，奉军势力只能及保定，不能及洛阳。吴本可置
之不顾，一意对南，非可轻敌。大军如实未出，且宜暂作镇静，养成其
衅，乃有可乘"。所谓"出赣为中"，即主张出发宜主要趋向江西，而以
湘为瓯脱。因为川、粤同举，川军向鄂西，粤军向江西，如此北军战线
延长，湘省又拒其中流，敌必不敢开衅，长沙幸可保全。加上李烈钧
志在回赣，必会奋勇百倍，如此吴军虽盛，仍有可挫之机；万一形势对
北伐军不利，也无丧师蹙地之祸。所谓"出湘为下"，指"若一意向湘，
则株洲、衡阳为必争之地，北伐军未到达，吴军已经进据，湘中饷弹缺
乏，补助未到，必不能阻遏直军。而江西方面，因吴氏强迫之力，仍不
能使之不来"。长沙先丢失，赣军又逼来，北伐军即不能出衡州一步。
如果说攻到粤边，粤军自然一致，这是背水阵之危道，认为兵凶战危，
不可孤注一掷。

　　书函的结论是：在南北相对北伐军弱吴军强的形势下，必采用乘
衅、出赣、出湘之上中下三策。之所以苦口沥陈，是考虑到北伐大局
之成败。希望确定戎机，毋使磐石之固倾于一旦。(罗家伦主编、黄季
陆增订：《国父年谱(增订本)》下册，第860—861页；《章炳麟等为建议改变战略
上国父书》，黄季陆主编：《重建广州革命基地史料》，黄季陆主编：《革命文献》第
52辑，第42—43页)

　　△ 北伐日期、兵力部署、三路进攻路线已决定；北伐军改称讨

贼军。

报载关于北伐军出发日期:已由农历2月1日改为2月8日。关于北伐军兵力部署:据载北伐军时共四十二万余,飞机二十架,成盒子炮一团,迷烟药队一营。议决以三十万军队、飞机二十架,成盒子炮一团,迷烟药队一营为前敌军,以十万为后援军,以二万为留守军。具体部署如下:(一)西南各省联合入湘,以集中势力冲击鄂省。(二)对奉直冲突即使不愿,也务必采取不偏不党的态度。(三)南军一经入湘,即开始运动,相机攻击并声讨徐世昌。(四)北伐军改称"讨贼军"。关于进攻路线,决定三路进攻:(一)以李烈钧为中路总司令,李明扬、杨益谦湘军归属之,由永州、衡阳会师武汉。(二)以陈炯明为右路总司令,许崇智等六司令归属之,由韶州进攻江西。(三)以刘湘为左路总司令,陈树藩、刘存厚诸部归属之,分攻陕南、鄂西各要害。(《中山决定北伐方针》,《盛京时报》1922年2月15日,"论说";《北伐声中之湘赵态度》,《盛京时报》1922年2月24日,"民国要闻")

△ 报载聘请徐树铮为北伐顾问。(《孙文聘小徐风说》,《盛京时报》1922年2月15日,"论说")

△ 报称广东财政厅设法筹款,支持北伐。

北伐迟迟未发,乃因后方难以接济,尤其是财政困乏。广东财厅为此拟定三种筹款办法:一为盐税省有,酌议增加。二为交通征税。三为清丈田赋。(《西南北伐进行之计划》,《盛京时报》1922年2月15日,"民国要闻")报载粤政府又拟大开财源,传闻财政厅长钟秀南拟定救济财政办法四项。(《粤政府又拟大开财源》,《盛京时报》1922年2月22日,"论说")3月3日粤海关档案则载:财政厅长钟秀南一再请求辞去中央兵站总监职务,被孙中山拒绝,声明省金库暂时须由他自己信任者主管。(广东省档案馆编译:《孙中山与广东:广东省档案馆库藏海关档案选译》,第260页)

△ 广西省长马君武来电报告唐继尧回滇行踪。

略谓:接刘震寰师长自河池洲城发来急电,称唐继尧率五千多滇军到达河池。刘自己亲往拜谒,并商请派兵助剿林俊廷之溃兵。唐以急须回滇筹备北伐,不能相助作答。在河池仅宿一日即行,12日已到东兰凤山一带,行程极为迅速。认为唐回滇事已暴露无遗,请示对付办法。(《唐继尧最近行踪》,长沙《大公报》1922年2月27日,"中外新闻";汤锐祥编:《护法运动史料汇编》第3册,第532页)

△　全国国民外交大会来电,反对华盛顿会议决案,望速行北伐。

电谓:中国人民扼于武力,无法制止北庭假借政府名义,与列强签订卖国协议。号召南方政府乘各种委员会未成立之机,迅速会师讨贼。俟统一全国后,再设法召集人民代表机关改组政府,建立民治国家。(《请求新政府速救国难》,上海《民国日报》1922年2月14日,"本埠新闻")

2月14日　发布讨伐徐世昌的布告,申讨其与日本在华盛顿会议上协定之条件违背民意,丧失权利,号召国民讨贼救国,起而加以推翻。(《广州》,上海《民国日报》1922年2月21日,"本社专电")

△　报载将于本月16日在桂林誓师北伐。参加部队及其人数计有李烈钧的滇军约三混成旅,分统于朱培德、胡若愚等;李明扬的赣军两梯团;李福林的粤军五十三营(抵桂者仅二十余营);许崇智三混成旅(在桂者仅二十余营);谷正伦一旅合以湘军宋、鲁两师;谢国光两旅;罗先闿、陈嘉祐、吴剑学、康荣阳四旅。湘军决定欢迎北伐军入湘,驱逐直军,赵恒惕表面上已有附南之表示。陈炯明虽拒绝担任右翼总司令,但经商议同意加入,率师入闽。北伐之声颇为浩大。(东:《形势骤急之南北军讯》,《北京日报》1922年2月14日,"要闻";自:《北伐军之总数》,《北京日报》1922年2月15日,"要闻")

△　报载孙派李明扬领北伐先锋队进攻湘南,直军加紧调兵防备。

西南政府乘奉直阋潮之际,决定出兵北伐,业已派李明扬为先锋队,率领所部由广西分三路进兵攻湘南南部。驻岳前敌总指挥张福来电达洛阳,请吴佩孚迅速调兵,增加防务,以免后虞。后者接电后,即下令驻宜之十六旅改驻岳州,并令张总指挥将岳州两道防线严加警备。(式:《孙文进兵攻湘南》,《北京日报》1922 年 2 月 14 日,"要闻")

△　报载亲率两混成旅开往永州;赣军李明扬会同陈嘉祐向醴陵节节设防;直军在湘阴、长沙附近备战。(自:《渐形接近之南北军》,《北京日报》1922 年 2 月 14 日,"要闻")

△　任命孔庚为大本营军法处长、胡汉民为文官部长、陈少白为建设处长、林云陔为度支处长。(《上海快信摘要》,长沙《大公报》1922 年 2 月 20 日,"快信")

2 月 15 日　在桂林召开军事会议,讨论北伐军事布置及后勤准备。

报载桂林北伐军事会议部署情况。即广西方面右翼司令陈炯明,四川湖北方面左翼司令刘湘,湖南方面中央司令许崇智。陈炯明表示就任,而广东省长一职,拟由马育航充任,蒋作宾可任前锋司令兼向导。会议还讨论了分配饷械、卫生队、红十字队等相关具体事项。(《如火如荼之北伐声》,《盛京时报》1922 年 2 月 22 日,"论说")

△　国会议员蔡突灵来电,反对唐继尧回滇。(《旧国会议员反对唐继尧电》,上海《时报》1922 年 2 月 22 日,"要闻")

△　北京外交部就华盛顿会议议决中国各问题来电。(《华会中关于中国议决案》,长沙《大公报》1922 年 2 月 21 日,"中外新闻")

△　委任刘恢汉为山姐咕中国国民党分部正部长。(《给刘恢汉委任状》,陈旭麓、郝盛潮主编,王耿雄等编:《孙中山集外集》,第 749 页)

△　委任林蓬洲为惠夜基中国国民党分部正部长。(《给林蓬洲委任状》,陈旭麓、郝盛潮主编,王耿雄等编:《孙中山集外集》,第 749 页)

2 月 16 日　许可陈炯明回省城与魏邦平、李罗伟实施换防,并举洪兆麟代北伐联军右翼司令。(《如火如荼之北伐声》,《盛京时报》1922 年 2 月 22 日,"论说")

△　报载北伐大本营已移永州,第一支队有一混成旅开向衡州。(共:《西南北伐之探报》,《北京日报》1922 年 2 月 16 日,"要闻")

△ 据报载,奉直失和以来,奉张企图利用直系与西南民党在岳州的矛盾,联络西南,实行远交近攻之策,而西南对此表现冷静。（傲:《奉直之与西南》,《盛京时报》1922年2月16日,"论说"）

2月17日 赣督陈光远电告鄂督萧耀南北伐布置情形。（《陈光远告急之篠电》,《盛京时报》1922年2月22日,"民国要闻"）

△ 报载洪兆麟、唐继尧均表示听候调遣,进行北伐。粤军总司令部饬兵工厂赶造北伐枪械,自本月起每月赶造步枪一万、弹三十万、机关枪四十枝备用。（东平:《军事之消息一束》,《北京日报》1922年2月17日,"要闻"）

△ 云南省议会来电,报告因议员陈善等捣乱,决暂行休会,以待政府依法解决。（《滇议会电告休会》,上海《民国日报》1922年3月22日,"要闻"）

2月18日 报载许崇智已于7日就任联军总指挥,9日复电令柳州、庆远滇军胡若愚、李友勋等移向桂林出动,否则以违令论处。（民:《南北战争之酝酿》,《北京日报》1922年2月18日,"要闻"）

△ 陈炯明召集廖仲恺、汪精卫、邓铿等开北伐军事会议,秘密决议筹划汇往孙氏军费之方法。嗣复召集外交次长伍朝枢协议外交问题。（《筹划北伐军之决议》,《顺天时报》1922年2月21日,"国内时事电"）

2月19日 唐继尧公开来电:告知到柳州后暂设总部以规划进行,并已快速赴各处巡视,各军士气极为奋发。认为西南夙持正谊,义切救亡,当此中原鼎沸之际,若非大举澄清,无从息解纠纷,刷新政治。因此已委任李友勋为第一军长,田钟谷为第二军长,胡若愚为第三军长,杨益谦为第四军长,饬其速筹会师,希能一劳永逸,早筹建设良规,以行民治而弭兵气。（《北伐说中之唐继尧》,长沙《大公报》1922年2月20日,"中外新闻"）

2月20日 发表对北京政府布告,反对华盛顿会议协定,宣布徐世昌罪状。

布告称:北方徐世昌政府派遣的伪代表与日本代表在华盛顿所

协定的条件,丧失权利,违反民意,甘为国民之公敌。特此公布徐世昌的罪恶。"如今后仍予姑息,势必诡谋横行,灭亡无日,故起而讨贼救国,并愿与国民共图之。"(《孙文讨徐之布告》,《顺天时报》1922年2月23日,"国内时事电";《孙文又发对北布告》,《京报》1922年2月23日)

　　△　报载派人劝在柳州之唐继尧返回桂林。许崇智改编桂军,拟在桂林组建北伐义勇队;粤航空局长朱卓文在外洋订购军事飞机。(《孙文派人劝唐返桂》,《盛京时报》1922年2月23日,"论说")

　　△　段祺瑞代表周善培到粤,商议合作讨伐直系。("中华民国"史事纪要编辑委员会编:《中华民国史事纪要(初稿)——一九二二年一至六月》,第440页)

　　2月21日　吴佩孚在洛阳召开直、鲁、豫、鄂、苏、赣、陕、甘八省联席会议,讨论内阁及应对西南北伐问题。

　　关于内阁问题。在吴氏缕述推倒梁士诒之必要后,与会者一致主张坚持到底,无论外人如何压迫,绝不稍示退让。关于西南北犯问题。吴氏以川、湘两省之向背具有左右南北局势之作用,主张此时仍应联络该两省,但宜取消极态度,即足以阻止南军北进即可。至不得已时,再援驻鄂直军一部分,由湘司令赵恒惕指挥调遣,以资堵御。一面由其本人集合豫、鲁、陕、甘四省军队,扼守洛阳、郑州一带,伺机而动。(《洛阳会议之所闻》,《顺天时报》1922年2月24日,"论说")

　　△　报载赣督陈光远电请北京政府对付北伐军进攻赣南,并发起赣、苏、皖三省协商联防。(《苏皖赣礤商联防》,《盛京时报》1922年2月21日,"民国要闻")

　　△　蒋介石陈述联奉击直之主张。("中华民国"史事纪要编辑委员会编:《中华民国史事纪要(初稿)——一九二二年一至六月》第335页)

　　△　滇、黔、赣将领朱培德等来电,报告援桂联军第三路司令李友勋1月27日遇害情况,声讨唐继尧。(《滇黔赣将领请表彰李友勋》,上海《时报》1922年3月14日,"要闻")该电所说李友勋遇害的真实性待考,因为后面多处有李友勋活着的迹象。

据载2月25日,李友勋、胡若愚等公开来电:"祝民治以实行,早谋修养,顺潮流而建设,化洽祥和。"(《靖国军全体官兵致西南各省通电》,《民国初期稀见文电辑录》第1册,第49—50页)3月9日,李友勋等致电孙中山等,通告顾品珍祸滇罪状。(《民国初期稀见文电辑录》第1册,第51—52页)3月10日,李友勋、胡若愚等再次致电孙中山等,通告顾品珍十大罪状。(《民国初期稀见文电辑录》第1册,第52—57页)

2月22日　朱培德、谷正伦等来电,反对唐继尧回滇。(《唐继尧回滇之风云》,天津《大公报》1922年3月18日,"政闻[二]")

△　报载张作霖遣使联南北伐,分别密函孙中山、陈炯明、许崇智、唐继尧等,自认担军费五百万,并将关内奉军交段祺瑞节制;且请许崇智、唐继尧援助北伐。张氏此举,被指实为借以推倒直系。(《奉张遣使联南北伐》,《盛京时报》1922年2月22日,"论说")

△　报称:广州军政府岁入充裕,包括如下来源:海关收入二百万元;粤汉铁道收入二千七百万元;盐税收入二千二百二十万元;广州造币厂纯利六百六十五万元。此外,尚有若干厘金、田赋等收入。(《广州政府之岁入》,《盛京时报》1922年2月21日,"民国要闻")

△　报载北伐军得到北部援应。蒙地蒙兵及蒙边土兵,已受三民主义熏染,将向直晋方面进兵,其总机关部位于上海西藏路。(《孙文北伐之北部援应》,《盛京时报》1922年2月22日,"论说")

△　报载,为抗击西南北伐,吴佩孚淡出内阁组成事务,专任防南事务。日内遣特使将赴武汉,布置鄂、赣防务。(《吴使赴汉布置联防》《吴佩孚专任防南事务》,《盛京时报》1922年2月22日,"民国要闻")另外,为防范西南北伐,北京政府添设驻武昌长江防务总司令,暂由鄂督萧耀南兼任,待抗西南联军北上时另作专设,并责令陆、财两部筹备饷械子弹。(《中央注意西南北伐》,《盛京时报》1922年2月22日,"论说")

2月23日　致电马君武等,令滇、黔、赣军严行制止唐继尧回滇。报载唐回滇内幕。

去电首先回忆了自己对唐继尧之优容。谓初以唐继尧数年以来,颇知大义,乙卯、丁巳两役不无劳勋。大军北伐之时,唐继尧身虽在野,仍应力所及者为国驰驱。自唐继尧希图回滇之事发生,自己犹电令之来桂,可惜他为奸人所惑。因希望有让他悔祸的机会,所以对滇、黔议会及各公团先后之电呈均未置答。之所以如此优容,无非是为国家惜有功之人。

然后指出之所以令各该军政长官严行制止唐继尧前进,在于阻止唐继尧反戈回滇以及对北伐大局可能带来的危害。因唐继尧抵达柳州后,擅自设立总司令部,私自委任各军长;调遣军队自由行动,假借筹备北伐的名义,实冀反戈回滇。并违抗命令率队取道河池,向东兰、凤山一带前进。若不迅予制止,势将妨碍北伐进行,且扰乱地方。因此特令各相关省长、总司令等迅即严行制止唐继尧前进,毋任其以一己权利之私,成为西南大局之梗。(《广东群报》1922年2月25日)

关于唐继尧回滇原因,报称主要是其与陈炯明密约反对北伐,以实行联省自治。唐继尧由港赴滇经广州时,与陈炯明秘谈近八小时,结果"陈助唐现洋十万元、步枪一千枝、子弹五十万粒、'自来得'手枪四十挺,并电广西所驻粤军将领,妥护出境"。故当孙中山在桂林下令阻止唐继尧回滇时,陈则明命保护唐回滇。据说唐、陈协约,"俟唐氏定滇后,以全力会同贵州之袁祖铭及竞存在桂之粤军,消灭中山之北伐军,另建联省政府"。大约各独立省设自治政府,再由各省联合,组织自治中央政府。该政府自治地点仍在广州,统治权则归各省自治政府选任之行政委员。(冷眼:《陈炯明叛孙因果补述》[香港特约通信],《商报》1922年7月2日,"要闻")

2月24日　复函朱和中,告北伐如能会师武汉,则立即开办炼钢厂及印刷事业。

1921年11月15日和1922年1月1日,朱和中自湖北两度来函,建议与德国合作,在武汉创办炼钢厂。复函指出:大军已开始由桂出发,拟会师武汉。如武汉得手,则立即开办炼钢厂。11月15日来函所陈之十二项事业,万一武汉不能得手,也急欲就西南已有之六省地盘,而开办其中一部分。比如利用广东、四川固有工厂以及云南、贵州煤铁遍地的条件,先建成一炼钢厂,作为制造事业的基本,其他则易举了。如果一定要等统一之后,则恐怕旷日持久,非计之得。因前途未卜,如果愿意即刻从事经营,请速与彼方资本家磋商。并认为除此十二项事业之外,还有印刷事业也是所急需的,希望与彼方资本家磋商,为南方先设一印刷所,不光印刷纸票,还要印刷地图、书画等等。(《恩施发现孙中山先生的亲笔信》,《湖北日报》1981 年 8 月 28 日)

　　△　以大总统名义颁布禁止蓄婢令,并公布暂行公会条例。

　　2 月 17 日,报曾载大理院长徐谦请明令禁止蓄养婢女之呈文。(《徐院长铲除奴隶制度》,上海《民国日报》1922 年 2 月 17 日,"要闻")本月 24 日,特下令谓:"蓄婢之风,前清末造,业已成为厉禁。凡买卖人口者,科重刑。民国成立,人民一律平等,载在约法,所有专制时代之阶级制度,早经完全废除。乃查私家蓄婢,至今未已,甚至买卖典质,视同物品。贱视虐待,不如牛马,既乖人道,尤犯刑章。兹特明令严行禁止,嗣后如再有买卖典质人为婢蓄婢者,一经发觉,立即依法治罪。着内务部大理院分别咨令各省行政、司法长官,令饬所属一体举行。并着内务部通行各省,妥筹贫女教养办法,以资救济。"又制定暂行公会条例加以公布。(《大总统令》,上海《民国日报》1922 年 3 月 5 日,"要闻")

　　△　广州军政府颁布《工会条例》,支持工会组织和工人运动。(刘曼容:《孙中山与中国国民革命》,第 96 页)

　　△　大理院长徐谦呈文报告粤省各司法机关开设事宜。(《广东司法机关大扩张》,上海《民国日报》1922 年 2 月 24 日,"要闻")

　　△　旧部程海标来函,简述崇敬之意以及弃政从商经过,表示愿意重新追随效命,借助福建讨陈机会,为革命建造功绩。如果获准,将终切报效,赴汤蹈火而不辞。(《程海标上总理函》,环龙路档案第 11805 号)

　　2 月 25 日　咨文北京国会,对赵恒惕违背约法宣布省宪提出质问。

咨文谓：因湖南总司令赵恒惕宣布省宪，违背约法，议员彭邦栋特提出质问书一件，联署者二十人以上，核与议院法第四十条之规定相符。特备文咨请政府查照，依限答复。因此，拟将质问书抄发内务部咨行湖南省长查复，一俟呈报到日，再行答复。（《总统咨复质问湘宪案》，上海《民国日报》1922 年 3 月 7 日，"要闻"）

△　颁布命令，为罪犯刘张氏减刑。

令谓：根据大理院长兼管司法行政事务徐谦及广西高等检察厅呈送同级审判厅判交的罪犯龙老元无期徒刑一案中，有刘张氏"处刑期十一年，情轻罚重，请宣告减刑"的请求。特依据约法第四十条，准予该犯刘张氏减处二等有期徒刑五年。（《大总统令》，上海《民国日报》1922 年 3 月 5 日，"要闻"）

△　北伐军拟设湘桂粤联军总司令部，由陈炯明担任总司令。

报载南军大本营拟与北伐计划进行同时，设立湘桂粤联军总司令部，许崇智即将以此项任务由桂林前往衡阳。又云，该总司令一席当推陈炯明担任，待陈氏表示同意后即当发表。（《拟设联军总司令部》，《盛京时报》1922 年 2 月 25 日，"论说"）

△　报载北京政府分电鄂督萧耀南、苏督齐燮元等，令其编制防军，以备南军北伐。（《分电防备南军》，《盛京时报》1922 年 2 月 25 日，"论说"）

△　与陈炯明一起调停疏通各部，北伐准备进展顺利。

报载北京政府接湘探来电称，西南联军决定北伐后，其表面虽仍凌乱，但经孙中山、陈炯明竭力调停，并派员在各路统兵长官处疏通意见后，大的方面已归一致。主要在如下方面取得进展：即李烈钧允任前路总司令，滇黔联军已编入第二路出发，大本营将设于衡州，西南自筹饷械已经敷用。（《西南北伐之实在情形》，《盛京时报》1922 年 2 月 25 日，"论说"）

△　报载北京政府对于南军北伐的防御筹划。

吴佩孚此时对付南方之方略为主守不主攻,主张由湘、鄂、赣进行防堵,以使南军不能北上。北京政府颇以赵恒惕态度未明为虑,拟派员赴湘,质问其毁约、容纳粤军之用意。参陆办公处对于南军北伐一事,曾连日计议,大致以筹划前路防务为首要对策,拟委派张福来师长为第一路前防总指挥,设指挥部于岳州;以陈光远师长为第二路前防总指挥,设指挥部于大庾,日内即将通电知照。(《政府对于北伐之筹划》,《盛京时报》1922年2月25日,"民国要闻")

　　△　报载赣督陈光远召集紧急军事会议,制定抵制北伐计划六项。

　　当陈光远得知孙中山决在衡州设立分府,派李烈钧、许崇智两军分攻湘赣,赣省首当其冲,情势危迫,即在督署召集驻赣上级军官召开紧急军事会议,议定六项对付办法:(一)电请北京政府发给军饷及械弹等项,以资应用,并请示对付北伐军之方略。(二)赣省军力单薄,从前所定之苏、皖、赣、鄂联防规约须继续进行,紧急时尤须互相协助。(三)赣垣防务由驻省各军队负责维持。(四)赣边接近敌军之处,由前线各军队设法抵御,不得疏虞。(五)亟宜设法应付前方各军事长官添发枪弹之请,除将军储局枪弹颁运前方发给外,俟北京政府增发后再行补发。(六)戒严期间,各军事长官须共同担负维持治安之责任,如有疏忽,即行严惩。据称以上六项议毕,散会后即逐条履行。(《赣督抵制北伐之计划》,《顺天时报》1922年2月25日,"国内时事电")

　　2月26日　在桂林南校场校阅粤军第七独立旅等部。(《桂林》,上海《民国日报》1922年3月2日,"本社专电")

　　2月27日　在桂林大本营出席粤军第七旅北伐誓师礼,发表《北伐誓师词》。(《北伐誓师词》,《孙中山全集》第6卷,第90页)其誓词曰:"民国存亡,同胞祸福,革命成败,自身忧乐,在此一举。救国救民,为公为私,惟有奋斗,万众一心,有进无退!"(《桂林》,上海《民国日报》1922年3月2日,"本社专电")。据5月10日《广东群报》报导,在5月6日抵韶关后，亦集合当地驻军，在北伐整师仪式上宣读同一誓词。（桂林政协供稿：《北伐誓师词》，广西壮族自治区政协文史资料委员会编：《孙中山先生在广西》，第 197 页）

△　四川第三军军长、成都卫戍总司令刘成勋来函支持北伐，认为内争不息，外御为难。

函谓：时局梦如乱丝，国内南北相持，国际上华盛顿会议中国方面好音无多，因而不禁为中国前途危且惧。孙中山此次誓师北伐，非不知兵凶战危重苦民众，而慨然引北伐以为己任，是因不息内讧之争，外侮难以为御。刘成勋自己虽也主张联省自治应由积极筹备制宪着手，但因忝领军符，责任所在，故仍要联合西南各将帅秣马厉兵，整理戎行，预待时机而遥听号令。（《四川刘军长上大总统书》，上海《民国日报》1922 年 3 月 7 日，"要闻"）

△　广东学生梁子平、李焯生等来电，表示愿参加北伐。

电谓："北京伪廷卖国，全国同愤，请求早日誓师，扫除国贼以维民国，并表示愿效前驱，立候师期。"（《桂林传来之北伐消息》，长沙《大公报》1922 年 2 月 28 日，"中外新闻"）

2 月 28 日　派蒋文汉偕张作霖顾问李梦庚由桂林抵梧州，携有寿礼甚多。（《上海快信摘要》，长沙《大公报》1922 年 3 月 13 日，"快信"）

△　上海《民国日报》载文，澄清所谓"桂林粤军因载缉私土，与滇、黔、赣军冲突，粤军大败"，以及孙中山遭到袭击之误传。

其理由是，这两份报纸的电报系 28 日由香港拍发，《民国日报》的专电也发于 28 日，如果真像这两份报纸所载，有因截烟土而战，粤军败，孙中山离开桂林，至昭平被袭击后至乐平这么多事，断非数小时内都能发生，更非数小时内即能传至香港，不可能 28 日随同大本营出发的《民国日报》专员还在发电报告知孙中山于 27 日誓师，而同日香港就已能知道孙中山已由桂林至昭平至平乐者。即此可证明该两报是港电之污蔑。（《桂林》，上海《民国日报》1922 年 3 月 2 日，"本社专电"）

3月

3月1日　成立北伐大本营幕僚处,任蒋作宾为主任。(《上海快信摘要》,长沙《大公报》1922年3月12日,"快信")

△　颁发国民银行条例,训令行长梁长海遵照执行,以树战时财政之根本。

训令曰:政府因企图金融活动起见,特设国立中华国民银行,前经任命该行监督及行长、副行长在案。"当此大军北伐,开拔有期,亟应力策进行,以树战时财政之根本。"(《孙文对北伐之积极进行》,《晨报》1922年3月2日,"紧要新闻")

3月2日　湖南弭兵会电请裁兵息战。(《北伐军定期赴湘》,《晨报》1922年3月5日,"紧要新闻")

3月3日　汪精卫提出讨贼军以讨伐数要人为目的。未允。

报载湘探电,汪精卫虽赞成改北伐名义为讨贼军,但指出以伐北方数要人为目的。孙中山对此未允。(《又电》,天津《大公报》1922年3月3日,"专电")

△　旅京广西同乡会来电,请在自治、军纪、治安、物价等方面为广西考虑。(《旅京桂人致南方当局电》,上海《时报》1922年3月7日,"要闻")

△　谢持致居正函,请其转请孙中山停止蔡突灵的国民党党员资格。

日前,江西国民党党员张峰等三十六人上书,谓党员蔡突灵参加筹安会,拥护帝制;领取政学会津贴,反对民党;泄露讨伐陈光远军事秘密等,屡次叛党通敌,强烈要求开除其党籍。认为上述三点居其一者,根据国民党誓约便应处以极刑,但念其为老同志,望其改过自新,屡忍而不发。不料非但不思悔改,反而变本加厉,若不严加处分,"同志寒心,不独赣省党人将蒙其害,实于北伐计划有莫大危险。务恳我总理查照誓约,将蔡突灵严于惩办,以除党奸而维党约"。孙中山接到上书后,即通过居正、谢持转达命令,准停止蔡氏党员资格。(《谢持致居正函》,环龙路档案第 00044 号)

3 月 4 日　在粤军第二路军司令许崇智陪同下,前往桂林南校场检阅第四独立旅,并举行誓师典礼。6 日,又同滇军、黔军、桂军举行阅兵、誓师仪式。(广东省档案馆编译:《孙中山与广东:广东省档案馆库藏海关档案选译》,第 262 页)

△　海关档案载:吴佩孚已派其部属白坚武和孙汉丞前往上海,联络直隶革命党领袖孙洪伊,请其说服停止北伐行动。(广东省档案馆编译:《孙中山与广东:广东省档案馆库藏海关档案选译》,第 260 页)

△　驻京外交团主张,如北伐军至湘,即向南北当轴提出是否危及东亚和平之质问书。(《北京电》,天津《大公报》1922 年 3 月 4 日,"专电")

3 月 5 日　任金汉鼎、卢焘为中将。电邀杨蓁赴桂,杨辞,拟赴西湖。(《上海快信摘要》,长沙《大公报》1922 年 3 月 5 日,"快信")

△　万隆分部刘德初等来函,报告该分部党务不佳之原因及整顿措施,报告已重新选举各科负责人,请予以委任。

函中检讨自己任职两年来,之所以党务欠发展,成绩不佳,主要因为各科主任或因故回国,或未到任,均未任事;加以评议会成立至此,从未开会,形同虚设。而后者则皆由评议员职员怠玩畏葸所致。因此决定予以整顿:首先召开全体党员之恳亲大会,讨论部分章程并通过宣布施行;其次,期满依法换届选举,俾负责有人,党务得以发达。所有获选人员已经宣誓就职,为此将当选职员名册及当日选举情形各缘由,呈请察核备案,并加委任状,以昭郑重。(《万隆分部刘德初上总理函》,环龙路档案第 05654 号)

3 月 6 日　亲临滇、黔、赣各军在桂林南校场的誓师授团旗仪式,三军宣读大元帅誓师词,精神奋发。(《北伐声中之滇局》,长沙《大公报》1922 年 3 月 24 日,"中外新闻")

△　赵恒惕的代表贺耀祖到桂林,提出北伐四条件。

报载该四条件为:"(一)北伐军惟于攻击湖北时,请勿假道湘省。(二)不干涉湘省政治。(三)不更换湘省现在之文武官。(四)北伐军经过地方不征税课。"据说孙中山对此态度尚不明了。(《香港电》,天津《大公报》1922年3月6日,"特约电")

△　报载旅湘英人牧师任修本,应湖南华洋义赈会之请来函,陈述湘省灾荒惨象,希予留意。(《湘人和平运动之应声》,《申报》1922年3月6日,"国内要闻二")

3月7日　致电李烈钧等,指示申斥黔军刘其贤等干预政治。

是日,致电广州北伐大本营参谋总长李烈钧与文官长胡汉民,以中央直辖黔军刘其贤等联合通电,干预政治,指示予以申斥。李、胡乃于当日致电贵州总司令卢焘及中央直辖黔军总司令谷正伦等转达该电令,该电谓:用人行政,政府自有权衡。中央直辖黔军于受令北伐之时,该军参谋长刘其贤等,竟于5日联合通电干预政治,自作主张,殊属不合。令即传谕申斥,以肃军纪。(《大元帅申斥军人干政》,上海《民国日报》1922年3月25日,"要闻")

△　韦罗贝博士著《广州政府法律上之地位》一文。(《广州政府法律上之地位》,长沙《大公报》1922年3月7日,"中外新闻")

△　海关档案载:据桂林消息,孙中山即将出发,以亲自指挥分期开赴湖南的北伐军。因此,确定大本营的所在地,便成为目前急待解决的问题。据说,孙总统在这方面已有打算,准备于各军开拔后,在衡州设立一个行营,但大本营仍然留在桂林。(广东省档案馆编译:《孙中山与广东:广东省档案馆库藏海关档案选译》,第261页)

△　海关档案载:最近北伐军大本营收到赵恒惕的一份电报,请求提供足够的子弹,声称所部目前缺乏弹药,只有充分装备后才能出发。因而同意了赵的请求,此时给湖南运去了大量子弹。(广东省档案馆编译:《孙中山与广东:广东省档案馆库藏海关档案选译》,第261页)本月27日海关档案又载:有消息说,孙总统已派蒋作宾和孔庚前往湖南,

进行联合湘军的谈判,试图说服他们参加北伐。但是对方要求,如果不解款给他们作军费,他们就依然保持中立。(广东省档案馆编译:《孙中山与广东:广东省档案馆库藏海关档案选译》,第 264 页)

3 月 8 日　致函廖仲恺、曹亚伯,指示联德注意事项。

1921 年 5 月,孙中山就任广州中华民国政府非常大总统后,决意努力争取国际革命友人的支持和协助。同年 7 月,朱和中奉命赴德,于 10 月初抵达柏林。1922 年 1 月 1 日,朱和中从柏林来函,汇报其在德活动情况。3 月 1 日,他又从德国拍来电报,报告德人辛慈情况,并告辛慈即将启程,经港往广州。先后接悉朱和中信函及电报,于 3 月 8 日致函廖仲恺和曹亚伯,指示有关付款及接待事项。在信封上写明:“要函。交廖次长仲恺亲启,别人不得开拆。孙文缄。”信内附有朱和中的来函及电报。孙中山在函内指示廖、曹阅后,务必将此函及附件全部烧掉不存。但廖未遵示,却存入保险箱。是年 6 月 16 日,陈炯明叛变,廖仲恺的保险箱遭窃,致使上述函电全部落入陈手中并予以公布。7 月 24 日,法属安南河内府刊行的法文报《东京前途》首先宣布:陈炯明政府披露了一批原始文件,证实孙逸仙经由德国前驻华公使辛慈居间联络,准备建立中俄德联盟的计划。(吴相湘编撰:《孙逸仙先生传》下册,第 1426 页)9 月 22 日,英人主办的《香港电讯报》(*Hong Kong Telegraph*)复将陈炯明获取的孙中山有关联德手书等中文原件及英译文合印成一小册子传布。首页引言中宣称:“中俄德将以布尔什维克理论作基础结成三国同盟。”引言后即将中文原信摄影制版刊布,下附英文译文。相关电函见下。

1922 年 1 月 1 日,朱和中致函,请拨款继续支持联德费用。谓“此间诸事方得门径,进行方殷,半年期满,决不能中止回国,因此请款,饬拨以后,即请示知”。(广东省档案馆藏原件影印件)3 月 1 日,朱和中又从柏林来电,谓:“前驻华德使辛慈熟悉吾国情形,曾充驻俄陆军特使八年,与俄人感情亦洽,精通英、俄、法语,且思想新颖,手段敏活,其所主张亦合民治潮流,洵为德国不可多得之人材。方中未抵柏林以前,辛慈即主张:华、德、俄三国联合,与钧旨暗合。近自与中接洽后,拟不问他政,专办此事,是以决定组一公事所以资筹备。现总定两月内筹备完竣,伊即请命于其国务总理来华。中愚见拟以辛慈为总理员,其他各科选定主理员。除人员、材料、办法由主理酌定,总理员专备钧座咨询。主理员筹商何项人员先行来华,何项人员陆续前来;何项材料即日需要,何项材料继续运输;何种办法即日拟定,即日实行,何种办法继续拟定,随后推行,均由钧座与总理员核夺。如此,则东西声气互通,纲举目张,进行自速。惟辛慈名望颇重,须用假名,虽一般德人不可使知。届时,当电报船名,即请于抵港时,派轮密迎入幕为祷。至来华以后是否受聘,另是一事,兹不迭赘。来电辛以H代。肃请钧裁。"(广东省档案馆藏原件影印件)

是日,孙中山致函廖仲恺、曹亚伯,谓:"兹得朱和中来函,所图各事,已有头绪。其有需两兄协办者,特将所关之函付来共阅(此函阅后付丙),便知应付矣。一要仲恺兄照所请,发给四千两百元,分寄北京、柏林。寄柏林者,要买美金或英镑,不可买马克,因恐马克有跌无起,美金、英镑则有起无跌故也。并付来支条一纸,交由会计司出帐可也。二要亚伯兄在广州等候,辛慈到港,则亲往接,直带他来大本营。此事要十分秘密,故接此信之后,则要着电报处留心欧洲或欧亚沿途各埠所来电报。如有H字样来者,即如期往港俟船便妥矣。朱和中处,于未接他此信以前,已有信着他回国。然无论如何,此三千元当寄。汇款时,可加一函,转属他回国之期,由他自定,如尚有重要事件须办者,当可稍留;如无要事,当以早回为佳,最好能与辛慈齐来,则诸事更为融洽也。又,亚伯兄在广州等候时,由会计司每月支公费三百元;到大本营时,则由大本营支,广州可以停止,并付支令一纸。辛慈之事,愈密愈佳,如非万不得已,则政府中人,亦不可使之知也。"(广东省档案馆藏原函影印件)上述文件,香港各报如《士蔑西报》等均宣布,上海各报亦均译载。

3月9日　报载刘湘来电,请拨川军饷械。

万县探电，刘湘是日致电孙中山，"允派川军三师六混成旅加入北伐军，乞拨饷械"。（《又电》，天津《大公报》1922 年 3 月 9 日，"专电"）

3 月 10 日　马君武决辞广西省长职，旅粤桂人集议挽留。（《上海快信摘要》，长沙《大公报》1922 年 3 月 16 日，"快信"）

△　发布出师北伐紧急通告，申明北伐之目的在"期奠国基于巩"。

是日，以海陆军大元帅名义发布出师北伐通告，指出北伐原因是：民国肇造十一年来，"内治不修，外患日亟，政变纷乘，民生凋敝"。徐世昌窃权僭号，引用帝孽，"卖国鬻路，甘丧主权，驱人民于水深火热之中，置国家于累卵覆巢之地"。全国志士因此引为深忧。而北伐军的进军路线，则将是自桂出发，取道长沙、岳阳，会师武汉，直抵幽燕。为使北伐军顺利进展，需要所经县境地方官厅，对于兵站所需夫役、品物等项，"务宜联合绅耆，协同妥办，毋得稍存诿卸，致碍进行。各该部队，则向兵站处核实领给，照章支配，勿许再向民间搜求，致兹纷扰"。（《大总统出师北伐通告》，上海《民国日报》1922 年 3 月 20 日，"要闻"；罗家伦主编：《国父年谱初稿》，第 525—526 页）

△　菲律宾之宝雁支部丁芳园来函，告前寄新进党员誓约、证书未收到，只好重新再寄；请先发来党证；并告以筹饷局设立及福建自治会组织颇有头绪，党务团结。（《菲律宾之宝雁支部丁芳园上总理函》，环龙路档案第 06990 号）

3 月 11 日　支付军费，北伐赣军出发。

3 月 10 日，北伐桂军向湖南永州出发。3 月 14 日，滇军出发。据称军费概由孙中山支付。但因伍廷芳、陈炯明等之建议，并未发布早就拟发的讨伐唐继尧令。（《西南形势又将变化》《孙文不讨唐继尧》，《晨报》1922 年 3 月 19 日，"紧要新闻"）

3 月 12 日　任命赵恒惕为湖南省长，并告是日由桂林出发北伐，令其准备粮食。（《孙文已由桂林出发督师》，《晨报》1922 年 3 月 17 日，"紧要新闻"）

3月13日　派梁若狂赴南非洲英法属地筹饷。(《北伐军之接济与障碍》,《晨报》1922年3月22日,"紧要新闻")

△　报载致电李厚基,询其北伐态度。

前数日致电李厚基,询其在北伐问题上"归南还是归北"。(《李厚基增兵不能壮声威》,《晨报》1922年3月13日,"紧要新闻")

△　号召湘、鄂协力北伐。("中华民国"史事纪要编辑委员会编:《中华民国史事纪要(初稿)——一九二二年一至六月》,第395—396页)

3月14日　委任廖伦为典的市中国国民党分部干事。(《给廖伦委任状》,陈旭麓、郝盛潮主编,王耿雄等编:《孙中山集外集》,第751页)

△　北伐滇军出发。(《西南形势又将变化》《孙文不讨唐继尧》,《晨报》1922年3月19日,"紧要新闻")

3月15日　电粤称,此次北伐,有破釜沉舟般志向,只有除旧布新,才更能显示北伐军之决心。(《上海快信摘要》,长沙《大公报》1922年3月22日,"快信")

△　驻加拿大乌埠国民党香山同乡党员郑重精等来函,请示拟劝捐款建立党所。

函中大意谓,国内护法继起,国难垂危,以不能亲自效力感到惭愧。认识到宣传对实行民治政策之重要,拟尽绵薄之力和为职责所在。经过同乡党员开会讨论,认为为党效力,扩张党务,重在宣传。故全体议决拟集资建筑费拾万元,在本邑建立党所,以使各科办事有所依归。但因事体重大,如果只向本邑人劝募,恐力有不及,而若改拟扩大范围,向全加拿大各机关襄助,又恐牵涉过大,因此特修函问计可否,然后再与各地同乡同志共同商量进行。(《乌威斯勉市打分部长郑重精上总理函》,环龙路档案第08448.1号)

同日,乌威斯勉市打分部长郑重精等转呈黄永宽为扩张香山党务函,请求指示。

函曰:党员黄永宽、李汉杨、李润钿等,为扩张香山党务来函,嘱即转呈。希望"钧阅并祈赐下善画,俾作南针"。函尾祝贺北伐屡战

屡胜,并请为国珍重身体。(《乌威斯勉市打分部长郑重精等与总理函》,环龙路档案第 08448.2 号)

△ 郭泰祺来函,告以与唐绍仪相约,东渡日本,不能马上赴粤参加工作。事毕后,当即返粤。(《郭泰祺上总理函》,环龙路档案第 01271 号)

3 月 16 日 特任云南代理总司令金汉鼎代理云南省长。(《十六日国务会议纪事》,上海《民国日报》1922 年 3 月 24 日,"要闻")

△ 报载赵恒惕拒绝北伐过湘,据称背后为陈炯明指使。

原定北伐军略,由桂林出全州,经衡阳下长、岳,但因陈炯明煽动赵恒惕阻挡北伐军假道湖南而受阻。初,赵恒惕派使请孙中山赴湘,恳请孙月助湘军饷十万元,子弹一百万发,孙即命陈炯明照办。陈虽不敢有违言,但阴与赵恒惕相约,以不许孙入湘作为供给饷弹之交换条件。(吴相湘主编:《中国现代史丛刊》第 2 册,第 412 页)

为避免误会,乃与湘南驻军罗光闽、谢国光商妥,改由湘南进兵。陈炯明盗用粤军中湘籍战士名义,"密电湘中将士,嘱其反对假道北伐;继见效力甚微,乃径电赵恒惕促其中立。赵于是有来电阻止北伐事。惟湖南民党将校之志切挞伐者甚多,赵乃与各将校会商,请发子弹六百万粒,饷银二百万元以为条件,孙先生(孙文)乃电炯明,炯明复称'如湘受我助,必须完全受我节制,且须由我派人调查其军队究有若干。'湘军将校大愤,合作之局破裂"。(《民信月刊》1922 年 5 月 26 日)赵恒惕则阳为欢迎孙中山来湖南,暗地里却又假造出地方团体名义来挡驾。是日,赵煽动湖南各团体阻止北伐军入境。24 日,赵又派代表李汉丞到桂林。(毛思诚编纂:《民国十五年以前之蒋介石先生》第 4 册,第 9 页)吁请北伐军勿入湘境,于是入湘北伐计划受阻。

△ 伍廷芳于交涉署宴请美使美领。(《上海快信摘要》,长沙《大公报》1922 年 3 月 23 日,"快信")

△ 电催北伐兵站总监钟秀南赴韶关布置兵站。(《上海快信摘要》,长沙《大公报》1922 年 3 月 25 日,"快信")

△ 福建晋江县属分部主盟人洪大鹏来函,请示泉州究竟是设立国民党支部,还是分部。

函谓自己在南洋奔走党务多年,去年承蒙被召回泉州办理国民党支部,但期间却被福州支部长黄展云委任办理泉州分部。指出泉州位置重要,范围广阔,党员尤多,应直接在总部下设支部,以利工作。只是自己才识浅陋,未敢擅自做主,且闻总部所有党纲誓章均有变更,亟恳孙中山察核示下,以便办理;并望顺便将党章誓约邮来,俾资遵守。(《福建晋江县属分部主盟人洪大鹏致总理函》,环龙路档案第13306号)

3月17日 报载因赵恒惕对北伐态度不明朗,派参谋杨明义赴长沙进行接洽。(《孙文已进行联赵》,天津《大公报》1922年3月17日,"政闻[二]")

△ 国民党总务部主任居正函请审核所委各部干事名单。(陈三井、居蜜合编:《居正先生全集》中册,第318—319页)

△ 报载密电陈炯明,嘱防桂变,并告陈炳焜党羽已在两粤边境设立机关。(《又电》,天津《大公报》1922年3月17日,"专电")

△ 陈炯明奉命增防湘南。

报载陈炯明迭被孙中山电促派粤军向湘南增防,反攻长沙、岳阳,以便积极进取鄂省。陈因而在观音山会议,将粤军三、四两大支队,由陈炯光统率开赴衡州,与滇、黔各军会师北攻。粤省防务,另由新兵驻守。所需开拔费,纯由广州商会募集,共计一百七十三万余元。该军决定二十日向湘南发动,并在石井兵工厂提取大宗子弹,押解赴湘。(《陈炯明派兵赴湘增防》,天津《大公报》1922年3月17日,"政闻[二]")

3月18日 暂缓北伐,以巩固西南后方。

报载,因陈炯明不肯轻动,湘省反对假道等,决计改变方针,暂缓北伐。特命朱培德率驻桂全军加入国民党图滇、谷正伦图黔,以使两粤、滇、黔连成一气,巩固后方。披露孙中山一贯抱定以党治国之宗旨,"是党者亲,非党者疏"。(《孙文想吞滇黔再北伐》,《晨报》1922年3月18日,"紧要新闻")

△ 旅粤黔人董琳等电请罢免黔省长王伯群。(《旅粤黔人反对王伯群》,天津《大公报》1922年4月1日,"政闻[二]")

△ 报载褚辅成抵粤,据说陈炳焜代褚向孙中山解释,在粤再图活动。褚云吴景濂现在奉天,与张作霖一致奉粤。(《又电》,天津《大公报》1922年3月18日,"专电")

△ 报载徐世昌、张作霖筹商统一,劝孙中山停止北伐。(本报驻京记者君侠:《统一与北伐》,天津《大公报》1922年3月19日,"特载")

3月20日 唐继尧回滇任云南善后督办,顾品珍败退。(毛思诚编纂:《民国十五年以前之蒋介石先生》第4册,第69页)

△ 报载滇、黔公民胡思清等呈请讨伐唐继尧。(《滇黔人请讨唐继尧》,天津《大公报》1922年3月20日,"政闻[二]")

△ 为桂林各军授旗出发。(《广州电》,天津《大公报》1922年3月20日,"专电")

△ 报载国会议员李执中等来电,提出铲除军阀政治之根本办法。(《铲除军阀政治根本办法》,上海《民国日报》1922年3月20日,"要闻")

3月21日 粤军参谋长兼第一师师长邓铿(字仲元)在广九铁路大沙头车站遇刺。两日后不治身亡。梁鸿楷继任粤军第一师师长,李济深仍任第一师参谋长。(李昭:《孙中山与李济深》,陈震宇、张宏儒、黄方方编:《"孙中山北伐与梧州"学术研讨会论文集》,第572页)

邓案发生后,孙中山以陈炯明"反骨日益显露,决定更改北伐由桂入湘的计划,下令挥师回粤。陈炯明为抵制孙中山,亦下令驻桂粤军悉数由桂班师。"(陆炬烈:《桂林大本营时期孙中山革命思想的伟大转变》,陈震宇、张宏儒、黄方方编:《"孙中山北伐与梧州"学术研讨会论文集》,第365页)

据载,邓案发生前几天,邓铿偕谢持赴香港接友,除总司令部数要人外,殆无人知。邓铿出发时,"陈炯明亲送至楼梯,客气异常,为从来所无"。21日,邓铿由香港回粤,在广九铁路大沙头车站突遭暴徒狙击，弹穿胃部，由陈炯明送往韬美医院诊治。延至 23 日午前 5 时逝世，享年三十八岁。政务厅长古应芬怀疑凶徒匿居香港，特派夏重民赴港密缉，探得主谋暗杀者为海丰派陈达生（陈炯明族弟，一说为族侄）使黄某贿买凶人为之。即密报香港政府，设法逮捕。但因陈炯明暗中袒护，未果。（邓泽如：《中国国民党二十年史迹》，第 248 页）

邓铿追随孙中山多年，信仰主义弥笃，时任粤军参谋长兼第一师师长。自孙中山出驻桂林，粤军许崇智部随行，邓铿留守广东，一面主持粤军军事，策划后方弹械饷糈之接济，一面又以监督陈炯明之责自任。孙中山离粤巡桂时，邓铿知陈炯明对孙阳奉阴违，难以信赖，乃拨自辖之一团为孙之警卫团，由副官长陈可钰率领。（《悼念邓仲元先生》，中国国民党中央委员会党史委员会编：《胡汉民先生文集》第 2 册，第 639—640 页）邓铿遇难消息传至桂林，孙中山与胡汉民、许崇智、蒋介石皆为之震惊。孙致电陈炯明，谓："仲元遽以创死，伤哉！平日忠于国事，勇于奋斗，前途之望，正复无量！壮年遽陨，不止粤中惜此人材也！"（罗家伦主编、黄季陆增订：《国父年谱（增订本）》下册，第 954—955 页）

23 日，在桂林大本营召开紧急军事会议，决议班师回粤，北伐改道赣南。

由于邓铿遇害，后方失去依赖，又因陈炯明与赵恒惕勾结，阻止北伐军假道湖南北伐，因此，是日孙中山在桂林大本营召开紧急军事会议，商讨今后军事行止。许崇智主张回师广东，蒋介石主张讨伐陈炯明。胡汉民认为："前为大局计，凡事都取宽容，今竟存如此，自然回兵。"遂决计回兵。此时前方北伐将士已过全州，孙中山于是下令，全体动员回粤。（吴相湘主编：《中国现代史丛刊》第 2 册，第 413—414 页）而天津《大公报》载称，会议系于 24 日召开，所列要案有三："（一）力劝各支队，如愿自攻唐继尧，可分兵力一半对北，不得尽数脱离联军。（二）对滇既成重要事宜，西南应谋一致意见。（三）北伐已经入手，未便中途停顿，应即讨论办法，严厉进行。"（《孙文又召开特别会议》，天津《大公报》1922 年 3 月 27 日，"政闻[一]"）

24日,以大总统名义发布命令,追赠邓铿为陆军上将,并着财政部、陆军部等从优议恤。命令内容主要有三:一是据广东总司令陈炯明呈报,宣布邓铿逝世的原因和时间。即"陆军中将、粤军第一师师长兼广东总司令部参谋长邓铿,本月21夜被刺,医治罔效,业于23日晨5时因伤陨命"。二是追忆邓铿的一生事功,即"该中将邓铿奔走革命以来,出死入生,患难与共。自辛亥光复以至兴师讨袁,运筹决战,靡役不与。近年援闽、援粤、援桂诸役,翊赞广东总司令陈炯明,决疑定计,战功尤伟。更复治兵严明,地方利赖"。三是对其的怀念及恤典。即"缅怀将帅,痛惜殊深。邓铿应追赠陆军上将,派总统府参军长徐绍桢前往致奠,由财政部拨给治丧费五千圆,着陆军部会同广东总司令部派员经理丧务;应得恤典,并着陆军部从优拟议呈候核夺,用示本大总统笃念勋荩之至意"。同日,陈炯明致电各报馆公布此令。(《大总统悼恤邓师长》,上海《民国日报》1922年3月28日,"要闻")并载陈炯明总司令已派密探认真缉捕,并令公安局转令第四区,限五日内将本案正凶破获。(《西南局势最近观》,天津《大公报》1922年4月5日,"政闻[二]")

3月28日,捕获邓铿案嫌疑犯多人。报载邓铿被刺以来,粤局日形杌隉,加以日来侦探四出拿人,居民益为不安。除之前拿获嫌疑人二十余名报有登载外,28日一昼夜间,又获嫌疑人两起。第一起系28日下午6时,由公安局长吴飞亲率警探在南园酒店抓走一名华侨住客周伯图,因查获周与香港的来往信件中,有犯嫌疑之语。第二起系28日夜深4时,由总部密令第一师李参谋亲带手谕,会同公安局督察长,分率宪兵、警探,赴第一区大塘街百岁坊六号易姓住宅严密搜查,检获书信一大束,将住客易文霸,并同居之男子三人、妇孺六人一并带走。据宪兵说,易之前曾在第三师供职,此时赋闲在家,因受沈鸿英巨款,将邓行刺。以上两起均解粤军总部讯究,其南园周姓住客,因有华侨力保,29日午释出。至易则因总部视为重要仍被拘留,只是据同去搜捕之警探对人谈及,无不为易呼冤。虽不知审讯结果如何,然而社会已经骚然了。(《邓铿被刺后之粤局》,天津《大公报》1922年4月12日,"政闻[二]")4月8日报载,刺杀邓铿凶手已被捕,凶手易文霸原属粤军侦探,得沈鸿英伪令军职诱惑,并由香港某党主使许以银三万为酬,遂下毒手。(《刺杀邓铿之凶手已被捕》,《晨报》1922年4月8日,"紧要新闻")

邓铿被刺后,一般人对继任人物颇为注意。"据说当道的意思,参谋长与第一师长两职,拟分别委任。此时有参谋长之希望者,一为黄强,一为苏慎初;有师长希望者,一为梁鸿楷,一为姚雨平,一为翁式亮。日内即当发表。一说参谋长一席,拟先委员代理,据说陈炯明属意于第三师长魏邦平,因其典军有年,饶富韬略,故深盼其出任此席。经当面征询魏师长本人意见,听说魏仍未置可否。"(《西南局势最近观》,天津《大公报》1922年4月5日,"政闻[二]")

3月22日　报载密讯:李烈钧向孙中山自告奋勇担任恢复岳州的任务,决定二十七日向长沙前进,图攻岳州防线。(《又电》,天津《大公报》1922年3月22日,"专电")

3月23日　报载伍朝枢之赴奉天,明示孙中山、张作霖已有密切联络,并认为北伐的政治中心在奉天。评论说:对此现状,应注意张作霖的言论,如果张作霖召集统一会议,则政治上必有非常影响。(《上海快信摘要》,长沙《大公报》1922年3月23日,"快信")

是日海关档案载:据报,不久将在天津举行统一会议,承认孙中山为正式总统。(广东省档案馆编译:《孙中山与广东:广东省档案馆库藏海关档案选译》,第263页)

3月24日　唐继尧入云南省城,顾品珍被刺死,其军队溃散。(刘绍唐主编:《民国大事日志》第1册,第208页)

报载唐继尧攻滇手续已生效力。顾品珍连次电求孙中山援救,孙以列入北伐粤军难使团体分裂,仅令李烈钧率领滇、赣散碎军队协助,又饬驻桂刘震寰先拨十二营赴百色,俟到剥益,再由杨坤如派两旅接济。因缓不济急,顾乃联结贵州卢焘,通过滇黔同盟,防止唐继

尧、刘显世返省,以巩固个人地盘。(《顾卢结合之形势》,天津《大公报》
1922年3月29日,"政闻[二]")

　　△　伍朝枢至总统府向孙中山报告赴奉情形。("中华民国"史事
纪要编辑委员会编:《中华民国史事纪要(初稿)——一九二二年一至六月》,第
533—536页)

　　△　报端披露湘赵同意北伐军假道的四个条件;北伐前锋已抵
衡阳;刘湘对北伐态度不定之原因分析。

　　据湘人言,赵恒惕近来忽同意西南假道,并承认粤军向湘南出
动,缘于事先与粤军有数项约定:(一)入湘粤军暂以湘南为驻扎地
点。(二)粤军在湘不得就地劝捐饷项。(三)湘南地方治安由湘军维
持,粤军不得侵犯。(四)必要时湘军饷械粤军须充分接济。

　　北伐先遣部队进入湘南,鄂当道积极筹备防御。传闻北伐军前
锋已抵衡阳,后方军队仍在积极进行,鄂当道因此积极筹备防御方
策,并谕驻新堤嘉鱼之二十一混成旅,准备赴湘协助防御。该旅长王
都庆已筹备行军用品,预备开拔。据说北伐先遣队粤军关国雄所部
已有二千余人,李烈钧所部赣军一千余人,李福林所部改编之拱卫营
四营,均已开入湘南,合共北伐军之在湘南者,不下万人。其抵衡阳
者,则不过数百人而已。又闻军事机关谍报,桂林北伐军拟于四月初
出动,并以湘南为根据地。孙中山仍驻桂林,以北伐总指挥驻湘南。

　　又据军界消息,川军总司令刘湘对于孙之北伐,表面赞成,实在
冷静观察。其原因主要有三:(一)川省各军意见不一,且熊克武虎踞
成都,对己身地盘存在竞争关系。(二)孙中山所部西南联军内部多
属血气分子,无稳健、坚忍不屈之将才,取胜不易。即幸而得胜,而后
路接济迥不若直军之便利。(三)川军实力虽充,然北军在火峰岭以
下,秭归、巴东各要塞布置密若铁网,欲再出巫山,亦非易事。潘、蓝
两军虽仍踞施境,但集合者半多土匪,且无充分军器,实不堪与直军
一战。因此刘湘态度仍然未定。(本报武昌特派员利:《湘鄂川风云万变》,
天津《大公报》1922年3月24日,"特载")

3月25日 长沙《大公报》载《孙中山北伐誓师》文,披露孙中山誓师北伐的情形及背景,预计南北战争为期不远。

文章认为:从孙中山最近的紧急通告,证明北伐之军事在积极进行。文谓,北伐宣传已久而未见实行,颇令人怀疑。从24日桂林大本营通讯报道的孙最近致各地方的紧急通告,足以证明军事之积极进行。首先,通告充分阐明了北伐的重要性,声称非扫除元凶,不足以清除障碍,非发扬民治,不足以顺应潮流。因此数月以来,筹定方略,搜讨军费,并行将自桂出发,取得长沙、岳阳,会师武汉,直捣幽燕。再则,通告规定了所经县境地方官员对于兵站所需夫役、品物等项的责任,规定了对勤力同心,在事出力者从优叙奖和对临事规避,或敢抗违者分别惩罚的措施。并奖励地方官和人民激发热诚,分担义务。桂林大本营通讯报道了桂林北伐军异常隆重的誓师典礼。"先期由孙亲率胡文官长、许军长,同临南门外大校场,检阅该旅士兵。次日在大本营集合,举行誓师礼。誓师既毕,群众三呼中华民国万岁。"

但三军未动,粮草先行。据说孙中山的北伐誓师,是得到了陈炯明对于军饷的承诺的。此前陈炯明致电孙氏,声明后方一切,由彼完全负责。24日陈氏又电致大本营,声称此项军饷,经送开财政会议商量筹款方法,已次第筹得的款一千万,预备陆续拨解。如有不足,尚可另筹。因此孙中山迅即誓师,不再顾虑。故舆论界观察得到的判断是,南北战争爆发当为期不远。(《孙中山北伐誓师》,长沙《大公报》1922年3月25日,"中外新闻")

3月26日 直奉关系恶化,反直三角同盟加紧联络。

3月,奉、直矛盾已趋白热化,段祺瑞、张作霖联盟倒曹锟、吴佩孚的密约已经形成。张先派李梦庚到广州接洽共同出兵讨伐直系。段也派徐树铮到桂林策划奉、皖两系与北伐军出兵北伐问题。3月上旬,孙中山派伍朝枢到北方报聘。(李家祉:《孙中山北伐取道桂林经过》,广西壮族自治区政协文史资料委员会编:《孙中山先生在广西》,第175页)

△　在桂林大本营召开紧急军事会议，决定班师回粤，变道赣南北伐。

是月中旬，赵恒惕煽动当地社会团体通电反对北伐军入湘。下旬，积极支持北伐的粤军第一师师长邓铿在广州被陈炯明部属暗杀，第一次直奉战争的战云密布华北。孙中山鉴于形势突变，召开紧急军事会议，决定变更计划，督师回粤，一面镇慑广东，一面进攻江西，从江西出师北伐。4 月 8 日，孙中山下令北伐各军拔队出发。10 日，他离开桂林，南下梧州。许崇智、胡汉民及大本营幕僚随行。持续四个多月的桂林整军至此结束。（莫世祥：《孙中山先生桂林整军》，广西壮族自治区政协文史资料委员会编：《孙中山先生在广西》，第 195 页）邓铿遇刺后，孙中山等认为陈炯明居心叵测，广东方面难以有所接济。因此在桂林大本营召集李烈钧、黄大伟、许崇智等举行紧急军事会议，决定变更北伐计划，下令全军先回师广东，平定陈炯明的叛变活动，然后再继续北伐。议决 4 月 5 日誓师，6 日出发。攻鄂以粤军为主力，攻赣以滇军为主力。（《北伐军决定分攻鄂赣》，《晨报》1922 年 4 月 7 日，"紧要新闻"）

△　报载日前赵恒惕司令派驻衡阳之探报，孙中山北伐军此时约有两个师团在郴边，因后方接济尚无准备，故未前进。（本报武昌特派员利：《鄂省军事与军饷之筹备》，天津《大公报》1922 年 3 月 26 日，"特载"）

3 月 27 日　广东飞机队向韶关出发，参加北伐。（《北伐声中之粤湘军》，《晨报》1922 年 4 月 5 日，"紧要新闻"）

△　马君武电告，自四月一日起，所有广西省所属部队，改称广西警备军，共八路。（《上海快信摘要》，长沙《大公报》1922 年 4 月 13 日，"快信"）即"第一路司令黄绍荣，驻梧州；第二路司令陈军虞，驻桂平；第三路司令吕春琯，驻武鸣；第四路司令莫昌藩，驻百色；第五路司令李宗仁，驻郁林；第六路司令刘玉山，驻柳州；第七路司令马晓军，驻泗城；第八路司令许宗武，驻桂林"。（《广西大事记（中华民国之六）》，《广西地方志》2005 年第 3 期；广西壮族自治区地方志编纂委员会编：《广西通

志·大事记》，第 135 页）

△ 粤海关档案载：上海来电称，奉系已与南方政府商定条件，准备今年夏季举行"实现统一的被提名人"会议，专门讨论对付徐世昌和吴佩孚问题。（广东省档案馆编译：《孙中山与广东：广东省档案馆库藏海关档案选译》，第 263 页）

△ 湘探来电，孙中山以李烈钧亦加入进攻唐继尧，饬粤军及海军迅速北伐。（《又电》，天津《大公报》1922 年 3 月 27 日，"专电"）

△ 报载孙中山准备 4 月 1 日离桂赴全州。（《又电》，天津《大公报》1922 年 3 月 27 日，"专电"）

3 月 28 日　因滇、黔形势变化及军费缺位，北伐方针落实受到迁延。

报载由于云南唐继尧军之形势与贵州王伯群、谷正伦之争夺政权，以及陈炯明筹集一千万元军费之事不容易进展，导致北伐方针不免有几分迁延。（《上海快信摘要》，长沙《大公报》1922 年 3 月 28 日，"快信"）

△ 赵恒惕趋向北省，劝阻经湘北伐，为孙中山反对。

报载军政机关确切消息，赵恒惕表示趋向北省后，即在长沙召集军事会议，讨论决定劝阻北伐军由湘北伐，保持全湘自治，严守中立。并拟派遣代表赴湘南，与北伐军各首领接洽，说明不能假道之苦衷。然赵之此项主张，已被孙中山反对。湘南各处北伐军继续前进，分驻祁阳、耒阳、衡州等处，准备等攻击令颁发，即行进攻。（《赵恒惕劝阻由湘北伐》，天津《大公报》1922 年 3 月 28 日，"政闻[二]"）

3 月 29 日　陈炯明转为支持北伐，主张取道江西。

报载陈炯明对北伐向持灰色态度，近来转为支持，表现为征发夫役，整顿路政，筹备饷需，行军秘密等，并主张取道江西。（《陈炯明对于北伐之计划》，《晨报》1922 年 3 月 29 日，"紧要新闻"）

△ 催促李厚基出兵北伐，以防其受吴佩孚拉拢而附北。

报载因西南盛倡北伐之说,北京政府以闽粤接壤,欲令李厚基乘粤军北伐之时,出师潮汕,以捣其虚。孙中山得知后,特派代表赴闽,以西南政府不日实施北伐,要李出师协同攻取赣南。李踌躇不决,迟迟未有确实答复。于是孙又电催,并询闽南设防之意旨,措词极其严厉。李厚基因而召集心腹各军官筹商对付办法,已议定复电,备陈闽省军力财力困难,极难协助北伐。至于闽南设防,则系为闽边一带土匪蠢动,并无其他意旨。(《李厚基对南之态度》,天津《大公报》1922 年 3 月 29 日,“政闻[二]”)

3 月 30 日　奉方代表随伍朝枢来粤接洽联合事宜。

报载张作霖近来大倡统一,与伍朝枢商定统一会议大纲八条,并派代表南下,与西南各要人面商一切。(《依然如昨之时局》,《晨报》1922 年 4 月 6 日,“紧要新闻”)

△　陈炯明反对奉粤联合攻直策略。

报载陈炯明反对奉粤联合攻直的理由,是认为如此难免为人利用,致使北伐劳而无功。主张联省自治,废督裁兵,恢复法统之后,方接受北方与南方言和。陈的主张在国务会议上颇受赞成。(《时局依然沉闷不进展》,《晨报》1922 年 3 月 30 日,“紧要新闻”)

△　粤海关档案载:北伐军的前卫李福林所部已接到孙中山总统的命令,准备于 4 月初从韶关入湘,孙本人则决定带领中路军同时向衡州进发。为方便军事行动,届时北伐军大本营将迁至衡州。(广东省档案馆编译:《孙中山与广东:广东省档案馆库藏海关档案选译》,第 264 页)

△　旅京湖南同乡会公开来电,请勿启战端。

电恳南北军事当局及前敌各将领、军士,体会天地好生之心,网开三面,使三千万人民均得生息。(《旅京湘人之呼吁声》,上海《时报》1922 年 3 月 30 日,“要闻”)

△　旅京湖南同乡会公开来电,反对假道湖南,要求本省自决自主。

略谓希望南北当道及军事当局本良心之主张,为百姓考虑,各戢兵戎,化干戈为玉帛。将以湘省作为折冲樽俎场之计划,征求南北意见,邀集各省法团按照国民心理折衷至当,以解数年来兴兵构怨、扰攘无已之纷扰。并请先撤去防军,无劳假道,以扶植湖南自治之进行。希望海内各机关、各法团一致赞同,共奠国基,不要放弃国民对此等大事监督之天职及自决之主权。(《旅京湘人之呼吁声》,上海《时报》1922 年 3 月 30 日,"要闻")

△ 旅京湖南同乡委员会公开来电,吁请息战,并提出上中下三策。

来电所提出的上策为:诸君"解除兵柄,放弃政权,一切应兴变革,概以付诸国民公决"。中策为"由各省公举代表会议,取互让精神,采多数之意见,行融化之政策,组共同之军队,建坚固之政府,成统一之国家"。下策应做到:"严束部伍,谨守疆界,彼此不相侵犯。"(《旅京湘人之呼吁声》,上海《时报》1922 年 3 月 30 日,"要闻")

△ 全国商教联合会驻沪办事处公开来电,请谋求和平解决。谓:"共和国体,主权在民,谋和平解决之方,苟利于国,苟利于民,何□□然变计。"(《商教联合会电劝息争》,上海《时报》1922 年 3 月 30 日,"要闻")

△ 报载北京政府接确报,孙中山请陈炯明筹饷之一千万元。陈与某洋行进行已有成效。(《又电》,天津《大公报》1922 年 3 月 30 日,"专电")

3 月 31 日 据报,孙中山决定于 4 月 5 日上前线。届时他将直奔衡州,北伐军大本营亦将随迁该地。4 月 1 日,孙拟设宴饯别全军。广西印花税局长林警魂,答应从印花税收入中拨出五百万元作为北伐经费,据说已预付一百万元。(广东省档案馆编译:《孙中山与广东:广东省档案馆库藏海关档案选译》,第 265 页)

△ 为刘成禺著《洪宪纪事诗》作跋。("中华民国"史事纪要编辑委员会编:《中华民国史事纪要(初稿)——一九二二年一至六月》,第 589 页)

△ 报载孙中山对于北伐,虽三令五申,积极进行。而闻其内幕,实已停顿。停顿原因,在于西南各省意见不一,军饷不充,器械不足。因各将领不得充分饷械,故多在徘徊瞻顾。(本报武昌特派员利:《湘鄂形势最近观》,天津《大公报》1922年3月31日,"特载")

△ 委任任金为檀香山中国国民党支部评议部评议员。(《给任金委任状》,陈旭麓、郝盛潮主编,王耿雄等编:《孙中山集外集》,第751页)

是月 陈炯明反对孙中山北伐,陆续将百色、龙州、南宁等地粤军撤退回粤。陆荣廷残部及自治军纷纷向粤军袭击。到5月间,粤军全部从南宁撤退。(潘乃德口述,韦瑞霖记录整理:《孙中山先生讨伐老桂系、马君武救了李宗仁》,中国人民政治协商会议广西壮族自治区委员会文史资料委员会编:《老桂系纪实》,第452页;《孙中山在广西纪念文集》,《广西文史资料选辑》第24辑,第82页)

△ 致电古巴同志恳亲会。("中华民国"史事纪要编辑委员会编:《中华民国史事纪要(初稿)——一九二二年一至六月》,第591页)

3月至4月 马伯援奉孙中山命赴陕西访问冯玉祥、胡景翼,谈冯胡合作,实行北方革命之计划。胡景翼表示他与孙中山人远心近,始终一致,并交给马伯援密电本一册,嘱马见孙后,倘有缓急之事,可以密告。(马伯援:《我所知道的国民军与国民党合作史》,沈云龙主编:《近代中国史料丛刊》三编第3辑,第171页)

4 月

4月1日 在桂林大犒三军,拟5日由桂林出发赴衡州。(《北伐声中之粤湘军》,《晨报》1922年4月5日,"紧要新闻")

△ 北伐军进攻江西。("中华民国"史事纪要编辑委员会编:《中华民国史事纪要(初稿)——一九二二年一至六月》,第595页)

△ 报载因湘军态度不一,致北伐联军不能长驱锐进。孙中山与赵恒惕疏通,结果外间未知。

据说孙中山联军北伐,先遣队谢文炳一旅,要求时驻衡阳之湘军第七旅长谢国光为前驱。谢旅长因驻衡山、湘潭之两路军队为鲁涤平所部,鲁氏对于是否附从孙北伐,抑或是否仍守湘省自治,尚无明白表示。故联军北伐形势虽坚,而因湘中各将领态度不明,不能长驱锐进。孙中山已派员至长沙与赵恒惕疏通,不知有无效果。(本报武昌特派员利:《鄂省军政之近讯》,天津《大公报》1922年4月1日,"特载")

△　报载孙中山在全州积极筹备北伐。

据某使馆传出消息,北伐军屯驻湘南虽尚未发动,而孙中山近来在全州确已秣马厉兵,筹备颁发总攻击令。只因伍朝枢到桂后前来报告,与奉接洽统一之各种条件均可容纳,是以北伐行动稍为停顿。现以吴佩孚在洛备战,并饬张福来向长沙增防,故特通知湘南北伐军,"定于四月五日向长沙前进,反攻岳州。已将广州石井兵工厂造出之各种械弹,运往前防"。(《孙文积极北伐之外讯》,天津《大公报》1922年4月1日,"政闻[一]")

4月2日　湘南开全湘中上级军官大会,绝大多数人表示拥戴,一致北伐。

报载是日湘南大会,宋鹤庚、鲁涤平及湘西全部、湘南陈嘉祐、谢国光、罗先闿一致拥戴孙中山,长沙廖延恺等莅会。投票结果,主张北伐者百三十七票,主张中立者六票,主张南征者二十八票,并决定驱逐赵恒惕,设立军事委员会。长沙叶开鑫部三旅中下级军官联同驱逐赵恒惕,叶开鑫因此电廖延恺急回。(《广州电》,天津《大公报》1922年4月2日,"专电")

4月5日,报载湘军将领在衡阳开会,议决废除总司令,设立军事委员会,重要军事听从孙中山指挥。(《北伐声中之粤湘军》,《晨报》1922年4月5日,"紧要新闻")天津《大公报》则载称:"衡州军事会议决四条:(一)湘军拥孙北伐;(二)谭延闿为湘北伐总司令;(三)逐政、研两系;(四)设委员会执行湘军政。"(《又电》,天津《大公报》1922年4月12日,"专电")

△　王伯群电述黔乱始末。（"中华民国"史事纪要编辑委员会编：《中华民国史事纪要（初稿）——一九二二年一至六月》，第 598—600 页）

△　天津《大公报》以《湘江春潮》为题名，刊登覃振来函，称"孙文以党义联湘"。

覃振在函中写道，当此北伐停顿之时，孙中山自知武力不能屈服湘省，遂拟以党治国，并积极组织湘省国民党支部，委任覃振（字理鸣）为支部长。覃振因此通电云："人民有自治之本能，政治庶有修明之望，人民有决定之毅力，社会始有改造之期。中国国民党总理孙中山忧民治不张，国内纷扰日多，人民疾苦日甚，誓以建设国家、改造社会为职志。比年以来，约集海内外同志，宣传三民主义，欲使全国人民养成自治、自决之能力，以同立于五权宪法之下。此次督师北讨经过之处，对于兵、农、学、工、商各界，均亲自讲演以党治国之义，即使风气闭塞之桂民，亦莫不闻风鼓舞，乡村间党旗遍立，大有群起讨贼之概。湘为民党产生之地，民气之盛，民智之新，夙为国内外所称许。"此时值以党治国之时，自己已奉孙中山之命为湖南支部长，苦于行役之间，不及返乡与父老接洽，孙中山已委定吴景鸿、李汉丞、萧翼鲲、杨道馨、仇鳌、钟才宏、胡瑛、凌毅然、黄一欧、曹武、胡经武、王尹衡、吴静、傅进德、刘毅夫、荆嗣佑、陈克刚、邱维震等筹备湖南支部，"希望邦人君子一体加盟，发挥自治、自决之精神，共图救国、救湘之事业"。

报纸对此评论说：观此可知，孙氏之用意，仍欲从联络湘省入手。所谓"对湘之先礼后兵计划，至今仍在实行其第一步，由此亦可想见北伐军之实力了。国民党之支部长覃振所以暂不返湘，并非真的从役间，只因自身与程潜一派大形接近，与湘省现时执政者皆立于反对地位，故颇不敢以身尝试，自讨没趣，于是先放出许多爪牙察看情形，再定行止。其实此种爪牙如胡瑛、荆嗣佑等，多为宗旨无定，附势趋炎之徒，恐怕亦未必肯为远居桂林之大总统效力"。（《湘江春潮》，天津《大公报》1922 年 4 月 15 日，"政闻[二]"）

4月3日　吴佩孚举行寿庆发表演说，称北伐难成事实，奉、直双方应相互提携，决不可自相鱼肉。4日，又召集各省代表开秘密会议讨论北伐、奉军入关、内阁继任、军饷等问题。(《吴佩孚大表其冷静之态度》，《晨报》1922年4月12日，"紧要新闻")

△　报载川省代表宣言刘湘、刘成勋、田颂尧约定拥护孙中山北伐，川局稳固。(《又》，天津《大公报》1922年4月3日，"专电")

4月4日　出席桂林至全州公路奠基礼。

是日，桂林至全州军用公路兴工，孙中山至桂林北门外剪彩破土，为桂林至全州公路奠基。(《上海快信摘要》，长沙《大公报》1922年4月13日，"快信")至5月，因政局动荡，工程停顿，仅完成桂林北郊四公里路基。(《广西大事记(中华民国之六)》，《广西地方志》2005年第3期；广西壮族自治区地方志编纂委员会编：《广西通志·大事记》，第135页)同时，孙中山还建议开采铁矿和兴建桂林至荔浦、濛江的公路。(曾度洪：《桂林简史》，第172页)

△　王宠惠再递辞呈(司法总长)，声明只愿任法权讨论会委员长职。(《王宠惠坚辞法长》，《晨报》1922年4月5日，"紧要新闻")

△　报载湘探来电，联军总司令移驻衡州，孙中山已电商赵恒惕，尚未得其答复。(《又电》，天津《大公报》1922年4月4日，"专电")

△　报载孙中山疏通湘军将领一致北伐。吴佩孚的密探满布湘境。

在桂划定北伐之计划，近因滇、黔两省自起内讧，而实力甚不充足，以致阻碍一切进行。因军力不甚充足，极力联络湘军一致进行。除宋鹤庚、鲁涤平、谢国光已经接洽外，更派人至湘西、湘南与各湘军将领接洽。其派赴湘者有李某、蒋某等十余人，盖以如能合行北伐，则南军假道一举，自然不成问题。并闻孙氏近日有一要电致赵恒惕，"务须赞助北伐，并许代为疏通桂省湘籍倒赵重要分子，保持其省长位置，盖无形中以此为赵赞助北伐之交换条件"。

又据政界消息，两湖巡阅使及鄂当局对于孙氏之北伐，除令张福来司令严密布置岳防外,对于孙军之行动,极为注意,派出秘探,分驻湘省各要区,逐日均有密报。闻其内容,"孙氏之北伐命令,喧传虽多,与事实上差离尚远"。(武昌特派专员亨利:《两湖应付北伐之形势》,天津《大公报》1922年4月4日,"特载")并云岳阳与湘阴等处,已于4日增加大部防军,抵御南军前进。(《湘南北伐军向北发动》,天津《大公报》1922年4月8日,"政闻[一]")

4月5日　蒋介石谒辞离桂林,夜抵梧州,占据交通机关,电陈炯明称已奉命率部入梧,旋桂林各军续达。(刘绍唐主编:《民国大事日志》第1册,第209页)

△　报载唐继尧回滇,自称为巩固后方,以防北伐冒进,且曾与陈炯明接洽,意见一致,与孙中山宗旨无背离,因为孙通电阻止唐之举动系对付顾品珍的一种手段。(《唐继尧回滇之详情》,《晨报》1922年4月5日,"紧要新闻")

△　报载滇在粤全体军官致电唐继尧,请速正式通电,践行以实力拥护中山北伐出兵的承诺。(《又电》,天津《大公报》1922年4月5日,"专电")

△　天津《大公报》载文分析各方传言,认为北伐绝不可能中止。
文章认为,西南各省自一致赞同北伐后,态度极为鲜明。只是近日谣言甚盛,好像将要分崩离析了一样。其主要传说有两种,一种说法认为孙中山的命令并不能贯彻,唐继尧的势力不可轻视。唐继尧之回滇,其意在再得川、滇、黔为根据,组织联省政府,已先得刘湘同意;而与唐交谊甚深的李烈钧不仅愿意为之助,且其目的实在图赣,这与欲染指江西的陈炯明有冲突,大为不满,可知其必将随唐而变其态度。"故唐若得手,则西南大局必破裂,而北伐进行将为之停顿。"而孙中山日前所下制止唐回滇之通令,各省竟无应者,可见孙命令之不行,而唐实力未可轻视了。
另一种说法认为,因陈炯明不支持北伐,北伐动员必不能见诸事实。孙、陈交恶久已,人言啧啧,虽未征实,但观于孙之督师桂林,而陈实未有赞同之表示,且饷械之接济,也只托诸空言。故孙亟欲陈亲赴前敌,出任六省联军总司令,但陈对于此事,未表同意,可见其前此不以北伐为然,今仍未改此态度也。又洪兆麟欲随同北伐,乘机援湘,为陈所拒,洪因愤而辞职,更可见陈之不乐用兵。"北伐动员,必不能见诸事实。"

文章认为,唐继尧回滇后,仍会服从孙中山进行北伐,李烈钧和陈炯明也会绝对服从孙中山,北伐决不会中止,段祺瑞、张作霖也会采取联合南政府的政策。现北伐大军,"已陆续开拔入湘,大本营移驻湘省之期,亦将不远,广东飞机队亦已由韶入湘,北伐决不中止,可以断言。段祺瑞对西南态度亦极明白。前省长朱庆澜昨又抵粤,对于陈总司令有所陈说,其为衔有重要任务无疑。至于张作霖联南,自伍朝枢报聘回来,更为征实,此皆与时局大有关系也"。(《西南局势最近观》,天津《大公报》1922年4月5日,"政闻[二]")

4月6日　报载湘探来电,西南联军总誓师已改于本月十五日举行,孙中山特通电传知各界。(《又电》,天津《大公报》1922年4月6日,"专电")

△　外电载称,中国南北形势呈现离合复杂态势。南方各首领对北方态度为骑墙派,但希望北方军阀同室操戈,减轻北伐军的力气;奉、粤、段不过形式联合,有待彻底加强;吴佩孚与陈炯明联合反对孙中山北伐。又说孙、陈已经握手言和,态度忽由强硬一变而为柔和,"对孙之所欲没有不唯唯服从的"。而孙中山将会在北伐军事行动上有重要变更,即"从原来之着意于进攻长沙、岳州两处,变成了决意先注全力于赣"。北京政府因此急电赣督陈光远,属其严密防范,倘有意外,可请苏督援手。(湛译英文泰晤士报:《南北离合之外讯》,天津《大公报》1922年4月6日,"特载")

△　因孙中山、陈炯明对于北伐之分歧,北方统一会议所谋前途遇挫。

报载统一问题,自经张作霖提倡以来,北京政府即积极进行,并电曹、张征求此项意见，"以为速行解决之准备"。不料孙中山、陈炯明等复生龃龉。孙以北伐军各长官纷纷要请北攻，主张以武力解决统一、驱逐北省一切障碍。陈因与吴佩孚有所接洽，故对统一不加可否。而张作霖鉴于西南忽然改变宗旨必有内幕，"异常愤懑，不愿再问此事"。（《统一会议前途之波折》，天津《大公报》1922 年 4 月 6 日，"政闻[一]"）

4 月 7 日　报载章太炎主张速组第三政府，电斥孙中山擅自与北方接洽。（《又电》，天津《大公报》1922 年 4 月 7 日，"专电"）

△　报载近日改编驻防桂边粤军。

据探报，孙中山之前所编的北伐军之四大支队，因不足分配，特将驻防桂边的粤军第五、六两团及梧州第二团，共同编为第五支队，由魏邦平统率，开赴湘南，任作左翼。并将李福林的第二支队改任中路，准备待总攻击令公布时，即积极前进。据称，孙中山已责成伍廷芳另筹军费十万元给广州石井兵工厂，准备赶造四生七径之大炮四十尊，以备北伐时用。（《探电中北伐军之近况》，天津《大公报》1922 年 4 月 7 日，"政闻[一]"）

△　报载湘探来电云，孙中山担心唐继尧不主北伐，特又畀以唐任联军副司令，并已征求了唐本人的意见。（《又电》，天津《大公报》1922 年 4 月 7 日，"专电"）

4 月 8 日　由桂林赴梧州，北伐大本营由桂迁粤，令各军集中梧州待命。委派关国雄为桂林清乡督办，留守桂林。（《上海快信摘要》，长沙《大公报》1922 年 4 月 15 日，"快信"）12 日，北伐主力三万人抵达梧州。（《广西大事记（中华民国之六）》，《广西地方志》2005 年第 3 期；广西壮族自治区地方志编纂委员会编：《广西通志·大事记》，第 135 页）有论者指出，北伐大本营返粤之举，系了为防止陈炯明部异动。（陆炬烈：《桂林大本营时期孙中山革命思想的伟大转变》，陈震宇、张宏儒、黄方方编：《"孙中山北伐与梧州"学术研讨会论文集》，第 360 页）

△　报载各方面调人奔走于南北之间，暗中已收很大效力。听

说张作霖、孙中山、吴佩孚、陈炯明均有协商,只有孙、陈之间意见近由反对渐趋融合,吴佩孚所接洽的问题无形失败,故酝酿间,调人主张温和途径,除复旧国会外,还须北方两要人一致退位,并均须让出兵权,后者之事最难解决。据称主张后说者具有极大势力,否则很难避免干戈行为。(《妥协中确有两事难决》,天津《大公报》1922年4月8日,"政闻[一]")

△　报载湘南北伐军向北发动试探性进攻。

据载屯驻在衡阳、耒阳、祁阳各处的北伐军,自孙中山筹备颁发攻击令后,各欲前进,拟占据险地以为根据。长沙南境两头塘、道林等处,均发现其哨兵窥探路线,报告后路,以向前发动。驻湘潭之湘军因兵力单薄,恐遭意外,已向长沙撤防,以保护省城。(《湘南北伐军向北发动》,天津《大公报》1922年4月8日,"政闻[一]")

是月初　担任苏俄裴克斯使团顾问的威连斯基,携带齐契林致孙中山的信抵达北京,同时指示在此之前已到达中国的共产国际代表达林到北京,接受莫斯科的新指示。

裴克斯交给达林的任务是:"同孙中山建立直接联系;弄清楚孙中山的国内外政策;他对苏俄的态度;他近期内的计划,以及作为积极因素的国民党在广州政府的政策中所起的作用。"达林被授以苏俄政府正式全权代表的身份,以同孙中山谈判。([苏]C.A.达林:《中国回忆录(1921—1927)》,第64—65页)4月至6月,达林来到广州,"再次就国民党与苏俄合作的可能性问题与孙中山举行多次长谈"。(刘曼容:《孙中山与中国国民革命》,第66页)5月间,达林曾称:"孙中山掌权的南方,和军阀、外国帝国主义掌权的北方之间,有天壤之别。南方的气氛完全不同,工会、共产党、社会主义青年团的活动都是完全合法的。"([苏]C.A.达林:《中国回忆录(1921—1927)》,第82页)

4月10日　回族代表致电盼统一。("中华民国"史事纪要编辑委员会编:《中华民国史事纪要(初稿)——一九二二年一至六月》,第624页)

△ 报载北伐声浪又紧,直系军队加紧岳州防务。

据外间传出消息,孙中山的北伐军,此时已预备由桂林出动,李烈钧、许崇智两部,则拟由全州趋向茶陵,进取湘西。此种计划,似乎已筹商妥协,但将来是否放过长沙、岳州,直趋湘西,此时尚不知道。谢文炳一师,拟由郴州进驻永州,以实力攻击湘西。直军方面,恐其声东击西,此时对于岳州防务,多少已有准备。(本报武昌特派员利:《忽急忽缓之鄂闻》,天津《大公报》1922 年 4 月 10 日,"特载")

△ 奉军大举入关,直奉战争将起。29 日,两军交火,第一次直奉战争正式爆发。5 月 5 日,战争以奉军失败宣告结束。(邱捷:《孙中山的北伐战略与"三角反直同盟"》,陈震宇、张宏儒、黄方方编:《"孙中山北伐与梧州"学术研讨会论文集》,第 77 页)

4 月 11 日 偕胡汉民、许崇智及卫弁二十多人从桂林回梧州。12 日,陈炯明调军队阻止北伐军回师广州。(广西壮族自治区政协文史资料委员会编:《孙中山先生在广西》,第 62 页)

△ 周自齐就任北京政府国务总理。(《周自齐就职日便不安静》,《晨报》1922 年 4 月 12 日,"紧要新闻")

△ 报载孙中山与陈炯明、伍廷芳等西南人士已表示南北统一意见。

据军政机关"确息",南北统一问题经奉粤接洽后,因条件问题,迄无若何眉目。奉张目前曾电孙中山与伍朝枢等,催其表示意见。据称,11 日北京政府已接到粤探来电,称孙中山、陈炯明、伍廷芳以及旧国会议员等对北统一意见,大致仍以护法为主张,如能恢复旧国会,在南北另订国宪事实上可以稍有让退,诸事均可解决。否则仍要通过北伐实行武力统一,拒绝与北接洽。(《西南已表示统一意见》,天津《大公报》1922 年 4 月 11 日,"政闻[一]")

△ 报载袁祖铭奉孙中山北伐等电,11 日政务会议议决"置之不理"。(《又电》,天津《大公报》1922 年 4 月 15 日,"专电")

4 月 12 日 陈炯明下令调驻桂粤军回省,钟景棠营赴北江守车路,"江汉""江巩"两舰回广州驻守。(《上海快信摘要》,长沙《大公报》1922年4月18日,"快信")

　　△　北伐军主力抵梧州,引起陈炯明的慌张。

　　是日,北伐军主力全部抵梧州。胡汉民回忆当时情形谓:"原来从梧州至桂林,上水非十余日不可,下水却只要四五天,就可以到了。陈炯明想不到回兵有这样快,于是慌了手脚,立刻电问我,总理是否班师。我就复电说:'我们既不能进前,自然回兵。'"(吴相湘主编:《中国现代史丛刊》第2册,第414页)

　　△　报载港探来电,孙中山、陈炯明分两期北伐。第一期四支队,由孙中山督饬前进,第二期为粤军、北江民军,由陈炯明用总司令名义进行。(《又电》,天津《大公报》1922年4月12日,"专电")

　　4月13日　唐继尧通电,声明不改护法初衷,与西南一致行动。(刘绍唐主编:《民国大事日志》第1册,第209页)

　　△　报载陈炯明向孙中山要求先组织联省政府,次谋北伐。(《又电》,天津《大公报》1922年4月13日,"专电")

　　△　报载粤工会拟北伐军出发时,举行休业提灯庆祝。(《上海快信摘要》,长沙《大公报》1922年4月13日,"快信")

　　△　报载桂林大本营通电缉拿李根源。(《上海快信摘要》,长沙《大公报》1922年4月13日,"快信")

　　4月14日　令准李烈钧呈请,为援桂阵亡将士修建联军忠烈祠。

　　参谋总长李烈钧曾呈请,为援桂阵亡将士修建联军忠烈祠,以作永久纪念。孙中山以大元帅名义发布指令,谓:"援桂之役,滇、黔、赣援桂联军阵亡诸将士,授命疆场,至堪矜念,建祠崇报,自可准行。惟所拟就秦步衢私宅略事修葺改造一节,应径由该总长咨行广西省长商办可也。"(《李部长请建联军忠烈祠》,上海《民国日报》1922年4月21日,"要闻")

　　△　报载湘探来电,孙中山犒军北伐后,军容颇盛,此时又定出

奖励前敌办法十二项。（《又电》，天津《大公报》1922年4月14日，"专电"）

△　报载某使馆消息，孙中山决定亲率北伐军先锋队进取长沙、岳州，再谋鄂、赣。（《又电》，天津《大公报》1922年4月14日，"专电"）

是月中旬　与美国《华盛顿邮报》记者谈话，指出北伐目的在于推翻日本及其支持的北京政权。

孙中山由桂林抵梧州后，接见来访的美国《华盛顿邮报》记者，回答了记者提出的问题，谓：广东合法政府北伐之目的，不在中国北方人民，而在日本及为日本外府之北庭。"盖中国若不推翻日本在中国之势力范围，日本必利赖中国之天产及人民，以遂其穷兵黩武之帝国主义。能维持太平洋和平之国家，非英国，实中国也。吾人今日自救，即可以使全世界免除日本武力之危害，北方同胞亦逐渐醒悟，将与吾人同心协力，推翻日本之外府。"又谓：北京政权之所以能存在者，主要系由于列强各国的承认和支持，"倘各国否认之，中国即能统一于民意合法政府之下，然后解散无用之军队，整理财政，禁止贿赂，则国库充裕，外债即可清偿，故列强多承认北庭一日，即多重苦中国人民一日，亦即中国真正民治之政府，不能早实现一日。美国自来对于中国毫无攫取土地之野心，亦未利用中国衰弱以营私利，故今日否认北庭，当然事也"。（《孙总统与美京邮报访员之谈话》，《民信日刊》1922年5月7日）

4月15日　李烈钧由桂林启程至梧，率许崇智军之一部，意在将大本营移设韶关。陈炯明决定亲自率兵入赣。（《上海快信摘要》，长沙《大公报》1922年4月21日，"快信"）

△　加属顷士顿分部长林启文等来长函，报告加属党潮祸害之原因及经过，请训示解决目前紧要问题办法，以维党务。

函中历述了历史长久的加拿大国民党之所以组织不发展，党员人数不够多；又错失第二次护法时期发展党务的大好良机，主要原因在于该地党潮纷争，组织分裂。身为国民党喉舌的《新民国报》造谣兴谤，制造党潮，拒不附印孙中山总理的征信录，擅发四千元之公债，因而遭到整顿。从而引起该报总司理高云山不满,宣布交通部及五个支部脱离总支部,造成分裂组织,进而互相攻击,党潮纷争遂起。在建筑党所价目、整顿新民国报、会计数目结算等事上,反映尤为明显,矛头则指向总干事陈树人,结果彼此攻击,元气大伤。为吸取教训,当务之急须解决几点:(一)挽留总干事陈树人,否则,速派人接替。此事火急,不宜稍迟。(二)速令解除高云山等人职务,将《新民国报》全局事务,交还全加拿大党员公意处置。(三)发挥有良好影响的加拿大晨报在消除党潮负面影响的舆论引导作用,并指示该报勿因陈总干事之去,而为一少部分人藉端图陷,断绝生机。(四)党潮历时近两年,攻击国民党和孙中山声誉之流言恶语遍及世界,影响很坏,实为出卖。希望今后明令教训,示所率循。信内还夹有李胜的三十三份声罪与加属顷士顿分部驳斥李胜书两张,以供参阅而明真相。(《加属顷士顿分部长林启文等上总理函》,环龙路档案第 06232 号)

4月16日 偕许崇智、胡汉民、宋庆龄等人由桂林抵达梧州,召开紧急军事会议,议决北伐改道出师江西,大本营迁粤北韶关,以避免与陈炯明的武装冲突。

是日,孙中山偕许崇智、胡汉民等抵梧州,驻"江汉"舰办公。当天,陈炯明所属叶举部也陆续开到,叶往见孙中山。叶部开拔来梧州,系得到陈炯明密令,着他们开回桂江上游,以拦截北伐军归路。在这紧急关头,孙中山旋即召开军事会议,议决"出师江西,悉命诸军集中韶州,以大本营设于韶州"。(刘绍唐主编:《民国大事日志》第1册,第210页;《中山对本党宣言之释疑》,上海《商报》1922年9月24日,"时评";《孙中山对于本党之宣言》,上海《商报》1922年9月25日、26日,"本埠新闻")

会上,孙谓,"我们已经没有后方了。在桂林时没有后方,现在到梧州来,也还是没有后方。我们只有以广州做后方,从韶关出兵"。众皆表示赞成。时陈少白、曹亚伯均自广州来梧。"少白本来同曹亚伯一起随从总理到桂林去。他在桂林时,总是说陈炯明如何如何的不好,总理听厌了,不久就叫他走了。现在大兵回到梧州,他又从广州来说陈炯明是如何如何靠得住,如何如何披肝沥胆相信他。总理说:'他总不能教我不革命。'"此时孙中山对陈炯明愤恨已极,想将他的总司令、陆军部长、内政部长、省长等职一概免去。胡汉民以为操之过急,怕生变故,建议先将他的内政部长及省长两职免去。同时,黄大伟、魏邦平也力劝息怒。胡汉民电劝陈炯明来见孙谢过,认为如此素来待人宽大的孙中山定可以不咎既往,但因其左右的阻拦,陈不敢来。等到第三天,乃由蒋介石下令进兵肇庆,并派伍廷芳担任内务部长兼省长,仍然保留了陈炯明的陆军部长及总司令职位。(吴相湘主编:《中国现代史丛刊》第2册,第414页)此时,北方曹锟、吴佩孚已委任陈炯明为两广巡阅使。(毛思诚编纂:《民国十五年以前之蒋介石先生》第4册,第9页)

△ 陈炯明通电,宣告"孙总统北伐因桂林交通不便,改期出发,将大本营移驻韶关"。(《上海快信摘要》,长沙《大公报》1922年4月23日,"快信")

△ 报载北京政府接驻湘军探电,孙中山"表面宣言不与北方握手,其实已定条件,惟至长沙始能发表"。(《又电》,天津《大公报》1922年4月16日,"专电")

4月17日 报载陈炯明就联省主张与唐继尧、刘显世、赵恒惕、齐燮元、冯玉祥等交换意见,并声明反对北伐是为了避免复辟发生。

《北京日报》刊登某最高军事机关前一日接驻港委员的来电报告,谓:"广东陈炯明现与吴佩孚信使往还,商妥共维民国。并与唐继尧、刘显世、赵恒惕及齐苏督、冯陕督均已交换意见。陈之目的在于联省,不取兼并地盘主义,与孙文北伐主张不同,于是激烈分子多起而排陈。陈之对于孙亦不敢公然反对,现惟向省议会宣言爱护广东人民之苦心;又致电伍廷芳说明委曲,又向广东各要人声说,此次北伐系受某方面所利用。帝制罪魁均已乘机活动,假使仓促将北京政府推倒,恐又酿成复辟事实,于民国前途异常危险。"(或:《北伐声中之另一报告》,《北京日报》1922年4月17日,"要闻")

△　唐继虞由澳抵粤谒陈炯明。传陈炯明将任湘、粤、桂三省北伐联军司令。(《上海快信摘要》,长沙《大公报》1922 年 4 月 26 日,"快信")

4 月 18 日　伍朝枢、廖仲恺、邹鲁、谢持由梧回粤,向陈炯明转述孙中山各种计划,并希望陈亲赴梧与孙中山面商。"闻陈首肯,但行期未定。"(《上海快信摘要》,长沙《大公报》1922 年 4 月 25 日,"快信")实则拒不前往。

△　赣督陈光远派代表前往广东乞和。

赣督陈光远的代表夏同和,带着关于时局的重要使命,于是日抵粤。据报纸所传,夏氏关于粤赣之提携,希望北伐军之进军路线,勿经江西而经湖南。陈光远对于北伐,拟暂持中立态度,待相当时期,再加入西南。希望得到陈炯明了解。(《孙陈在梧州开会议》,长沙《大公报》1922 年 4 月 27 日,"中外新闻")

4 月 19 日　决定调遣军队分三路前往韶关,总兵力共约三万。

鉴于大量军队将调往韶关,为防止运输阻塞,孙中山决定分三路调遣军队:(一)从封川出发,路经北江。(二)由三水出新街车站进发,从粤汉线遣运军队。(三)从广州黄沙火车站上车,乘粤汉线火车北上。估计约有三万士兵分别从上述三个地点出发,他们奉命在指定日期到达韶关。(广东省档案馆辑译:《孙中山与陈炯明》[粤海关档案],广东省孙中山研究会编:《孙中山研究》第 1 辑,第 393—394 页)

是日,孙中山下令禁封,雇请港梧轮"和贵"、省梧轮"梧州"、"广威"号及民船数十艘,赶速运兵出发。其中十余艘民船满载北伐军抵达广州,然后将乘车前往韶关。孙中山并派员到韶关,选定韶关城旧镇署为大本营。(《上海快信摘要》,长沙《大公报》1922 年 4 月 25 日,"快信")

△　大本营参军处致函粤路公司,请备军车二十辆,以运军赴韶。(《上海快信摘要》,长沙《大公报》1922 年 4 月 26 日,"快信")

△　派船送宋庆龄先返广州。(《上海快信摘要》,长沙《大公报》1922 年 4 月 25 日,"快信")

△　计划是日早由梧州返粤。

长沙《大公报》载,此日观音山粤秀楼已被赶速布置,据闻备孙中山驻扎。各机关接到电报,是日早孙将由梧返粤,各员均赴码头欢迎。(《上海快信摘要》,长沙《大公报》1922 年 4 月 25 日,"快信")后据梧州电,孙中山改于 20 日返粤,陈炯明赴肇庆迎接。(《上海快信摘要》,长沙《大公报》1922 年 4 月 26 日,"快信")

△　陈炯明解款四十万赴梧州,以表支持北伐诚意。(《上海快信摘要》,长沙《大公报》1922 年 4 月 26 日,"快信")

△　陈炯明任梁鸿楷代粤军第一师师长,并于当日接任。(《上海快信摘要》,长沙《大公报》1922 年 4 月 26 日,"快信")

△　陈炯明在总部召集会议,决定分三期出发北伐。

本次会议决定,以第一师之一旅为攻赣军先发队,钟景棠之十二营为别动队,陈炯光所部及洪兆麟之一师为主力队,拟分三期出发。"第一期先发队准于漾日动员,第二期别动队沁日启发,第三期主力队决定五月二日在省取齐,二日由陈氏亲行督师前进。"(民:《西南大举攻赣之港讯》,《北京日报》1922 年 4 月 24 日,"要闻")

4 月 20 日　偕许崇智、胡汉民、魏邦平乘"江汉"舰抵肇庆。(《上海快信摘要》,长沙《大公报》1922 年 4 月 27 日,"快信")

鉴于直奉两军之间发生矛盾,时局严重,孙中山认为派军北伐不宜迟缓,因此他本月 19 日乘省府"江汉"号军舰,由许崇智、魏邦平和总统府文官长胡汉民陪同,离开梧州前往肇庆,并于 20 日抵达。有材料记载,陈炯明总司令在接到该消息的当天,与伍廷芳及一些重要高级官员前往西江迎接,并与孙共商北伐的一切急需计划。据说,孙将到广州休息几天,然后北上韶关。(广东省档案馆编译:《孙中山与广东:广东省档案馆库藏海关档案选译》,第 265—266 页)

而长沙《大公报》称,由于陈炯明拒不赴梧州,孙中山迫不得已于 20 日离梧赴粤。是日下午,孙中山、胡汉民、魏邦平等乘"江汉"舰抵肇庆,陈炯明派古应芬前往欢迎。(《上海快信摘要》,长沙《大公报》1922

年4月28日,"快信")

　　△　准陈炯明辞广东省长、内务总长及粤军总司令职,任伍廷芳为广东省长。

　　孙中山以陈炯明拒不来晤,乃下令准陈炯明辞去粤军总司令暨广东省长职,仍任以陆军部长。令伍廷芳继任广东省长。(毛思诚编纂:《民国十五年以前之蒋介石先生》第4册,第10页)

　　是日晚,陈炯明离广州,赴石龙,转赴惠州。其亲信军队,悉退出广州,布防于石龙、虎门等处。粤军第二军参谋长蒋介石,力主即时进攻石龙、惠州,消灭陈炯明,再行回师消灭在桂叶举等各部。孙中山以陈叛迹未彰,在桂粤军数年奋斗,犹欲保存而拒绝,并主张亲自督师北伐,两广仍交陈办理,给以殊恩,当能感奋。蒋以所主张不纳,23日潜行。(邹鲁:《中国国民党史稿》第1册,第1038页)许崇智、魏邦平、梁鸿楷、黄大伟、李福林等,通电请陈炯明参加北伐。孙中山任陈炯明为讨贼军第一军司令,许崇智为第二军司令,李烈钧为第三军司令。22日,派古应芬赴惠州促陈炯明回省。(《上海快信摘要》,长沙《大公报》1922年4月30日,"快信")

　　又据粤海关档案称:"陈的辞呈被接纳后,他便离穗去了惠阳。当时孙总统立即拍电报要他回穗,共同合作讨贼,但陈复电表示反对。总统因考虑到陈迄今仍信赖魏邦平将军,故让魏作为私人代表前往惠州,以说服陈返穗。魏于24日中午离穗前往目的地,以便向陈解释总统对他的倚重和信任,并请他早日担任陆军部长之职。但魏返穗时,未带回陈对总统的答复。"(广东省档案馆辑译:《孙中山与陈炯明》[粤海关档案],广东省孙中山研究会编:《孙中山研究》第1辑,第395页)

　　△　陈炯明避而不与孙中山晤面,逃赴惠州。(广西壮族自治区政协文史资料委员会编:《孙中山先生在广西》,第161页;《上海快信摘要》,长沙《大公报》1922年4月28日,"快信")

　　4月21日　李烈钧统兵进至赣边。由桂返粤北伐诸军,直向三水。

△　训令陈炯明、林永谟谓："广东总司令一职，业经裁撤，所有广东总司令所属陆、海各军直辖于大元帅。"指出，除明令公布外，并要分别命令海军、陆军各部转饬各军一体遵照。（《大总统二十三抵广州》，上海《民国日报》1922 年 4 月 28 日，"要闻"）

△　任魏邦平为卫戍司令。（《上海快信摘要》，长沙《大公报》1922 年 4 月 28 日，"快信"）

△　晚，陈炯明开军事会议后即离署，不知所往。次日省署只开横门，余均闭门。23 日早，各官眷迁港者甚多，港轮满员。（《上海快信摘要》，长沙《大公报》1922 年 4 月 28 日，"快信"）

△　唐继尧电称平滇后即出兵北伐。（"中华民国"史事纪要编辑委员会编：《中华民国史事纪要（初稿）——一九二二年一至六月》，第 654 页）

△　三藩市总支部代理总干事黄子聪来函，呈缴存留之一批新旧党员换证、誓约调查表。

这些文件，除前总干事林直勉、刘芦隐两人经手所留存之旧党员换新证、加盟誓约及新党员新加盟誓约，以及总代理部务以来收到各新旧党员誓约外，还包括因邮局呈缴新旧党员誓约调查表共三千四百〇六张。并先将后者呈缴核收备案，并希望给予回复，以便存查。（《三藩市总支部黄子聪上总理函》，环龙路档案第 07508 号）

4 月 22 日　由三水回抵广州，发表谈话称，日内即将出发北伐。（刘绍唐主编：《民国大事日志》第 1 册，第 210 页）

上午，孙中山抵三水，蒋介石来见，后下令各部队前往石围塘。（毛思诚编纂：《民国十五年以前之蒋介石先生》第 4 册，第 10 页）时杨文恺、魏邦平电请孙回广州，遂起程回穗。

下午，由胡汉民、许崇智等陪同，从石围塘回到广州交涉署。驻穗粤军第一师师长梁鸿楷率所部军官晋谒，孙对梁鸿楷等谈话，指出："本大总统此次回粤，系从军事上便利计，改道北伐。各军将领皆为热心爱国之人，现奉、直已发生战事，本总统日内即率大本营兵士出发，会师武汉，直捣幽燕，务竟护法之初衷，毋负国民之属望，故驻粤之日无多,深望各军谨守秩序,保护治安,使我民安居乐业,为本大总统之所厚望。"(《孙中山返粤情形补志》,《国民公报》1922年5月22日,"新闻二")

△ 陈炯明电告辞职回惠。(《陈伍交替中之粤讯》,天津《大公报》1922年5月7日,"政闻")

23日,陈炯明来电,阐明去意已决,不愿再任艰巨。(《陈伍交替中之粤讯》,天津《大公报》1922年5月7日,"政闻")

4月23日 任命梁鸿楷任第一师师长兼卫戍副司令。广州卫戍司令魏邦平未返省以前,治安由梁维持;任罗翼群为宪兵司令,朱卓文为兵工厂总办,周子禄为军械局局长。(《广州》,上海《民国日报》1922年4月25日,"本社专电";"中华民国"史事纪要编辑委员会编:《中华民国史事纪要(初稿)——一九二二年一至六月》,第714页)

△ 蒋介石知陈炯明必叛,萌去志,为孙中山闻悉,特亲临行馆挽留。嗣受某方刺激与嫉视不已,蒋又决计辞归,是晚离开广州。在轮船上,作书寄陈炯明,劝促服从孙中山。(刘绍唐主编:《民国大事日志》第1册,第210页)

△ 伍廷芳承认兼任广东省长,并发出就职布告。(《陈炯明辞职后之两粤局势》,《晨报》1922年4月26日,"紧要新闻")

△ 报载"陈炯明现已将省中之兵调遣两师赴桂,并由粤库支出军饷一百万元,散发出发各军,陈定五月初由桂出发"。(醒:《西南北伐之时期》,《北京日报》1922年4月23日,"要闻")

△ 旅沪粤鲁公民来电,并致陈炯明等,请迅速北伐。

电谓:"汉贼不两立,大业不偏安。今上天降祸于奉直,令自相虔刘,以委制于我,我若观望不受,是违天命,逆民意,不祥极矣。伏乞我大总统迅予誓师北伐,扫平国贼,以定国是,不胜幸甚。"(《旅沪粤鲁公民请速北伐》,上海《民国日报》1922年4月24日,"本埠新闻")

△ 张锡銮、赵尔巽、王士珍、王占元、孟恩远、张绍曾等致电孙中山等,吁请各方罢兵言和。(《六调人致全国通电》,长沙《大公报》1922年5月3日,"中外新闻")

△　任程天斗为财政厅长,仍兼省银行行长。林直勉为电政监督。(《广州》,上海《民国日报》1922 年 4 月 25 日,"本社专电")

△　派胡汉民、罗翼群赴惠州,迎陈炯明回省,以陆军总长兼任北伐讨贼总司令,督师北伐。(《广州》,上海《民国日报》1922 年 4 月 25 日,"本社专电")

4 月 24 日　报载布置北伐前方及后方留守事宜,唐继尧声明不与西南脱离关系。

随着驻桂林各军虽已陆续开赴前敌,留驻无多,"为接济前方及镇慑土匪起见,不能不物色知兵大员坐镇其间,初拟黄大伟率部担任,但黄司令志切北伐,极愿亲赴前敌。现已决委关旅长国雄担任留守事宜"。昨已先令关旅长担任桂林清乡督办,待大军全行离桂时即行发表。鉴于内部既已妥定,孙日来"惟注意于联合各省以冀一致行动,已派黄毓成赴滇、黔、川三省,与主将统筹出兵限期准发"。唐继尧方面,曾声明决不与西南脱离关系,闻其将以田钟谷率领吴学显等三万人出师北伐。(大:《时局纷扰中之北伐讯》,《北京日报》1922 年 4 月 24 日,"要闻")

△　潮梅善后处长兼粤军第二师第三旅旅长尹骥来电,表示愿随同北伐。(《尹旅长维持潮梅治安》,上海《民国日报》1922 年 5 月 4 日,"要闻")

4 月 25 日　蔡元培与李大钊等联名发表《我们的政治主张》,提出建立"好政府"主张。

是日,蔡元培、王宠惠、罗文干、汤尔和、陶行知、王伯秋、梁漱溟、李大钊、陶孟和、朱经农、张慰慈、高一涵、徐宝璜、王征、丁文江、胡适等十六人联名发表《我们的政治主张》,要求有一个"好政府",其政治改革基本要求是:建设宪政、公开的政府;实行有计划的政治。第一步工夫是:"须要做奋斗的好人"和"须要有决战的舆论"。其具体主张是:南北两方议和;裁兵、裁官;采用直接选举制;根据国家财政收入统筹支出,实行彻底的会计公开。(《东方杂志》第 19 卷第 8 号,第 138—140 页)

△　派参军长徐绍桢祭奠黄花岗七十二烈士。

是日,特派参军长徐绍桢赴广州黄花岗七十二烈士墓祭奠。祭文谓:"呜呼! 臧洪遭难,轰传烈士之名;孔融捐躯,景仰男儿之节。白刃可蹈,青史难忘,苟大节之不渝,虽俎〔菹〕醢其奚恤。然未有丰碑屹屹,苌弘之碧血千年;青冢磊磊,田横之健儿五百,如我黄花岗七十二烈士者,猗欤壮哉! 不亦烈乎? 共和肇兴,祸乱未已,民无宁岁,国谁与立。诸烈士喋血殉身,艰难缔造之民国,至今犹在危疑震撼之中。本大总统抚今追昔,良用慨然,恨未能掬泪与诸烈士一通謦欬也。惟是国家兴亡,吾党之责,背民之贼,誓不两立。本大总统率师致讨,未敢苟安,以诸烈士之英灵,至今凛凛犹有生气,秉此以战,幸而得克,则悲愤曼伤者有限,而精元会合,天人相庆者无穷矣! 呜呼! 素车白马,见天上之灵旗,丹荔黄蕉,荐南中之佳果。生为人杰,死作鬼雄,惟诸烈士共昭鉴之。尚飨。"(《广东群报》1922 年 4 月 27 日;《祭黄花冈七十二烈士文》,中国国民党中央委员会党史委员会编订:《国父全集补编》,第 632 页)

△　委任符养华为星洲琼侨中国国民党分部正部长。(云愉民:《新加坡琼侨概况》原状影印,转见于《给符养华委任状》,《孙中山全集》第 6 卷,第 106 页)

△　委任陈天一为星洲琼侨中国国民党分部副部长。(《任陈天一为星洲琼侨分部副部长状》,中国国民党中央委员会党史委员会编订:《国父全集补编》,第 562 页)

4月26日　少年共产国际代表达林抵广州,次日起至 6 月 16 日,孙中山同达林每周进行约谈,内容涉及北伐、国民党与苏俄在政治、军事和经济等方面的合作。

是日,少年共产国际代表达林由上海经汕头、香港抵达广州。27 日即同孙中山会见,向孙中山递交了苏俄政府全权代表证书和齐契林 2 月 7 日来信,并表达了苏俄工人、农民的敬意及其对孙中山在工作和斗争中取得成就的良好祝愿。孙在回答达林的祝贺时,畅叙了他对苏俄的友好态度,并表示很乐于介绍华南的情况和了解苏俄的形势。([苏]C. A. 达林:《中国回忆录(1921—1927)》,第 102 页)

据达林记述:从 4 月 27 日至 6 月 16 日,孙中山同达林每周至少会谈两次,每次会谈均达两小时左右。会谈中,孙向达林询问苏俄人民的生活、工作、组织及革命斗争等方面情况;讨论了苏维埃、红军和自由对人民大众的意义等一系列孙所关切的问题。达林根据苏俄和共产国际的指示,再次向孙提出了同苏俄联盟的问题。孙中山表示希望未来而不是当时同苏俄建立联盟关系。理由之一,香港就在旁边,如果此时承认苏俄,会遭到英国人反对。理由之二,在国民党内有一批亲英美而反对苏俄的人。他明确告诉达林"你认为国民党所有的党员都赞同苏俄? 没有的事。甚至在我的政府和议会里都有苏俄的敌人"。他向达林暗示,广州政府的外交部长兼广东省省长伍廷芳就属于这一派。([苏]C. A. 达林:《中国回忆录(1921—1927)》,第 113 页)同时,他还向达林表示了他对共产组织及苏维埃制度的怀疑,他对达林说:"我给你一个山区,一个最荒凉的没有被现代文明所教化的县。那儿住着苗族人。他们比我们的城里人更能接受共产主义,因为在城里,现代文明使城里人成为共产主义的反对者。你们就在这个县组织苏维埃政权吧,如果你们的经验是成功的,那么我一定在全国实行这个制度。"([苏]C. A. 达林:《中国回忆录(1921—1927)》,第 103 页)

孙中山在同达林谈到他同陈炯明的关系时说:"我是总统,部长们应当服从我。他反对我,反对共和国总统,反对人民的意志。如果他一定不服从,那么他将被消灭。没有任何和解可谈。"([苏]C. A. 达林:《中国回忆录(1921—1927)》,第 103 页)同时指出,已经调补部队到北线,并相信北伐必能迅速取胜。孙中山对苏联红军的人数、组织和政治教育很感兴趣,并询问了列宁的健康情况。当达林谈到苏维埃、红军和自由对人民大众的意义等问题时,孙中山听得很仔细。([苏]C. A. 达林:《中国回忆录(1921—1927)》,第 102 页)在同达林会谈的过程中,孙还多次询问达林,苏俄能否帮助他在中国进行大规模的铺设铁路计划。其中最主要的是建设一条经过苏俄的土耳克斯坦连接莫斯科和广州的大铁路。孙中山还企图在苏俄的帮助下,占领西北的陕、甘、新省,以实现这项计划。他向达林抱怨说自己人才缺乏,他说他很需要后方的组织者、行政人员、国民经济的设计组织者。并很关心苏俄是如何解决这些问题的,希望在这些方面得到苏俄专家的帮助。他还问达林:"苏俄能不能像在蒙古一样,在满洲发动政变?"尽管当时孙中山正同亲日派张作霖谋联合以抗击吴佩孚,他还是对达林说:"我们有共同的敌人——日本,它在麦尔库洛夫的帮助下霸占你们的符拉迪沃斯托克,在张作霖的帮助下霸占了我国的满洲。我一打败吴佩孚,就该轮到张作霖了。那时苏俄的帮助就特别重要。"并再一次对广州距离苏俄国境太远深表遗憾。([苏]C.A.达林《中国回忆录(1921—1927)》,第113页)

△ 任吕志伊为内政总长。(《广州》,上海《民国日报》1922年4月28日,"本社专电")任郭泰祺为广东省政务厅长。(《大总统命令》,上海《民国日报》1922年5月8日,"要闻")而《中华民国史事纪要(初稿)》载称24日任命吕氏此职。("中华民国"史事纪要编辑委员会编:《中华民国史事纪要(初稿)——一九二二年一至六月》,第714页)

△ 李炳荣来电,请劝促陈炯明出山。(《粤局转变之消息(续)》,长沙《大公报》1922年5月15日,"中外新闻")

4月27日 指派温树德、陈策等接管驻黄埔的北洋舰队。蒋介石到沪。(刘绍唐主编:《民国大事日志》第1册,第210页)

停泊广州黄埔的北洋海军内部分化,一些闽籍将士图谋背叛孙中山投北,并扬言有反对者杀后抛海,致人心惶惶,官兵纷纷离舰避祸。孙得悉情况后,指派温树德、陈策等接管黄埔北洋海军舰队。(《广州》,上海《民国日报》1922年4月29日,"本社专电")

是日,"同安"舰长温树德、江防司令陈策率飞机陆战队及各省海军军官最终收复勾结直系的北洋谋叛各舰。(邹鲁:《中国国民党史稿》

第 1 册,第 1038 页)由于得到舰上军官内应,虽在夺取枪弹药库时互战了六小时,闽籍海军官兵死三十人,但黄埔所泊"海圻""肇和""同安""海琛",白鹅潭所泊"永丰""永翔""豫章""楚豫"等舰终究均被缴获,各舰长均被捕被看管。(《孙总统改造驻粤海军》,上海《民国日报》1922 年 4 月 30 日,"外电")当天,陈策来电,报告收复北洋各舰情况。(《广东收复北洋舰纪详》,《申报》1922 年 5 月 3 日,"国内要闻")时陈策兼任长洲要塞司令。

△　护法舰队官兵公开来电,告以拟即日集合同志举义发难,以挣脱闽人操纵。(《舰队被袭之因果(续)》,长沙《大公报》1922 年 5 月 11 日,"中外新闻")并表示:(一)拥护正式政府;(二)整理舰队,实行北伐;(三)完全服从大总统命令。(《北洋舰收复后海军之表示》,《申报》1922 年 5 月 6 日,"国内要闻二")

△　致电陈炯明,请其取消退隐之志。(《致陈炯明电》,陈旭麓、郝盛潮主编,王耿雄等编:《孙中山集外集》,第 481 页;《敦劝陈炯明电》,郝盛潮主编、王耿雄等编:《孙中山集外集补编》,第 273－274 页)次日,陈炯明来电,表示继续休假,惟陆军总长一职可暂不辞。(《陈总长陈述北伐计划》,上海《民国日报》1922 年 5 月 6 日,"要闻";《陈炯明复各方面电》,天津《大公报》1922 年 5 月 13 日,"政闻")

△　致电唐继尧,告将赴韶关督师北伐,请其相助。(《致唐继尧电》,陈旭麓、郝盛潮主编,王耿雄等编:《孙中山集外集》,第 481 页)

4 月 28 日　旅沪赣民自治促进会电请收复赣省统一全国。(《赣人请愿北伐军复赣》,黄季陆主编:《重建广州革命基地史料》,黄季陆主编:《革命文献》第 52 辑,第 113－114 页;"中华民国"史事纪要编辑委员会编:《中华民国史事纪要(初稿)——一九二二年一至六月》,第 727 页)

△　海军上校舰务处长周天禄等来电,报告本月 27 日海军接收北洋舰队事。(《舰队被袭之因果(续)》,长沙《大公报》1922 年 5 月 11 日,"中外新闻")

4 月 29 日　第一次直奉战争爆发,直系主力北调,造成北伐有

利时机。(李新总编,韩信夫、姜克夫主编:《中华民国大事记(1905—1922)》第

1册,第12卷,第879页)

　　△　滇、赣军及黄大伟、许崇智、李福林各军往韶开拔,约四万

人。李烈钧由三水赴韶关,不来省城。(《广州电》,天津《大公报》1922年

5月6日,“专电”)

　　△　发布命令,令海军总长汤廷光回部视事,任陈策为海军陆战

队司令。

　　孙中山改组护法舰队后,命令海军总长汤廷光销假,任陈策为海

军陆战队司令,温树德为“海圻”舰长兼舰队司令。长洲要塞司令改

马伯麟担任。汤廷光同意销假,定于5月1日回部视事。(汤锐祥编:

《护法运动史料汇编》第1册,第362页;《广州》,上海《民国日报》1922年4月30

日,“本社专电”)

　　△　为争取陈炯明参加北伐,指定肇庆、阳江、罗定、高州、雷州、

钦州、廉州及梧州等地为其所部驻防地。(《中山大学学报》编委会:《历

史人物资料丛编之五·孙中山年谱》,第98页)

　　4月30日　任命冯伟、温树德等人的职务。

　　任命冯伟为大本营无线电报局局长,温树德为海军舰队司令,

孙祥夫为海军陆战队司令,马伯麟为广东长洲要塞司令。又任命

温树德为“海圻”舰长,吴志馨为“海琛”舰长,田士捷为“肇和”舰

长,欧阳格为“飞鹰”舰长,冯肇宪为“永丰”舰长,丁培龙为“永翔”

舰长,招桂章为“楚豫”舰长,田炳章为“同安”舰长,何瀚澜为“豫

章”舰长,林若时为“福安”舰长,袁良骅为“舞凤”舰长。(《大总统命

令》,上海《民国日报》1922年5月8日,“要闻”;汤锐祥编:《护法运动史料汇

编》第1册,第363页)

　　因为此次任命的人选并不仅限于一二省份,而是尽可能网罗各

省人物,所以颇能博得新的海军领袖的欢心和拥戴。孙训示强调应

早实行北伐,策应奉军,时机切不可失。(《上海电》,天津《大公报》1922

年5月5日,“专电”)

海关档案载：鉴于北伐军已相继派出，孙中山把海军建设也看作北伐军建制的一部分。打算把驻于广州的海军编为两支舰队，一支负责进攻长江流域各省，另一支攻打驻于秦皇岛和长江沿岸的北方舰队。（广东省档案馆编译：《孙中山与广东：广东省档案馆库藏海关档案选译》，第 266 页）

△　发表谈话，表明推翻帝国主义，实现民治政府的理想。（"中华民国"史事纪要编辑委员会编：《中华民国史事纪要（初稿）——一九二二年一至六月》，第 736—737 页）

△　报载湘探来电，粤军改图江西已经着手，只是孙中山与陈炯明又起冲突，以致不能急进。（《又电》，天津《大公报》，1922 年 4 月 30 日，"专电"）

是月下旬　给马超俊发出指示，请向即将在广州召开的第一次全国劳动大会提供赞助。（《敦劝陈炯明电》，郝盛潮主编、王耿雄等编：《孙中山集外集补编》，第 274 页）

是月底　北伐军集中韶关、南雄一带。

陈炯明部对海军重炮之火力有所忌惮，故一时不敢反抗。孙中山为表示无消灭陈军之意，令北伐诸军绕道不经广州，自三水转舟直溯北江，经清远而至韶关、南雄、仁化一带集中。（邹鲁：《中国国民党史稿》第 1 册，第 1038 页）

5 月

5 月 1 日　第一次全国劳动大会在广州举行，通过八小时工作制等议案。国民党工会代表出席。

是日，第一次全国劳动大会在广州开幕，6 日闭幕。到会代表一百六十二人，其中除中国共产党领导的工会代表外，还有中国国民党、无政府党和无党派的工会代表，共代表十二个城市、一百余工会、三十余万会员。大会接受了中国共产党提出的"打倒帝国主义""打倒军阀"等口号;通过了"八小时工作制""工会组织原则""罢工援助""铲除工界虎伥"等十项议案,并决定在中华全国总工会成立前,中国劳动组合书记部为全国工会的总通讯机关。(梁寒冰、魏宏运主编:《中国现代史大事记》,第25—26页)次日,接见参加第一次全国劳动大会的代表,希望他们为国家和社会尽力。谴责赵恒惕在湖南杀害工人领袖黄爱、庞人铨的暴行。(陈锡祺主编:《孙中山年谱长编》下册,第1446页)

　　△　发起中央筹饷会,分函各方,吁请捐款襄助北伐。("中华民国"史事纪要编辑委员会编:《中华民国史事纪要(初稿)——一九二二年一至六月》,第739页)

　　△　报刊载文支持收编、改造在粤北洋舰队。

　　恶石认为,海军之所以需要改造,是因为海军有过反对革命的罪恶历史:"自从民国2年,海军助袁世凯守制造局,炮轰革命军以后,就丧了他底洁净的灵魂,只剩个罪恶的尸骸了。"袁世凯死后,上海的舆论界之所以竭力替海军招魂,是居于海军在被舆论暗示的梦境中,一刹间说过几句合理的话。海军的首次改造,是通过孙中山"用返魂丹,追取得一点儿灵魂,装在他们躯壳的一部分中,带往广东去护法"。这次改造,使海军分裂为两个个体。其没有灵魂的个体,已由着人家撮弄,去听从吴佩孚的指挥,而那一部分返魂的个体,还没有十分清醒,一受到桂系的笼络和北廷的诱惑,便又堕落下去,所以非但不能靠他,而且还要防备他。此次广州政府用迅雷不及掩耳的手段,对海军进行收编,重新改造其人格,相信今后在军事上,不但海军方面会有很大发展,就是陆军方面也会增加许多威势,新政府前途可以乐观。

　　楚伦认为,自从程璧光死后,留粤海军依旧举着护法旗帜的原因,并不是忠于主义,而是因为粤当局指定饷项,待如上宾。没想到海军非但不因此而努力为国,反而进入了逸居无教的魔境,以为只要有船只在,尽有竹杠敲,把一弹一炮,都当作买卖本钱,这是海军全体

的耻辱，也是海军急须改造的至要原因。孙中山此次用雷厉风行的
手段改造驻粤海军，使之进入了除旧布新的新纪元。否则驻粤海军
越坠越深，从中可见孙中山的苦心毅力所在。（楚伧：《论海军的改造》，
上海《民国日报》1922 年 5 月 1 日，"言论"；汤锐祥编：《护法运动史料汇编》第 1
册，第 363—365 页）

5 月 2 日　令准虎门要塞司令吴礼和电请辞职，任命何振为虎
门要塞司令。（汤锐祥编著：《护法运动史料汇编》第 1 册，第 365 页；《大总统
命令》，上海《民国日报》1922 年 5 月 8 日，"要闻"）

△　劝陈炯明返省城未果。（"中华民国"史事纪要编辑委员会编：《中
华民国史事纪要（初稿）——一九二二年一至六月》，第 745—746 页）

5 月 3 日　海军司令温树德致电孙中山等，宣布就职并服从孙
中山。且代表海军将士郑重宣言："（一）竭诚拥护正式政府；（二）完
全服从大总统命令；（三）整饬海军，克期北伐。其有心怀贰，为国家
统一之障碍者，树德即认为公敌，愿随诸君子之后，誓勠除之。"（"中
华民国"史事纪要编辑委员会编：《中华民国史事纪要（初稿）——一九二二年一
至六月》，第 747—748 页）

5 月 4 日　以陆海军大元帅名义发布北伐总攻击令。

命令首先宣布了徐世昌之罪状："窃位以来，怙恶日甚，内政之危
害国本，外交之违反民意，其罪犹已为天下所共见恶。复躬为鬼蜮于
内，而嗾其鹰犬纵横于外，遂致残民以逞之事，层见叠出。去岁弄兵
湘鄂，无辜之民不死于战，即死于水，疮痍未复，呼吁彻天。近且野心
不戢，构成大战，使河北州郡悉罹锋镝。不惜以国家为孤注，以生民
为牺牲，倒行逆施，至此而极。"其次，宣布此次出师之宗旨，"在树立
真正之共和，扫除积年政治上之黑暗与罪恶，俾国家统一，民治发
达"。指出进攻的目标在于民贼，即徐世昌及共恶诸人。其他如有去
逆效顺者，必视同一体。希望国民同心勠力，以成大功。（《广州》，上
海《民国日报》1922 年 5 月 6 日，"本社专电"）孙中山原打算该月 6 日挺进
韶关，由于诸事尚未安排就绪，被迫推迟出发，大概在一周内离穗北

上。（广东省档案馆编译：《孙中山与广东：广东省档案馆库藏海关档案选译》，第 267 页）

5 月 5 日　广州各界集会游行，庆祝孙中山就任非常大总统一周年。中华民国各团体会议、全国各界联合会、留日学生救国团、工商友谊会均来电致贺。（《各团体庆祝双五纪念》，上海《民国日报》1922 年 5 月 5 日，"本埠新闻"）章炳麟则呈颂词。（"中华民国"史事纪要编辑委员会编：《中华民国史事纪要（初稿）——一九二二年一至六月》，第 756—757 页；《章太炎善颂善祷》，天津《大公报》1922 年 5 月 17 日，"政闻"）

7 日报载旅沪赣人来电，贺就任非常大总统一周年。（《旅沪赣人电贺大总统》，上海《民国日报》1922 年 5 月 7 日，"本埠新闻"）

△　直奉战争，奉军败退军粮城。（凤冈及门弟子编：《三水梁燕孙先生年谱》下册，第 226 页）

△　发布训令，任命于右任为讨贼军西北第一路总司令，陈树藩为讨贼军西北第二路总司令，叶举为粤桂边防督办，陈策为广东海防司令。（《大总统命令》，上海《民国日报》1922 年 5 月 12 日，"要闻"）

△　令"飞鹰"舰长欧阳格与"豫章"舰长何瀚澜对调。（汤锐祥编：《护法运动史料汇编》第 1 册，第 366 页；《大总统命令》，上海《民国日报》1922 年 5 月 12 日，"要闻"）

△　准大本营第四路游击司令陈策呈请辞职。（汤锐祥编：《护法运动史料汇编》第 1 册，第 367 页）

△　报载黄爱之父呈告，赵恒惕肆凶毁法，虐杀平民，恳请昭雪以平冤狱，并请将赵恒惕免职拘传到案，严行究办以儆凶顽。（《赵恒惕惨杀黄庞之被控》，上海《时报》1922 年 5 月 5 日，"要闻"）

△　报载湖南劳工会驻沪办事处及广东工界呈，请将赵恒惕褫职惩办，明令将劳工会恢复。（《赵恒惕惨杀黄庞之被控》，上海《时报》1922 年 5 月 5 日，"要闻"）

5 月 6 日　由广州赴韶关督师，制定北伐战略。

是日，孙中山北上韶关，督师北伐。其随员有文官长胡汉民、粤军第二路军司令许崇智、陆军次长程潜，以及大批高级官员。（广东省

档案馆编译:《孙中山与广东:广东省档案馆库藏海关档案选译》,第 267 页)

北伐军分左、中、右三路,向江西进发。中路由李烈钧指挥,右翼由许崇智指挥,左翼由黄大伟指挥。其作战方略如下:(一)粤军第二军许崇智全部、第一师梁鸿楷全部、福军李福林全部任右翼,由南雄进攻江西之信丰,再向赣州前进。另以一部为别动队,由翁源向三南进攻,以军长许崇智指挥之。(二)滇军朱培德全部、赣军彭程万全部,任中路,由南雄逾梅岭进攻南安,再向赣州前进,以参谋长李烈钧指挥之。(三)粤军第一路司令黄大伟全部任左翼,由仁化经长江墟,向江西之崇义、上犹进攻,再向赣州前进,以黄任指挥。(邹鲁:《中国国民党史稿》第 1 册,第 1039 页)据说孙拟俟各项准备齐备,即举行总誓师典礼,实行入赣。只是从连日所得京沪电传奉直战事观之,张作霖等竟至一败涂地。孙党颇受打击,其机关报并不登载此等电报,以免党人阅后丧气。但事实已经如此,媒体认为,非掩饰所能为力。(《粤省孙去陈来之现状》,天津《大公报》1922 年 5 月 22 日,“政闻”)

宋庆龄偕红十字会员多人从行。(姜南英:《孙中山先生北伐在广西》,广西壮族自治区政协文史资料委员会编:《孙中山先生在广西》,第 231 页)

至于孙中山改道韶关北伐的原因,天津《大公报》载文称,系因防止陈炯明乘奉直战争直系大胜之际,发动暗袭而困于广州。“孙氏此回率兵北伐赴韶,与逃亡并无少异。”盖陈炯明联吴佩孚,此为孙派所知。奉直战事开始时,孙以迅雷不及掩耳之手段,将陈逼退,无非为奉系助力。今奉系失败,陈氏所部亦有不服之态度,且陈氏当孙回兵之际,尚与江西派来代表夏同和有所接洽,赣陈不难乘吴佩孚大胜之际,挥兵暗袭。孙氏鉴于现在局势,困于广州,殊为危险,故急率所部北出,以免为将来陈氏之势力所困,此与年前急促赴桂林无异。就此观察,“则此回孙氏之赴韶,只能维持现势,于愿已足,入赣云云,恐仍系画饼充饥之故智耳”。(《粤省孙去陈来之现状》,天津《大公报》1922 年 5 月 22 日,“政闻”)

　　△　委任居正为内务部总长。(《大总统命令》,上海《民国日报》1922

年 5 月 12 日,"要闻")

△　粤军撤离桂林,梁华堂自称"公民自治军"临时总司令,进驻桂林。月初,驻龙州粤军撤退,李绍英自称"龙州边防司令",入驻龙州。(《广西大事记(中华民国之六)》,《广西地方志》2005 年第 3 期;广西壮族自治区地方志编纂委员会编:《广西通志・大事记》,第 135 页)

5 月 7 日　命令维持粤省银行纸币。

广东省财政厅长程天斗颁布维持粤省纸币布告,特定办法九条,并传达孙中山有关指示,谓:"兹当北伐进行军事期内,金融最为紧要。省立广东银行纸币,市面久已通用,访闻近有奸商从中操纵,故意低折,应严行取缔查究。"(《程天斗维持粤纸币》,上海《民国日报》1922 年 5 月 8 日,"要闻")

△　任欧阳琳为大本营幕僚处高级参谋。(汤锐祥编:《护法运动史料汇编》第 1 册,第 367 页)

5 月 8 日　在韶关大本营发布北伐总攻击令,兵分三路向江西进攻,谋取赣州。(姜南英:《孙中山先生北伐在广西》,广西壮族自治区政协文史资料委员会编:《孙中山先生在广西》,第 231 页) 10 日,李烈钧领中路正面军启程。14 日,许崇智领左翼第二军出发。右翼侧面军由黄大伟率领。以上三军总兵力约六万。陈炯明部乘后方空虚云集广州。

攻击令规定韶关大本营方面的计划是,以进攻江西为正面军。岳州、长江方面则由湖南与四川取一致行动,约日进攻,而以会师武汉为第一期目的地。大本营方面对江西进兵约分三路,直隶于大元帅指挥之下。第一路由李烈钧率领,担任中路正面攻击,统率三方面军队:赖世璜一军约三千余人;李明扬一军约二千余人,以彭程万为赣军前敌总指挥;滇军朱培德所领五千余人,"取道南雄攻梅关要害"。该中路已出发十余日,李也已行抵前线。第二路为许崇智率领的左翼第二军。该军所属之五旅约一万九千人,粤东第二师梁鸿楷所属之全师约七千余人,加炮团一团,又李福林所属之福军七千余人,"由南雄左翼侧面攻入信丰"。许崇智 5 月 14 日已由韶关出发。

第三路为右翼黄大伟率领的军队,包括黄大伟所属之十六营,共六千余人,加上湖南湘军第一路司令陈嘉祐一团约一千三百人,以及衡永镇守使谢国光所属之两团共三千人。右翼军由仁化出风洞,直攻南安,由侧面湘、粤、赣三省交界之边境攻入。总计粤军方面总数为六万人左右,此为大本营方面军容之大略情形。

大本营方面所有在韶关的后方计划,均出于"大本营幕僚处主任蒋作宾及其高级参谋、前北京陆军部军械局长沈郁文,前大同镇守使孔庚,前浙江省参谋长、陆军中将金华林,湖南代表、陆军中将袁华选、杨伯笙,前四川总司令吕超"诸人之手。

此次参与北伐的还有飞行部队。其主要装备有小飞机八架,含四架水机和四架陆机。(《粤赣两方军事布置之详况》,天津《大公报》1922年5月30日,"政闻")

△　叶举等要求恢复陈炯明粤军总司令和广东省长职,遭到拒绝。

据称,陈炯明控制广州的机会,是趁北伐军北上之机。"北伐军自北江出发,集中韶关,凡可调之兵,均调往前方应敌"。陈炯明因而能与吴佩孚勾结,完成扰乱北伐军后方的计划。而孙中山对陈炯明的宽容,也使其势力得以扩展。孙在率兵北伐之际,仍与陈电信往来不绝,声明"如陈对北伐大计不生异议,必倚任如前"。陈在惠州亦表示愿留任陆军部长之职,稍事休息,当再效力。并商定,"任叶举为粤桂边防督办,令率所部分驻肇阳、博罗、高、雷、廉、钦、梧州、郁林一带"。然而北伐军前脚刚走,陈炯明后脚就控制了广州。北伐军分途进发后,陈诈称已令熊略父子率队加入北伐军,定期赴韶。然而及熊部抵省城时,驻肇庆之叶举、陈炯光、翁式亮、钟景棠各部亦同时俱到,广州遂无形中被陈军占领。陈进而嗾使叶举等要求孙中山复任陈为粤军总司令暨广东省长,并免去胡汉民的职务。孙中山则以粤军总司令一职已经裁撤,不允恢复。(邓泽如:《中国国民党二十年史迹》,第249—250页)

5月9日　在韶关召开军事会议,督师北伐。(《广州》,上海《民国日报》1922年5月20日,"本社专电")

是日,李烈钧、许崇智、黄大伟各路尚未赴前敌,孙中山召集各统帅及幕僚处开军事大会,商量确定军队的分配布置和进行方法。待计划商定后,即分途出兵。大本营方面军略大致如下:一是李烈钧的滇军,主要负责"力御正面,由黄、许两军攻入侧面梅关,因仙人岭后路而集中于新城南安,再由南安直趋赣州,由赣州东面进行,免去重渡双江之困阻,再趋萍乡,向湖南株萍铁路连成一气,进驻南昌,与湘军共乘武昌之背"。二是川军,则从上游出,以压迫武昌。三是攻赣各军,本定于13日开火,此时以各路联络一致之故,改在20日发动总攻击。(《北伐军入赣之布置》,上海《民国日报》1922年5月27日,"要闻")

当天,孙中山又训令李烈钧及各军长官,要求北伐各军"严格遵纪守法,秋毫无犯"。理由是:督师北伐,原为不得已而用兵,以为民除贼。诸将士宜本着大元帅民权、民生之主义以救民而不宜扰民。故凡是大军所过之区,必期望耕市不惊,秋毫无犯,认为"能慰来苏之望,斯为仁者之师"。故所用军需,如一切物品之类,"务须各自行筹备,不宜骚扰闾阎"。市场交易之时,"在人民,固应出之以公平;在军队,不得施其强暴"。至于需用夫役,应遵本年2月18日公布的夫役征发令办理,由地方官督率地方团体负责催募,绝不可任军队胁迫路人,以上数端,如有违犯,当以军法从事。(《大元帅告诫各军长官》,上海《民国日报》1922年5月18日,"要闻")

△　令中国国民党广东支部速行召集工人势力,组织运输队随同大军出发,以赴戎机。(慼石:《北伐之面面观》,上海《民国日报》1922年5月16日,"要闻")

是日海关档案载:"鉴于李烈钧率领之滇、赣联军前锋已抵达紧靠江西边境的南雄,孙总统认为北伐军应抓紧时机推进北伐,夺取北伐的胜利。他命令粮食管理处长胡毅生为各军准备一定时间内足够的给养,并决定于本月13日、14日分别检阅各路北伐军。"(广东省档

案馆编译:《孙中山与广东:广东省档案馆库藏海关档案选译》,第 267 页)

△ 海关档案载:据报道,当北伐军进入江西时,孙中山已命令广州的河南东亚印务局印刷了大量军队纸币,额值二千万元,以发行流通。(广东省档案馆编译:《孙中山与广东:广东省档案馆库藏海关档案选译》,第 366 页)

△ 川军将领请命同赴北伐。("中华民国"史事纪要编辑委员会编:《中华民国史事纪要(初稿)——一九二二年一至六月》,第 768—769 页)

△ 报载陈炯明来电,称自己此时虽然在野,然必为广东政府尽力。陆军部长之职虽暂不辞退,但此时甚愿休假,而请将一切事务由次长代理。(《西南北伐与陈炯明》,长沙《大公报》1922 年 5 月 9 日,"中外新闻")

△ 章太炎来函,贡献攻守同盟三步骤及应对时局之策略。

来函认为:此时之形势,攻守同盟之所以尚难实现,主要是事前须先有军械。若非军械同盟,则各省分配不均匀。关于攻守同盟的策略,其个人以为当分三步:一当由各省派遣寻常代表于粤;二当将各省派遣到粤的军事代表组织参谋团;三以筹画实行军械同盟。只要奉、直之争未决,西南终有从容筹画的余地。从前只是孟浪用兵而不谋根本,如今则大敌当前,再想以儿戏对之,恐无法幸免。此外,还望"推诚将士以辑军情,招致民八议员以钳敌口,本末兼施,名实具举",如此则还可能维持几年。(《与孙中山先生书》,汤志钧编:《章太炎政论选集》,第 760—761 页)

△ 报载孙中山拟裁撤海军部,将之归并于大本营的幕僚处,并将海军分为二舰队,担任攻取长江各省及拟复驻长江及秦皇岛等处舰队的任务。(《香港电》,天津《大公报》1922 年 5 月 9 日,"专电")

5 月 10 日 湖南零陵各界代表罗沛国、蒋汉勋来电,欢迎莅临全州。(黄季陆主编:《革命文献》第 52 辑,第 52 页)

5 月 11 日 任许崇智为粤军第二军军长,任吕超为大本营参军长,任张岂庸为大本营第十四路游击司令,任梁钟汉为大本营咨议。

（《陆海军大元帅令》，上海《民国日报》1922 年 5 月 22 日，"要闻"）

　　△　北伐各军开始对赣攻击。

　　是月 8 日，廖仲恺致函蒋介石，告知孙中山、胡汉民等已出发，"所恶者已去"，对赣决定 11 日开始攻击。并请速来。是月 16 日，廖仲恺在致上海林焕廷转蒋介石的函中，又告以梁鸿楷 13 日、许崇智 15 日已赴前方。（《致蒋介石电》《复蒋介石电》，廖仲恺、何香凝著，尚明轩、余炎光编：《双清文集》上卷，第 390－391 页）13 日，北京政府调派军队援赣。（"中华民国"史事纪要编辑委员会编：《中华民国史事纪要（初稿）——一九二二年一至六月》，第 791－793 页）

　　△　报载唐绍仪与西报记者谈话，称解决时局当在长江方面召集新国会。（《唐绍仪与西报记者之谈话》，天津《大公报》1922 年 5 月 11 日，"政闻"）

　　△　报载，陈炯明和孙中山的矛盾有望和平解决，前者的北伐态度对南方政局影响重大。

　　文章指出，一般有识之士，都以为孙中山自桂返斾，名义上是为北伐改道，实际上则在于要与陈炯明确立若干条件，不过此事无论如何，或可望和平解决。但如系专与北方军阀联合，以攻击吴佩孚，则恐陈炯明很难赞同。如果孙中山惧怕陈之反对，则北伐军的出发有无问题，乃极可怀疑。此时南方政局似又趋于复杂，以后局势如何，更要看陈氏举动如何而定。（《陈炯明与北伐军》，天津《大公报》1922 年 5 月 11 日，"外埠·广东"）

　　△　李烈钧率领部队抵达南雄，张开儒率滇军万余由宣威抵达贵州盘县，等候孙中山下达北伐命令。（《广州电》，天津《大公报》1922 年 5 月 16 日，"专电"）

　　5 月 12 日　训令伍廷芳维持广东银行所发纸币。

　　令谓："广东省立银行自发行纸币以来，信用昭著，经该省长官令饬各属全省通行，十足使用在案。最近听说各属征收机关竟有不肖员司从中舞弊，或拒不收纳，或任意低折，不法已极。因此命令该省长即刻重申前令,凡各属征收员司有舞弊情形者,予以重究。并令饬广东全省商会联合会迅即分函各属商会,准其就近查察各机关有无此类情弊。如果阳奉阴违,应即据实具报该商会联合会转呈省长,从严惩办,以维币政。"(《粤省币之维持令》,上海《民国日报》1922 年 5 月 12日,"要闻")

后据广州通信谈及广东省纸币贬值之由来云,自邓铿被刺后,香港方面有人来粤省扰乱纸币,故第二日纸币低至九五,第三日纸币低至九折。经工会抗议、广州银店罢市后,虽宣布以十成兑换,但实际上做不到,于是有抬高物价之讨论。及孙中山北伐改道回粤,陈炯明"辞去省长,收吸现金千余万,换为港纸,分存台湾汇丰、渣打各银行,省纸愈低,直达八折左右"。此即广东省纸币低落之由来。(《纪粤省最近之纸币改革问题》,天津《大公报》1922 年 5 月 18 日,"政闻")

△　致电杨庶堪,指示与浙督卢永祥商讨会攻江苏事项。

略谓已电达浙江卢永祥,派杨庶堪前去就商大计。主要商讨如下问题:(一)李烈钧和许崇智皆当留于主持中央事务,不使参与赣政。(二)已屡次促使陈炯明出任军事,但其宁愿专事于一方面,以较有把握。(三)切盼浙闽皆与北伐军同时一致动作。(四)浙若能于北伐军攻赣同时进攻江苏,占据南京,此为上策。若待北伐军得赣后方会攻江苏则为中策。自己志非在中策,而计划由九江夹攻武汉。(五)海军可以帮助卢永祥守沪,也可帮助卢主长南京。不知卢永祥对此是否欢迎,是否能够助饷。对于以上各点,希望杨庶堪能切实探明,尽快回复。(中国第二历史档案馆编:《中华民国史档案资料汇编》第 4 辑下册,第 689 页)

△　任命何梓林代理粤军第二军步兵第七旅旅长,金华林为大本营幕僚处高级参谋,程天斗为中央银行筹备委员。(《陆海军大元帅令》,上海《民国日报》1922 年 5 月 22 日,"要闻")任命何蔚署大理院庭长。(《民信日刊》1922 年 5 月 12 日)

△　报载北方已确定对南宗旨,即先自粤、桂两省实行自治,然

后推至川、湘。

报载北京政府与京外各要人电商挽救时局之办法,据闻已决定了对南宗旨,即先决粤、桂两省。因孙中山与陈炯明意见分裂,"孙乏实力,已归失败",而陈炯明的自治政策,有望与北方一致进行。故决定"先依据粤省自始为起点,推行至桂,然后以川、湘自治迎合"。至于滇、黔两省,北方政府认为当无问题,且并不视为重要。(《对南问题先决粤桂》,天津《大公报》1922 年 5 月 12 日,"政闻")

5 月 13 日　命李烈钧、许崇智、黄大伟三军入江西。

△　北京政府任命蔡成勋为援赣总司令,率北洋第一师自内蒙古南下,并佐以绥远第一混成旅、河南暂编第一师常德盛部,又联络沈鸿英残部,由湘入赣助战。(毛思诚编纂:《民国十五年以前之蒋介石先生》第 4 册,第 71 页)

△　旅粤贵州公民董琳等公开来电,为袁祖铭辩诬。(《袁祖铭亦云北伐欤》,天津《大公报》1922 年 5 月 13 日,"政闻")16 日报载某使馆消息,袁祖铭之定黔军在贵州扩充两师三团,确已拒绝孙中山北伐之电令。(《又电》,天津《大公报》1922 年 5 月 16 日,"专电")

△　冯德麟等公开来电,拒绝北京政府所委之督军职务。(中国第二历史档案馆编:《中华民国史档案资料汇编》第 3 辑,第 99 页)

△　中国国民党东婆罗洲蘇厘柏板支部陈孔坚等来函。内有洞多利埠新成立分部誓约五十九张,本部誓约三张合六十二张,基金荷币九百三十盾,洞埠职员表、证书及颁任状、信印,侨胞回国凭照。催问前次寄回西里但岛万鸦路埠之分部职员表、誓约、基金五百七十盾,本部誓约七张、基金一百〇五盾等,是否收到,并请将证书及任状寄回。要求寄来数份民信日刊、中国国民党通讯及新年号,以便传阅。末尾附有荷属西里但岛洞多利中国国民党分部临时职员名单、新进党员姓名以及侨胞回国凭照式样。(《蘇厘柏板支部陈孔坚上总理等函》,环龙路档案第 07016.1 号)

5 月 14 日　任关国雄为粤军第二军第四师师长,蒋介石为粤军第二军参谋长,许济为粤军第二军第八旅旅长,黄国华为粤军第二军第九旅旅长,孙本戎为粤军第二军卫队正司令。(《陆海军大元帅令》,上海《民国日报》1922年5月22日,"要闻")

5月15日　孙传芳通电,主张恢复法统,请黎元洪回任,召集1917年解散之旧国会,以谋南北统一。(毛思诚编纂:《民国十五年以前之蒋介石先生》第4册,第71页)28日,孙传芳再次通电,要求孙中山与徐世昌同时下野。(《宜昌孙传芳报告请孙、徐退位之文电》,荣孟源、章伯锋主编:《近代稗海》第7辑,第127—128页)

△　北伐总司令部迁往南雄。

为亲自指挥北伐军,孙中山特离开韶关前往南雄,许崇智和梁鸿楷以及护卫营随同。北伐军总司令部也于是日迁往南雄。据说,18日将发布对江西的总攻击令。(广东省档案馆编译:《孙中山与广东:广东省档案馆库藏海关档案选译》,第269页)

△　饬令湘川联合,期会师武汉。("中华民国"史事纪要编辑委员会编:《中华民国史事纪要(初稿)——一九二二年一至六月》,第807页)

△　胡忠亮等致函国民党通讯处,报告四川党务协商经过情形。

主要涉及如下方面问题:关于入党誓约,主张赶紧图谋统一办法,以免淆乱难以查找。其中,川籍人士在沪、粤两处入党者,需要抄发党册名单,以便考查遵循,不至隔越偾事。关于成立迟缓的原因,主要在于政治形势严峻和政学系、进步党干扰破坏,使得工作只能秘密进行。加上旧日同志不明白改造国民党之由来,每每为难,极端者甚至攻击反对,所以只好屡次设法疏解,焦唇敝舌方能归于一致,以致拖延了时间。在成渝两处组织方面,经过协商,由分而合。两处均定名为国民党四川支部筹备处,各冠"重庆""成都"字样,以为识别;誓约大小、色泽规定,一律自行印刷备用,彼此入党手续皆取一致,党册也须按月互报,"务期声息联贯,各属筹备专员倘两处有分委两人时,仍须共同办理,合并一处,免生歧异之弊"。在各县初步设处筹备方面,借助全省各县视学会议有利时机,经过竭力宣扬本党主义,竟得全体加入遵填誓约,效果比较理想,现已遍及全川。(《胡忠亮等致国民党通讯处函》,环龙路档案第00381.2号)

5月16日 发布训令,严禁私自招兵。

训令称:"照得大军北伐,军事方殷,凡正式募兵补充军队者,皆经本大元帅令准。同时令知广东省长饬该募兵区域地方长官知照,方得从事招募。若未奉命令,私自招兵,则违犯军纪,不容宽贷。查各县近有擅设司令部以募集绿林者,使地方官真伪莫分,人民更演成恐慌之象。若不严行禁止,将何以一军制而安民生?着各军长官及各县县长,嗣后如有未奉本大元帅明令而私自招兵者,准由各所在地驻军长官及各该县长立予拿获,解至大本营军法处依法严惩。"(《大元帅严禁私自招兵》,上海《民国日报》1922年5月31日,"要闻")

△ 海关档案载:据传李烈钧将军指挥的北伐军向江西的北方军投降,并脱离孙中山的指挥。由于事出意外,孙已放弃北伐目标,并将部队撤回韶关,接着返回广州。(广东省档案馆编译《孙中山与广东:广东省档案馆库藏海关档案选译》,第269页)

△ 港探电称,孙中山又向外界借款招募军队以抵抗陈炯明,并已在粤边入手。(《又电》,天津《大公报》1922年5月16日,"专电")

△ 报载陈炯明来电,商讨其原统粤军问题。

主要提出了五点要求:(一)应请一体从优看待所有官长士兵,概仍旧贯,勿予更动。理由是"各部军队皆系由漳力战返粤之健儿,追随数载,出死入生,有功于国,劳绩甚大"。(二)前粤军总部欠发各部军饷,应由省库全数清给。(三)各该部军队是否留驻省防,抑或改编北伐,应由大元帅酌量妥定,不得反抗。(四)此时追随到惠暂时担任东江防务之军队,待安顿办法妥定后,当即分别撤调回省城。(五)请大元帅去电慰抚驻桂留办善后之粤军,藉安军心。(《西南已下讨伐令》,长沙《大公报》1922年5月16日,"中外新闻")

5 月 17 日 训令李炳荣等留守部队负后方治安责任。

报载以大元帅名义训令广东惠州善后处长李炳荣的同时,还训令钟景棠、尹骥协同办理对赣边防事宜。训令指出:"照得此次改道出师,各军已陆续出发,凡属留守部队,应负后方治安职责。除广州治安责成魏邦平、粤桂边防责成叶举办理外,关于惠潮方面对赣边防事宜,应由该处长协同高州善后处长钟景棠,第二师旅长尹骥等共负责任,妥为办理。仰即遵照毋违。"(《羊城报》1922 年 5 月 24 日)

△ 发布命令,严禁军队拉夫。

令谓:"大军进发,首在保护商场,维持秩序。各军需用夫役,业已通饬各县雇募,随时解送分拨听遣。嗣后无论何项军队,不准纷向商店、居民任意拉夫,免致惊动商场,有妨贸易。"(《大本营严禁军队拉夫》,上海《民国日报》1922 年 5 月 28 日,"要闻")

△ 任柏文蔚(字烈武)为长江上游招讨使。(《广州》,上海《民国日报》1922 年 5 月 18 日,"本社专电")

△ 石青阳公开来电,宣告就任四川讨贼军第一路总司令。(《石青阳就四川讨贼司令职》,上海《民国日报》1922 年 6 月 11 日,"要闻")

△ 报称孙中山与陈炯明意见水火,决无握手北伐之诚意。北伐不会构成大的威胁。

该文的判断主要来自北京政府驻南方委员的详细调查。该调查还得到的信息是,"其在赣南扰乱,不过李烈钧、许崇智、李福林、黄大伟诸部,就中尤以李烈钧非得全赣不可"。从总的情况看,"滇、黔、湘、川无事,仅有赣南极小部份为患,不难扫平"。(《西南北伐之内幕情形》,天津《大公报》1922 年 5 月 17 日,"政闻")

5 月 18 日 叶举率部进驻广州,广州遂为陈炯明控制。

△ 报载陈炯明部与陈光远部密约夹击入赣北伐军。

许崇智搜获陈炯明与陈光远夹击入赣北伐军之密约,并予以公布。报称陈炯明部下此次起事,陈事前曾密电陈光远,约定夹击入赣北伐军。许崇智占领赣州时,搜获了此等往来电文。公布的来往电函中,对孙中山决定发动总攻击的时间、北伐军的力量分布,陈炯明部下均有密告陈光远部,而且有"陈部决计先期与我军协同动作,敌右翼最强,宜先翦除,请我帅速令重兵出三南,同时并进;信丰方面军队若干,何日可出三南,均请先电确示,以便告陈部动员相应"之字句。在虔南作战期间,则有"敌军既右翼最强,又已发动,请即转告陈部,速由连平暗袭其后,与我信丰之军,夹攻敌众。届时庾岭队伍即出攻南雄,以分其势,使彼三面受敌,聚可殄灭。望即电促陈部速起相应为要"等语。(《宣布二陈密约》,《泰东日报》1922 年 7 月 22 日)

△ 从莫斯科所订之大批军火由海运到港。

报载北伐加速,与苏俄和奉张的援助有很大关系。此时莫斯科与孙所定军火协约开始实行,大批军火通过海运 18 日到港,"计山炮二十二尊,钢炮十二尊,机关枪十五架,步枪五千枝,子弹三百箱,炮弹一千五百发"。孙已派专员赴港转运。而且奉张前已接济大批军火,促其北攻。(《西南最近输入之军火》,天津《大公报》1922 年 5 月 23 日,"政闻")

5 月 19 日　任丁培龙为大本营第四路游击司令,刘崛为广西浔郁镇抚使,苏无涯为广西平梧镇抚使。(《羊城报》1922 年 5 月 22 日)

△ 任陈家鼐为大本营劳工宣传委员。(罗家伦主编、黄季陆增订:《国父年谱(增订本)》下册,第 962 页)

△ 曹锟、吴佩孚等公开来电,共商统一大计。

略谓:近期奉军肇乱,危及国家,幸而将士用命,驱除迅速,使大局得以转危为安。然而兵力只足以勘定一时之乱,至于百年大计,非从根本解决,终无长治久安之望。共和国建立十一年,对于国家不能统一,宪法不能改良,军区不能确定的症结和疗治之方,当时国内的硕贤耆德者建言诸多,"或主张恢复民国 6 年的国会及召集第三届国会,以维总统,或提倡国民自由会议以顺民意";也有提议协同制宪,联省自治者,这些都可谓救时良药。但是,"言法制者,当实尊法理;言民意者,当真出民意。苟有丝毫之假借,即不足归真正解决"。所以希望邦人君子能够审思详虑,以期至善。(《曹吴等效电补志》,天津《大公报》1922 年 5 月 23 日,"政闻")

△　报载北京政府电复陈光远,谓"孙文攻赣,已电直、皖、苏、鄂等省援助,执事宜加派军队开至大庚"。(《又电》,天津《大公报》1922 年 5 月 19 日,"专电")

△　报载广州电:孙中山将回省一行,待大军克复某某等处后,即亲赴前敌指挥,大本营仍驻韶关。(《广州电》,天津《大公报》1922 年 5 月 19 日,"专电")

5 月 20 日　由韶关至南雄督师。

据密确消息,北伐军积极攻赣,内幕中至要原因,在于乘奉直战事吃紧,北省军队暂时不能接援之机发动进攻。孙中山亲自督战,决计由韶州进攻赣南各重要地区。作战计划是孙督后队,许崇智担任前路司令,李烈钧担任两翼司令,黄大伟担任中路司令,分路直攻赣南。李烈钧之第二、三各梯团,已将虔南各要隘完全占领,大庚岭亦吃紧,因此,陈光远都督极为惊慌。(《孙文督战攻赣之确讯》,天津《大公报》1922 年 5 月 22 日,"政闻")

△　旅粤桂人在广州之广西会馆开紧急会议,共谋救济桂省方法。

自粤军离开广西后,仅派一营留守,广西乱事成燎原之势。旅粤桂人因此于 5 月 20 日在广州之广西会馆开紧急会议,共谋救济方法。据由桂返粤之粤军官云,粤军撤回之事,早经动议,只因桂省土匪太多,溃兵遍地,桂省人士再三挽留,因而不忍置之不顾,迭次出队搜剿。子弹之耗尽,目测之伤亡,与 1921 年驱逐陆荣廷的大战相似。终因桂省穷苦,粤军伙食无从接济,而不得已相率东归。不了解情况者,还以凯旋相祝,或者谓回粤觅食则更贴切些。(《桂省乱事之蔓延》,长沙《大公报》1922 年 6 月 1 日,"中外新闻")

最近,浙江督军卢永祥派一名代表到广州。该代表来穗后即前往韶关准备拜会孙中山,以便和孙面谈有关调遣联军北伐的问题。

（广东省档案馆编译：《孙中山与广东：广东省档案馆库藏海关档案选译》，第 269 页）

△　报载陈炯明胞弟陈觉民在沪谈话，称月前孙中山曾派代表六七次促陈返回省城。孙也"深悉粤局非竞存不能协予维持，故亟欲盼其出山。星使往返，几无虚日"。陈炯明意颇愿从此下野，自言只是迫于公义私谊，才可能仍将出面服务。并认为陈炯明之服从孙中山一如既往，即使政见上稍有出入，也不至背道而行。（《陈炯明之再出说》，天津《大公报》1922 年 5 月 20 日，"外埠·广东"）

5 月 21 日　报载陈光远致电北京政府，称孙中山"刻下尚未至赣境，请中央万勿轻信谣诼"。（《专电》，天津《大公报》1922 年 5 月 21 日，"专电"）

5 月 22 日　北伐军逾九连山，与北军赣督陈光远部接触，克复龙南、虔南。（邹鲁：《中国国民党史稿》第 1 册，第 1039 页）

△　马君武通电辞去广西省长一职。（毛思诚编纂：《民国十五年以前之蒋介石先生》第 4 册，第 15 页）

1922 年 4 月，陈炯明部退出广西，陆荣廷旧部卷土重来，政局更趋不稳，马君武亲信部队仅一卫队营，出于无奈，乃于 5 月 2 日率省长公署人员、家属、卫队乘船东下。次日，行抵贵县，驻军李宗仁部俞作柏企图挽留马以"挟天子而令诸侯"，又想夺其饷械，便开枪袭其坐船，马之爱妾彭文蟾中弹殒命，数千册书籍及许多未刊行的诗文译稿散佚殆尽。马乃于 22 日向广州总统府递交了辞呈。（唐志敬：《马君武评传》，《广西社会科学》1988 年第 3 期）马君武曾赴惠州，是日返省，谓陈炯明允来。粤中各工团皆大欢喜，十余团体代表赴惠欢迎即日来省，各界筹备高搭牌楼，以示庆贺。（《陈炯明将复回广州》，长沙《大公报》1922 年 6 月 1 日，"中外新闻"）

△　任孔庚为讨贼军中央直辖鄂军军长。（《陆海军大元帅令》，上海《民国日报》1922 年 6 月 1 日，"要闻"）任伍毓瑞为大本营第五路司令。（《伍毓瑞司令呈报就职》，上海《民国日报》1922 年 5 月 22 日，"要闻"）

△　训令大本营参军长徐绍桢犒赏凯旋将士。

令谓:"援桂凯旋诸将士,劳苦功多,其到省者,兵士赐酒肉,官长赐宴,着参军长代表主席。其留肇庆者,派员一起犒劳。当大军讨贼之际,凡我将士,务当继续宣力,以竟前功,是所厚望。"(《羊城报》1922年5月22日)

△　叶举、魏邦平等来电,"恳大总统俯念粤省为全局所关,力挽陈总司令出任艰巨,以挽危局"。(《粤军班师后之各面观》,《申报》1922年5月31日,"国内要闻二")

△　湖北自治军第一军来电,声讨吴佩孚祸害湘、鄂,请海内明达一致赞助湖北自治。(辽宁省档案馆编:《奉系军阀档案史料汇编》第3册,第726页)

△　报载北京某公派高梦旦赴韶关谒见孙中山。(《广州电》,天津《大公报》1922年5月22日,"专电")

△　报称西南各省均已赞成北伐,南北和平统一遭到最大障碍。

据称南北统一问题,虽经各方面积极进行,以期早日成立。不料日来川、湘、滇、黔互相结合,赞成北伐,决定一体加入,西南与北省接洽统一手续因此已停顿。北京当局曾电在野名流张謇、汪精卫等敦请协助中央进行统一,迄未接复电。北京政府方面21日向保定拍发急电一件,敦促曹锟从速讨论办理统一方针,以便进行。(《进行统一之最大障碍》,天津《大公报》1922年5月22日,"政闻")

5月23日　洪兆麟自沪电告粤政府,请求恢复陈炯明粤军总司令职。(《上海快信摘要》,长沙《大公报》1922年6月1日,"快信")

△　叶举等召开军事会议,讨论并通电要求恢复陈炯明之职务。

报载叶举、魏邦平等于是日在忠烈祠召开军事会议,决定办法三项:(一)派人迎陈炯明回省城广州,以便即早复桂;(二)致电孙中山,促其明令恢复陈炯明本兼军事各职,并罢免伍朝枢、胡汉民、蒋尊簋、廖仲恺、谢持、程天斗等人职位;(三)革除许崇智军长职权,粤军全部归陈管辖,否则即以武力解决。孙中山得讯后,知非复陈之职,势必酿成巨变,特于 24 日致电伍廷芳,令其偕梁鸿楷赴惠,无论如何,须挽陈返回省城。(《陈炯明将复回广州》,长沙《大公报》1922 年 6 月 1 日,"中外新闻")

是日,叶举、陈炯光等通电谓:"我等对于孙总统之免除陈总司令之职守,殊甚惊讶,特率全军归还广东。我等从陈公十余年,转战广东、福建、广西,生死与共,倘非陈总司令之命,则断难绝对服从。广东为护法政府之策源地,如不以粤军为主,则部下纷乱,护法政府亦无基础。大总统宜以粤省全局为念,促陈总司令出仕。"(《陈炯明将复回广州》,长沙《大公报》1922 年 6 月 1 日,"中外新闻")

24 日,复电叶举、魏邦平等,表示对陈炯明始终动以至诚,委任其为中路北伐联军总司令,赞赏其大义高德,所谓"以竞存生平大义,炳著中外。君子爱人以德,若操之过蹙,不任有回旋余地,殊非待士之道。烈山寻介,薰穴求玉,长此相迫,文所不忍,亦君等所当知者"。(《香港电》,《申报》1922 年 5 月 25 日,"国内专电";《广州》,上海《民国日报》1922 年 5 月 26 日,"本社专电")

又据报载,叶举等要求斥逐之六人,除胡汉民、朱卓文、陈策、程天斗四人外,尚有胡汉民之弟胡毅生、赵植之二人。赵"本充孙氏之侦探长及广州市厅稽查长,于政治上向不甚露风头",因自陈氏返东江后,前陈炯明司令部侦查长黄福芝部之各侦缉员在省者多被拘拿,据指系赵所为。(《陈炯明不就两粤军务督办职》,《申报》1922 年 6 月 4 日,"国内要闻")

△ 广东总工会派代表梁佐臣、何哲恭、曾西盛等十人驰抵惠州,请陈炯明返省主持政务。(《粤军回省后之态度》,《申报》1922 年 6 月 1 日,"国内要闻")

△ 许崇智部第三游击支队司令杨胜广占领江西信丰县,斩获尚丰。(《上海快信摘要》,长沙《大公报》1922 年 6 月 2 日,"快信")

△ 孙洪伊发表关于解决时局问题谈话。要点如下:包括孙中山在内的各方都同意恢复旧国会,问题在于该旧国会指的是民国 6

年还是民国 8 年之旧国会;关于大总统问题,现在虽有黎元洪、孙中山之说,但国民对于黎氏是否赞成尚属疑问。如果黎氏愿意到粤与南方护法派协力解决,则其复职,当无异论,法律上也无大问题。两广要北伐,但陈炯明不支持,难以成事。今后问题在于改造中央政府,确定地方制度。(《时局进展之趋势·孙洪伊之时局谈》,长沙《大公报》1922 年 5 月 29 日,"中外新闻";汤锐祥编:《护法运动史料汇编》第 3 册,第 552 页)

△　报载王天培之通电称,已率兵出湘西以追随北伐。(《又电》,天津《大公报》1922 年 5 月 23 日,"专电")

△　报载传言将任陈炯明为两广经略使。此议系孙中山通过汪精卫商之于粤军忠烈祠会议将领所成。但广西此时已经丢失,两广经略使只得半边,估计陈氏未必肯就。(《粤军回省后之态度》,《申报》1922 年 6 月 1 日,"国内要闻";《粤政潮之起伏观》,《商报》1922 年 6 月 2 日,"内外要闻")

5 月 24 日　海关档案载:鉴于北伐军相继开赴前线,后方提供足够的财政支持非常重要。孙中山最近打算从韶关返穗,并打算会见即将来广州的美国朋友,与其就对护法政府发展前途具有重大影响的某些重要问题交换意见。(广东省档案馆编译:《孙中山与广东:广东省档案馆库藏海关档案选译》,第 270 页)

△　托汪精卫、程潜携带亲笔函与陈炯明相商,拟任陈为中路联军总司令。(《孙总统诚意请陈出山》,上海《民国日报》1922 年 5 月 26 日,"译电")

△　"民六国会议员"集会天津,宣称即日行使职权,取消南北两政府。(毛思诚编纂:《民国十五年以前之蒋介石先生》,第 4 册,第 71 页)

△　报载原兵工厂厂长陈永善率队回任,驱逐孙中山所委之朱卓文离任。(《上海快信摘要》,长沙《大公报》1922 年 6 月 1 日,"快信")

△　广州市商界代表议决,拟派员往惠州劝陈炯明返回省城。(《粤军回省后之态度》,《申报》1922 年 6 月 1 日,"国内要闻")

△　广州卫戍总司令魏邦平、省军总指挥叶举、陆军部次长程潜、广东省教育委员会委员长陈伯华往惠州谒见陈炯明。(《粤军回省后之态度》,《申报》1922 年 6 月 1 日,"国内要闻")另外,近日粤军翁式亮、陈德春、洪兆麟均赴惠谒见陈炯明,请其"勿遽萌退志"。(《粤军回省后之态度》,《申报》1922 年 6 月 1 日,"国内要闻")

△　程天斗来电,报告广东财厅款项支出情况。

该电用意,是要澄清所指称之奸人造谣。略谓:"查省库支出款项,无论何费,均须审计处核准,再由财厅饬库照支,非可随时提用。且库储支绌,寅食卯粮,何能积存数百万,以供临时之携取。至广东省立银行,统与财厅时有通融,然必须依借贷形式,方能借入。惟当陈前省长辞职时,财厅并未借过省行款项,再证以金库四月下旬之报告,所支皆属细数,亦无有过百万者,事实具在,无可含糊。"并将查明情形呈请伍省长明白宣布。(《陈炯明回任问题之要电补志》,天津《益世报》1922 年 6 月 23 日,"要闻二")

△　报载将任陈炯明为北伐中路联军总司令,刘湘为右翼司令,自兼左翼司令。(《又电》,天津《大公报》1922 年 5 月 24 日,"专电")

5 月 25 日　蒋介石致电汪精卫、胡汉民、廖仲恺、许崇智等,称"愤恨陈党盘踞省城,逆命作乱,主先巩固后方,再图北伐"。(毛思诚编纂:《民国十五年以前之蒋介石先生》第 4 册,第 15—16 页)

△　北伐军中路克复大庾,朱培德等来电报告进占大庾县等军情。(《北伐军攻克大庾岭战况》,上海《民国日报》1922 年 6 月 6 日,"要闻")李烈钧进驻该地督师。(邹鲁:《中国国民党史稿》第 1 册,第 1039 页)

△　晚,汪精卫、程潜、居正由惠州返省,报告陈炯明愿意担负援桂剿匪之责,希望得到指令,以便掌握节制随时调遣两广军队之权,自可指挥一切。陆军次长程潜专门与陈炯明讨论有关金融善后、向长江方面进取、剿平桂省土匪等问题,皆有具体之策划。26 日早,廖仲恺、徐谦、林森等赴韶关谒见,27 日晚,即下令陈炯明督办两广军务。(《北伐战闻片片录》,上海《民国日报》1922 年 6 月 3 日,"要闻")

△　伍廷芳在省长公署宴请由桂返粤军官,后者多以陈炯明离任而谢辞。

报载,伍老博士在省长公署内,设筵欢宴此次由桂凯旋回粤各军官。自营长以上皆列席,计预备酒席数十桌,不料是日到者仅得十八九人,且皆为陪宾之客,余各军官均不见到,大为扫兴。并闻是日各军官另具一函致谢,大意谓,"承招宴甚感谢,惟敝军去年出发援桂,时任粤省长为陈竞公,今次凯旋返粤,而竞公竟离任不在省。三军之士若失慈母,盛意可感,惟食不下咽,愿辞谢"。(《粤军回省后之态度》,《申报》1922年6月1日,"国内要闻")

关于陈炯明复职一事,当时报纸对孙、陈两方均有专论,并进行预判。认为孙中山之所以不准陈复职,是因为陈炯明不答应担任北伐军后方饷械之接济等条件。但对陈部下叶举之要挟,孙如处理不当,也可能导致粤局纠纷。

长沙《大公报》载,近日时局又吃紧,孙中山电复叶举等请求恢复陈炯明总司令一事,空言挽留,究竟准其恢复与否,并无切实表示。故叶举等再行集议,决议不等孙中山之许可,即将总部复行组织,并请陈炯明刻日来省任事。至于孙中山方面态度如此强硬,"只恃海军舰队为后盾"。闻连日与温树德、陈策、马伯麟等来往电报甚多,惟均系新克密码之电,故外间无从知悉。前派汪精卫、居正、程潜等前往惠州时,闻提有条件五款,内中一款系责令陈炯明担任北伐军后方饷械之接济,其余四款未能详悉。惟陈炯明不允承认,故孙中山亦不遽行准其恢复,只为挽留之表面敷衍而已。又闻孙意以日前汪、程、居三人赴惠,已为表示最后之意见,如陈不能容纳,即是听从叶举等自由行动,而彼此亦将率北伐之军以为应付。"总之,叶举等既有此次要挟,现已势成骑虎,孙氏处置稍不得当,粤局终不免纠纷耳。"(《粤省最近之政局》,长沙《大公报》1922年6月9日,"中外新闻")

据《商报》载,粤函谈及孙、陈暗斗及陈炯明暗谋消灭孙中山势力之办法,称二人关系难以调和。据称孙、陈此次暗斗,实为西南存亡之关键。此次暗斗有三点值得注意,一是陈炯明背后有直系的有力支持。"陈、直携手,信而有征。此次并有先贿五百万元现款,为陈氏消灭孙氏条件之说。"二是孙因直奉战争奉系失败,处于非孤独奋斗不可之地位。此次不能先清内部而后出伐赣南的原因,实与没有奉系支持有很大关系。三是时有三种消灭孙之方法:(一)请直吴援赣攻粤,并助陆荣廷复桂。(二)用兵力迫使孙恢复陈之军权。得手后再进而绝其后路,不予接济。(三)用种种方法使孙氏看作根据地的广东社会产生动荡。纸币贬值即是其中一例。至于陈氏对孙的态度,据说有二种:(一)使部曲暴动,胜则为所欲为;败则借口未与闻而收拾残局,保存势力。(二)如果孙中山中计,则第一步"要求以两广经略使名义,督署两广军务事项。凡关于饷械等项机关,如兵工厂、造币厂,概交其节制"。然后控制前方将士之生死,最后降服扑灭。截至文章发表时,双方都未活动,且纷传关系已经妥洽,孙中山已允陈担任陆军总长兼两广经略使,督办两广军事事宜。但作者估计,孙陈此时难望妥协。因为如孙同意妥协,则不啻将所谓的正式政府立刻宣告死刑。(冷眼:《孙陈关系与粤局》,《商报》1922 年 6 月 4 日,"内外要闻")

△ 报载派郑某犒劳粤军,定本月 27 日在总统府宴各将领,孙中山或回省城出席。(《上海快信摘要》,长沙《大公报》1922 年 6 月 1 日,"快信")

5 月 26 日 致电慰劳北伐前敌将士。(《广州》,上海《民国日报》1922 年 5 月 30 日,"本社专电")

△ 报载孙中山、陈炯明"将生冲突,叶举已与魏邦平互相攻击,广州各界恐慌。"(《又电》,天津《大公报》1922 年 5 月 26 日,"专电")

△ 报载上海调人转来孙中山、陈炯明密电,询问"恢复旧国会是否诚意,请问有无决不被人利用把握"。(《又电》,天津《大公报》1922 年 5 月 26 日,"专电")

△ 张作霖电称吴佩孚"竟怙恶不悛,逞其凶焰,向我开衅,近更

盘踞要津,把持政柄,倒行逆施"。("中华民国"史事纪要编辑委员会编:
《中华民国史事纪要（初稿）——一九二二年一至六月》,第 970 页）

5 月 27 日　以大元帅名义命令陈炯明督办两广军务,陈拒不就
任。("中华民国"史事纪要编辑委员会编:《中华民国史事纪要（初稿）——一
九二二年一至六月》,第 890－899 页）

令谓:"着陆军总长陈炯明办理两广军务,肃清匪患。所有两广
地方,均听节制调遣。"(《陆海军大元帅令》,上海《民国日报》1922 年 6 月 3
日,"要闻"）初,陈炯明复电称:"愿竭能力以副委任,已催叶举等部迅
速回防,叶等必无不轨行动,愿以生命人格担保。"很快又以饷械缺乏
为辞,拒不就职。怂恿钟景棠、叶举、杨坤如等通电,强逼省银行兑现
及截留各县捐税,以摇动全市之金融。继又派兵四出,向各商店强买
强卖,全市大为恐慌。使廖仲恺、程天斗等财政当局疲于奔命,予北
伐军后方以莫大打击。6 月 1 日,汪精卫抵惠州,劝陈炯明返省城,
陈以种种理由未就。(邓泽如:《中国国民党二十年史迹》,第 250－252 页）

据说陈自称不就两粤军务督办的原因,一以不能再用兵于广西,
担此虚衔没有意义。二以此职类似于北方之巡阅使。而其部下各将
官则仍持原议,要求恢复陈氏之原有各职,仍任粤军总司令。至于省
长一职,则须由陈保荐。时有钟秀南和黄强两个人选,但尚须视陈是
否就职而定。此时省中各方面盛传陈氏不日返省,也有说陈已定于
6 月 4 日返省的,但此说也被认为恐未必可恃。(《陈炯明不就两粤军务
督办职》,《申报》1922 年 6 月 4 日,"国内要闻"）

△　发布陆海军大元帅令,照准大本营警卫团团长陈可钰呈请
任华振中为中校团附。(《海陆军大元帅令》,上海《民国日报》1922 年 6 月 7
日,"要闻"）

△　发布陆海军大元帅令,公布大本营管理战地地方民政条例、
民政管理局组织条例和大本营游击队别动队组织条例。

大本营管理战地地方民政条例共十八条,该条例规定:所称战
地,包括讨贼军驻屯地、作战地及新克复地。战地地方行政由大本营

政务处管理,政务处长有任免及监督该地方行政官吏之权。战地地方财政由大本营度支处管理,度支处长有任免及监督该地方行政官吏之权。战地地方行政、财政相关连者,由政务处长、度支处长会同管理,其所属官吏之任免及监督亦然。无论何项军队不得有在战地任免各项官吏及向征收机关提取或借用款项、或其他迹近干涉地方事务之行为。条例还对各军克复地政权的移交、租税的征收,民政管理等作了规定。(《陆海军大元帅令》,上海《民国日报》1922 年 6 月 6 日,"要闻")

大本营战地民政管理局组织条例共十四条,规定民政管理局负责管理新克区民政一切事宜,如政务、财政、总务等。(《大本营战地民政管理局条例》,上海《民国日报》1922 年 6 月 7 日,"要闻")

△ 广东全省县议会联合会会长程学源、国会议员陈家鼎等电请惠州之陈炯明回省。

程学源之电谓:"我公勋业震中外,道德冠时贤,本粤桂明星,作中华柱石。湖上之旌麾乍返,南中之隐患渐深。然以为元首推诚,名流劝驾,军团爱戴,工党欢迎,当可勉抑高怀,趣回帅节。何意云霓盼切,霖雨仍悭。我公不出,如百粤苍生何,如神州时局何,际此喁喁待治之时,靡特军政工商等纷起攀留,即九十四县真正民意,亦深结还我使君之想也。等豫州之相依,类秦庭之痛哭。"(《粤人请陈返省之急迫》,《申报》1922 年 6 月 5 日,"国内要闻")

国会议员陈家鼎、黄策成、吴道达、田稔、祝震之电谓:自从陈炯明回籍省亲,倏忽逾月,大局发生剧变。奉系张作霖独立,与直系不共戴天;桂匪横行,于自治无可与联之省;北政府用北制南。此时粤省为南方政府首都所在,出师讨贼,义无反顾。只是欲图大业,先需固本源。陈炯明与孙中山"从事革命二十年,护法七载,公谊私情,无与伦比。际此如溺如焚之日,正宜剑及履及之时,切望速返省垣,以主持大计"。(《粤人请陈返省之急迫》,《申报》1922 年 6 月 5 日,"国内要闻")

之后报载,连日来白鹅潭各军舰晚间仍彻夜打射探海灯,即水警各舰亦一律日夜升火,随时预备开动,大为戒严。外间传说陈来省时,孙氏亦决计返省一行,与陈晤面,商决大局各事。孙意力主陈氏再用兵平桂,但据陈氏左右言,陈决主弃桂,"以用兵频年,兵士劳苦,且糜饷不少,决不愿再为用兵"。二人分歧明显。(《粤人请陈返省之急迫》,《申报》1922 年 6 月 5 日,"国内要闻")

△　报称陈炯明拟由惠返回省城,各方面预备欢迎。(《上海快信摘要》,长沙《大公报》1922 年 6 月 3 日,"快信")

△　北京政府责成鄂督预防川、湘与孙中山联络。

报载四川之刘湘、湖南之赵恒惕近因孙中山攻赣颇为得手,特与联合,借此维持个人原有地盘,因此,对北方态度异常冷静。赵恒惕已集合部下再攻岳州,刘湘则密令部下骚扰鄂西,均为联孙之表示。北京政府因此特电萧耀南,责成巩固湘北、鄂南、鄂西各处防务,并随时电告赵、刘行动,以预防其联孙北攻。(《中央预防川湘联络孙文》,天津《大公报》1922 年 5 月 27 日,"政闻")

5 月 28 日　马育航由惠州回省城,谓"陈炯明对于汪精卫等劝驾者,言去年援桂提军饷六百万,令桂人家散人亡,得不偿失。今复弃之,土匪满地,我实无以对桂人。诸君劝我,何面目回去。我与孙文政见出入,孙骂我,我不怪,最痛者本党机关报,谓我无接济桂林军队。查桂林出发时,支去军费八十万,许军二十万,另支月饷。即桂林回兵时,尚支去二十万,又由省银行划拨二百万,何谓无接济者"。(《上海快信摘要》,长沙《大公报》1922 年 6 月 4 日,"快信")

△　陈炯明辞去国民党广东支部长。(《上海快信摘要》,长沙《大公报》1922 年 6 月 4 日,"快信";段云章、沈晓敏编著:《孙文与陈炯明史事编年》,第 545 页)

△　广州总统府具柬,遍请上尉以上粤军官到财政厅宴会,结果无一人赴席。(《上海快信摘要》,长沙《大公报》1922 年 6 月 4 日,"快信")

△　新任海军人员二十三名赴韶关谒见,请愿北伐。(《上海快信

摘要》,长沙《大公报》1922年6月4日,"快信")

　　△ 粤军将领在白云山开军事会议,主张只承认陈炯明为总司令。(《上海快信摘要》,长沙《大公报》1922年6月6日,"快信")

　　△ 陈炯明电贺北伐军战胜。(《上海快信摘要》,长沙《大公报》1922年6月9日,"快信")

　　△ 孙传芳来电,请求与徐世昌同时下野。

　　其理由是:法统既复,责任已终。孙中山护法目的已达;徐世昌系新国会选出,随着旧国会召集,新国会没有存在之依据,新国会选出的总统失去效力。希望两位总统"体天之德,视民如伤,敝屣虚荣,及时引退,适可而止",以"标逊让之高风,促和平之实现,救人民于水火,系国家于苞桑。无使天之扰攘再为两人,俾得大好山河全归一统"。从而以使庄严之民国得享承平,炎黄子孙能俱受乐利。("中华民国"史事纪要编辑委员会编:《中华民国史事纪要(初稿)——一九二二年一至六月》,第905页;《孙传芳请孙徐同时去职电》,长沙《大公报》1922年6月1日,"时问")白坚武认为,该电报"朝气凌厉",值得佩服。(中国社会科学院近代史研究所编,杜春和、耿来金整理:《白坚武日记》第1册,第362页)

　　5月29日 北伐军攻克崇义、新丰。

　　前方北伐军捷报频传:中路部队25日下午占领南安城,28日占领新城;左翼部队29日占领崇义城,同日右翼部队占领新丰城。(邹鲁:《中国国民党史稿》第1册,第1039页)5月31日,因此致电许崇智等,令特犒奖前敌将士。(《大元帅犒劳前敌将士》,上海《民国日报》1922年6月12日,"要闻")

　　△ 发布海陆军大元帅令,任免蒋光鼐等六人职务。

　　准大本营参军长吕超所呈,参军处副官蒋光鼐、章裕昆另有差委,拟开去本缺;任邹竞、赵启录为参军处副官。准大本营警卫团团长陈可钰所呈,任命缪培南为少校团附。并任许崇灏为粤汉铁路警备司令,兼管运输事宜。(《海陆军大元帅令》,上海《民国日报》1922年6月7日,"要闻")

△　报载粤将领叶举、魏邦平等又来电,请责成陈炯明担任两广军务。(《又电》,天津《大公报》1922 年 5 月 29 日,"专电")

　　△　报载陈炯明拒绝与孙中山联合北伐。

孙中山到韶关誓师实行援赣后,即饬黄大伟联系陈炯明,劝其赞成北伐,如遵照办理,即由粤军代为召集部下。但陈氏即行拒绝,且宣言无论如何,决不与其联合实行其北伐政策,并在肇庆组织自治军,以保护全粤治安免受北伐军影响。(《陈炯明拒绝联合北伐》,天津《大公报》1922 年 5 月 29 日,"政闻")

5 月 30 日　吴佩孚来电提出条件,请中止北伐,征求全国统一意见。其条件为:(一)恢复旧国会;(二)请黎元洪恢复总统职务;(三)由旧国会制定宪法后,依该宪法召集国会,选举大总统。(《上海快信摘要》,长沙《大公报》1922 年 6 月 6 日,"快信")

　　△　朱培德来电,报告所部占领南康情形。(《北伐军克赣州后战报》,上海《民国日报》1922 年 6 月 13 日,"要闻")

5 月 31 日　因前敌各将士迭着奇勋,特以大元帅名义致电南雄许军长、朱总司令、彭总司令、梁师长、李司令及各旅团营长,嘉奖北伐前线将士。

电谓:"我军既定南安、新城,遂克信丰、崇义,足征将帅指挥若定,士卒有勇知方,捷报传来、良用嘉慰。敌本乌合,慑于义师声威,一再弃险溃退,全赣肃清,在指顾间。希即乘胜直追,早奏肤功。诸将士沐雨栉风,为国劳苦,至深廑念,并望传谕慰劳。"(《大元帅犒劳前敌将士》,上海《民国日报》1922 年 6 月 12 日,"要闻")

　　△　国民外交后援会电请广东政府收回澳门领土,调派兵舰保护侨民,以维国命而救危亡。(《广州各界对葡大会议》,上海《民国日报》1922 年 6 月 6 日,"要闻")

　　△　报载请陈炯明再次攻桂,陈完全拒绝,并宣言嗣后不问桂事。(《又电》,天津《大公报》1922 年 5 月 31 日,"专电")

　　△　报载被陈炯明迫令赞成恢复旧国会,粤军开始逐孙。(《又

电》,天津《大公报》1922 年 5 月 31 日,"专电")

　　△　陈炯明寓前捕获身怀短枪暗杀嫌犯一名。(《上海快信摘要》,长沙《大公报》1922 年 6 月 7 日,"快信")

　　是月　陈炯明发表《联省自治运动》一文,提出联省自治纲领。(广东省政协文史资料研究委员会编印:《有关陈炯明资料》第 142—146 页)

　　△　致函张作霖,告诉不改初志,履行前约,希望张乘势反攻直系,致其首尾不能兼顾;并派吴忠信为军事全权代表谒张,以维持反直同盟。

　　函谓:"前以我军后方问题须先解决,故于上月改道出师,还定粤局,促成北征。乃值贵军已入关(奉军于 1922 年 4 月 10 日开始入关),不能同时相应,抱歉之至,事势所拘,当承谅察。"又谓:"文于 6 日亲至韶关誓师讨贼,督饬各军急速进行,不变初志,以践前约。贵军精锐,未失所望,乘时反攻,使其首尾不能兼顾,彼虏既疲于奔命,则最后胜利,仍在吾人也。兹特派吴旅长忠信为军事全权代表,晋谒左右,敬祈赐教。"(《致张作霖派吴忠信接洽军事函》,中国国民党中央委员会党史委员会编订:《国父全集》第 3 册,第 802 页)

　　然而,奉张初败,并没有力量马上反攻。另外,北伐军在江西虽有所进展,但孤军奋战,对直系军阀尚未构成致命威胁。再加上之后广东之后方更加不稳,故 6 月初孙中山再次回省,以资震慑。(邱捷:《孙中山的北伐战略与"三角反直同盟"》,陈震宇、张宏儒、黄方方编:《"孙中山北伐与梧州"学术研讨会论文集》,第 77 页)

6 月

　　6 月 1 日　致电李烈钧等,告已指派黄实、宾镇远来赣犒劳部队。

　　略谓:李烈钧滇军攻赣数日,能即迭克名城,所谓仁者之师,所向无敌,实因为将士忠于主义,勇于牺牲,而各军长官也能本革命之精神,以成其运用之妙。认为改造国家之责任,只有自己与北伐军能负荷之,能相与有成。希望自己与李烈钧师徒间交相劝勉。并告知将派大本营参军黄实、副官宾镇远前来犒劳,定于 6 月 2 日启程,以嘉奖转战之功,并表示廑念之意。(《大元帅犒劳前敌将士》,上海《民国日报》1922 年 6 月 12 日,"要闻")

　　△　下午,由韶关回广州。(《上海快信摘要》,长沙《大公报》1922 年 6 月 8 日,"快信")

　　是日,海关档案载:因庞大的北伐军进攻江西,攻占了大庾和信丰地区,接连打了许多胜仗,考虑到后方各项工作确实需要妥善安排,特别是希望美国朋友能暂时留下,与自己就某些要事交换意见,孙中山决定返穗停留一段时间。是日下午离韶返穗。据说,几天后将再返韶关,一旦攻克南昌,他将亲自奔赴扬子江。此间,为了对付陈炯明迫在眉睫的叛变,孙中山要求美国援助广州政府,并以同意聘请美国顾问进入广州为条件,但美国仍然冷眼旁观。(广东省档案馆编译:《孙中山与广东:广东省档案馆库藏海关档案选译》,第 270 页)

　　又据报,此次回省系因廖仲恺所请,目的在于镇抚陈炯明部。廖仲恺因陈炯明部屯集省城及白云山等处者,日谋响应北方的吴佩孚,粤垣人士一夕数惊,(毛思诚编纂:《民国十五年以前之蒋介石先生》第 4 册,第 21 页)加上叶举部在广州日向滋闹粮钱,受逼无已,所以请求暂时回归省城加以镇慑。而胡汉民力阻孙中山回省,认为害处有三:(一)回去定受包围;(二)如受包围,消息就要隔绝;(三)如陈炯明竟不听命,前途更不堪设想。但孙中山不以为然,乃于是日令胡汉民留守韶关大本营,自率卫士回广州。(吴相湘主编:《中国现代史丛刊》第 2 册,第 415 页)另据称,孙中山这次回广州的目的,一为镇慑陈炯明部滋闹,一令前敌将士知道后方并无变故,可以安心前进。(李剑农:《戊戌以后三十年中国政治史》,第 332 页)

回到广州,即打算召集叶举等当面谈话,解决军饷和移防问题,但叶等不愿来见,先一天离开广州到了石龙。孙中山非常愤怒,曾密令海防司令陈策开炮轰击"陈家军",因主张妥协解决者竭力劝阻乃罢手。(陶菊隐:《北洋军阀统治时期史话》4,第152页)

此次回穗与粤局关系重大。长沙《大公报》指出,在其所召集的高级军官紧急会议上,主要讨论了应对桂系、粤军回防及陈炯明就职三大问题。(《粤省最近之政局》,长沙《大公报》1922年6月9日,"中外新闻")然而《申报》所谈到的该次会议拟解决的三大时局问题,与前者略有不同,且更详细。(一)关于前敌问题。赣南将次底定,援赣目的已达,此后会师长江应如何准备,当及早筹备,并需与浙江卢永祥、福建李厚基联络沟通。且陈部各军官此时大有只知陈总司令不知其他之意,倘北伐大军入赣,则需要后方之接济,否则,北伐军恐陷于绝地。故亟须陈炯明出面主持,方可无虞。(二)关于全国大局问题。此时北方政局已变,黎元洪复职之说,甚嚣尘上,并有主张南北政府同时取消者。孙中山认为这与革命救国所提倡的民治宗旨相违,须坚决反对。但西南各省对于黎之复位态度如何,尚未十分明了,急宜巩固内部团结,表示一致主张。(三)关于桂局问题。此时林俊廷已入南宁,并欢迎陆荣廷回桂。粤军百战方得而复失,十分可惜;且粤桂唇齿,陆系死灰复燃,大为粤省边防之患。故对于桂局,亟宜早图。陈炯明既奉令督理两广军务,宜肃清桂患,派粤军赴桂痛剿,尚可收之桑榆。(平:《孙中山返省后之粤局》,《申报》1922年6月8日,"国内要闻")6月2日报载陈演生自惠回,言陈炯明对于政局态度消极,且不愿再用兵于桂,拟任桂人自理。对被任以两广经略,亦不就任。(《上海快信摘要》,长沙《大公报》1922年6月2日,"快信")

△　陈炯明命叶举将石井兵工厂收回。

报载此时广州已全入陈炯明势力范围,广州政府之号令已不能行使。陈氏命叶举将石井兵工厂收回。叶举之前锋杨坤如已派遣所部军士收回兵工厂看守,更令驻韶关各军队不得回广州,预料广州内部之大破裂,为时不远。(《陈炯明将复回广州》,长沙《大公报》1922 年 6 月 1 日,"时问")

△　粤省兵工、白药两厂已被叶举部占据。

报载当叶举、杨坤如两部驰返广州时,伍朝枢竭力反对,但魏邦平竟不遵从伍氏父子之言,听任叶、杨两部安然进省城。此时兵工、白药两厂,已被叶部占据,湛江以南全入陈部掌握之中。(《陈炯明将复回广州》,长沙《大公报》1922 年 6 月 1 日,"时问")

△　麻坡支部张东华来函,请求催发或补发党务部证书、誓约以及捐款证明。(《麻坡支部张东华上总理函》,环龙路档案第 07024 号)

6 月 2 日　陈炯明到石龙检阅其部,旋即返惠州。闻因孙中山抵省城,恐见面难为情。(《上海快信摘要》,长沙《大公报》1922 年 6 月 9 日,"快信")

△　北伐军攻克于都。

据说北伐军占领于都城后,分别向赣州城三面进攻。于是,南北军血肉相搏,时有进退,相持于茅店、七里镇、沙石坪、牛子岽、李家山、金鸡岭、潭口、欧潭、黄金潭、塘江三线,大约十日有余。(邹鲁:《中国国民党史稿》第 1 册,第 1039 页)

△　至是日,北伐军合围并闻已攻克赣州,敌向吉安溃退,北伐军正在追击。(天任:《时局变化与西南》,《商报》1922 年 6 月 11 日,"内外要闻")

△　致电蒋介石,谓:"粤局危急,军事无人负责,无论如何,请兄即来助我。千钧一发,有船即来。至盼。"(毛思诚编纂:《民国十五年以前之蒋介石先生》第 4 册,第 21 页)

△　全国商会联合会副会长张维镛等公开来电,要求与徐世昌同时下野。

略谓:此时天心厌乱,大众自觉,恢复旧国会,完成国家根本大法,已成为全国一致之主张。故本全国商民之公意,决定一面请愿于孙中山和徐世昌,请本着为国民之心,双方下野。一面请黎元洪即日复职,促进统一。并于 31 日通电全国。此时徐世昌因大势所趋,已宣布退位,请求孙中山也俯从民意,"敝屣尊荣,归权法统,成全统一",顺应人民之吁恳,以谋国民真正之福利。(《全国商会联合会请孙文下野》,天津《益世报》1922 年 6 月 5 日,"要闻二";《亦有请孙退职电》,长沙《大公报》1922 年 6 月 8 日,"中外新闻")

　　△　全国商会刘镇华、吴新田等来电,要求退职下野。

　　略谓:迩来京、津、沪议员已多数集合,徐世昌自行引退的宣言,全国同意,一致倾向。敦劝黎元洪出山,回复原任,为公论所归,义不容辞。此时的中华民国,已纯然恢复到民国 6 年前有法统的地位,孙中山真正爱法律、爱国家、爱人民的初心已完全达到,正应成功不居,及时引退,以国民资格共图国是。并分电各方要人,请一致催令孙下野。(《北洋正统中之拥黎电》,上海《民国日报》1922 年 6 月 6 日,"要闻";《亦有请孙退职电》,长沙《大公报》1922 年 6 月 8 日,"中外新闻")

　　△　全国商会代表张维镛、江经沅、安迪生等赴津,谒请黎元洪复职。(《京商学界对时局之表示》,《申报》1922 年 6 月 6 日,"国内要闻")

　　△　北京政局突变,国会宣言集会,徐世昌离京走津。(《粤省最近之政局》,长沙《大公报》1922 年 6 月 9 日,"中外新闻")曹锟、吴佩孚领衔十七名军民长官恳请徐氏复位。(《昨闻之时局要讯》,《社会日报》1922 年 6 月 4 日)。

　　△　日文汉口《日日新闻》载,政学系陆荣廷、岑春煊、温宗尧等自广西失败后,蛰伏上海、天津各处,兹因孙、陈内讧,广西回归林虎之手,大为活跃。陆氏已向曹、吴方面运动得五十万元之援助,并劝沈鸿英归省,岑、陆、温三人也准备不日回广西。(《外报之粤赣军讯》,长沙《大公报》1922 年 6 月 5 日,"中外新闻")

　　△　海军部长汤廷光、海军司令温树德等来访。

　　是日午刻,海军部长汤廷光、海军司令温树德及海军各舰长多人联同谒见孙中山,据说孙同意承担海军饷项,由政府盐饷项下拨给,并要求各位即当将海军积弊清除。(《粤军忽然戒严说》,《申报》1922 年 6 月 11 日,"国内要闻二")

△　旅沪江西第二届省议员来电,欢迎北伐军援赣。(《赣议员欢迎北伐军援赣》,上海《民国日报》1922 年 6 月 2 日,"本埠新闻")

△　全国各界联合会来电,痛辟所传恢复国会之说。(《各界联合会辟恢复国会通电》,上海《民国日报》1922 年 6 月 3 日,"本埠新闻")

△　旅沪赣民自治促进会来电,祝贺北伐军告捷。(《旅沪赣人之贺捷电文》,上海《民国日报》1922 年 6 月 4 日,"本埠新闻")

△　接见澳门工会代表团并发表谈话。(《致马幼伯暨诸同志函》,郝盛潮主编、王耿雄等编:《孙中山集外集补编》,第 277 页)

6 月 3 日　蔡元培与教职员等来电,望广州非常国会停止北伐,早日与非法总统同时下野。

来电首先高度肯定了孙中山的护法之功。指出自民国 6 年国会受非法解散,孙中山等与西南诸首领揭护法旗帜,以广东为国会自由召集地点,几经波折,多受阻力,而坚持不渝,用种种手段以求达到护法之目的:开非常国会以抵制北方非法国会;选举总统以抵制北京非法总统;举行北伐以抵制北方拥护非法的国会与总统的武力。虽然此种手段为人所诟病却坚持如故,本以为如能达到护法目的,无论何种手段不妨一试。也正是用了此种种手段,才使全国同胞得到一种正式民意机关的印象,所以此时国会能有恢复的机会。孙中山等人的护法之功,当永为国民所公认。

来电随后说明了孙中山与北方非法总统同时下野之理由。一是因为护法目的已完全达到。北京非法总统已退职,民国 6 年国会已恢复。二是南北已归一致,没有必要武力解决。且北方军队已表示要以拥护正式民意机关为职志,故请孙中山停止北伐,兑现曾经发表的与非法总统同时下野之宣言。倘若南行国会议员随后能够惠然北行,共图国家大计,全国同胞实利赖之。(《亦有请孙退职电》,长沙《大公报》1922年6月8日,"中外新闻")

6月10日,蔡元培复电章炳麟、张继,解释请孙中山停止北伐下野的事由。自蔡元培等致电孙中山,请其停止北伐后,章炳麟、张继即同时来电,痛诋蔡氏。6月13日,蔡君特答复章、张两君之电。来电认为,西南当初举兵,倡言护法,一因国会被非法解散,二因北方总统由非法议会选出。这两个原因不消除,即使有圆满的分赃条件,南方当局也无法承认。此时徐世昌告退,以前被解散的议会也已恢复,之前举兵的二个原因均已消除。当然应该乘机停止兵事,辞去非常国会权宜选出的总统,使南北两方留滞的议员能共同集会,以避免之前国会不足法定人数的缺点,以完成宪法。如果一定要因留恋权宜之局,致使战祸延长。那么即是以护法始而以争总统终,全国将怎样看待呢?蔡元培等人认为,自己的那份电报,不过是本着敬仰孙中山及非常国会诸议员的诚意,而为爱人以德的劝告,明白彰著,并非为人傀儡。如果置身于炮火不及之地而鼓吹战争,或不免有为军阀傀儡之嫌疑,而且实以无知识之兵丁为傀儡,这正自己所不忍为者。他指出自己之前与诸同人发表的《我们的政治主张》,曾表示要求一种公开的、可以代表民意的南北和会。又曾与熊希龄、汪大燮诸人合发一电,主张在恢复国会外,并由各省代表组织会议,以之解决一切善后问题。此种会议如果能够实现,那么或取各省所主张的联省自治,或取李石曾所主张的南北分治,都可在此会议中协商解决。即使是赣人治赣、浙人治浙的主张,也尽可以从容商定,本无武力解决的必要。(《蔡元培复章炳麟张继电》,《申报》1922年6月14日,"国内要闻")

△　林森携广州非常国会议员发出宣言、通电二则,痛斥恢复民国6年国会之举,反对军阀与政客乱政阴谋。

电一主要有两层意思。一是反对恢复民国6年的国会,主张继续民国8年之国会并进行召集。理由是民国6年国会经军阀迫令解散后,即移会于广州。而且此时积极鼓吹恢复民六国会的王家襄,其议员资格在法律上其实早已消灭。因为在民国7年续开常会时,曾一再电催王等到院开会。而王等直至开会满一月均未到院,又未声明原因,显然王等已甘愿放弃职责。所以曾予依法解职,并叫人递补。而没有法律资格的王家襄此时却冒认议长而任意鼓簧,以愚弄国人。民国6年的国会议员既然已依据议院法律变更,民国8年已在广州自由行使职权且续开了宪法会议,此时如欲促成宪法,当然只能继续民国8年的国会并召集之,万不能听任依法解职者麋集其间,以招来乱法之嫌疑。国会如果自身乱法,将来即不能立法以绳人。故宁可暂时玉碎,也不容以迁就瓦全。

二是两院秘书厅拟续开的八年宪会,没有另行召集之必要,开会亦无法定之地点,更无集会于京津的必要。因为民国法系仅一线所延,不能经受军阀和政客再事拨弄而紊乱之。而此时役使国会者,实际就是首倡毁法之人,他们之所以不惜自相矛盾,系铃而复解,是项庄舞剑,别有用心。民国5年统一后酿出的毁法乱国之剧变,不能再蹈覆辙,值得垂鉴,以辨真妄而维法统。

电二主要有四层意思。一是认定北京政府实为叛法殃民的祸首罪魁。指出中国祸乱频仍,外则辱国丧权,内则残民以逞的原因,推原祸始,本由于袁氏毁法,而推波助澜者,实由于北京武人不能守法所致。二是叛法殃民之徒忽然疾呼尊重法律和民意,实不可信。因为他们即是昔日迫散国会、违反民意之徒。三是武人假借民意、法律的目的,是要遂其政治阴谋。即利用一部分已失议员资格之人如王家襄等,以谋取总统之位置。此种人即使阴谋得逐,也不能遵守法律以组织良好政府。四是武人所欲拥戴的领袖,实为指挥挑拨武人以图祸国者。武人如果真的后悔,当立解兵权,听候法律裁判而止祸乱。否则,凭借武力而主张法律废置由己,取便私图,如人人效尤,其祸乱恐比今日更甚。(《广州非常国会宣言之原文》,《京报》1922年6月14日,"中外要闻")

△ 湖北督军萧耀南、省长刘承恩来电,要求取消护法旗帜,早日下野。

电谓:伏读徐世昌等 31 日通电及王家襄、吴两议长 1 日通电,一则敝屣尊荣,一则维持法系,剀切详明,国人共鉴。"循是而著为常经,确定国本,正式国会既可依法成立,合法总统复能行使职权,国内一切纠纷,立可迎刃而解,奠安时局,最要之途径,莫逾于斯。"不过要知道,西南数省"非贯彻护法之主张,绝无接洽之余地;朝野名流,非期望国会之成立,实无轨道之可言。兹幸朝野宗旨趋于一致,南北主张根本相同,谨披沥陈请,切盼中山先生本毕生缔造共和之苦衷,为觉悟国民之先导。护法而能恢复法统,目的既达,旗帜可消"。(《萧刘请孙中山引退之觉电》,天津《大公报》1922 年 6 月 6 日,"政闻";《直派催中山下野》,《京报》1922 年 6 月 7 日,"中外要闻")

据报,孙中山不肯下野,且表示应由广州护法政府继承法统,并表示"非法总统既倒,护法之业已告成功,黎元洪为解散国会之人,不应复职。即退一步,黎之任期已由冯总统代理完竣,在法律上言之,应当由护法政府继承法统"。(《北京电》,天津《益世报》1922 年 6 月 4 日,"国内专电")4 日,北京电谓:"据广州官场消息,孙中山已回该处,拟重行组织西南强有力之政府,以应付北方政局之新潮流。闻孙氏反对黎元洪回任,因其任期已由冯国璋代理已满。北京各华字报载称,黎元洪提出回任之条件:(一)孙中山引退。(二)废督军制。(三)遣散冗兵。"(《北京之政局》,《申报》1922 年 6 月 6 日,"特约路透电")

△ 报载孙中山任许崇灏为粤汉路警备司令。(《广州》,上海《民国日报》1922 年 6 月 3 日,"本社专电";《香港电》,《申报》1922 年 6 月 3 日,"国内专电")

△ 浙江卢永祥通电反对黎元洪复职,支持孙中山,西南孙系闻后,"气势为一壮"。(天任:《时局变化与西南》,《商报》1922 年 6 月 11 日,"内外要闻")

△ 江西旅沪自治同志会电请讨伐叛逆,力维法统。(《赣人自治会力维法统》,上海《民国日报》1922 年 6 月 5 日,"本埠新闻")

△ 东三省省议会联合会来电,吁请恢复旧国会,成立合法政

府。(《东省议会对时局主张》,长沙《大公报》1922年6月9日,"中外新闻")

6月4日 请粤军各将领开会,结果各将领均出走石龙,拒绝赴会。(《上海快信摘要》,长沙《大公报》,1922年6月11日,"快信")

△ 粤军叶举等于忠烈祠开会,秘商解决粤局问题。(《粤军忽然戒严说》,《申报》1922年6月11日,"国内要闻二")

△ 驻粤海军开紧急秘密会议。

关于该次会议之神秘情形,报载"驻粤海军舰队,近日益加戒严,入夜后于距军舰十丈内均禁止各小艇行驶。昨日,海军中人更开紧急会议,极为秘密,非舰长、机械长、枪炮长以上不得与闻,故外间颇难探悉"。(《香港快邮》,《中华新报》1922年6月5日,"紧要新闻")

△ 张作霖来电,对时局主张取一致行动,并派王葆华赴湘,考察制宪。("中华民国"史事纪要编辑委员会编:《中华民国史事纪要(初稿)——一九二二年一至六月》,第971—972页)

6月5日 江苏公团联合会等相继来电,反对黎元洪窃权祸国,吁请全师北伐。(《各方面尊重法统表示》,上海《民国日报》1922年6月6日,"本埠新闻")

△ 任谢远涵为江西省长,徐元诰为政务厅长。(《广州》,上海《民国日报》1922年6月6日,"本社专电";"中华民国"史事纪要编辑委员会编:《中华民国史事纪要(初稿)——一九二二年一至六月》,第966—967页)

10日,《申报》载与李烈钧在赣省行政长官任用上失和,将各行其是。

自北伐军占领赣南,进至吉安樟,逼近南昌后,孙中山即以总统名义,任命谢远涵为江西省长、徐元诰为政务厅长、萧炳章为财政厅长、江维章为警务处长兼省会警察厅厅长。旅沪赣人闻讯,"多凄惶无似,将之视为赣省前途之乱源"。据赣籍议员某君所谈,谓萧、江两人,赣人尚不反对,惟警务事宜,李烈钧事先已委任有人,与孙氏命令抵触,而萧、江两氏之委任亦未与李氏协商。至省长一席,李氏早已委任徐元诰为政务委员长,其权限为事先筹备,事后接管民政,决不愿再有省长临于其上。且谢远涵氏为孙洪伊介绍之国民党,与赣省民党人物多不相能,如以谢氏长赣,则赣省民党断无一人前往任事。徐元浩之政务厅长,已决定缴还委令。现京汉沪三处同乡已开始反对谢氏之运动。据传闻,孙中山之委任谢氏,主要基于李烈钧的部将赖世璜的推荐,目的是削减李氏在赣的政治势力,而自树权威。舆论认为,"李烈钧受到此次教训,势不能再与孙中山共事,将从此步陈炯明之后尘,各行其是"。(《李协和与孙中山》,《申报》1922 年 6 月 10 日,"本埠新闻")

6 月 11 日,赣人旅沪三团体来电,反对谢远涵长赣。主张另外选择真能发展民治者加以任命,以奠定赣局而利于北伐。并认为李烈钧长于军事并谙政治,委以兼任也未始不可。此外,如秘书徐苏中意志纯洁,也堪充任。如果牵于情势,惮于更改,深恐"同志解体,志士灰心,我总统建设民国大业,亦将间接、直接受其影响"。因为是非不明,用人不当,建设绝不至于有成。(《赣人反对谢远涵之第一声》,上海《时报》1922 年 6 月 12 日,"本埠新闻")

△　报载陈光远电北京政府及吴佩孚,请速调援兵以抗李烈钧部。(《外报之粤赣军讯》,长沙《大公报》1922 年 6 月 5 日,"中外新闻")

△　报载与陈炯明联手反对黎元洪复总统职。

孙中山曾对某外人云:"东海今已退位,黄陂行将复职,且有少数议员,以非法合法之论,高唱于京津、保定之间,对西南事,毫未过问。在沪议员,尚有五百余名未肯北上,而黎氏竟允担任总统,其不合法不辩自明。"又据香港来电云:"孙文已派代表四人赴粤,往见陈炯明,磋商通电反对黎黄陂复职之事。"(《孙文之态度如此》,《京报》1922 年 6 月 5 日,"中外要闻")时人对此分析认为:孙、陈两人平日意见虽不相容,但为事势所逼,不得不取一致态度。推测人类涉及利害,一般均会自为拥护。北方如此势盛,孙陈护法旗帜既为卸下,"彼于此时当然拼命向黄陂身上爬梳其瘢垢,而翘示于世间,以待人之评论"。(《时局颇呈凝滞》,《社会日报》1922 年 6 月 5 日)

△　报载吴佩孚斥孙中山为狂妄,谓孙如坚持已意,反抗统一,则当立即出兵南征。孙中山的军队三万人已到赣州,将进攻南昌,然后向长江发展。可见双方针锋相对。(《徐退职后之南北局势》,《申报》1922 年 6 月 5 日,"交通大学无线电")

△　报载叶举等召集惠州系高级军官于白云山郑仙祠开会,拥戴陈炯明。

会议议决:(一)全体阻止陈氏就两广军务督办职,始终一致拥戴陈氏为粤军总司令。(二)兵工厂、造币厂两机关加派杨坤如、钟景棠所部军队严密护卫。(《香港快邮》,《中华新报》1922 年 6 月 5 日,"紧要新闻")

△　《中华新报》载文,称孙中山总统之位系非法。

理由是,大总统应由总统选举会依总统选举法选出。而广东选举孙中山,不是通过总统选举会施行选举,所根据者也不是总统选举法,故所选出者不是总统。如果国会非常会议可随便冠人以总统之称号,那么每十四人以上就可产生一个总统,这样则中国可同时产生二十几个总统。徐世昌则不但非法,还有一个"坏"字,如果仅就非法言,则徐、孙之间绝无差别。如果孙中山将来真的依法被选为总统,谁也没有异言。即使作者自己有选举权,也愿意投孙一票,但此时无从借口说合法。(诚:《孙中山之地位》,《中华新报》1922 年 6 月 5 日,"时评")

△　北伐南路军已占领吉安,将会进攻南昌;赣督陈光远潜抵津寓。

报载许崇智军会同滇军朱培德、谷正伦所部攻陷了赣西,占领了吉安。据说许等所部抵达吉安时,即张贴李烈钧的安民告示,并无扰乱之情事。此时在修挖战壕,暂取守势,以待大军到齐后再会攻南昌。赣南陈光远军因归路断绝,已渐向东退却。预计一二日内粤军全部即可顺流抵达吉安。而攻下南昌,则或者在粤军抵达吉安后之二三日。据说赣督陈光远 6 日晚悄悄抵达天津的寓所。又曹锟、吴佩孚之意见,如果陈光远决计辞职,将任命援赣总司令蔡成勋为江西督军。(《南军攻赣之得利》,长沙《大公报》1922 年 6 月 14 日,"中外新闻")

　　△　是日,北伐军下赣州后,因弹缺即停攻。9 日,谢远涵电粤请增拨械弹,言每兵平均不到三粒。粤军拟请暂驻赣南停战,以等候南北大局解决。(《香港电》,《申报》1922 年 6 月 21 日,"国内专电二")

　　△　民治急进社电请挥师北上,扫除军阀。(《各方面尊重法统表示》,上海《民国日报》1922 年 6 月 6 日,"本埠新闻")

　　△　报载孙中山认为,吴佩孚所谓南北议和,乃为一种敷衍。当其诚意未充分明了时,仍将继续北伐。

　　据孙中山说,吴佩孚以恢复旧国会为条件,劝告南北议和,并由美国传教士及直系人物居间调和,频求承认。但这只是吴佩孚之敷衍计划,"故不至其诚意充分明了时,余之北伐计划,决计仍照预定进行"。(《中山待吴佩孚表示诚意》,《中华新报》1922 年 6 月 7 日,"时局要讯")

　　6 月 6 日　发表《工兵计划宣言》,主张实行工兵制,警告列强勿干涉中国内政。("中华民国"史事纪要编辑委员会编:《中华民国史事纪要(初稿)——一九二二年一至六月》,第 974—976 页)

　　本年 4 月下旬,奉直军阀大战于京郊,奉军大败,5 月初撤出山海关外,张作霖自称东三省保安总司令,并宣言自治。曹锟、吴佩孚进据北京,其势甚盛。徐世昌自 6 月 2 日通电去职,曹锟即领衔通电拥护黎元洪恢复大总统位,并恢复旧国会。曹、吴勾结陈炯明,欲借此政局以取消护法号召,遂其直系武力统一之企图。据称孙中山对此旧国会重行召集等政局,发表长篇宣言:一是阐发自己对于中国政局之主张,二请外国勿干涉中国内政。对外为自己烘托,对内则提出二个条件。(《孙中山之两个宣言》,《中华新报》1922 年 6 月 9 日,"时局要讯")也有报称,孙中山对于时局,初拟发表正式宣言。后被人阻止,改为非正式谈话,而以新闻形式由其机关报或通讯社发表,此时尚在起草中。(天任:《时局变化与西南》,《商报》1922 年 6 月 11 日,"内外要闻")

　　是日夜,广州政府发表了孙中山对于时局之两个宣言,主张惩办民国 6 年乱法罪魁,实行工兵制。宣言首先历述年来北方军阀官僚之秕政,并加以种种抨击。认为"五年间之奋斗,着着归我等胜利"。其次叙述了挽救时局之方策:"(一)不可不弹劾民国六年破坏宪法会议者之罪状。(二)为拥护将来国会及宪法法律,应以废止军国主义为先决条件。(三)军队须减缩至最少限度,以保护国民安全及拥护行使政权为止境。(四)以精兵组织劳动团,与以正当之工资与合理的待遇,使其从事铁道道路开垦等之生产事业。又各军指挥官,不问其年来为护法而尽瘁或为反抗而弄兵,均应将所部裁撤一半,以组织劳动团,而表明其诚意。"并认为本此四条进行,当可增进将来之国利民福,乃为改造中国之必需。(《西南首领对最近时局之表示》,《京报》1922年 6 月 10 日,"中外要闻")

关于工兵制,宣言首先谈到实行之必要。在惩罚了祸首后,乱法之武力无从发生,军队安置即成为接下来的重要工作。军兴以来,兵额大增,兵士多来自民间,一旦裁汰,骤失所业,会成为社会不安定因素,故应逐渐全改为工兵。其次,关于工兵的编制和工作。宣言提到,工兵的统率和编制,一切如旧。没收武器,发给工具,每日工作六至八小时,先修治道路,然后从事其他工事。关于工兵的待遇。宣言承诺:工兵月饷将较此前成倍增加,将弁月饷百元以上者加五元,百元以下者加倍。此外,其工作所产生的纯利,一半归于国家,一半归于工兵,按人数均分,等级没有差别。

实行工兵制度的好处在于:一可促进生产发展,社会繁荣。"如此则一转移间,易战事为工事,兵不失业,无铤而走险之虑;工事日繁,有生产发达之象。然后善用外资,投之实业,以起积年之疲弊,谋社会之繁荣。转危为安,悉系于此。"二可使国家政治进入新的轨道,实现长治久安。当时的兵制,既然要依次全改为工兵,就宜把征集爱国之士、编制国军定为义务,两年一换,兵额以达到二十万至三十万为断。此法实行后,"既有不逞之徒,亦无武力以为之衅,毁法之祸,可不再作。国家机关,依照法令行使职权,无能妨阻之者。然后政治乃可入新轨道,而国家乃有长治久安之望也"。

直系将领也应服从改编工兵制度,作为南北罢兵的一个条件。"苟北方武人赞同护法,即此共同携手,以济时艰。故直军诸将为表示诚意、服从护法起见,应首先将所部半数,由政府改为工兵,留待停战条件。其余半数,留待与全国军队同时以次改编。直军诸将如能履行此项条件,本大总统当立饬全国罢兵,恢复和平,共谋建设。"如果进退失据,只知假借名义以涂饰耳目,没有悔过的诚意,孙中山则将为国民一扫凶残,务使护法戡乱主张完全贯彻,才算尽了自己大总统的责任。(《大总统虞日宣言》,上海《民国日报》1922 年 6 月 11 日,"要闻")

同时,孙中山识破曹锟、吴佩孚等拥护黎元洪复位的阴谋,认为均有帝国主义国家的背景,于是通过广东政府外交部发表对外宣言,吁请列强在中国内争之时,不得干涉中国之内政。宣言谓:"要知现在中国之内争,为全国改造之一事实,吾人今日正从于改造中国旧生活之事业,而使之适合于政治及经济的环境。欲此种改造,须成为真正之改造,则惟有任中国人民自己求之,列强固不可加以干涉。假使列强现承认北京之伪新总统,则其行动仍为干涉中国内政,其结果,将更劣于承认徐世昌也。"(《总统对外宣言与谈话》,上海《民国日报》1922年 6 月 13 日,"要闻")宣言并从事实和法律两方面,强调了这种尊重之必要。即所谓"余今以中国事实上、法律上唯一政府行政首领之资格,谨宣言于条约国:请于现在中国内争之时,重申不干涉中国内政之宣言,并请对于此语之精神及字面同一尊重"。(《孙中山对外宣言》,《申报》1922 年 6 月 13 日,"本埠新闻")

△　程潜至广州白云山郑仙祠叶举驻地与陈炯明部商谈,知其必叛,归报孙中山,请速回韶关,但孙不为所动。(李烈钧:《李烈钧先生文集》,第 63 页)

△　省议会议事日程,改称陈炯明为总司令。(《上海快信摘要》,长沙《大公报》1922 年 6 月 11 日,"快信")

△　晚,乘电轮赴惠访陈炯明。(《广东电讯》,《京报》1922 年 6 月 11

日)

　　△　对徐世昌辞职发表宣言。

　　宣言谓,徐世昌之逃跑,说明直军诸将领已服从国会,确实不悖厌乱之主张。要求惩处祸国罪魁,保障国会,散兵为工。指出,如果直军诚意护法,应将半数军队改为工兵,作为停战条件,如此,作为总统,自己将当即恢复和平,共谋建设。(《香港电》,天津《益世报》1922 年 6 月 10 日,"国内专电")

　　△　报载海军接孙中山炮攻粤军之电令,即开会商议,多不赞成,谓徒糜烂地方,无补于事。令国会议员叶夏声造成五权宪法,即援俄劳政府首领列宁自行颁布之成例颁行。(《上海快信摘要》,长沙《大公报》1922 年 6 月 6 日,"快信")

　　△　通令各将领,禁止招募土匪。(《广州》,上海《民国日报》1922 年 6 月 6 日,"本社专电")

　　△　派参军黄实赴前敌犒劳将士。(《广州》,上海《民国日报》1922 年 6 月 6 日,"本社专电")

　　△　《商报》载广州函,称陈炯明对孙中山之胜负已做好两手准备。

　　函称,孙中山名义上是西南总统,实际上只拥有一个广东。如果陈炯明稍事捣乱,孙之危险颇不堪设想。此时陈炯明因为道义上、事实上都不能不逼其静观时局。如果江西被孙中山的北伐军攻下,皖、浙、闽起而响应,湘、蜀实行出兵,那么陈炯明将会出山,一面巩固后方,一面培植广东地盘。如果孙失败,陈炯明则将以省议会的名义,选自己为民选省长,实行联省自治。连日来广州政府的陆军部官制大改,共设有六司,无论新委还是更旧,都是陈炯明的亲信,证明陈炯明未能忘情于政治活动。至于用十万元为其外甥钟声力争省会议长,也可证明陈炯明是为了急备之需。(天任:《时局变化与西南》,《商报》1922 年 6 月 11 日,"内外要闻")

　　△　黎元洪通电,吁恳南北各方废督裁兵。

电谓:"督军诸公,如果力求统一,即请俯听刍言,立释兵柄。上至巡阅,下至护军,皆刻日解职,待元洪于都门之下,共筹国是。微特变形易貌之总司令不能存留,即欲画分军区、扩充疆域、变形易貌之巡阅使,尤当杜绝。国会及地方团体,如必欲敦促元洪,亦请先以诚恳之心,为民请命,劝告各督,先令实行。果能各省一致,迅行结束,通告国人,元洪当不避艰险,不计期间,从督军之后,慨然入都。且请国会诸公绳以从前解散之罪,以为异日违法者戒。"(《黎黄陂吁恳废督裁兵之通电》,《申报》1922 年 6 月 9 日,"国内要闻")

《申报》载文分析黎元洪高调主张废督裁兵之原因,认为黎氏此次突然唱起高调,外间多谓系受卢永祥 3 日电报的影响,实际上主要有三个原因:其一因边守靖等迫使黎元洪必须任命张绍曾为总理。边守靖一方面为张绍曾联络议员,以获通过总理同意案,另一方面又要求黎元洪任命张绍曾为总理,以接欢于曹锟和吴佩孚。因为此次黎元洪得复职为总统,当归功于曹锟、吴佩孚两使的拥护。而张与吴佩孚为姻亲,又为曹、吴两使之所推重者,且国会方面对于张氏均怀有好感。现有一派力主张氏为总理,如黎元洪肯任命之,则此派一定拥戴黎元洪为总统。否则,他们将于国会开会之日,弹劾黎元洪民国 6 年解散国会为非法。据说黎听到此番话后,大为踌躇。其二,黎此次愿意复职,希望能成为统一中国后之总统。而最近吴佩孚对西南实际上并没有接洽,故西南至今对请黎复职之主张尚无回应,黎元洪不得不慎重行事。其三,外国人支持废督裁兵。自黎元洪发表废督裁兵的电报后,外国人方面因其合于国内外厌恶督军的心理,对之表示非常欢迎,从而可以在外交上造成一种好空气。(《鱼电发后之黎黄陂》,《申报》1922 年 6 月 10 日,"国内要闻")

△　许崇智到赣州,指挥进取吉安、南昌。(《上海快信摘要》,长沙《大公报》1922 年 6 月 16 日,"快信")

△　北伐左翼司令黄大伟来电,传达前线捷报。(《攻克赣州之详报》,上海《民国日报》1922 年 6 月 14 日,"要闻")随后报载北伐军被赣军反

攻,三路俱败,死伤甚众,尤以黄大伟所部伤亡较多。(《香港快邮·事变前之杂报》,《中华新报》1922年6月19日,"时局要讯")

△　上海各界联合会发表声明,尊奉孙中山为中华民国唯一大总统。("中华民国"史事纪要编辑委员会编:《中华民国史事纪要(初稿)——一九二二年一至六月》,第982—983页)

6月7日　任夏重民为广三铁路警队司令。(《广州》,上海《民国日报》1922年6月9日,"本社专电")

△　《商报》载文,分析孙、陈双方妥协之得失与原因。

关于其得失,有孙得或孙失两种说法。孙得说认为,"孙目下眼光注于长江、黄河,珠江流域彼认为非必需之所,故只要陈允以全力为北伐军之接济,则广东地盘,不妨双手奉送。且孙、陈本系同党,楚弓楚得,亦无如何之损害"。孙失说认为,"革命党之精神在团结,中山系先有党而后始有政府,故政府可牺牲,革命党不可牺牲。换言之,政治上可以失败,党谊上万不能稍有差池。今受陈迫而如是,是中山已为政治上之胜利,而牺牲党谊矣。将来凡为党员,只要强有力便可反对党魁,此种恶劣印象,中山不应允其存在"。

关于陈氏忽然接受妥协的原因,时有三种传言:(一)"激悟说"。陈氏对汪精卫、廖仲恺言:自己同孙共患难近二十年,岂有反面无情之理?何况孙是元首,如果叶举等再胡闹,直是杀陈自己的人格,铲除陈自己的政治道德之生命,且形同反叛。(二)"时局压迫说"。吴佩孚战胜张作霖后,一般人即知陈、孙必起冲突。加上孙军出师,锐不可当。陈光远看到江西已入孙手,长江马上将起变化,桂系又跃跃图粤而决不会被陈炯明所容,故出而护持。(三)"目的已达说"。陈氏所欲为两广巡阅使,吴佩孚曾以此许之,此时孙予以督办两广军务事宜,所有两广地方军队均归其节制调遣,如此其原有目的已达,故肯于调协。然而时论以为,孙、陈冲突虽告一段落,但陈联省自治之心不死,对孙感情实已伤尽。表面虽言妥协,实际高深难测。何况以下抗上风创后,恐怕断续不绝。断定陈将来仍可能成为孙的心腹之患。（冷眼：《孙、陈妥协因果》,《商报》1922年6月7日,"内外要闻"）

△　报载孙中山调一部军队回粤,联合舰队,以对付陈炯明部。（《上海快信摘要》,长沙《大公报》1922年6月7日,"快信"）

△　江苏省议员通电,请黎元洪恢复总统职位。

略谓:时徐世昌业已宣告辞职,孙又早有与徐同时下野之宣言,此正恢复法统、拨乱反正的良好时机。此时"首都无主,枢府虚悬,中外具瞻,安危一发",亟应由该会代表民意,电请黎元洪克日入都,立复总统大位,以安人心而定国本。（《苏议员提议请黎黄陂复位》,《申报》1922年6月8日,"本埠新闻"）

△　报载致电陈炯明,托付广东事,称将全力从事北伐,败则不再回粤。

据陈炯明派一方面之言,谓孙中山七日致电于陈,托付广东省务,孙自己则全力从事北伐,如失败则不再回粤。（《孙陈关系与时局》,《中华新报》1922年6月13日,"时局要讯"）

△　中国国民党本部通讯处主任卢仲琳转发四川支部函件。内容包括四川支部重庆筹备处胡忠亮等十六人的来函一件、孙中山签发的四川支部成都筹备处曹笃等八人的呈文一件,附职员表一件等。（《卢仲琳致林焕廷等函》,环龙路档案第00381.3号）

6月8日　上午,在粤政府外交部与西南诸人商议大局,提出三要件,陈炯明、伍廷芳派代表出席。

报载本次会议到会者以孙中山的部下军官较多,陈炯明、伍廷芳也都派有代表列席。席间提出三议案:一命汪精卫拟一通电否认北京政府。包括不承认黎元洪为合法总统以及不承认被驱逐员的国民代表资格两项内容。二为北伐军攻下南昌后,仍主张积极进行,拒绝调和。三即中华民国国民,应承认非常总统、非常国会有效,非常国会议员人数不足时,应从第二届议员补充。全场均表示赞成此三要件,据说浙督卢永祥、淞沪镇守使何丰林、闽督李厚基所派代表尤为欢迎。(《西南杂讯》,《京报》1922年6月14日,"中外要闻")

△　通令各军长官禁向地方官要求供给。(《广州》,上海《民国日报》1922年6月13日,"本社专电")

△　命汪精卫赴惠州促陈炯明回粤。(《孙陈关系与时局》,《中华新报》1922年6月13日,"时局要讯")

△　晚,由惠返省,总统府戒严,车辆不准通过。(《上海快信摘要》,长沙《大公报》1922年6月15日,"快信")

△　报载令粤路董事暂缓改选总理。(《上海快信摘要》,长沙《大公报》1922年6月8日,"快信")

△　李烈钧、许崇智、黄大伟、汪精卫等通电,以孙为中华民国正式大总统,南京为总统府所在地。("中华民国"史事纪要编辑委员会编:《中华民国史事纪要(初稿)——一九二二年一至六月》,第1013页)

△　蒋作宾来电,报告攻克赣州情形。(《攻克赣州之详报》,上海《民国日报》1922年6月14日,"要闻")

△　报载赣商会来电:陈光远逃,请速派兵赴南昌镇压。(《广州》,上海《民国日报》1922年6月9日,"本社专电")

△　刘存厚来电,请召集旧国会以恢复法统。(《刘存厚之论法统》,天津《益世报》1922年6月9日,"本埠新闻")

△　第二届国会议员来电,主张若要国家统一,请先统一国会。

略谓:此时欲求统一,则南北只能有一个而不能有两个国会,一个国会更不能分为二个国会。否则,阳借恢复法统之名,阴行攘夺权利之计,这是抱薪救火。当国家危亡迫在眉睫之千钧一发之时,"非纳诸轨道,无以解决纠纷,非明辨是非,无以伸张公理"。(《第二届国会议员庚电之宣言》,天津《大公报》1922年6月13日,"政闻")

6月9日　晨,偕美宾游览广三铁路,欲以该路为抵押品,拟向该美人息借一千五百万元。(《香港快邮》,《中华新报》1922年6月19日,"时局要讯";《广州》,上海《民国日报》1922年6月11日,"本社专电")

△　胡石庵来电,呈报其日前所发劝阻黎元洪复职之通电。(《胡石庵电》,上海《民国日报》1922年6月12日,"要闻")

△ 致函云南自治讨贼军马幼伯暨诸同志,谓待大局稍定,当辅诸公追怀先烈。(《致马幼伯暨诸同志函》,郝盛潮主编、王耿雄等编:《孙中山集外集补编》,第277页)

6月10日 孙中山因陈炯明不愿回广州,其部军队在惠州集合,恐有他项行动,特派汪精卫再往劝慰。(《北京电》,天津《益世报》1922年6月13日,"国内专电")

△ 任汪鲲南为大庾县知事。(《广州》,上海《民国日报》1922年6月12日,"本社专电")

△ 粤币跌至五成余。(《广东电讯》,《京报》1922年6月15日)

△ 黄大伟部占遂川等县。(《上海快信摘要》,长沙《大公报》1922年6月16日,"快信")

是月上旬 与日本《朝日新闻》社记者谈话,揭露吴佩孚恢复旧国会的目的,是以恢复旧国会为名,要求各国谅解,并通过外国人达成与孙自己的妥协。吁请各国严守中立,以助中国彼此妥协和统一,并对日本劝告中国统一裁兵的做法,表示赞赏。(《孙文对日报记者之谈话》,天津《益世报》1922年6月17日,"要闻二";国闻社译:《孙中山对外人之时局谈话》,《中华新报》1922年6月13日,"时局要讯")

△ 陈光远来电,吁请黎元洪早日复职,推行废督裁兵。(张黎辉、蒋原宸等编:《北洋军阀史料·黎元洪卷》第2册,第310—313页)

△ 黎元洪通电北京、广州府院部等,宣布于本月11日进京复职,恢复旧国会,施行废督裁兵。(《黄陂复职之蒸一电》,《申报》1922年6月12日,"公电")

6月11日 黎元洪受直系军阀推举,入京暂行大总统职权,任颜惠庆署国务总理。(凤冈及门弟子编:《三水梁燕孙先生年谱》下册,第232页)

△ 《益世报》载文,望孙中山以国家统一为前提,承时进取,抓住解决时局之有利契机。

孙中山之与奉系张作霖联络,信使往还,伍朝枢之赴奉,朱庆澜之赴粤,原本是冀借助于统一的美名,排除敌党,垄断政权。此时时移事易,外因张作霖失败,无人援应,内有陈炯明不协,反侧难安。虽然赣州军事日占胜利,但就实力上比较,断不能支持永久,顺利进行。不过此时的北京政局,对孙十分有利。因黎元洪不肯复任,北方政府群龙无首,孙中山如能"承时进取,不狃于党见,不惊于私利,与北方将领一致提携,以国家统一为前提",也算得上赶上了时局之绝好时机。(渔:《中山最近宣言之观测》,天津《益世报》1922年6月11日,"时评一")

　　△　针对陈炯明部下三条件提出三个妥协条件。

　　报载自从被孙中山拒绝恢复广东总司令后,陈炯明部下召开军事会议决定,"(一)今后断不服从孙文之命令。(二)恳请陈炯明就任广东军总司令。(三)排斥孙文派之重要分子"。态度强硬。孙中山对此提出三个妥协条件:(一)孙中山自己支出军费三百万元担任北伐。(二)由陈炯明担任广东军总司令,维持广东省治安。(三)废止卫戍总司令。对此双方正在交涉中,然陈炯明所要求者,为掌握军事、财政及兵工厂等实权。(《孙陈最近之妥协条件》,天津《益世报》1922年6月11日,"要闻二")

　　△　报称日内令"永丰"舰升火,拟赴东江讨伐陈炯明,且日内赴惠州。(《上海快信摘要》,长沙《大公报》1922年6月11日,"快信")

　　△　与国会议员谈话,赞成恢复旧国会,但须以惩办祸首与永久保障第一届国会为条件。

　　国会议员在广州观音山询问孙中山对于旧国会之意见,答曰:"予为主张第一届国会解决中国之一人,即为数年来保障第一届国会之一人。予对于恢复第一届国会,无论南北,应有先决问题两项:(甲)惩办破坏第一届国会之重要祸首。(乙)确定第一届国会之永久保障。"关于前者,"必先宣布若辈为害国家罪状,处以惩办之条,使国人有所矜式,不致有军政权者再任意妄为";关于后者,"先宜承认保障国会条例,使国会有自由执行之权利,即有永久不可侵犯之权"。此时南北均知道趋重合法国会,孙对此甚感欣慰,但断不容许北方始利用而终弃之,以保证国会的尊严。(国闻社:《孙中山赞成恢复旧国会》,

《中华新报》1922 年 6 月 11 日，"时局要讯"）

　　但广州非常国会对和平恢复旧国会，则有不同主张。理由是：（一）国会民国 7 年在粤恢复，并未闭会；（二）王家襄等均已解职，非国会分子；（三）国会已选孙中山为总统，黎早已丧失总统资格。（四）北洋武人原主张解散国会，今曹锟、吴佩孚竟予以恢复，以伪乱真。"彼等除正式宣言外，并拟电请孙努力北伐，以竟戡乱救国之旨。"（《西南对于时局之表示》，《申报》1922 年 6 月 14 日，"国内要闻二"）另有评论称，与孙中山一鼻孔出气之非常国会，竟发出与彼相反之宣言，主张以非常国会为正统，否认王家襄一派仍有议员资格，双方将来是否冲突，均不可知。但从大势方面推测，认为恐怕不免于破裂。南方护法局面，终须打破。（《孙文与非常国会意见两歧》，《社会日报》1922 年 6 月 14 日，"时评"）

　　△　吴佩孚电请息争北来，共商国是。

　　电略谓，此时国事已明，山河再奠。国人在水深火热之余，都想恢复法统，以弭大乱。徐世昌俯顺舆情，毅然下野。黎元洪依法复位，宣布撤销前令，敦请旧会。护法数载，到此终告结束。希望孙中山得仁而止，同德一心。（《直吴开始对付新政府》，上海《民国日报》1922 年 6 月 13 日，"要闻"；《吴佩孚请孙文北来电》，《京报》1922 年 6 月 13 日，"中外要闻"）白坚武认为，吴佩孚该电词甚谦恭诚恳，天下为公之事，当然应该从大处说。（中国社会科学院近代史研究所编，杜春和、耿来金整理：《白坚武日记》第 1 册，第 363—364 页）

　　△　许崇智电请返韶关。（《广东电讯》，《京报》1922 年 6 月 16 日）

　　△　全国商会电请取消非常政府，服从法律，北来共商国是，以免冒犯众怒。

　　电谓："若以利国福民为前提，和平统一为先务，亟应取消非常政府及一切特别组织，联袂北来，晤对一堂，共商大计，民国前途，实利赖之。"认为当时国民所承认之国会，系以法定人数依法定之程序，行使其法赋之职权，至于其他非常的行动及表示，无论已往将来，在南在北，一切认为议员个人之行为，绝无代表国民之资格，对内对外，当然不生效力。希望孙中山"勉持大体,毋趋极端,服从法律以恢复统一,依照民意以谋求建设,如此则将与民国同垂不朽。否则,则难免冒犯众怒以成专欲"。(《全国商会之重要表示》,《中华新报》1922 年 6 月 15 日,"时局要讯")

△　通电鼓励江西前线的北伐军将领。(广东省档案馆编译:《孙中山与广东:广东省档案馆库藏海关档案选译》,第 272 页)

6 月 12 日　与报界公会及各通讯社记者谈话,愤怒揭露陈炯明反对北伐行径:制造诸多纠纷反对省银行钞票流通;要求会见陈部将领被拒;擅自把军队从广西全部撤回,派兵占领广州。吁请报界协力警告陈军,限十天之内撤到距离广州三十里以外地区,否则大炮相向。(广东省档案馆:《孙中山与陈炯明》,广东省孙中山研究会编:《孙中山研究》第 1 辑,第 401—402 页)记者闻此严厉言论,甚感吃惊,就席会议决定两事:(一)不登载孙中山是日之演说及开会情形;(二)定礼拜三在报界公会请各界领袖讨论此事。(《陈炯明军攻孙前之孙氏谈话》,《商报》1922 年 6 月 19 日,"要闻";《孙中山与报界记者谈话》,《申报》1922 年 6 月 19 日,"国内要闻二")13 日报称,孙中山此一席谈话直接酿成陈部攻孙之变。(《陈炯明军攻孙前之孙氏谈话》,《商报》1922 年 6 月 19 日,"要闻")

13 日,粤军叶举等召开紧急军事会议,一方面对孙之严厉讲话意义加以辩解;另一方面,因接粤军第二师长洪兆麟密电,略谓,"现在旧国会开会,黎总统复职,人心切望统一,我粤军为护法中坚,此时当有态度表示,应请陈总司令返省主持一切。时机急迫,不容稍缓,若果陈总司令不出,我等亦当一致行动,早日解决大局,以促统一之进行"。(《粤局急变前之情势》,《申报》1922 年 6 月 20 日,"国内要闻二")

△　报载北伐军占石门。(《上海快信摘要》,长沙《大公报》1922 年 6 月 12 日,"快信")

△　报载孙中山新招募部队赴韶关途中被陈部解散。(《广东电讯》,《京报》1922 年 6 月 12 日)

△　派密使与张作霖商议反攻。(《奉垣要讯》,《京报》1922 年 6 月

12 日）

△　旅沪赣省议员来电,欢迎北伐军入赣。(《谢远涵长赣之欢迎声》,上海《民国日报》1922 年 6 月 14 日,"本埠新闻")

6 月 13 日　陈炯明密令所部趁北伐军与赣省陈光远之北军激战之机,在广州发动叛变。以为如此则"北伐军闻耗震乱,将无战胜之望"。此密令由钟景棠于 14 日下午持至广州。当日晚,正适北伐军收复赣州的公报在广州发布。陈部诸将因箭已在弦上,不得不发。
(邓泽如:《中国国民党二十年史迹》,第 255 页)

△　北伐军占领赣州,检获陈炯明与吴佩孚、陈光远图谋夹击北伐军的电函多件。

主要有:(一)吴佩孚抄示陈光远与陈炯明 11 日电。略谓:前与尊处所定夹攻孙军计划皆未照行,本月 7 日,虽击败逐退孙军于赣州城三十余里外,但敌增兵前进,志在得城。赣州一失,全局即难收拾。务于本月 15 日以前,照行所订计划,否则所订南北统一后北南吴佩孚、陈炯明正副总统条件,概作废纸。(二)赣州搜出之陈炯明与陈光远电。陈炯明去电略谓:"贵军宜聚兵三南,予由惠州夹击,必操胜算,对许崇智所部及其本身,务取完全消灭主义,对黄大伟、李烈钧等军,实行缴枪解散。"陈光远回电略谓:"三南地方辽阔,赣军不敷分配,今引孙军深入,赣城险固,死亡必多,足下以后夹击,敌必首尾不顾,是为上策,望尊处照办。"(三)许崇智军攻克赣州时,又搜获陈炯明部与赣州密函。略谓:孙定 18 日总攻击,"陈部决计先期与我军协同动作。敌右翼最强,宜先翦除,请我帅速令重兵出三南,陈部即由连平进兵,与我军夹攻之。南雄方面,是否应与三南同时并进,信丰方面军队若干,何日可出三南,均请先电确示,以便告陈部动员相应"。(鲁直之、谢盛之、李睡仙:《陈炯明叛国史》,第 105—107 页)

当北伐军获取上述密函后,因事关重大,当即据原文转电韶关大本营胡汉民、廖仲恺详细研究,多认为北伐军"如打败仗,不能攻克赣州,则陈军必扼守粤边,不容北伐军退返粤境,或即缴北伐军械,亦未可知。现既获胜,且克赣州,逆谋当可消弭于无形"。故应乘势先行克复南昌,再定应付办法。(邹鲁:《中国国民党史稿》第 1 册,第 1039—1040 页)

△　温宗尧来电要求孙中山下野,并就此函复吴佩孚。

电谓:"民六祸发,公以护法为名,倡议南返,似犹有爱国之心,迨后一再变节,其始与卖国派携手。最近又与帝制派联盟,虽日暮途穷,何至倒行逆施,反复无常如此,频年捣乱桑邦,广西已全省糜烂,今复竭广东之力,穷兵黩武,滥发纸币数千万,民将决粒。宗尧南望桑梓,若鲠在喉,公年垂六十,举动如此,揣昔年所谓护法爱国之心,宁复有丝毫存在。所幸天佑吾民,法统恢复,犹忆公言,如东海下野,国会复开,己亦自愿罢手。今既如愿相偿,公纵不愿前言,独不为桑梓留一线生机耶。忠言逆耳,利于晚节,惟公察之。"(《温宗尧复吴佩孚电》,《中华新报》1922 年 6 月 15 日,"时局要讯")

△　王家襄向黎元洪建言,请孙中山任裁兵修路督办。

报载王家襄议长对黎元洪总统进言谓:"孙中山聪明才力,迥异群伦,实为国家创造大业不可多得之人物,亦当使其有发展本能之余地。前孙中山氏本有建筑全国铁路之宏愿,近复有裁兵修路之主张,自愿服务国家,尽力社会,盖筹硕画,极可钦佩。鄙意即以中山担任此种裁兵修路之督办职务,俾得实行其政策,公私均有大利。"据说黎元洪对此甚以为然,已去电与孙中山磋商,欢迎其北上。(《黄陂就职后之三问题》,《申报》1922 年 6 月 14 日,"国内要闻")

△　国会非常会议在广州开会讨论四案。

即"(一)提议咨请政府完全行使代表中华民国职权,揭示黎元洪辱国毁法殃民罪状,暨由国会宣言速令北方军阀停战,并电回籍议员来粤,续开宪法会议,以谋统一案。(二)暂行停止 10 年 12 月 1 日关于支给岁费咨询案,效力案。(三)暂行停止 10 年 7 月 27 日议决之临时规则,效力案。(四)修改省议会议员选举法请愿事件。"(《广州国会议员之活动》,《申报》1922 年 6 月 19 日,"国内要闻")

△　宴请报界,称陈炯明部回省城,对于纸币多有责难。(《上海快信摘要》,长沙《大公报》1922 年 6 月 20 日,"快信")

△　海关档案载:同意浙江督军卢永祥派在粤几艘战舰前往长江防守之请,指示"海圻""肇和"号巡洋舰准备起航,一旦装满军火物资,即离开黄埔港。(广东省档案馆编译:《孙中山与广东:广东省档案馆库藏海关档案选译》,第 272 页)

△　全国各界联合会来电,反对过期的总统黎元洪复职,揭露吴佩孚恢复法统的目的,"无非借拥戴黎氏,以欺骗列强,大举外债,诬张为幻,祸国尤烈"。务望政府、国会暨军民长官坚持护法戡乱的初衷,继续声讨,使那些借助法律条文的奸者黔驴技穷而终归失败。(《电请新政府坚持护法主张》,上海《民国日报》1922 年 6 月 14 日,"本埠新闻")

△　孙洪伊来电,反对黎元洪复职,维护民国 8 年法统。

大意谓:此时的北方诸位将领既然意识到往日之非,而要尊重法统,企图谋划统一,就应该承认护法政府。即或势有难能,也应该暂时组织一个临时机关,以维持现状。当今"欲使宪政入于常轨,南北合为一家,释国内不平之气,立百年长治之基,铲除以往之乱源,共谋将来之幸福",就应使黎元洪善于自处,继续民国 8 年国会,才足以昭公允而示未来。(《孙洪伊维持法统之主张》,上海《民国日报》1922 年 6 月 15 日,"本埠新闻")

△　派李安邦等率兵数营,驻防石井兵工厂附近,进行保卫。(《时局变动中之粤讯》,《申报》1922 年 6 月 13 日,"国内要闻二")

△　林俊廷邀请陆荣廷南下返桂,并接济大宗巨款。陆氏业于昨日由上海启程南下,并派杨永泰转电沈英鸿旅长李易标速回桂林。(《时局变动中之粤讯》,《申报》6 月 13 日,"国内要闻二")

△　琼崖旅宁同学会来电,请速派大兵保护澳门侨民,争回主权,雪此奇辱。(《公电·琼崖旅宁同学会电》,上海《民国日报》1922 年 6 月 14 日,"要闻")

6 月 14 日　陈炯明在石龙召集会议,部署叛乱。

在叛乱密谋会上,陈炯明言:"何人先发难,即为首功。"叶举续言:"所谓首功,即阿哥之谓,谁人先打总统,各人即称之为阿哥。"于是杨坤如表示愿先发难,随后有翁式亮等多人谓,杨乃土匪出身,不能做阿哥,还是请叶举在省城发号施令,彼等愿听调遣。其后,熊略言兵士不愿打总统,以为打总统,即是大逆不道,必须许以重利,始肯向前。陈炯明谓:"此时无钱犒赏,只好照我们打广西例,准其随意抢掠,万事皆可解决。"遂定议。(邓泽如:《中国国民党二十年史迹》,第254页;鲁直之、谢盛之、李睡仙:《陈炯明叛国史》,第116页)

△　电令陈炯明饬各部官长早日前往桂省边区。

鉴于最近肇庆地区的广西边境一带土匪猖獗,孙中山电告陈炯明,要求他令叶举早日率其部返回肇庆,以严密防范边区。自从陈炯明部从广西调回后,有六十个营的兵力驻扎在广州。为不引起市民猜疑,该部总司令叶举与魏邦平将军发表联合公告,声明各部队一经整编,即调往边区设防。然而此公告还未付诸实施,广州城内大量谣言就不胫而走。陈炯明考虑到广州的政务和军务已分别委托伍廷芳省长和魏邦平卫戍司令掌管,广州无需大批军队,因此特致电各部官长,指示他们早日带领其部前往边区,执行原计划。(广东省档案馆编译:《孙中山与广东:广东省档案馆库藏海关档案选译》,第306页)

△　任韩恢为江苏招讨使。(《广州》,上海《民国日报》1922年6月15日,"本社专电")

△　萧耀南、刘承恩来电,请共谋统一。

电谓:中国自民国6年政变以来,法纲国纪濒危,孙中山高举护法旗帜,中外同钦。此时情势已有变化,人事昌明,障碍消退,旧国会恢复,徐世昌引退,黎元洪返都,孙中山历来所主张关注者一一实现,求仁得仁,夙愿备尝。希望即能视尊荣如敝屣,共促统一,以后人们饮水思源,孙氏功绩不朽。(《萧耀南等请孙中山共谋统一》,《中华新报》1922年6月17日,"时局要讯")

△　《社会日报》载文,指出南北统一是解决时局的根本。否则,

恢复国会与废督裁兵不易进行,或许弄僵大局。(天生:《解决时局的根本办法(一)》,《社会日报》1922 年 6 月 14 日,"时评")

△　与粤省会议员黄某谈话,怒责陈炯明及北江商民消极北伐的态度。

报载是日有省会议员黄某前来谒见,孙见面即问:"汝等欲举省长乎,汝须知我此次在广东乃系行革命事业,不用讲究法律。从前莫荣新反抗我,我即开炮儆之,陈炯明不服从我,我即革渠之职。若汝辈不知自量,擅举省长,我当查其为首者三四人枪毙,以儆其余。"黄答:"并无议举省长之事,此来系因北江军队骚扰地方,欲请总统设法制止耳。"孙即答:"我之军队,要食、要住、要挑伕,何以我军一到北江,则商店皆歇业,屋宇皆闭门,苦力皆逃避,使我军队咸感不便。若长此不已,恐不特骚扰而已。"言下愤极。黄见其语言反常,知其心中有事,只得唯唯而退。(《香港快邮》,《中华新报》1922 年 6 月 21 日,"紧要新闻")

△　晚,李炳荣往谒魏邦平,魏言不欲再出,对时局主张暂勿攻长洲炮台,对孙中山下野给些面子,对北伐军应妥为安置。(《粤局又见紧张》,长沙《大公报》1922 年 7 月 3 日,"中外新闻")

6 月 15 日　中共中央发表《中共中央第一次对于时局的主张》,认为"中国现有的各政党,只有国民党比较是革命的民主派,比较是真的民主派"。首次提出"邀请国民党等革命的民主派及革命的社会主义各团体,共同建立一个民主主义的联合战线"的主张。(中共中央书记处编:《六大以前党的历史材料》,第 16—23 页)

△　叶举等粤军全体将领通电,请与徐世昌同时下野,并拒绝马君武建议,在广州城张贴布告:"国会恢复,护法告终,粤军将士,一致赞同。请孙下野,表示大公。诸色人等,安居勿恐。"(陶菊隐:《北洋军阀统治时期史话》4,第 153 页;《香港电》,《申报》1922 年 6 月 17 日,"国内专电")

与此同时,叶举、洪兆麟、杨坤如等于白云山总指挥处开秘密会议,布置逆谋。叶以陈炯明密令相示,指授诸将领围攻总统府、占领行政机关及派兵进驻韶关各方略。并悬赏二十万元谋害孙中山,许事成后大掠三日。并决定由洪兆麟部首先发难。(邓泽如:《中国国民党二十年史迹》,第 255 页;鲁直之、谢盛之、李睡仙:《陈炯明叛国史》,第 118—119 页)

报称是日下午,孙中山已得知叛乱消息,当即偕同伍廷芳省长、幕僚文官、侍从武官多人退出省垣广州。(《陈家将用武力迫孙离粤》,《商报》1922 年 6 月 23 日,"要闻")此前,粤军第二师长洪兆麟在潮州宣布脱离孙政府而独立,其发动叛乱实在叶举等之先。李炳荣欲在惠州响应,被陈炯明制止。洪又电孙文请即日退职,适叶举等发难,孙遂不得不走。据一般外人之观测,谓"南陈北吴实有联络计划,南倒孙北倒徐,均为预定之步骤,因陈之代表,以前曾赴保定,甫回惠州,即有此项事变发生"。(《孙陈部下冲突将了》,长沙《大公报》1922 年 6 月 26 日,"中外新闻")

又报载,孙中山因地位摇动,曾于十五日邀集同志在广州开会,议决筹款遣散广州之陈军;并命海军:如陈军领款后不离开广州,即可开炮轰击。陈军闻信大愤,乃于十五日夜攻击孙之卫队,"翌晨即控制全城,孙于骚乱中微服逃至黄埔"。(《南方政局记》,《申报》1922 年 6 月 18 日,"特约路透电";《粤局无新消息》,《中华新报》1922 年 6 月 18 日,"时局要讯")

△ 孙中山特以西南政府名义,在广州召集沪粤旧国会议员开会,讨论对北问题及统一方针。(《北京电》,天津《益世报》1922 年 6 月 15 日,"国内专电")

△ 胡汉民等在韶关大本营举行军事会议,决定第二期北伐作战计划。

该计划决定分三部前进:(一)第三军第一师福军各部,沿河右岸分两路,一由兴国,一由大湖良口,向万安前进。(二)滇、赣军沿河右岸,向万安前进。(三)第一路黄大伟所部,由上犹、社溪墟、横石井、十八塘等处,进占遂川,向万安敌军实行夹击。"以上各路部队,均须于 19 日前接近敌人,施行攻击。"(邹鲁:《中国国民党史稿》第 1 册,第

1040 页)命令下达后,先头部队即于是日出发,越过万安、泰和,达吉安境内,而其向赣东前进的部队,则已迫近抚州。江西将士多与李烈钧声气相通,姜伯彰、何犹兴、方韧叔、王舟、曹锡福、齐燮元、李润生等在赣北各县纷纷组织民军响应,声势大振,南昌、九江有不战而定之势。不料陈炯明内变猝发,功败垂成,北伐顿时遭到挫折。("中华民国"史事纪要编辑委员会编:《中华民国史事纪要(初稿)——一九二二年一至六月》,第 1056 页)

△ 废督自赣始之缘由。

当陈光远等辞职之电到京时,同时并有一电分致曹锟、吴佩孚,告以无力维持,促成废督从赣省开始。曹接电后即致电黎元洪,保蔡成勋督赣。黎复云,"秀峰既自辞职,趁此机会,废督可自赣始,虎忱入赣,暂予节制各军,即任谢远涵长赣,以与西南一致"等语,吴佩孚复电表示赞同,命令遂予发表。(《赣省不置督军之内幕》,天津《益世报》1922 年 6 月 17 日,"要闻一")

△ 报载北京政府派人转告孙中山,待赣事和平解决,当共图善后,即着手南北统一和裁兵。

报载某中将代表当局分电入赣将领李烈钧、许崇智、黄大伟三人,谓"当轴为人,南北所共知,居心澹泊,夙轻权利,苟统一有望,绝不恋栈。请告中山,毋庸过虑。赣事和平解决,当共图善后,有何主张,请即见告"。时论推测,南北统一的枢纽,当从赣事入手,此为时局上的大关键,需要予以特别注意。至于李烈钧的位置问题,据说也有所酝酿。有称裁兵委员会不日即可成立,正副委员长拟定由王士珍、李烈钧担任,北京政府正分途征求意见,一俟正副委员长获得认同,即行发表。(《赣省不置督军之内幕》,天津《益世报》1922 年 6 月 17 日,"要闻一")

△ 令关国雄部开往赣州前线,以厚兵力。(《广州》,上海《民国日报》1922 年 6 月 17 日,"本社专电")

△ 北伐联军中路占峡江县,赣军退往新淦。左翼迫近临江,右

翼逼靠抚州,生擒遂川知事陆秉均。因占领城邑多需兵力防守,孙中山遂命大本营游击第八路至十四路各营约万余人,速往接防。(《上海快信摘要》,长沙《大公报》1922 年 6 月 21 日,"快信")

△ 任谭延闿为全湘讨贼军总司令。(《广州》,上海《民国日报》1922 年 6 月 17 日,"本社专电")

△ 任王用宾为山西中国国民党支部筹备处处长;任丁惟汾为山东中国国民党支部部长。(中国国民党中央委员会党史委员会编订:《国父全集补编》,第 563 页)

△ 报载,汪精卫谈对粤局态度,称孙、陈已将粤事弄到不可救药地步,有辞去教育会长不闻粤事之意。(《香港快邮》,《中华新报》1922 年 6 月 21 日,"紧要新闻")

△ 批准粤省开赌,伍廷芳反对。

报载粤省开赌一事,"经孙批准,并闻已得陈炯明同意"。大概因弛赌禁系由各军官要求所致,陈氏亦不能独持异议以失军心。只是伍廷芳表示反对,近更发出重申赌禁之布告。舆论认为这有可能是其离开广东的借口,因黎元洪复职,粤政府已危如朝露。此时赌饷每年达一千四百万元,光是先交预饷及一次报效费即达六百万元。(《香港快邮》,《中华新报》1922 年 6 月 21 日,"紧要新闻")至 18 日,已有赌商四出招股,大约日间即可开办,粤中商民以赌祸再复,皆太息不已。(《香港快邮·事变前之杂报》,《中华新报》6 月 19 日,"时局要讯")

△ 约陈永善回兵工厂解决问题,为后者所拒。

报载孙中山、朱卓文回兵工厂约陈永善解决问题未果。该厂被孙、陈五重军队围守;第一重孙、朱卫队;二、三重钟景棠所部;四重杨坤如所部;五重为"江大""江汉""江华"三舰。(《广东电讯》,《京报》1922 年 6 月 15 日)

△ 报载广州交涉署第三次对澳葡提出五个抗议:对华道歉;惩警兵及官;赔死医伤;撤斐兵;禁赌。(《广东电讯》,《京报》1922 年 6 月 15 日)

△　报载大本营秘书何适召旅粤闽人会议,倡闽人治闽,推军官三人回闽招兵。总司令部设福建会馆,将宣布李厚基之罪。(《广东电讯》,《京报》1922 年 6 月 15 日)

△　报载派伍焕然督印军用票运赣;伍汉墀任港定例局华议员。(《广东电讯》,《京报》1922 年 6 月 15 日)

△　报载,闽督李厚基因与孙中山有约在先,拒绝北京政府援赣之令。

李厚基平日善于看风转舵,保全地位,而跨墙手段尤足以令人惊骇。其对于南方政府,则与陈炯明本有协约,及粤省政变发生,陈氏去职之后,李氏与其所属军官,仍守前约,议以饷械暗助陈氏。其后因孙中山势力日张,李氏复与孙氏缔结条约,此即外间所传之孙、李之四条约。李氏自订此约后,对于孙氏颇形接近,而于闽南防务,自可放松。近因粤军进迫赣境,陈光远叠次告急,来电请援。李氏不仅不肯赴援,且将该电搁置不复。北京政府因粤军大队开入赣境,多次电李救援,均为其婉拒。原因据说在于李氏此前屡为南军所败,知非其力所能敌,而此次孙中山同意订约,正以为大幸,故不敢助赣而与南军再次交手。(《粤赣交绥中之李厚基态度》,《申报》1922 年 6 月 15 日,"国内要闻二")

△　廖仲恺在石龙因财政手续有待清厘而被叛军逮捕,并于 20 日解往省城石井兵工厂看管达六十二天之久,至 8 月 15 日始获释放。(《孙陈部下冲突已了》,长沙《大公报》1922 年 6 月 27 日,"中外新闻";《粤局解决之经过详情》,《申报》1922 年 6 月 28 日,"国内要闻二")

△　吉隆坡《益群报》副总董、雪兰莪辟智书报社名誉社长郭松山来函,请为该社职员熊升初之太夫人八秩寿庆,题"彩迎晖莱"四字,交熊君存挂,借以奖叙有功而资鼓励。(《郭松山上总理函》,环龙路档案第 01222 号)

6 月 16 日　陈炯明部占领广州,宣布取消广州政府,大肆劫掠各重要机关,断绝广州与外界交通,声明服从旧国会,并炮击总统府和观音山住所粤秀楼。孙中山脱险抵海珠海军司令部,率海军讨逆五十余日。(《广东政变之汇闻》,长沙《大公报》1922 年 6 月 23 日,"中外新闻")

△ 叶举等发表宣言,要求孙中山下野,共图统一。(《陈部叛军毁弃护法电》,上海《民国日报》1922 年 6 月 22 日,"要闻")孙中山则宣言,拟调在江西节节胜利的北伐军一部回师,"平定此次以极其恶劣的奸叛情形为之的陈炯明及其叛军之变"。(《西报纪广州之变局》,《申报》1922 年 6 月 26 日,"国内要闻二")

△ 陈炯明部进攻石井兵工厂,与朱卓文、陈策所部剧战,冲锋数次始攻下。(《香港电》,《申报》1922 年 6 月 18 日,"国内专电二")

△ 林直勉回忆兵变时的孙中山。

据林直勉回忆,6 月 15 日晚 9 时,各种迹象表明陈炯明叛乱在即,遂往粤秀山面报孙中山,劝其暂避。孙不肯,答曰:"余负救国救民之责,艰苦不辞,改道北伐,所有忠实的武装同志,悉赴前方。后方只留陈炯明及其私系队伍所谓陈家军者,不可谓不信任之矣。陈何必谋我为快,且焉肯以个人而倾陷党国。余召集陈军将领于明日 2 时在财政厅候我训话,晓以大义。陈即倡叛,将领之明大义者,焉肯附从之。如陈果率其军以叛,占公府,使广州成为灰烬,置余于死地,余亦身死党国而已,夫复何憾。"又说,孙中山在前往海珠时,接到海军部长温树德关于叛军即将发难的报告,于是一面命温氏准备下舰,一面亲书手令:"(一)令卫戍司令魏邦平讨贼。(二)令粤汉铁路总理许崇灏将所有机车、货车等一律驶往韶关站,以免资敌;并着余去函促警备司令夏重民应付。"(《孙大总统广州蒙难十一周年纪念专刊》,第 41—43 页;段云章、沈晓敏编著:《孙文与陈炯明史事编年》,第 540—542 页)

又据林树巍忆述,孙中山脱险抵海珠后,在琶洲对随从言:"今日之役,足矣!在赣诸军闻炮击而知我尚存,西湖逆贼(时陈炯明在惠州)闻炮击而知我不死,正义不屈,贼当终灭,革命风潮,随炮声越岭而弥漫于大江南北矣。"(《大总统广州蒙难十一周年纪念专刊》,第 50—51

页;段云章、沈晓敏编著:《孙文与陈炯明史事编年》,第540—542页)

　　△　广三铁路局局长兼警备司令夏重民被陈炯明部杨坤如拘捕,旋殉难,时年38岁。孙中山悼其忠烈,命建纪念碑于石围塘,并于1924年追赠为陆军中将。(胡汉民:《夏重民烈士》,中国民党中央党史史料编纂委员会编:《革命先烈先进传》,第465—466页)

　　△　《中华新报》载文,对孙中山得以逃离叛军之手表示同情,相信会卷土重来。

　　自从报道孙中山由粤逃遁,"此间有议者,盛言鉴于孙之坚持始终一贯说而不屈,为中国即中国国民而粉骨碎体、努力奋斗之过去经历,则即使一时陷于逃走而穷困之运命,决不丧失其政治的生命。将来之卷土重来,可翘足待也"。对孙均表无尽之同情。(《粤局无新消息》,《中华新报》1922年6月18日,"时局要讯")

　　△　声言将唤回北伐军一部以降服陈炯明;广州市民从中调停双方冲突。陈军在英德附近阻止北伐军南归。(《孙中山欲毁广州乎》,《中华新报》1922年6月19日,"时局要讯";《孙总统调兵回粤平乱》,上海《民国日报》1922年6月19日,"要闻")

　　△　西报称孙中山以广三路一部及他物业押借美商一千五百万;传民党某要人讲孙文因形势紧张,业已着手收束。(《广东电讯》,《京报》1922年6月16日)

　　△　《社会日报》续载《解决时局的根本方法》文,提出南北和议以谋统一的有利之处和办法要项。

　　文章指出,议和的利处有四:(一)北方处于暂时地位,容易和西南接近谈判。(二)乘北方将领和人民一致拥戴之时,放低姿态与西南议和,易于为有势力者见重。(三)对南和议,可以将北方内部视线转移到整体大局问题上,不至于为了内部一些个人利害之争而导致暗潮爆发。(四)统一如果能成,国会问题自然容易解决,废督裁兵也没有规避的余地。至于统一之步骤,"自然是实实在在和西南接洽,召开南北统一会议。南北两方各派代表若干人,在适中地点集会"。

南方所派代表,以能代表西南全体为条件,开议时应出示代表西南几省的全权证书。这个会议的职务应简单不繁,讨论的问题应有所限定,应讨论根本的而非枝节的、大纲的而非细目的问题。(天生:《解决时局的根本方法(三)》,《社会日报》1922 年 6 月 16 日,"时评")

△ 黎元洪以私人名义来电,主张南北调和。(《北京电》,天津《益世报》1922 年 6 月 17 日,"国内专电")

△ 报载是日孙中山军队被解除武装详情。

报载该日早上 2 时,粤军将领联同收缴各"非法"军队枪械,借促孙中山下野。其布置情形如下:在沙河与白云山一带,"均由粤军第二路司令陈炯光所部全部及第三师之一旅,杨司令坤如所部之一团,沿路每隔约二十丈,则有军队二十人看守。稍高之山冈间,架有大炮及机关枪,情形极为严密"。熊略所部保护农林试验场长堤一带;第五支队则守护小北一带;杨坤如则守兵工厂一带;陈德春所部则守卫黄沙粤汉路一带;何国梁所部则守护由财政厅前至天字码头;第二师所部则驻守观音山一带,安设大炮多尊。收缴孙氏军队枪械于 16 日早上大概 2 时开始,由杨坤如部属往缴驻于兵工厂陈策及朱卓文所部之枪械。该军自号有五营,死力抵抗,坚守附近之五座炮垒,彼此战斗有数小时之久。后为杨部粤军猛力攻击,卒将该军击溃,死伤甚众,终于攻占了石井兵工厂。至海军陆战队之长堤司令部,同时由熊略旅长所部收缴军械。"当时陆战队顽抗不遵,遂致以武力制裁,而该队亦还枪反攻,于是枪声隆隆。维新路亦发生战事许久,嗣该队不敌,卒被缴去枪械。"

是日早,部分粤军占领市政厅。而总统府警卫军,则为第二师军队收缴。孙氏其余各军队,也无抵抗能力。又传说第二师第四团团本部办事机关已迁往盐运使署。广东此时最重要的要塞为虎门与长洲等炮台,十六日均为黄凤纶司令所占领。至北洋各舰,"则并无何等举动,且未有开过一炮。有数舰已驶赴澳门,并派人来详述严守中立之诚意"。钟景棠部也先已占领鱼珠等炮台。该报评论道:"孙氏日言以海军攻击陈家军,但海军却知难而退,于是孙氏乃不得不离开。"(《粤军发难时之战事详志》,《京报》1922 年 6 月 27 日,"中外要闻")

　　△　钟景棠发电报告驱孙军情。

　　电称,在省城孙军昨晚已悉数被缴械;陈军已将总统府包围,孙等在总统府闭门不敢出。虎门、长洲炮台尽落陈军之手;另派兵三营进驻河南;海军兵舰并未开炮;廖仲恺已拘在石龙。(《陈家将用武力迫孙离粤》,《商报》1922 年 6 月 23 日,"要闻";《广东突然开战》,《申报》1922 年 6 月 22 日,"国内要闻二";《粤军发难时之战事详志》,《京报》1922 年 6 月 27 日,"中外要闻")

　　△　浙江军官张载扬等致电北京、广州府院部等,请求慎重废督裁兵。(《浙省军政界二次废督会议》,《申报》1922 年 6 月 18 日,"国内要闻二")

　　△　传闻孙中山为叶举军袭击出走。白坚武对此评论道:"劳师远征不顾其后,人云中山妄人,信然。"(中国社会科学院近代史研究所编,杜春和、耿来金整理:《白坚武日记》第 1 册,第 364 页)

　　6 月 17 日　转登"永丰"舰,督师进发广州,炮击沙河、观音山等处,与叛军鏖战五十余日。

　　据蒋介石回忆,是日晨,外交总长伍廷芳及卫戍总司令魏邦平来舰谒见,商议招讨事宜。命令魏邦平所部集中大沙头,策应海军进攻陆上之叛军,恢复广州防地。又对伍廷芳曰:"今日我必率舰队击破逆军,戡平叛乱而后已。否则,中外人士必以为我已无戡乱之能力,且不知我之所在。如畏慑暴力,潜伏黄埔,不尽职守,徒为个人避难偷生之计,其将何以昭示中外乎?"伍廷芳也以为然,乃即离舰登陆,通告各国驻粤领事,严守中立。随即孙中山率领"永丰""永翔""楚豫""豫章""同安""广玉""宝璧"各舰出动,由黄埔经过车尾炮台,"驶至白鹅潭,乃命各舰对大沙头、白云山、沙河、观音山、五层楼等处之叛军,发炮射击。各叛军闻声落胆,皆纷纷弃械逃遁"。后各舰经中流砥柱炮台返回黄埔。(蒋介石:《孙大总统广州蒙难记》,第

5—6页)

△　许崇灏所辖之警备军、陈策部军械被陈军先后收缴。海军小部炮击陈军。

报载,晚3时许,粤军第五独立旅之第二团,奉令至黄沙粤汉铁路,将许崇灏所辖之警备军军械尽行收缴。"许知事已发生,即由住室逃往黄沙站附近之惠群俱乐部内,脱履由瓦面过广济潜匿。至五点余钟,始改装逃往沙面匿避。"(平:《战后之广东现状》,《申报》1922年6月27日,"国内要闻二")午前五时,粤军钟景棠部下一千人,迫使孙军陈策部下三百人解除武装。但陈策因附近停有炮舰四艘为后援,不轻易屈服,因之正午双方展开了小的战斗。粤军定于当晚通过夜袭驱逐陈策军。正午,"永丰"舰及炮舰二艘通过珠江,在行驶中,用小口径炮向对面河之陈军宿舍轰击至数十发,陈军以小枪应之。军舰已停于沙面前,孙文在"永丰"舰内云,此次变乱,因不带挑衅外国人色彩,故一般外人颇为安定。(《孙总统平乱之战况》,上海《民国日报》1922年6月20日,"要闻";《烟雨低迷之粤局》,《社会日报》1922年6月22日)午后5时许,海军又一度开炮,但不多久即停。(《西报纪广州之变局》,《申报》1922年6月26日,"国内要闻二")

△　下午,孙中山驻省城军舰炮击东关及白云山陈炯明部,广九车也震毁一部,军队抢掠甚惨。(《广东政变之汇闻》,长沙《大公报》1922年6月23日,"中外新闻")孙中山舰队向陈炯明部开火后,全城居民非常恐慌。18日,各团体呼吁召开会议,讨论调解争端的措施。(广东省档案馆编译:《孙中山与广东:广东省档案馆库藏海关档案选译》,第309页)

△　海军全体官兵通电讨伐陈炯明。

电谓:"我海军自随我孙大元帅南来护法讨贼,以维正统于不坠,数年于兹,虽赴汤火,此志罔敢或懈也。乃者叶举等包藏祸心,通敌谋利之不已,竟敢犯及元首,破坏政府,纵兵残杀劫掠无所不用其极,罪恶贯盈,当为天下所共诛。我等奉命声讨,先行炮击,冀其私心一悟,改逆从顺,免受天诛。如彼仍顽抗,怙恶不悛,当合各省护法大军,协同扫荡,以免护法大业,功亏一篑,谨驰电闻。"(鲁直之、谢盛之、李睡仙:《陈炯明叛国史》,第 153 页)当晚,海军投入战斗,即开始由黄埔方面炮击广州,海军费用为孙科由市政公款项下支出。(《孙陈部下尚在相持中》,长沙《大公报》1922 年 6 月 25 日,"中外新闻")

　　△　陈炯明由李炳荣、尹骥护送,自惠州来到省城广州。(《广东政变之汇闻》,长沙《大公报》1922 年 6 月 23 日,"中外新闻")

　　△　胡汉民率大本营人员离开韶关走往南雄,并根据无线电信息,断定此时省城里陈炯明已叛乱,孙中山尚无危险,并在军舰中。(吴相湘主编:《中国现代史丛刊》第 2 册,第 416—417 页)

　　△　在长洲设大本营固守,集合民军,拟攻已落叛军之手之虎门要塞。(鲁直之、谢盛之、李睡仙:《陈炯明叛国史》,第 273 页)

　　△　叶举等再发通电,请孙中山下野。

　　略谓:此时幸而天心厌乱,旧国会已经自行召集,徐世昌也引咎退位,南北多年用兵,无非以护法为志。此时目的已达,自无用兵必要。何况自桂系占据广东后,民生已慨凋残。广东自主以后,以一省力量担任西南之重担,财力更形竭蹶。叶举等"同属国民,同隶粤军,为国为粤,不忍因一人以祸天下"。因此吁请孙中山实践与徐氏同退之宣言,以尊荣为敝屣,翩然下野。并请海内明达,一致敦劝。也请爱护国家、尊重法治的海陆军前敌同胞即日罢战,以表同情并奠国本,民国前途实有赖于此。(《陈炯明大体上承认孙文条件》,《京报》1922 年 6 月 25 日,"中外要闻";《孙陈部下尚在相持中》,长沙《大公报》1922 年 6 月 25 日,"中外新闻")

　　《社会日报》称:此次冲突骤起有两个直接原因,一因孙氏元日演说前在新记者招待会上曾嘱令警告陈部离省。二因孙中山的卫队长李安邦解除了杨坤如部之武装。当孙部发表驱逐陈部之宣言时,"陈部将领以大言目之,相约不以武力对孙"。等到李部最近包围杨部的炮队时,双方才开始作战。(《烟雨低迷之粤局》,《社会日报》1922 年 6 月 22 日)

△　下午,驻省海军发炮攻击东关及白云山一带粤军,受到还击之后,各舰即退出省河。(《香港电》,《申报》1922年6月18日,"国内专电二";《香港电》,《申报》1922年6月19日,"国内专电二")

△　报载黎元洪派旧议员郭同赴粤迎孙中山北来,以接洽南北统一问题。郭氏今日由京抵宁,谒齐燮元后即转车赴沪。(《南京快信》,《申报》1922年6月17日,"国内要闻")

△　报载北京政府因南方出现陈炯明叛乱的绝大变化,视为接洽统一之最好时机。黎元洪对此拟用两项办法,解决南北统一问题:(一)责成吴佩孚由保定发电,与陈炯明联合,履行此前吴陈所订密约合议条件,劝其统率各军,一致北向,双方办理统一、保守各方面原有地盘。(二)联合孙文,乘机劝其北上,来京协助中央,进行统一、废督裁兵各事宜。(《将行扩大之粤省战事》,天津《益世报》1922年6月22日,"要闻一")

△　《中华新报》载《广州事变与统一》文,历述孙陈冲突之经过与必然,认为事变爆发,前者也有其短柄存在。

文章认为,广东这一年来的政局,早已形成孙陈对峙之势力,各持己见,遇事冲突,早为不可掩之事实。之所以未曾破裂,在孙这面主要是实力有限,军政费用均要仰给于陈,陈如离去,孙之势力也会全归乌有。所以孙对于陈之不听指挥,不能不勉强容忍。而在陈这方,则与孙中山关系太深,表面上孙中山毕竟属于党首,自己属于其部下,而且以两广地位而言,对内对外还是以孙中山在位为有利,如此形势有利则可径行其意,形势不利则以孙中山为挡箭牌,而置自身于无责任地位。所以不到万不得已,绝不肯咎由己开,而予人以批评的口实。而对于兵权、财权、地方行政权这些实权,陈炯明则全部掌握在自己手中。然而邓铿被暗杀事件,使孙陈向来紧张的关系达到极点。于是孙中山率师回粤,免去陈的一切本兼各职。甚至据说有将陈炯明军前正法者,双方之感情破裂可想而知。

然而孙中山方面也有弱项。即既不能尽取陈炯明而代之,且北伐事业又须得陈炯明之支持、至少不掣肘才能开展,所以后来孙中山对陈又采取了种种恢复感情的怀柔安慰的做法,但陈炯明不为所动。最终孙中山对陈发表进攻江西意向,说自己胜则离开广东,败也不回广东,实际上是希望陈不要在背后相扰罢了。(百乐:《广州事变与统一》,《中华新报》1922 年 6 月 17 日,"论说")

△ 魏邦平等粤军全体将领电请陈炯明即回省城主持粤局。(《香港电》,《申报》1922 年 6 月 19 日,"国内专电二")电谓:"孙公昨已下野,广州为根本重地,不可无人主持,乞即回省,以慰众望,临电不胜翘企。"(《再纪广东省垣之战事》,《申报》1922 年 6 月 23 日,"国内要闻二")

△ 广东省议会电请陈炯明主持粤局,另电叶举于陈未抵省城之前,负有维持地方之责任。(《香港电》,《申报》1922 年 6 月 21 日,"国内专电二")

△ 魏邦平应邀召集各社团商议维持粤局办法。

魏氏对各代表云,彼"为调停粤事,终日奔走,舌敝唇焦,苟得地方安宁,不致糜烂,虽牺牲个人生命财产,皆所不计。今日请各位来,系共研究维持办法,并谓叶总指挥对于海军方面已允决不回炮,以免糜烂地方"。且允派兵梭巡市面,以维持秩序。各代表答以回去将告知各社团会议一切,并请求魏氏担任调停,极力维持大局。(《再纪广东省垣之战事》,《申报》1922 年 6 月 23 日,"国内要闻二")

△ 汤廷光电请温树德维持地方,保护人民。(《再纪广东省垣之战事》,《申报》1922 年 6 月 23 日,"国内要闻二")

△ 下午,海军舰队"楚豫""永翔""永丰"等四舰在珠江炮击陈军,被外舰所阻。(《再纪广东省垣之战事》,《申报》1922 年 6 月 23 日,"国内要闻二")

△ 晚,令军舰开炮警戒叛军,待许崇智回粤再进讨。(《广州》,上海《民国日报》1922 年 6 月 19 日,"本社专电")

△ 晚,广东港务局长来谒,请撤退停驻沙面之军舰,以策安全。

《广东形势无大变化》,《中华新报》1922年6月21日,"时局要讯")

△　晚,航空局长朱卓文在香港中环海旁东京酒店被捕。(平:《战后之广东现状》,《申报》1922年6月27日,"国内要闻二")

△　李福林宣布中立。(《议和声中之粤局》,《社会日报》1922年6月23日)

△　美洲中国国民党电请对陈炯明战斗到底。(《关于孙陈交哄之电文》,上海《时报》1922年6月19日,"本埠新闻")

△　广州市民函请尽快拟定讨伐陈炯明檄文,并请保护广州。("中华民国"史事纪要编辑委员会编:《中华民国史事纪要(初稿)——一九二二年一至六月》,第1141—1142页)

△　福建中国国民党电请迅饬各军严切剿灭陈炯明。(鲁直之、谢盛之、李睡仙:《陈炯明叛国史》,第163—164页)

△　三藩市总支部代理总干事黄子聪来函,要求催寄入党新证书。

该总支部前因新证书用毕,经先后两次电请颁发,但未曾收到。如今积存候发者达数百起之多,各地函电交催,无以应付,"于进行上颇生窒碍,务恳请从速付邮,以资填发"。至于入党誓约已由三藩市印备,不需要附寄。(《三藩市总支部黄子聪上总理函》,环龙路档案第07031号)

6月18日　陈炯明以二十万巨款运动海军内变遭到拒绝,并电伍廷芳转告孙中山,要求其下野,言词极其悖逆。伍氏置之不复,只是愤恨罢了。(蒋介石:《孙大总统广州蒙难记》,第7—8页)

△　叶举派熊略、杨坤如各率所部向英德新街进发,闻孙拟调北伐军回救广州。(《香港电》,《申报》1922年6月19日,"国内专电二")

△　派兵舰炮击省垣。现有一部粤军开赴韶关,以防北伐军反戈。(《上海快信摘要》,长沙《大公报》1922年6月25日,"快信")

△　旅沪国民党要人杨庶堪、张继等联名通电,谴责陈炯明叛变。"痛责陈炯明昧于恩义,甘为叛徒;并期其幡然悔悟,讨贼自效。"

（王景濂、唐乃霈编：《中华民国法统递嬗史》，第145页）

△　致电蒋纬国①转蒋介石促其速赴粤。谓："事紧急，盼速来。"（毛思诚编纂：《民国十五年以前之蒋介石先生》第4册，第23页）

△　率炮船驰至珠江上游大东旅馆与邮务局。晚，向下游大沙头火车站进发。（《孙总统平乱之战况》，上海《民国日报》1922年6月20日，"要闻"；《广州战事记》，《申报》1922年6月20日，"特约路透电"；《护法政府已完全消灭矣》，天津《益世报》1922年6月20日，"要闻一"）

△　美领事赴"永翔"舰来谒见，请顾及中外人生命财产，勿再开炮。孙首肯，并允次日8时至沙面商议条件，但最后未到。（《香港电》，《申报》1922年6月21日，"国内专电二"）

△　广东总商会开会，决定派员向海军方面调停。

报载海防司令陈策、海军总司令温树德曾联名通告广东总商会曰："海军将攻击叛军，市民务即出境避难。"因此，是日总商会召开各界代表会议，决定派员向海军方面调停。（《孙总统平乱之战况》，上海《民国日报》1922年6月20日，"要闻"）

△　《社会日报》载文，指出统一会议以后的步骤：保留旧国会、召集国民会议。（天生：《解决时局的根本方法（五）》，《社会日报》1922年6月18日，"时评"）

△　《中华新报》载文，分析孙中山在事变后的处境，以为一时不易以武力恢复已失之地位。究其原因，（一）孙氏嫡派之有力军队，现俱在赣南，急切不能调回，且中山既离开广州，即欲调回，亦恐不能用命。（二）近来似树敌过多，此次李烈钧占领赣州，中山未征李氏同意，即任谢远涵为江西省长，李氏部下愤极，即宣言组织独立军，与孙脱离关系，故今日衷心助孙者，仅黄大伟辈数三人而已。（三）海军舰队虽言站在孙氏方面，然此中闽人甚多，以之临时乘坐则可，欲其舍命效力，则殊有未能，此观于海军当时之宣言而可知。（《粤事剧变之一种观察》，《中华新报》1922年6月18日，"时局要讯"）

---

①　用蒋介石次子纬国名代替收电，用以守秘。

△　报载程天斗、孙科逃至香港。（《香港电》,《申报》1922年6月19日,"国内专电二"）

△　魏邦平解除卫戍司令职,仍以第三师名义维持治安。（《香港电》,《申报》1922年6月19日,"国内专电二"）

△　北伐军第一师已撤回南雄,表示服从陈炯明。（《广东军民对粤省政变之态度》,天津《益世报》1922年6月23日,"要闻一"）

△　上海广肇公所来电,并另电陈炯明,请罢兵息民。

来电谓:"人民苦兵祸久矣,国家则四分五裂,皆受政客、武人之赐。今幸天相中国,各方多所觉悟,力谋统一与废督裁兵之举。不幸而我粤兵戎又见,真可为痛哭者也。"请求与陈炯明共求国是,牺牲一切以消弭兵祸,救人民于水火。（《广肇公所之罢兵呼吁》,《申报》1922年6月19日,"本埠新闻"）

该所致陈炯明电谓:"我粤苦兵祸已久,民不聊生,省城又为全粤精华,幸勿再戕杀我粤人,糜烂粤境。"请速与孙中山以正义共谋强国之本,出粤人于水火之中。（《广肇公所之罢兵呼吁》,《申报》1922年6月19日,"本埠新闻"）

△　委伍焕然监督东雅印务公司再印军用票二千万元,运入赣省行用。（《香港快邮》,《中华新报》1922年6月19日,"时局要讯"）

△　虎门要塞司令黄凤纶通电,言各舰有敢渡虎门者,即炮击之。闻粤军拟以数十小轮四面围攻各舰,拼以较大牺牲,将其收复。（《香港电》,《申报》1922年6月21日,"国内专电二"）

△　下午,广州善商各界代表集会商议,请温树德、叶举商以保全地方人民为重,维持大局办法。（《再纪广东省垣之战事》,《申报》1922年6月23日,"国内要闻二"）

△　《申报》载《西报纪广州之变局》文,追述广州事变经过和原因,认为孙中山在一般华人心中威望仍然很高;陈炯明叛乱,在道义上必将失败。

尽管孙中山被逐,但一般华人仍有祖孙之舆论,据称乃有春潮怒涨之势。时大多数人似均赞助孙氏:工党中人声称,孙中山总统系以公道待彼等。还有人说:孙热诚爱国,为中国谋幸福历数十年,此次护法尤其劳苦功高。翻译者发表按语认为:中国人最重道德,此次陈炯明叛孙之举,出于一般人意料之外,主要是他们"皆从道德上着眼,故觉陈氏此举,断不可恕"。中国人的思想就是如此,此正是中国人之特色,而陈炯明之失败,也基于人心这一点上。(《西报纪广州之变局》,《申报》1922 年 6 月 26 日,"国内要闻二")

　　△　陈炯明复两电给魏邦平,认为事变乃孙中山言行所激成,请劝其下野,并与叶举共同维持粤局。

　　电一谓:"粤事弄到如此田地,炯实难辞咎,惭恨之私,匪言可宣,惟有完全下野以谢邦人。"希望魏邦平在粤省沦胥的情况下,担负保护孙公勋誉的艰巨之责。并指出护法已达目的,总统不可力争,请力劝孙丢弃非常大总统,再从选举中设法。孙的问题如能解决,海军、北征军必一视同仁,安置自然容易。(《停战后之粤局收拾谈》,《申报》1922 年 6 月 30 日,"国内要闻二")

　　电二安排了粤省的人事,并认为粤变部分是由孙中山迫成。其人事部分主张:卫戍责任仍请魏邦平照常担任,此时既不可有丝毫隔膜,也不能使叶举为难。军事应由诸人暂推叶举完全主持,民政仍请伍廷芳出任。认为此次事变,固然由于各部过度之举,然也由孙中山迫成。因为黎元洪复位,法律事实,均无可议。而且国会恢复、伪府取消、护法戡乱目的全部达到,没何可争了。南方政府如不及早收束,势必使粤趋向灭亡。故务请魏邦平协同叶举等速安桑梓,并认为魏邦平是自己完全可付托粤政之替人。(《停战后之粤局收拾谈》,《申报》1922 年 6 月 30 日,"国内要闻二")

　　△　晚,海军派全权代表与叶举商榷条件。

　　是日晚,护法海军以粤人生命财产为重,已派出全权代表至白云山叶总指挥处商榷四条件:"(一)由各舰队将领担任请孙中山退出省河。(二)舰队人员不必十分更动。(三)请粤军停止炮击兵舰。(四)

海军饷项照常供给。"叶总指挥与各将领见此条件极属和平,已有允许之意。(平:《战后之广东现状》,《申报》1922年6月27日,"国内要闻二")

△　全国各界联合会电请调动海陆各军讨伐陈炯明。(《陈炯明叛变之公愤》,上海《民国日报》1922年6月19日,"本埠新闻")

△　民治急进社通电讨伐陈炯明,称目的在清乱源以维法纪。

电谓:"护法不幸,妖孽丛生,岑、陆、莫、谭叛变于前,幸元首惨淡经营,支持危局。正期同心北伐,直捣幽燕。料陈炯明、杨坤如、叶、岑甘犯不韪,背叛民国,围公府,逐议员,元首蒙尘,动摇国本。护法首区产此巨憝,苟不铲除,何以奠国? 我护法将领、全体国民,誓一致讨贼,以维法纪而清乱源。"(《陈炯明叛变之公愤》,上海《民国日报》1922年6月19日,"本埠新闻")

△　江苏江北自治协会驻沪理事严伯威等电请讨伐陈炯明。(《陈炯明叛变之公愤》,上海《民国日报》1922年6月19日,"本埠新闻")

△　菲律宾中国国民党第一支部戴金等电请通电声讨陈炯明。(鲁直之、谢盛之、李睡仙:《陈炯明叛国史》,第212页)

△　江苏平民自治会电请讨伐陈炯明。(《陈炯明叛变之公愤(二)》,上海《民国日报》1922年6月20日,"本埠新闻")

△　美洲国民党来电,提出愿尽力接济讨伐陈炯明。(《香港》,上海《民国日报》1922年6月19日,"本社专电")

△　是日起,驻省城广州军队下令解严,市面商店多继续开市。(平:《战后之广东现状》,《申报》1922年6月27日,"国内要闻二")

6月19日　电令李烈钧、许崇智等自江西回师戡乱,并密召卫士及海员至"楚豫"舰侍卫。("中华民国"史事纪要编辑委员会编:《中华民国史事纪要(初稿)——一九二二年一至六月》,第1150—1151页)派副官马湘赴港筹助军饷。

是日,北伐军占领万安、太和,前锋距离吉安仅有数十里。但粤中局势危急,孙中山以手书致入赣北伐军总参谋长李烈钧,军长许崇智,总司令朱培德、彭程万,司令黄大伟、李福林,师长梁鸿楷等,令各军迅速回粤戡乱,"坚守待援,以图海陆夹攻,歼此叛逆,以彰法典"。(《蒋介石:孙大总统广州蒙难记》,第 8 页)并派副官马湘赴港找伍学煜筹集军费、粮食、煤炭,以充实军备。(马湘:《跟随孙中山先生十余年的回忆》,尚明轩、王学庄、陈崧编:《孙中山生平事业追忆录》,第 141 页)

△ 报载叶举派代表前来接洽,基本接受孙所提出之和解条件。

是日晨,叶举派代表赴孙中山处接洽,孙提出条件如下:"一,南北统一会议开会之际,应以孙文为南方代表。二,出征江西之广东军其一切军费善后费,应由广东省负担。三,广东海军军费亦由广东省负担。四,孙文部下之生命财产负责保护。五,未详。"(《中山提出之条件》,《中华新报》1922 年 6 月 21 日,"时局要讯";《议和声中之粤局》,《社会日报》1922 年 6 月 23 日)又《申报》称:孙向叶提出四条,"叶容纳二三四,否认一"。(《香港电》,《申报》1922 年 6 月 22 日,"国内专电二")《京报》称:孙中山所提之四项条件,经汪精卫赴惠疏通,结果陈炯明业完全承认。"惟关于第一条孙氏出席南北统一会议一节,陈氏要求须即时停止江西方面军事行动,以免妨害西南联省政治之主张。至海军军饷一层,陈虽承认由粤库支出,但须绝对服从省政府之命令。过渡海军总司令一席,仍属诸汤廷光。"(《陈炯明大体上承认孙文条件》,《京报》1922 年 6 月 25 日,"中外要闻")

△ 陈炯明致电伍廷芳,请劝孙中山下野。

略谓:"粤事至此,炯难辞咎,此时惟有保粤地方,保孙令誉。国会复,伪政销,护法目的达,如谓黄陂复职,法律尚争,则应候国会解释,若谓不法武力未扫除,则废督裁兵,中枢自有权衡。援赣北征,丧师讳败,图穷匕见,力争经营,效亦可观。不听蹇叔之言,无救二陵之祸。法者天下之公,非一党之私。非常国会,擅举总统,恶例一开,乱且及于百世,炯力争无效,委曲求全,希图求此,不图宵小盈廷,以是为媒孽,以至今日。举国皆依护法旗下,恢复六年原状,国事可了则了,犹复不肯放手,抑又何也。若以中国建设大业,非吾党弗克负荷者,即妄人夸大之言,非公忠谋国之论。现惟仗公切劝孙公,敝徙尊号,示天下无私。国会一开,依法再选,得位以正,为期匪遥。"(《广州已入新途径》,《中华新报》1922年6月24日,"时局要讯")

△　报载伍廷芳18日将粤省长印交于省议会。省议会于19日即选出陈炯明为省长;叶举请伍廷芳回任省长被拒。陈炯明则拟请唐绍仪出山长粤。(《粤省政变后之要讯》,天津《益世报》1922年6月24日,"要闻一")

20日,病中的伍廷芳发一通电,略谓:"长粤月余,陡起干戈,在省各军,非竞公不能收拾,已电请从速来城。"并称自己决意引退,辞去本兼各职。(《伍廷芳逝世中之粤局》,天津《益世报》1922年6月26日,"要闻一")

△　电调赣南军队返省与陈决战,粤人分电孙、陈,请勿糜烂广州。(《北京》,《中华新报》1922年6月19日,"本馆专电")

△　粤军第三支队正司令罗绍雄布告各界,以定人心。

广州市连日枪炮声虽息,然人民尚存惊恐之心。粤军第三支队正司令罗绍雄,特用该司令部名义,布告各界云:"现大局已定,派队四处梭巡,专查强行抢劫,尽力保卫商民,倘有不肖骚扰,军法决不徇情,其各安居乐业,毋得自起疑惊。"(平:《战后之广东现状》,《申报》1922年6月27日,"国内要闻二")

△　陈炯明遣张醁村到省城,撤销陆军部,规复总司令部。午后返惠,拟待省长产生,再行来省城。(《粤省政变后之要讯》,天津《益世报》1922年6月24日,"要闻一")

△　晚,孙中山复率"永丰""楚豫"各舰入省河,分攻海幢寺、白云山各地。陈军以外人业已迁去,即以巨大之探海灯照射各舰,发炮还击,两方炮战至三时之久。陈军一葡萄弹射中"永丰"舰气筒,各舰

始退出省河。孙氏在舰中坚持要等待援赣各军回救。(《烟雨低迷之粤局》,《社会日报》1922 年 6 月 22 日)

又一说:孙中山已于午离境。(《孙陈部下冲突将了》,长沙《大公报》1922 年 6 月 26 日,"中外新闻")事实证明不确。

△ 魏邦平布告辞去卫戍总司令,赞成叶举之主张,仅以第三师长名义维持治安。(《议和声中之粤局》,《社会日报》1922 年 6 月 23 日)

△ 赣南北伐军闻粤变后,除李烈钧部急欲攻下南昌外,多已停战。(《伍廷芳逝世中之粤局》,天津《益世报》1922 年 6 月 26 日,"要闻一")

△ 美国积彩埠华侨电请讨伐陈炯明。(《香港》,上海《民国日报》1922 年 6 月 20 日,"本社专电")

△ 改造湖北同志会电请讨伐陈炯明。(《陈炯明叛变之公愤(二)》,上海《民国日报》1922 年 6 月 20 日,"本埠新闻")

△ 加拿大国民党总支部、英属稳梳华侨、芝加哥救国团、巴拿马中国国民党、澳洲雪梨支部、美国葛仑国民党、芝加哥国民党等十余华侨团体,均电请痛剿陈炯明。(《华侨请一致声讨叛军》,上海《民国日报》1922 年 6 月 22 日,"要闻")

△ 美国仑华埠代表电请讨伐陈炯明。(鲁直之、谢盛之、李睡仙:《陈炯明叛国史》,第 211 页)

6 月 20 日 应叛军之请求,派海军司令温树德前往商议停战办法和条件。(蒋介石:《孙大总统广州蒙难记》,第 9 页)

上午,韶关北伐军总司令部之军队被陈炯明部解除武装。(广东省档案馆编译:《孙中山与广东:广东省档案馆库藏海关档案选译》,第 311 页)

△ 省议会邀请广东商界联合会召集各界开维持大会,议决四案,呼吁孙、陈停战。

19 日,省议会电邀陈炯明返省城。(《广东电讯》,《京报》1922 年 6 月 24 日)广东省议会议长钟声等来电,表示赞同叶举请孙中山下野宣言。(《粤公团促孙下野之三电》,天津《大公报》1922 年 6 月 30 日,"政闻")

是日,省议会又召集商界联合会等开会,由议长钟声任主席,出席者有省议会正副议长及议员暨报界公会、九大善堂院、商联合会、维持公安会、自治研究社等十数团代表,决议如左:"(一)广东全省之联络,赞成叶举之统一意见。(二)乞陈炯明回任,维持广东秩序。(三)要求双方停战,若有一方不听,则目为广东全省三千万人民之公敌。(四)组织一孙文之欢送会。"(《三千万粤人呼吁停战》,《中华新报》1922年6月22日,"时局要讯")同日,研究社、绅界开会,赞成商联会四议案。(《粤局解决之经过详情》,《申报》1922年6月28日,"国内要闻二";平:《战后之广东现状》,《申报》1922年6月27日,"国内要闻二")

又报载,粤省议会及工、商、报、善等各界联合军界召集解决时局大会,要求双方停战言和;赞成统一,孙中山下野;请陈炯明即日回省城主持粤局(《粤省政变后之要讯》,天津《益世报》1922年6月24日,"要闻一"),并发出通电。

来电称:"自统一问题发生,双方误会,致以兵戎相见。广州地面顿成枪林弹雨之区,人民转徙流离,目不忍睹。敝会等触目伤心,当于皓日(19日)联合开会,佥谓滇龙桂莫,素视广东为征服地者,犹且俯从民意,爱惜地方。诸公或本同粤人,或久居粤地,以粤人之爱诸公,诸公独不爱粤人乎?用敢联请双方即日罢兵,徐图善后。如有破坏统一,糜烂地方,则是自绝于粤,吾粤三千万人当视为公敌,宣告中外,与众弃之。"(《粤局解决之经过详情》,《申报》1922年6月28日,"国内要闻二";《粤公团促孙下野之三电》,天津《大公报》1922年6月30日,"政闻";捷丝:《粤局日趋险恶》,《北京日报》1922年7月5日,"要闻")

△ 报载陈炯明代表劳氏抵沪,联络各方磋商粤局善后事宜。

据说劳氏此来之任务有五:(一)敦请唐绍仪回粤,担任广东省长职务。(二)说明陈军此次用武之不得已,及孙中山逼迫之真情。(三)与汪精卫、徐谦商议粤局善后事宜。(四)与浙督卢永祥协商统一事宜。(五)请苏督齐燮元转电中央,暂不发表关于广东方面之任何命令,以免引起反感。(《上海快信摘要》,长沙《大公报》1922 年 6 月 27 日,"快信")

△ 致函在沪杨庶堪,告设行营于黄埔,誓与陈炯明斗争到底。

昨在"永丰"舰上亲笔致函旅沪民党要人、前四川省长杨庶堪,略谓:粤都之变,幸犹不死,于是有 17 日炮轰粤军之举,以表明护法政府尚非全部失败。现在"设行营于黄埔,专待北伐大军之回戈,则乱贼实不足平也。前以姑息养奸,今则彼罪通天,惟有诛戮而已,望各省同志,切勿失望"。(《孙中山致某君函》,《申报》1922 年 7 月 1 日,"本埠新闻")

△ 古巴华侨电请讨伐陈炯明。(《香港》,上海《民国日报》1922 年 6 月 21 日,"本社专电")

△ 《申报》载《战后之广东现状》文,回顾陈炯明兵变后的大概情况。其要点如下:(一)陈部粤军既将省中诸要地占据,略加布置即派杨坤如统率所部开赴韶关,殆欲堵截孙系许崇智所部军队,先发制人,拦途截击回省北伐军。(二)省城方面,现时极为危险。政府既已解散,自省长公署以及财政厅、市政厅等,凡办公机关,均无人负责,且多为军队驻守,处于无政府状态。(三)孙派虽失广州,但各县民军与工人多支持,拟组织民军。(四)沙面租借以美国领事出面调停双方停战,各处马路原有守卫军队,除扼要地方外,余均已完全撤退。行人已复渐增加,城内茶居、米店、杂货店均已照常启市。(五)为防止不法士兵骚扰,设粤军联合巡查队办事处进行纠察。(六)孙夫人宋庆龄在陈可钰掩护下,成功化装脱险。(平:《战后之广东现状》,《申报》1922 年 6 月 27 日,"国内要闻二")

△ 报载孙中山大招民军,最欢迎有枪的绿林及现役士兵,陈炯明部驻石龙者也曾有受到鼓动者,故即日陈炯明布告禁止招兵。(《上海快信摘要》,长沙《大公报》1922 年 6 月 20 日,"快信")

△ 《社会日报》载文,分析南方粤、湘、川、滇、黔、江浙内部人事矛盾情况及其与时局关系。

大意是湖南主要是谭延闿与赵恒惕的矛盾,前者亲孙,后者与吴佩孚、陈炯明交好;四川内部极为复杂,主要有熊克武、刘湘的争斗,前者亲孙;云南唐继尧实力今非昔比,依靠土匪,部下、仇人多与孙亲,只好保持低调;贵州袁祖铭与南北均有瓜葛,因为财力困蹙,实力有限,对全国影响不大。江苏齐燮元手段灵活,长于做官,但近来与苏省巨绅张謇(季直)感情似不大好;浙江自卢永祥到任后,实行军民完全分治,治绩卓然,并有废督决心,极须与中央脱离关系,自成局面,对东南与西南大有影响。

其中,该文对粤省主要是孙与陈在个性、意见、用人、度量等多方面的冲突分析尤详,值得一述。文曰,"广东孙、陈不合乃是公然的事实。这因为孙中山和陈竞存都是主观思想很重的人,陈竞存对于老孙,以为你要做总统我可以拥戴,你却不应该再去请别人拥戴。你要北伐我可以替你北伐,你却不应该再去请别人出力。在老孙呢,以为你有今日靠我帮忙处很多,你天然应该替我效劳,却不应该禁止找别人帮忙。你以为我非你不可,我倒要硬做做看。这是两人个性上的冲突。在孙,以敷衍老陈到了极地:湖南你不愿意去假道、江西你又不许我侵犯。难道要保守两广从此经古吗? 这是两人主见的冲突。前次陈之所以不回广州,是因为要求财政厅须用他手下的人,老孙却绝对不许,以此相持不下。据闻陈竞存派人勾搭北方也确有其事。这次孙陈决裂,老孙被哄跑走,是老孙自己操之过急。陈部出其不意,先发制人,孙派实力人物如许崇智、李烈钧等均远师在外,返顾不及,以致有此局面。其实孙、陈实力相差不多,况且孙派在社会上潜势力着实不小。又因陈氏办事虽有条理,而局度甚狭,左右亲信都是兄弟子侄,孙氏为人虽是太乱,而大气包举,徒党甚多。"(《东南与西南》,《社会日报》1922 年 6 月 20 日,"上海特别通信")

△ 《中华新报》转载《泰晤士报》社论,称孙中山于事变后失去参与统一国家的有利机会,政治地位受到影响。

社论指出:在孙、陈战事结束之前,而言说此次事变将影响中国政治大局,则未免过早。但孙氏此后政治地位会减轻,则为显而易见之事实。此时的华人心理,都以为统一前途实有大希望在。而孙派反对调和,因他们只偏重于一方面,即其反抗精神,而不作调和想,这使得他毕生足以成为破坏家,而不能成为一建设的政治家。当徐世昌下野后,正可说是孙氏唯一难逢的好机会,如果行之得当,必能因为良美的创造而大得人心,使各省得相互联络,而止其扰乱之谋。现在此次机会都失去了。同仁视孙氏及其手下之"奸佞"所为,有如缘木求鱼,"即使粤中对孙表示忠诚因而得胜,无论其行事合理与否,终为其失败之张本"。(《广州事变之外论》,《中华新报》1922 年 6 月 20 日,"时局要讯")

△　《中华新报》载文,将孙中山与段祺瑞比较,认为在对待部属上,前者不如后者胸襟广阔。其与陈冲突祸害粤民,系受左右宵小所诿结果。

文章认为,广东为孙中山、陈炯明的桑梓之地,陈炯明为孙中山的患难之交,两人同甘共苦有年,而一旦决裂,"竟不惜牺牲桑梓人民之生命财产以泄一朝之恨",有些过分了。以孙中山的为人,如果善用所长,未尝不可以为国民造福。此次即使孙中山在广东的地位完全丧失,然而众望之殷,本未因之稍减。作者之前著论,即希望孙竭心血于此后的南北统一改造建设事业,没想到此时竟不能忍一时之气,以至于以武力与旧部争一日之长,未免示人以不广。相较于段祺瑞在直皖战争中虽败给了吴佩孚,而无丝毫忿恨,在奉直战争中不为奉系张作霖的卑辞厚利所诱,坚持不肯臂助其对抗曹锟、吴佩孚所表现出的胸怀,明显有距离。文章认为,孙中山的心地光明、禀性直率,这是其长处,但却喜欢别人阿谀自己,因此曾被宵小所算计,其左右多与陈炯明形同水火,广东人民此次的无妄之灾,也是受此恶影响的结果。(百乐:《孙中山与段合肥比较》,《中华新报》1922 年 6 月 22 日,"时评一")

△　报载孙、陈战事完全停止,前者因部下倒戈,北伐军归穗之

路被切断，只好接受美国领事调停，谓只需陈军不袭击北伐军后路，彼愿于三日之内，率领所部海陆各军全体离开粤省。(《停战中之粤局》,《社会日报》1922 年 6 月 24 日)

△　报传已离开"永丰"舰，先乘小电船然后转乘某沪轮赴沪，随从十余人，行李甚简。(《国内专电二》,《申报》1922 年 6 月 22 日,"国内专电二")

△　报载广州之河南的孙军被缴械归附陈炯明。据称粤军第一师之一部叛变，倒戈附陈；广州市内之陈军现正移往北江方面。(《广州已入新途径》,《中华新报》1922 年 6 月 24 日,"时局要讯")

△　叶举发布告示，令陈炯明任粤军总司令时期的各职员，在六天内复职。(《广州已入新途径》,《中华新报》1922 年 6 月 24 日,"时局要讯")

△　伍廷芳就广州事变发表通电，自责能拙德薄，宣布辞去省长职务，希望国人守法以定国是，推诚以息争端。

电谓：自武人毁法，自己南下护法已经六年，其中虽迭经挫折和磨难，而拥护法律始终不贰，中外共见。民国 10 年，孙中山被选为大总统，自己出任外交、财政两职。陈炯明解职后，又奉命兼任广东省长，固辞不获。暂时承乏的原因，是希望达到家乡安全、国家乐利的目的。但事与愿违，诚意不足以感动同辈，德行不足以被将士信服。执掌广东一月多，设施还未来得及布置，干戈已陡起于萧墙，地方动荡，市民不安。虽然努力补救，但终因在省各军队非陈炯明不能收拾，故电请其从速来省城。自己对于此次变故，事前调解乏术，事后维持力单，愧对国人，忧劳成疾，心意灰冷，故决意引退，请孙中山准予辞去本兼各种职务。只是护法之役本因武力干涉政府而起，如果不能改图易辙，因为意见偶有不同即武力相向，内煎太迫，外侮隐忧堪虞，希望能大彻大悟以救国救乡。

至于报载北方邀请自己参与政局，以恢复民国 6 年解散国会原状之事，伍廷芳认为，黎元洪复职法律上还欠根据，必须要等国会完全能够行使其职权，产出政府后，法绪方能继续，国家才可奠安。此为护法救国之正轨,舍此末由。自己年已八十,屡阅沧桑,能鲜德薄,别无所求。只因民国缔造艰难,当日曾参与过意见,故未敢自耽安逸。只是广州事变之来,事态发展往往出乎意外,心力已瘁,时艰无补,故拟息影家园,再研灵学。乡国之事,希望国人鉴往念来,守法推诚以定国是而息争端,群策群力以成民国和人类之幸福。(《伍老博士之通电》,《申报》1922 年 6 月 30 日,"国内要闻二")

6 月 21 日,陈炯明复电伍廷芳,请其出面维持局面:"肺腑之言,略具于是。粤垣惨剧,我难辞咎,将何颜以见我父老。唯盼公大力斡旋,请孙公容我图报。至粤省治安,公出即可维持,如有开示之处,仍望随时惠教。"(《停战后之粤局收拾谈》,《申报》1922 年 6 月 30 日,"国内要闻二")

△　东三省商工联合会致电北京、广东府院等,报告东三省省议会联合会公举张作霖为东三省保安总司令,孙烈臣、吴俊陞为东三省保安副司令。(《东三省商工联合会电》,《申报》1922 年 6 月 22 日,"公电")

△　福建自治军来电,请明令护法各省,一致申讨陈炯明等叛军。(黄季陆主编:《革命文献》第 52 辑,第 213—214 页)

△　前广东游击队总司令颜启汉来电,谴责孙、陈双方内讧祸粤,请即刻释兵,否则将实行驱逐。(《颜启汉之痛诋孙陈电》,天津《大公报》1922 年 6 月 24 日,"政闻")据悉,颜启汉为龙济光之死党。(《各方面对粤局之态度》,《社会日报》1922 年 6 月 23 日)

△　香山公所来电,请剿灭陈炯明叛兵。(鲁直之、谢盛之、李睡仙:《陈炯明叛国史》,第 212 页)

6 月 21 日　广东省议会通电,推举陈炯明为临时省长。

通电指出,旧国会重开,举国欢庆,而孙中山已被粤军将领敦劝下野,伍廷芳省长又因劳成疾、无力维持而告退,而将省长印信咨送广东省议会暂为保存,致使粤局几乎陷于无政府境地。作为全省民意的最高代表机关,自宜关怀桑梓,考虑到粤局不可一日无人主持,特于 6 月 21 日开会议决,一致公推陈炯明为广东临时省长。(中国第二历史档案馆编:《中华民国史档案资料汇编》第4辑下册,第697页)同时,省议会又致电叶举,请维持局势。(《省议会之两要电》,《申报》1922年6月30日,"国内要闻二")

△　海军与"陈家军"妥协,汤廷光、叶举、魏邦平以陆海军的联合名义布告安民,吁请"孙公下野"。(陶菊隐:《北洋军阀统治时期史话》6,第143页)报载海军与粤军订立六个妥协条件。包括:海军全体请孙下野;海军服从陈炯明;海军国有;海军及陆战队按月发足军饷;海军官佐不更动;统一后海军有发言权。(《香港电》,《申报》1922年6月22日,"国内专电二")上述条件由汤廷光、温树德署名,与叶举磋商此条件,可望就绪,故海军宣言服从粤军命令。(《粤省政变后之要讯》,天津《益世报》1922年6月24日,"要闻一")但是,仍有海军官长、士兵各举代表前来"永丰"坐舰,声明一致服从孙中山,并受到孙的嘉奖。(蒋介石:《孙大总统广州蒙难记》,第9页)

△　报载孙中山仍率舰驻黄埔。(《香港》,上海《民国日报》1922年6月21日,"本社专电")

△　报载粤人对孙中山印象趋恶,认为孙欲卷土重来不易。

《社会日报》载文认为,广东人民对孙之感情益恶的原因,因其"只顾一己权力,以桑梓地方供其牺牲,毫不顾惜,未免太狠毒矣"。认为经过此次事变,广州局势可暂告安定,而孙中山定不会甘心,料想终思报复,只是此时多数人心已依附陈炯明,孙中山一派想要卷土重来,希望不大。(《广州事变详报》,《社会日报》,1922年6月21日,"本京电话")

△　报载李烈钧、许崇智两部又有伤亡,此类消息应为陈炯明一派所散布。不过许、李北伐正在进行时,突然得到孙中山从广州来的急电,令其率部回师攻粤,以致二人进退维谷。(《李烈钧许崇智又有死耗》,《社会日报》1922年6月21日)

△　《社会日报》连续刊载了《追志孙陈龃龉之由来》的长文,追记孙中山、陈炯明交恶错综复杂的原因,概括起来,大致有如下方面:

一，将责任归咎于孙中山的处置不当。如未能予陈炯明以充分信任，召集专门会议讨论防范措施，对陈炯明的任命任意变更，滥发不兑现之军票以及将广三铁路押与美商以取得借款数百万。这些不仅使陈炯明多有不快，民众也十分不满，以至于要求陈氏顺从民意，进省逐孙。

文称孙中山对陈炯明的不信任，一方面源于伍廷芳的建言，说陈炯明居心叵测，用他练军守城则可，用于前敌则恐非所能，因为陈始终不愿居于人下；另一方面源于许崇智、李烈钧等人的进言，说陈炯明、唐继尧二人素有感情，谋划策略相同，且二人向来不满孙中山的北伐计划，若不事前疏通，将终成北伐的心腹大患。(《追志孙陈龃龉之由来》，《社会日报》1922 年 6 月 21 日)

孙中山因此在韶关的北伐大本营召集各界会议，讨论对陈炯明、唐继尧的防范对策。许崇智、李烈钧二人提出了三个建议：一是请伍廷芳作疏通人，向陈询明其切实态度，倘赞成北伐军先攻江西，则请陈先派一团或数营同时出发，并派陈氏之洪兆麟部作为后援。二是如果唐继尧果真赞成北伐，顾全西南大局，则宜当于北伐军出发前一天，助军饷十万元、子弹五百箱作为证明。三是当孙中山的北伐军出发后，以伍廷芳代行大总统职务，以后凡是关于陈、唐两氏及各要人之行动，均当请命于伍廷芳。而且这三点都应该全部请伍要求陈、唐签字，以免他变。此议提出后，与会全体一致赞成，但孙中山以建议过苛，恐陈、唐未必接受，加上伍、陈、唐三方所驻地点太远，即派代表，也非即时所能办到，实际并未采纳。并以张作霖已来快电，要求乘直奉两军在滦县鏖战不暇兼顾之时，速攻江西为首要任务。张还答应愿从上海某银行的存款中先提三十万以为助饷，以共成大事。孙中山因此宣布许崇智、李烈钧两军先向江西进发，否定了众人先疏通内部而后北伐的主张。虽然该决策最终得到许、李认同，(《追志孙陈龃龉之由来》，《社会日报》1922 年 6 月 21 日)但集会讨论防范陈炯明的办法以及许、李限制陈炯明的建议，则明显表现了对陈炯明的不信任。

　　孙对陈炯明的不信任，还表现在其对陈对于北方态度的怀疑上。当许崇智、李烈钧两军出发前数日，孙曾派汪精卫等四人往见陈氏，试探其是否赞成先攻江西，此举明显表明了对陈炯明的不信任。待陈炯明表达了愿与唐继尧取一致行动，赞成北伐，而由孙总统决定先攻何处时，汪精卫等即将陈炯明的态度复命孙氏。文章认为这也是孙仓皇下动员令，决计先攻江西的原因之一。（《追志孙陈龃龉之由来》，《社会日报》1922 年 6 月 21 日）唐继尧表示赞成北伐军，也是促使孙中山加速布置北伐的原因之一。于是派三路代表进行一切："（一）派孔庚等三人往湘，说明北伐军之意旨及其实力。（二）派汪精卫及孙氏之秘书张根仁等四人往川，与熊（熊克武）、刘（刘湘）联络。（三）孙氏密函伍廷芳，请伍氏派人联络奉张。"一面又召集部下许、李、黄、赖等各军共十师由韶关誓师北伐。由伍廷芳代理总统职务，又派魏邦平所部军队移往城内驻扎。（《追志孙陈龃龉之由来（三续）》，《社会日报》1922 年 6 月 24 日）

　　然而，陈炯明和唐继尧所赞成的北伐，并非为孙中山首倡发动者。陈炯明之弟陈炯光曾致函同学宋鹤庚、鲁涤平，略谓"北伐系我所愿，但由孙文倡首，我等誓不承认"等语。宋、鲁二氏阅此函后，即以示孙中山所派之代表孔庚。宋、鲁二人是北伐的坚定赞成者，并常对部下宣言，西南倡导北伐以统一中国，其军将服从指挥以助北伐成功。（《追志孙陈龃龉之由来（三续）》，《社会日报》1922 年 6 月 24 日）

　　而对陈炯明任命的任意变更，则直接引发了陈、孙矛盾的表面化。孙中山的军事计划布置就绪，突然发生邓铿被刺杀、顾品珍阵亡、洪兆麟免职等一系列不利于军事进行的事件。孙中山与陈炯明的冲突随之而起。孙免去陈陆军总长职务，陈之弟陈炯光闻讯大怒，立即召集洪兆麟、叶举等十余人会议。（《追志孙陈龃龉之由来（三续）》，《社会日报》1922 年 6 月 24 日）然而，孙中山决定北伐进攻江西后，未经伍廷芳同意，又以命令式文书，请陈炯明回省复任陆军总长职务。此前陈曾任该职,嗣因故被孙免职,如今孙又要恢复陈的陆军总长职务,陈炯明接得任命书后,对这种随意变更自己职位的做法十分愤怒,当场复函怒斥孙中山。(《追志孙陈龃龉之由来(续昨)》,《社会日报》1922 年 6 月 22 日)

孙中山随后在广东调集海军,驻扎于广州附近的各重要关卡,以防军事变动,陈炯明不能不戒备,加上孙擅自发行不兑换的纸币三千余万,并以广三铁路押与美商以得借款数百万,又引发了广东各界的不满。各界因此召集全省国民大会,举出代表百余人往见陈炯明,要求陈顺从民意,驱逐孙中山,这予陈炯明一个极好的借口。(《追志孙陈龃龉之由来(续昨)》,《社会日报》1922 年 6 月 22 日)

二,西南内部破裂,还与伍廷芳反对孙中山在条件不成熟时组织筹备各方北伐,拒绝代理总统的消极态度有关。

文载伍廷芳与孙中山在是否要借外债作为北伐军费问题上存在分歧。据说伍廷芳、孙中山曾派汪精卫函商四川进行北伐事宜,结果因刘湘、熊克武之冲突而不得要领。经伍朝枢赴奉游说,张作霖同意助北伐军军饷两千六百万元,交梁士诒办理。而梁仅将此款的三分之一交付伍廷芳,孙中山并未领到此款,情急之下,决定向外国借款一千万元,并以广东某地作担保,以作为北伐军费。事为伍朝枢所知,于是诘问孙中山。(《追志孙陈龃龉之由来(四续)》,《社会日报》1922 年 6 月 25 日)

伍廷芳不但反对孙中山向外借款,且反对孙单独主张北伐,故对孙提出了三项条件:一则要求北伐问题须由西南各省长官及在野名流联名通电全国,以不至于师出无名,免予人口实。二则要求北伐军费由西南各省共同担任。如有反对者,即认为西南数千万人民之公敌。三则要求对反对北伐统一的两广、云贵、川湘六省军民长官,由粤省军民质问其反对理由。否则由粤军予以对付。伍氏该提议发表后,唐绍仪、岑春煊及孙之部下各军、粤省各团体均表示赞成,唯孙中山对此大不谓然。(《追志孙陈龃龉之由来(四续)》,《社会日报》1922 年 6 月

25日)

伍廷芳拒绝代理总统,对孙中山北伐采取观望态度,致使西南破裂及孙中山与陈炯明的矛盾激化。孙中山决计以若干粤军先行北伐,再由各省自由加入,并请伍廷芳代理总统职务。但伍认为孙中山办事操切,恐归于失败,遂表示不干,而暂取旁观态度。伍之所以不愿代理孙之总统职务,是因为孙洪伊、王家襄、吴景濂、岑春煊等此时均不满于孙,伍深恐牺牲了自己的名誉也无法挽回孙之习惯性情。(《追志孙陈龃龉之由来(四续)》,《社会日报》1922年6月25日)

三,孙、陈关系交恶,还与唐继尧等与陈炯明暗通款曲,并鼓动两广各团体反对孙中山有关。

滇督唐继尧曾屡次致电陈炯明,称孙中山一日不除,西南则一日不能统一。文章追踪其原因,以为当1922年2月间唐离滇时,孙对于唐之部将逼迫太甚,且"以极惨痛之刑伤害"唐之卫队,致使唐对孙恨入骨髓,所以此次陈炯明驱孙,唐继尧参与其事。(《追志孙陈龃龉之由来(五续)》,《社会日报》1922年6月29日)

唐继尧不但与陈炯明暗通款曲,而且散布对北伐不利之言论。他屡对其部下说:西南能以北伐而统一中国者,非陈炯明莫属,孙中山、伍廷芳只可充当演说员或交际员,或是坐镇一方之人。(《追志孙陈龃龉之由来(四续)》,《社会日报》1922年6月25日)该文比较了孙中山与陈炯明人格的差异,认为主要有两点,一是孙喜怒哀乐表现于外,陈则暗伏于内。二是孙好务虚名,陈则实事求是。(《追志孙陈龃龉之由来(续昨)》,《社会日报》1922年6月23日)此外,唐继尧等还鼓动两广各团体反孙。(《追志孙陈龃龉之由来(四续)》,《社会日报》1922年6月25日)

文章认为,通过唐继尧评判孙中山、陈炯明、许崇智、李烈钧等民党人物的优缺点,也可知其态度是要与陈炯明联手倒孙。例如,唐认为孙中山为人做事不惩前毖后,将来定为自己人所伤。而陈炯明立身有远志,亦决不肯久立于民党之下,认为将来解决西南形势者,或属诸陈,亦未可知。文章称由唐扬陈抑孙可知,陈炯明之与唐继尧已完全携手,孙中山在西南势力日下,与唐继尧不无关系。之前唐恢复云南时,曾发表宣言反对直系,并称"一日不除曹锟,则中国一日不安"。而此时唐却与陈炯明表示同情,而陈炯明实则与直系的吴佩孚也是表示同情的,所以唐氏联陈即是联吴。(《追志孙陈龃龉之由来(五续)》,《社会日报》1922 年 6 月 26 日)而实际上,唐继尧也有联吴的具体行动。唐曾派代表诣陈,魏邦平亦往,在陈处秘密会议约十余日,议决办法如下:(一)派代表三人持陈炯明等联名信一件赴保谒吴佩孚。(二)电嘱湖南的赵恒惕勿为孔庚所愚,并嘱其部下勿遽表示意见,暂持中立态度以观其后。(《追志孙陈龃龉之由来(三续)》,《社会日报》1922 年 6 月 24 日)

四,该文认为陈炯明敢于发动事变,还与北方吴佩孚与陈炯明密约逐孙大有关系。

据称陈炯明与吴佩孚方面所订之约,主要在于驱逐孙中山。陈炯明之所以未实行者,是因为伍廷芳、唐绍仪从中斡旋。此时北方已拥护黎元洪复职,意在统一,而孙、伍等均连电反对。吴佩孚遂密电陈炯明,言其早事布置,机不可失。这也是陈炯明驱逐孙中山的一大原因。(《追志孙陈龃龉之由来(续昨)》,《社会日报》1922 年 6 月 23 日)

而孙中山在与陈炯明交恶中失败,文章认为与其不采纳许崇智、李烈钧劝其由穗返回韶关的意见,而贸然驱陈有关。以至于反为陈所乘,提前实施与吴佩孚联手逐孙之计划,发动事变而使孙受挫。文章认为,孙中山命许、李带军入赣,原来不过是一种恐吓手段。只是许、李等做事较孙过细,许、李当北伐军未入赣以先,曾派有多数党人入赣,散居南昌、九江等处,暗中鼓动北伐军之势力。一面陆续派军向赣进发,与在赣党人互相响应,其实纯系一种造势作用。孙中山得此消息后,以为许、李连得胜利,即拟乘此时机扫除陈炯明。而陈炯明已探得孙中山的用意,早有确胜把握,且将孙中山北伐军情形及人数电告吴佩孚,所以吴佩孚对江西战事并不注意。而江西失守消息传到北方,吴佩孚遂大起猜疑,呈请政府速拨援军;一面急电询问陈炯明。陈知事已败漏,遂决计斩断北伐军的后路,先将孙中山赶出去以取信吴使,为将来南北统一的步骤。许、李二人早料到陈炯明与吴佩孚的计划,所以连发数电请孙中山进入韶关,而孙不以许、李之见解为然,故败。(《追志孙陈龃龉之由来(五续)》,《社会日报》1922年6月26日)

五,促使陈炯明最后下定决心驱逐孙中山的,还因为陈部下叶举等人的激烈态度。

在孙陈冲突发生后,伍廷芳尽力使自己处于调停地位。鉴于自己与陈炯明素有关系,伍廷芳致函陈炯明,指出即使孙中山存在毅然独行的问题,也要顾及其在国内外的威望,以西南大局为重。并附上五种条件:"(一)自中山离去省城后,城内秩序暂请叶举军维持。(二)凡中山住宅及所有公文函件等物,由叶军保存,不得任意焚毁。(三)许、李两军攻赣,无论成败,不准其他军队断粤军之后。(四)中山既去,其对内对外有用总统名义,他人不得以武力强迫取消。(五)此后西南大局以粤省公民名义,敦请唐绍仪、岑春煊两氏函约中山从根本上讨论,但目前以维持北伐军为宗旨。"(《追志孙陈龃龉之由来(续昨)》,《社会日报》1922年6月23日)

陈炯明对于驱逐孙文之计划,图谋已久,最终促成者,则因为陈部下叶举等人的激烈态度。据称孙中山接许、李二人电报后,遂与左右商议,决定将总统府一切事宜交伍廷芳、胡汉民等暂行代理。自己个人则拟赴韶关,等北伐军取得江西之后再作处理。而陈炯明驱逐孙中山的计划图谋已久,5月间即已布置妥当,于是通知伍廷芳,请其事前离开广州,并云孙有种种违背民意之举动。伍廷芳知道孙陈之间无法妥协,常以西南内部未来之患劝说孙中山,提出孙必须改变作事独断的性格,才可以慑服人心。当时,陈炯明未等伍廷芳答复,即已预备起事,因海军及魏邦平部尚未疏通妥当,所以延至14日夜2时发动。只是陈炯明此种举动,早经伍廷芳电达许崇智和李烈钧。许、李二人接到伍廷芳电后,当即电复,请其疏通。陈炯明接得许、李此电后,态度还很犹豫。只是陈炯明部下叶举等态度激烈,非驱逐孙中山不可。(《追志孙陈龃龉之由来》,《社会日报》1922年6月29日)

　　△　报载北伐军除李烈钧部不愿意回粤外,第一师梁鸿楷部受陈部叶举给饷拉拢,赞成终止北伐。赣州南安被蔡成勋北军夺回,进至广东境内。(《广州市可望保全》,《中华新报》1922年6月23日,"时局要讯")

　　△　报载某阁员请邀孙中山北上出任全国兵工督办。(《北京》,《中华新报》1922年6月21日,"本馆专电")

　　△　报闻孙中山离"海圻"转下"宝璧"舰。许崇智部抵韶关南下,为梁鸿楷率兵七千所阻,广韶电讯不通。翁式亮、杨坤如两军已抵韶,收缴大本营姚雨平部枪械。李福林电粤,请划南雄为该部驻兵地点。(《香港电》,《申报》1922年6月22日,"国内专电二")

　　△　国民党上海支部电请诛灭陈炯明叛军。(《陈炯明叛变之公愤(三)》,上海《民国日报》1922年6月21日,"本埠新闻")

　　△　上海潮州会馆来电,请求与陈炯明双方罢兵息战,保全广州。(《潮州会馆电劝孙弭兵》,上海《时报》1922年6月23日,"本埠新闻")

　　△　大本营第九路游击司令何犹兴电告所部在江西之军事进展。(《赣东民军起义之战况》,上海《民国日报》1922年7月28日)

　　△　墨国加兰姐国民党分部来电,请讨伐陈炯明。(鲁直之、谢盛之、李睡仙:《陈炯明叛国史》,第259—260页)

　　△　秘鲁筹饷会电请讨伐陈炯明。(鲁直之、谢盛之、李睡仙:《陈炯明叛国史》,第259页)

　　6月22日　广东各地义军并起,黄埔附近有徐树荣、李天德、李安邦等各司令集中所部约千余劲旅。义军与海军协商计策,以攻取鱼珠、牛山各炮台。(蒋介石:《孙大总统广州蒙难记》,第10页)

　　△　报载许崇智、李烈钧率北伐军南返,陈炯明所部似拟以韶关为第一线,定英德附近为第二线,以备北伐军回粤。(《将行扩大之粤省战事》,天津《益世报》1922年6月22日,"要闻一")

△ 报载北伐军分三路回粤,许崇智直攻惠州,李福林沿粤汉路南下,李烈钧由韶进攻。(《香港电》,《申报》1922 年 6 月 23 日,"国内专电二")

△ 陈炯明致电吴佩孚,谓孙之问题解决,大局须谋善后。(《北京》,《中华新报》1922 年 6 月 23 日,"本馆专电")

△ 在"楚豫"舰与西人谈话,态度始变和缓。

报载孙中山自离开总统府后,一直居住在军舰中,最初在"海圻"舰,后来又居于"永丰"舰,22 日则在"楚豫"舰。据说其态度趋于和缓,曾于 29 日对某西人言:我此次的行为实为迫不得已,并非争权夺利,护法之目的纯为恢复旧国会。现在全国一致赞同此主张,陈炯明辈果能以诚意来护法,便是同志,自己何乐而不下野,且还愿以能力来帮助他们。(《孙中山之行踪与态度》,《申报》1922 年 6 月 30 日,"国内要闻二")

△ 西特奴国民党电请讨伐陈炯明。(《华侨请一致声讨叛军》,上海《民国日报》1922 年 6 月 22 日,"要闻")

△ 报载美国梳力埠国民党分部,加省罗省国民党分部,美国葛仑国民党,澳洲雪梨国民党支部陈安仁、余荣,巴拿马中国国民党,均一一电请剿灭陈炯明。(《华侨请一致声讨叛军》,上海《民国日报》1922 年 6 月 22 日,"要闻")

△ 上海改造山东同志会电请讨伐陈炯明。(《陈炯明叛变之公愤(六)》,上海《民国日报》1922 年 6 月 25 日,"本埠新闻")

△ 侨民黄耀雄电请讨伐陈炯明。(鲁直之、谢盛之、李睡仙:《陈炯明叛国史》,第 218 页)

6 月 23 日 海军各舰发出通告辟谣,宣布全体只服从孙中山。

海军发出通告,称报纸有关海军全体各舰请解决孙大总统下野各条件的报道不实。海军全体人员"只服从护法之孙大总统"。(鲁直之、谢盛之、李睡仙:《陈炯明叛国史》,第 231—232 页。)

△ 伍朝枢来电,告其父伍廷芳于是日晨 1 时 15 分病故于广东

公医院。(《伍秩庸之讣电》,天津《大公报》1922 年 7 月 9 日,"政闻")

　　△　高度评价并优恤积愤病故之广州政府的外交总长兼广东省长伍廷芳。

　　据言,听到伍廷芳逝世噩耗,孙涕泣不能自抑,海军将士怨愤更烈。孙以温语慰后者曰:"今日伍总长之殁,无异代我先死,亦即代诸君而死。为伍总长个人计,诚死得其所。惟元老凋谢,自后共谋国事,同德一心,恐无伍总长其人矣!吾军惟有愤勇杀贼,继成其志,使其瞑目于九泉之下,以尽后死者之责而已。"(蒋介石:《孙大总统广州蒙难记》,第 10 页)并加以极其哀挚的吊唁,且将以西南总统名义下令优恤。其子伍朝枢以奉父遗命辞谢之。(《孙陈相持之现势》,长沙《大公报》1922 年 7 月 9 日,"中外新闻")

　　△　报载夫人宋庆龄由粤抵沪,登岸后即回法界环龙路十四号本宅。据称孙本人约迟五六日即可来沪。(《孙夫人来沪》,《中华新报》1922 年 6 月 24 日,"本埠要闻")

　　△　旅沪国民党人张继、杨庶堪等再次通电斥责陈炯明。

　　据称 18 日旅沪国民党人张继、杨庶堪等一百六十人电劝陈炯明幡然改悟,反省自责。然陈氏执迷不悟,复于 19 日致书伍廷芳尽倾逆谋,且有"非常国会擅举总统,恶开一例,乱且及于百世"等语。张继等知陈逆谋昭著,因而再发电痛斥之"主谋显然,甘绝于民,通逆阴谋,一朝毕露,匪独为护法妖孽及民党败类而已,世道人心,至是而渐灭以尽"。因而吁请元首督率义师申讨逆叛。(王景濂、唐乃霈编:《中华民国法统递嬗史》,第 149 页)

　　△　托陈友仁继续同达林联络,表达对苏俄之间关系的重视,认为苏俄是自己在危难之中唯一的朋友,说决定赴上海继续斗争;倘若失败,则愿去苏俄。并致简短函给齐契林,说明自己受到陈炯明叛乱严重危机困扰,但自己不会停止斗争并请求代向列宁转致友善之情。([苏]C.A.达林:《中国回忆录(1921—1927)》,第 126 页;《公布孙中山的若干通信》,苏联《远东问题》杂志 1987 年第 1 期)

△ 任赵汉一为讨贼军别动队司令。(中国国民党中央委员会党史委员会编订:《国父全集》第 4 册上,第 415 页)

△ 派郭泰祺、刘成禺持手令至香港着邓泽如筹款,邓泽如遵令面交郭泰祺五千元。迁登"永丰"兵舰。(刘绍唐主编:《民国大事日志》第 1 册,第 215 页)

△ 下午,在黄埔"永丰"舰接待西报记者并发表谈话,涉及陈炯明兵变情形及其严正立场和态度。要点如下:(一)未料到堕入奸人圈套中,但必不肯为强力所屈服,始终做爱国之人,以为中国将来之表率。(二)海军忠于自己,命海军轰击叛军,是为了维护正义。(三)自己不会辞职,即使辞职也决不会向自己部下,而是向支持自己的国会辞职。(四)伍廷芳受到事变刺激而死,自己不能挽救感到难过。(五)与夫人分散逃离险境,得到卫队拼死保卫。(六)对未来的局势很有信心。(《政变后之粤局与孙陈态度》,《商报》1922 年 7 月 1 日,"要闻")

△ 上海《民国日报》载文,为孙中山一贯革命的主张辩护。要点如下:(一)不断革命,一直被人污蔑为乱党,实际上不是为着权利而来,而是为了平民主义奋斗。(二)每次下野,清清白白的穷人,容易被势利之人诽谤。(三)主张超前,赶在潮头,常人难以企及,总爱怀疑其主张。(四)现实没有给以机会实现其思想,却冤枉他爱说大话。(《孙总统主张》,上海《民国日报》1922 年 6 月 23 日,"要闻")

△ 报载田中玉来电,劝早日下野,共同统一,保持名节。

电谓自 1917 年以来,毁法、护法之争迭起,国家元气耗损殆尽。此时黎元洪复任总统,国会重新召集,法统已经恢复,护法目的已经达到。徐世昌辞总统职务后,各方焦点集中于孙中山,希望二人同时下野,罢战止戈,南北一家共谋幸福及福利。(《各方面对粤局之态度》,《社会日报》1922 年 6 月 23 日)

△ 广东省议会通过陈炯明为临时广东省长案。(《广州已入新途径》,《中华新报》1922 年 6 月 24 日,"时局要讯")

△　香山县长吴铁城与顺德县长周之桢联合宣布独立,合两县民团六千人拥护孙中山。(《孙陈相持之粤中形势》,《中华新报》1922 年 7 月 1 日,"时局要讯")对此,有评论指出,吴氏此举"系因与孙深有关系,将来陈氏出握政权,已必不保其位,均之失职,故不如先行独立,博一服从党义之美名,成败在所不计"。(《孙文不肯罢手之别讯》,长沙《大公报》1922 年 7 月 10 日,"中外新闻")

△　陈永善剿办朱卓文、吴铁城等,占据香山全境。

西报载,香山聚众数千人,由朱卓文统带。经由兵工厂长陈永善带兵二千人、飞机二架,由海道赴香山剿办。(《孙陈相持之粤中形势》,长沙《大公报》1922 年 7 月 6 日,"中外新闻")结果陈永善会同袁带所部,"击退孙系县长吴铁城所部,并击毙吴部民军六十余人。吴已败走,香山全归陈炯明部占领,袁带所部已返香山"。(《上海快信摘要》,长沙《大公报》1922 年 7 月 11 日,"快信")然未及数天,总指挥叶举即电催陈、袁带兵回省,由此可知,叶举之兵不敷调遣。(平:《北伐许军回粤开战说》,《申报》1922 年 7 月 14 日,"国内要闻二")至 7 月 7 日,香港电称:香山的治安,叶举仍责成吴铁城维持。(《香港电》,《申报》1922 年 7 月 8 日,"国内专电二")对吴铁城由打转拉,说明陈军兵员不仅不敷调用,而且鞭长莫及。

△　报载陈炯明部下翁式亮电告,"北伐军于赣州一役死伤五千余,弹药奇绌。粤军请孙下野消息传至,一律停战候解决。"(《孙文不去陈炯明不来之粤局》,《京报》1922 年 6 月 30 日,"中外要闻")24 日,翁式亮由韶电告,北伐军除许部外,均赞成统一。同日,又电知粤路直通韶关,并无阻碍。

△　《申报》载文,详述孙、陈停战后截至 6 月 23 日粤局情况。

据称,省河方面自各界出任调停后,海陆两军的风潮已告平息。只是北伐军南返之事,各居民未知真相,不无疑虑。此时北江的军事极安稳,主要情形大致可用四点概括:"(一)韶关大本营警备军缴械。(二)第一师要截第二路司令。(三)滇、赣军不再来粤。(四)第二军

将为第二师所扼。"(《停战后之粤局收拾谈·北江军事之近况》,《申报》1922
年 6 月 30 日,"国内要闻二")

孙、陈停战后,粤军总指挥处对于地方政务分别权宜处理。其政
令可以概括如下:一令饬各县县长,将连日征存款项物货迅速解省,
以供军用。二令公安局晓谕商民,限日一律开门复业。三令造币厂
迅速开工鼓铸银毫,将所得盈利拨交财厅,使之作为预备兑现之需。
四令财厅之熊文蔚科长前赴省立银行,查点纸币公款所有数目有无
散失。五令航政局晓谕各轮渡商人,克日一律照常开摆,以利于交
通。并要求军队应当担任保护。六令将捕获的各机关人犯一律解交
总部以军法论处,留待陈总司令返省后究讯。七派参谋徐军雁为出
席各界和平会议的全权代表,以备磋商一切。八令驻省各军队将各
马路及各街道派驻的步哨一律撤退,所有防御物,临时炮垒等也概行
撤除,以免人心惊恐。九拟下令各部除酌留办事处驻省外,所有步炮
营伍一律移出东北郊,脱离市区驻扎,以便训练。(《停战后之粤局收拾
谈·北江军事之近况》,《申报》1922 年 6 月 30 日,"国内要闻二")

△　周藜阁电请剿灭陈炯明。(鲁直之、谢盛之、李睡仙:《陈炯明叛
国史》,第 197 页)

6 月 24 日　在"永丰"座舰上接见香港《士蔑西报》记者,申明照
常行使总统职权,表示誓戡叛乱,以谢国人。

孙中山对记者谓,自己为国会议员选举出来的总统,所以对国会
议员负有非常重大的责任。故在军中照常行使总统职权。如放弃职
权,则对国会来说是违法,对国家来说则为叛国。即使自己想辞职,
也应当向选举自己为总统的议会正式辞职。广州自陈炯明主使其部
下叛变近旬日以来,自己与叛军始终奋斗、坚持不懈的原因,也只是
在于守法尽职,对国会与国家负有完全责任而已。如果轻弃职守,偷
生苟安,是自背护法初衷,会因上无道揆而导致下无法守,将无以立
国,也就没有必要创造民国,并枉费三十年来惨淡经营的精神了。发
誓必戡乱以谢国人,声称违法之举不是孙某人应为者。(蒋介石:《孙

大总统广州蒙难记》,第 11 页;《孙中山伤心之言》,《中华新报》1922 年 6 月 25 日,"时局要讯")

　　△　钟秀南就任广东财政厅长职。(《香港电》,《申报》1922 年 6 月 26 日,"国内专电二")

　　△　粤省议会通电,希望"复旧会,达护法,劝孙下野,请国会迅集会"。(《粤事行将大定》,长沙《大公报》1922 年 7 月 2 日,"中外新闻")

　　△　粤陆、海军联名发布安民布告,称战乱不断致使生灵涂炭。海军与粤军鉴于此,因而有联合请孙中山下野之举动,并协力保护地方治安。据称该布告叶举、汤廷光已盖印,而魏邦平因已辞职而未盖印。(《香港电》,《申报》1922 年 6 月 26 日,"国内专电二")

　　△　陈部续派劲旅赴韶州拒阻许崇智、黄大伟部回粤,又调雷州军队来省城助防。(《粤局又见紧张》,长沙《大公报》1922 年 7 月 3 日,"中外新闻")

　　△　钮永建对粤变发表通电,斥责陈炯明及其粤军叛乱。

　　通电指出,铣日广州之变,粤军将士以百战凯旋之师,公然为灭伦叛义之举,使数年来护法救国大业败于垂成,实出于情理之外。民国以来,没有如此役般可痛、可耻者。粤军遽出此暴举,放弃初心而背叛同志,使历年苦斗之成绩付之流水。"破坏信条,谥为叛逆,千夫所指",其将士将无以自立于人世。陈炯明身总陆军,而统率变乱,无论就国法、军律而论,均不可原谅宽恕,无法逃脱中外识者之纠弹、将来史笔之评判。认为此举将国命所托的道德、正义、情感,一举而铲绝无遗,破坏了社会组织的维系,使人人自危,国无以立。(《粤变关系国家命脉之痛论》,上海《民国日报》1922 年 6 月 27 日,"本埠新闻")

　　△　鄂西纵队长张威来电,通告脱离杨春芳旅,就任鄂西军第一纵队长职。(《公电·鄂西张纵队长就职电》,上海《民国日报》1922 年 7 月 5 日,"要闻")

　　6 月 25 日　章太炎、褚辅成(慧僧)联名电请赴沪,以时局尚有纠纷,而望孙惠然来沪。(《章太炎等电请孙中山来沪》,《申报》1922 年 6 月

26日,"本埠新闻")

　　△　宋庆龄化装离开广州,经香港到达上海,寓于私宅。(《孙中山夫人昨日抵沪》,《申报》1922年6月26日,"本埠新闻";《孙夫人来沪》,《中华新报》1922年6月24日,"本埠要闻")随后,在本月28日、29日的上海《民国日报》上,宋庆龄发表《广州脱险》一文,详述脱险经过,以揭露陈炯明叛乱的反动与残酷。

　　△　海军士兵全体加入中国国民党,服从孙中山。

　　据称海军士兵为表示服从孙中山,全体加入中国国民党,决心始终不渝地跟随孙中山革命。有士兵问,其官长与陈炯明的叛军商订条约,是否取得许可,孙中山"颔之"。"海圻"各舰士兵,疑其司令温树德与叛军议和,恐有不利于总统之举,故不许其司令回舰。经孙中山为之解释劝慰,方能相安。(蒋介石:《孙大总统广州蒙难记》,第12页)

　　△　报载吴景濂派欧阳荣之赴香山邀请唐绍仪出山,唐不允。(《孙陈相持之粤中形势》,《中华新报》1922年7月1日,"时局要讯")而长沙《大公报》载称,唐绍仪答应出面维护粤局,叶举已派员偕同惠州代表尹骥前往香山,请唐即赴广州。(《孙走伍死后之粤局》,长沙《大公报》1922年7月1日,"中外新闻")

　　△　陈炯明电令叶举和平联络许崇智部。

　　电谓:"北江方面只可严守不可逼迫。东江方面由洪师长防堵,可保无恙。但无论如何,总希望与许汝为和平商洽,静待解决。"接电后,叶举拟电令熊略等在英德只以驱出北伐军为限,不许进迫,并派人向许崇智讲和。李烈钧仍率赣、滇联军在南雄观测形势。外传事与许崇智反攻说不确。(《粤事行将大定》,长沙《大公报》1922年7月2日,"中外新闻")

　　△　报载驻广州外国领事与陈章甫约往黄埔谒请孙中山下野。

　　据称接公安局电,各国领事与代理第三师长陈章甫约定,各界于26日上午10时在广济医院集合,前往黄埔,请孙中山下野。(《粤事行将大定》,长沙《大公报》1922年7月2日,"中外新闻")

△　就广州兵变发表宣言,要求国民党勿助陈炯明,誓与其斗争到底。

略谓:此次陈炯明发动兵变,乘自己不备,于 15 日夜来攻省城。"我不能存在,即民党不能存在,民党不能存在,则共和二字亦将消灭。"希望民党"从我一言,誓与陈炯明一战而后了,万无调和之余地"。并希望大家勿因势力问题转而助陈。此项宣言发出后,得到海军与北伐军响应。(《粤局又见紧张》,长沙《大公报》1922 年 7 月 3 日,"中外新闻")

△　海军有离孙投陈炯明之举,并对孙提出四条件。

报载,据使团方面消息,中国海军此间有投诚陈炯明军之举动,并对孙提出四种条件:一为保障孙氏平安离开广州。二请陈炯明回广州接办政务。三须派代表与北京政府接洽办理省外事宜。四为凡有以武力胁迫广州新政府之事,海军立起与之为敌。(《粤局又见紧张》,长沙《大公报》1922 年 7 月 3 日,"中外新闻")

△　报载广州电:孙中山总统仍在黄埔,尚有军队三千人愿为之效死。(《星报纪南北时局概况》,《申报》1922 年 6 月 27 日,"国内要闻")

△　《商报》载《陈炯明迫孙离粤之前因后果》文,揭露陈炯明"卖党、卖友、卖省",历数陈炯明破坏北伐之种种表现。

主要者包括:(一)阻挠孙中山炮打桂系莫荣新,以大结桂派之欢心。(二)担心许崇智坐大,仅派老弱三营参加援闽,且留恋漳州,不愿返粤。(三)授意挚友江孔殷等实行反对国会、军府到粤之运动。(四)消极对待讨伐桂系军阀。(五)电请赵恒惕来电反对假道北伐。赵则已循陈意,通电反对选举孙中山为总统,大为北伐军之障碍;又分遣陈觉民赴鄂勾结吴佩孚,马育航赴浙谒卢子嘉,否认陈有北伐意。(六)暗杀粤军参谋长邓铿,断绝与孙中山联络的桥梁,迫使北伐改道江西。(《陈炯明迫孙离粤之前因后果》,《商报》1922 年 6 月 25 日,"要闻")

△　马君武到沪,谈孙中山出险之真相。

是日,前广西省长马君武由粤来沪,寓法租界私宅。据其所述,当粤军变时,孙中山正在总统府。事前魏邦平曾三次打电话促其避走,孙不听。魏无法,只好打电话给温树德,温"轻装亲至总统府,强拖孙氏二臂而出"。行后十五分钟,叛军即包围公府。(《马君武到沪》,《申报》1922 年 6 月 27 日,"本埠新闻")

　　△　海军由汤廷光领衔发表宣言,请孙中山下野。(《孙文不去陈炯明不来之粤局》,《京报》1922 年 6 月 30 日,"中外要闻")

　　△　陈炯明电请魏邦平出任省长,维持广州秩序,魏回电婉拒。

陈炯明电谓:"我邀兄来石龙,系面商解决粤局办法,有了办法我即出省,并非专为省长问题,愿兄速定行期。"(平:《粤省长仍未产出》,《申报》1922 年 7 月 6 日,"国内要闻二")魏得电甚喜,后以第三师长名义维持广州秩序。(《粤事行将大定》,长沙《大公报》1922 年 7 月 2 日,"中外新闻")26 日,魏电复陈氏,"请总司令即日返省主持一切。自维德薄,省长一职不敢担任。伏念人民渴望之殷,盍早日返省"。(平:《粤省长仍未产出》,《申报》1922 年 7 月 6 日,"国内要闻二")

　　△　金章以政务厅名义,往粤省署代理主持一切。

是日,陈炯明部下金章往省署主持一切,代行省长职务,并已召集各科职员回署办公。至于金之此来,是奉陈炯明命令,或由叶举推举,尚无明文。且是否在省长未推定以前,暂摄职权,也未可知。(平:《粤省长仍未产出》,《申报》1922 年 7 月 6 日,"国内要闻二")

对于粤省省长人选的前后变化等问题,7 月 4 日长沙《大公报》刊有《粤省省长一职人选及广州形势》一文,对其进行了详细梳理。简言之,各界推荐担任省长人选者,先后有陈炯明、魏邦平、汤廷光、唐绍仪、金章等人。陈氏鉴于孙中山之愤激,一时不敢遂以接任;魏氏表面中立,实则为孙派;汤氏有海军支持;唐氏有资望,但与孙有分歧;金氏为陈炯明之四大天王之一,于财政上极有势力,代理省长,差不多可以说就是陈炯明的化身了。(《孙陈未战前广州》,长沙《大公报》1922 年 7 月 18 日,"中外新闻")

4386/ 孙中山史事编年 第八卷

　　△　洪兆麟由惠州返省城布告安民。报载洪兆麟抵省后即布告安民，谓已销假视事，对于省城治安完全负责。洪氏为粤军之重要人物，且为陈炯明所倚重，或暂时畀以省长一职，以便代理过渡，也未可知。(平:《粤省长仍未产出》,《申报》1922年7月6日,"国内要闻二")

　　△　王湘、彭介石电请讨伐陈炯明。(《伍外长逝世后之悼勉》,上海《民国日报》1922年6月26日,"本埠新闻")

　　△　旅沪江西第二届省议员电请讨伐陈炯明。(《伍外长逝世后之悼勉(二)》,上海《民国日报》1922年6月27日,"本埠新闻")

　　△　驻沪参战华工会电请讨伐陈炯明。(《伍外长逝世后之悼勉》,上海《民国日报》1922年6月26日,"本埠新闻")

　　6月26日　命令温树德特别戒严,保卫黄埔海军。

　　陈炯明欲拉拢海军,贿买海军军官叛逆未果,便运动民军与广州河南叛军一起图袭黄埔海军。孙中山得此报告,令海军司令温树德特别戒严。(蒋介石:《孙大总统广州蒙难记》,第13页)

　　△　致函刘成禺,告以"和赣之事,专托兄全权办理,务期竭其所能,以达目的为要"。(《委托刘成禺全权办理和赣事函》,中国国民党中央委员会党史委员会编订:《国父全集》第3册,第803页)

　　△　与陈炯明代表谈话,申明无调和余地。

　　是日,广州各界代表应陈炯明部属之请,赴"永丰"舰恳求调和。孙中山强调指出:"事已至此,实无调停余地。我为广东人,无论如何总不能无故糜烂桑梓,但须切实告各界转告广东人民,如欲广州市区不发生战争,请你们不要欢迎陈炯明进省。否则,陈炯明进省之日,即为我开炮之时,请你们自己去斟酌。"(《孙总统坚持讨逆沪讯》,上海《民国日报》1922年7月4日,"本埠新闻")

　　△　在长州炮台设立大营。

　　报载是日,孙中山由"永丰"舰登陆,设立大营于长州炮台,并派徐绍桢为联络各路军队的专员,以期旬日内再向广州轰击。27日,通告广州领事团,请保卫沙面,以免受战事波累。因此,广州往日繁华景象不复存在。(民北政:《广州再战之酝酿》,《北京日报》1922年7月2日,"要闻")

△　粤各界再次集议,请魏邦平勿辞省长职。

是日,各界再次挽留魏邦平,魏复电力辞不就。叶举接陈炯明电,请约魏邦平暂代。即致电魏协商,未与魏本人取得联系。而后陈谓"俟代理省长有人,即回省统军"。(《孙文不去陈炯明不来之粤局》,《京报》1922年6月30日,"中外要闻")

△　报载粤省会开会,布告陈炯明已接受省长请任书,并决定电请陈即刻返省主持,又电请魏邦平留任。(《粤局又见紧张》,长沙《大公报》1922年7月3日,"中外新闻")

△　广州各社团代表赴黄埔谒见、谈话。

首由伍朝枢发言,大意谓现守父丧,原不敢干预外事,只因父亲弥留之际,犹斤斤以保全桑梓之邦为念,故敢破例与众同来。随后,各人亦间有发言,其意义无非恳求孙中山垂念粤局凋残,希望加以爱护,毋远护法之初心。孙中山已有允肯之表示,并谓如陈炯明不回省,三数天内自己将离开广州。时有某氏请其转饬黄埔军舰,勿再扣留米石等物,以恤商艰,中山亦已首肯,谓必定切实禁止。是日,孙中山身穿西装与众人谈话,约至4时许,众遂辞退。(《粤局又见紧张》,长沙《大公报》1922年7月3日,"中外新闻";《孙中山势成骑虎》,《中华新报》1922年6月29日,"时局要讯")

其间,邓毓生、黄鹭塘等代表请求以保全地方为重,并表达了粤人希望和平之意,且请发表意见。孙不肯罢手,表示与陈炯明势不两立:"诸君为各社团代表,应主持公道,试问日前之事,何方为合理乎?凡平人相与,必须公道方能服人,若以武力,断不足令人悦服。况余为总统,为彼等之上官,岂有可以武力挟持之事?诸君设身处地,将若之何?今日彼等所恃者,不过武力耳。若武力可以服人,则有十枝枪者,可以屈服百支枪者,若遇有百枝者,则彼又须为人所制矣!可见,彼等恃武力而挟制人,殊非善计。况余为畏武力之人乎?余之总统,受命于国会,下野与否,惟国会能发言,余非恋恋于名位者。苟国会及人民公意,欲予下野者,予随时皆可去也。"随后有某代表问:"总统果欲何时离粤乎?"孙即答谓:"余之离粤,三数日即可成行。但余虽离粤,必不使彼挟有武力者能主粤事。苟彼今日来者,则予今日可开炮,彼明日来者,则余明日开炮,总以使彼不能主持粤事为主。余之与彼,已立于绝对地位,如予对彼,不能以大炮取胜者,当改用手枪,手枪亦不能取胜者,则当以炸弹。余虽离粤,彼如回粤者,予必知之,予亦必跟踪回粤,必制伊死命而后已。诸君如不主张公道,而欲欢迎武力,则彼此地方糜烂之责任,君等当负之。"(《孙文不肯罢手之别讯(续)》,长沙《大公报》1922 年 7 月 11 日,"中外新闻")

　　△　下午,在"永丰"舰接见驻粤各国领事团。

　　是日午,驻粤各国领事团曾开联合会议,经一致表决请中山离粤,并经叶举同意后,乘坐兵舰联同偕往黄埔晋谒孙中山。先由英领美詹臣君发言表述来意:(一)领团并非干涉中国内政,请勿误会。(二)领团此来实为各国旅粤侨商生命财产而起,请切实保护。于是,美、法、日各领相继发言,亦均以外商生命财产为重,请求尊重保护,并对于此次广州政变深致其不幸之意,希望迅速解决。孙中山答言:"对于外商生命财产向所尊重,各位应请放心。如果大局能得满意解决,鄙人亦于日间离去广州。"旋又以日前在珠江开炮,致外商稍受惊恐,殊抱不安,向各领事一一道歉。约谈二小时,各领即兴而辞退。(《粤局尚未在定》,《申报》1922 年 7 月 3 日,"国内要闻二";《孙中山与领事团谈话》,《申报》1922 年 7 月 6 日,"国内要闻二")

　　△　报载大理院案卷已由收买人作斓字纸买去;张开儒占领怀远、永福各县。(《孙陈部下冲突将了》,长沙《大公报》1922 年 6 月 26 日,"中外新闻")

　　△　《社会日报》载文,认为陈炯明事变属于粤省内讧;将陈与吴佩孚联手对抗孙中山看作投北行为,是严重的误判。

　　文章指出:"粤事全属内讧,陈之为人狡猾异常,其与保定联络不过为倒孙之一种战略。即使孙氏被逐，彼亦决非可以低首以求降者。若认陈倒孙即为投北，实是大误。"（《再论粤浙时局之真相》，《社会日报》1922 年 6 月 26 日，"上海特别通信"）

△　平民促新社沪总事务所葛振、李黄电请讨伐陈炯明。（《伍外长逝世后之悼勉（二）》，上海《民国日报》1922 年 6 月 27 日，"本埠新闻"）

△　加拿大沙士加寸国民党分部来电，请讨伐陈炯明。（《华侨请一致声讨叛军》，上海《民国日报》1922 年 6 月 27 日，"要闻"）

△　国民党巴生支部郑受炳等电请讨伐陈炯明。（《华侨请一致声讨叛军》，上海《民国日报》1922 年 6 月 27 日，"要闻"）

△　桂绅及旅桂粤商电请讨伐陈炯明。（鲁直之、谢盛之、李睡仙：《陈炯明叛国史》，第 168 页）

6 月 27 日　胡汉民抵赣州，与北伐众将商议，决定进向韶关，分兵回粤救援。

是日，胡汉民奔赴赣州，向北伐军报告陈炯明变乱详情，军心为之激愤。傍晚，开会商议，许崇智、李福林、朱培德即决议旋师讨贼。议定以粤军第二军、滇军（朱培德部）、福军（李福林部）及粤军第一师（梁鸿楷部）回粤，分由大庾、信丰向粤境南雄前进。其他各军，则暂驻赣境，李烈钧留守赣南，以为后方屏蔽。诸军前进后，不料第一师梁鸿楷抵达信丰，竟不遵命，连夜向三南方面退入连平，潜归惠州，与陈炯明合。胡汉民主张各军尾追梁部入粤，并列举理由："一，陈军的坚锐现在韶关，我们不往韶关而往梅县，正是避坚之计；二，第一师在前，我们在后，如他们同第一师打，不啻逼第一师做我们的先锋；三，他们如不同第一师打，我们就可以一路跟着第一师回惠州。"（吴相湘主编：《胡汉民〈六月十六之回顾〉》，《中国现代史丛刊》第 2 册，第 418 页）许崇智不以为然，且谓"由东江到省究竟路远，总理现在于兵舰受难，应趋近路赴援"。因而决计进向韶关。（邹鲁：《中国国民党史稿》，第 1047 页）

△　章太炎发表"改总统制为行政委员制"之解疑书，指出该制度改革是为谋将来之改良，为民国思久安之术。

　　书曰：自己曾致电黎元洪，请对政治进行改革，改总统制为行政委员制。外间谣传有此主张是袒护黎元洪，特书此函以解疑惑。在释疑书中，章太炎回忆了1917年护法之役，自己参与孙中山倡导的护法，遥戴黎元洪，要求总统复位及海军奉迎的历史，对于孙中山之称非常总统，认为多由孙洪伊党中议员选之，若从反抗徐世昌的非法总统而言，本合权宜之道，但若必强言合法，则言伪而奸。他自己对此，事前本不之与谋，心里也不认同。然既然选举已成，为不使非法总统徐世昌快意，故也不立异同。等到徐世昌势尽，颠覆可期，于是电劝孙中山待时去掉总统的名号。这并非只是义法宜然，也是知道它会导致祸在眉睫。但此点并不为孙中山之亲党所理解。他们直到叶举作难，还不知悔，自谓援助孙，实乃驱之入井。那些素乏智识者不足责，而那些稍有智识者，或与北方实力派本有亲近关系，正庆幸孙中山之困辱及广东之糜烂了。在护法之业于此告终、时局之艰较前无减之时，为使民国更思久安之术，章太炎因此提出了"大改革议"。从过去支持黎元洪恢复大总统职位，到此时主张改总统制为委员制之说的原因，在于前者是"依现时之常式"，后者是"谋将来之改良"，时期不同，制度自然会有改变，没有什么值得歧异的。就像西南各省至此仍有不支持黎元洪为总统一样，此本各有主张，自己也不强人就我。总而言之，章太炎总结道："结束护法属于现在，策进联省属于将来。不负前盟属于人格，改革旧法属于国势。若能就此分别，自可释然。"至于那些胸怀险诈，别有用心者，章太炎自己也不求其谅解。（《孙中山势成骑虎》，《中华新报》1922年6月29日，"时局要讯"）

　　△　报载孙中山当前处境势如骑虎，用兵无人，焦急万分，行动极类儿戏。"闻在黄埔公园，用木牌写海陆军大元帅府七字挂门前，并给陈安邦粤币五百元，使之招兵，陈乃截获小轮二艘，即乘之往各处招兵。"（《孙中山势成骑虎》，《中华新报》1922年6月29日，"时局要讯"）

　　△　英总领事已命沙面英侨戒备孙中山续事轰击。（《粤局又见紧张》，长沙《大公报》1922年7月3日，"中外新闻"）

△　广州和平维持会散发传单,劝说商人恢复营业。且传单说"和平维持会的成员已拜会了孙逸仙,孙已答应立刻离开广州"。(广东省档案馆编译:《孙中山与广东:广东省档案馆库藏海关档案选译》,第314页)

△　广东潮阳人魏邦杰来函,附寄"扫除炯明国贼"血书,以表忠心。

函中谴责陈炯明叛乱附逆,忘恩负义;北京政府非法选举总统,人情共愤,罪行罄竹难书,务请一致声讨,以维法纪而清乱源。自己痛心国政,附寄所破手指血写成的"扫除炯明国贼"等字。信中决心自愿遵守国民党总章,"服从先生指挥,决不反言,若有反复之心,天雷殛身"。(《魏邦杰上总理函》,环龙路档案第01923号)

△　《商报》载文述评陈炯明叛变孙中山之因果与由来。

首先,癸丑前后为孙、陈二人思想、组织上冲突开始。在讨伐袁世凯之二次革命的湖口之战中,身为广东都督的陈炯明虎踞岭南,对党人起义阳奉阴违,与袁世凯暗通款曲,以致民党失去广东。孙中山亡命时,不名一文,不加援手;且参加欧战研究会以与孙中山的中华革命党对峙。

其次,指出孙、陈二人志向、眼光的不同,冲突势在必然。孙、陈二人之性质,前者"主中正",后者"主阴狠",彼此冲突,表面上皆有宵小挑拨,实际上是双方在政治远光和主旨的分歧。孙中山为国家主义者,陈系地方主义,家乡贫瘠,垂涎广州,而当孙中山借此开府,对陈及其部下若芒刺在背。这是叛变终不能免的原因。

其三,回粤驱桂后,陈炯明欲得总裁之念破灭。军政府时期,陈炯明由闽返粤后,欲运动自己担任总裁未果。非常会议选举孙中山为总统,具有不可抗力,陈乃转强硬反对而为阴柔反对。

其四,陈氏助唐继尧回滇之密约。唐继尧由港赴滇,道过广州,与陈炯明闭门深谈,几至八小时之久,双方订立密约,同时联合贵州袁祖铭,一方面阻挠孙中山北伐;另一方面建立各省独立的自治政府。陈炯明15日叛乱之具体原因有三:(一)报复中山免除自己陆军部长和广东省长职务。(二)与吴佩孚携手作有条件的投降。(三)割据两广,"称号自娱"。

其五,黄申芗的居间活动,撮合陈炯明与吴佩孚合作倒孙。吴佩孚心腹湖北人黄申芗与陈炯明胞弟马育航相善,前者居间运动牵线,造出粤军中之"吴陈携手,则中国太平"之口号,经双方谈判交易,达成如下条件:"(一)吴佩孚接济现款五百万元(先交三百万元,为逐孙之发动费。事成,续交二百万元),允陈向某国借款五百万或至一千万元,为广州善后费。任何条件,中央(指北京)皆予承认有效。(二)予陈以两广巡阅使,或位置相当变名之巡阅使。(三)将中山及北伐军前敌将校,一齐拘捕或枪决,并缴械解散所有之北伐军(订明与北方合同动作)。(四)遵从北京政府命令,以武力协同剿灭抗逆之各联省。"(冷眼:《陈炯明叛孙因果补述》,《商报》1922年7月2日,"要闻")

△ 《社会日报》载《粤变内幕之又一说》文,认为孙、陈冲突实由钞票风潮引起。

文曰,此次粤局骤变,孙中山、陈炯明冲突原因,在数年以前。外传陈炯明、吴佩孚携手,以陈驱孙、吴骗徐作为交换条件,全非事实。此次陈炯明驱孙,纯由钞票风潮发生。一方面商人因不兑换券而亏损,陈炯明因而徇商民之请,出面维持;另一方面军队因所发钞票亏折及半,故陈炯明纯由军队自决。此次孙陈相争,最终为通过整顿金融改造广东成为可能。(《粤变内幕之又一说》,《社会日报》1922年6月27日)

△ 报载Statharines Chinese、Nationalist League电请讨伐陈炯明。(《华侨请一致声讨叛军》,上海《民国日报》1922年6月27日,"要闻")

△ 江苏公团联合会等电请继续北伐。(《七十八团体重要通电再志》,上海《民国日报》1922年6月27日,"本埠新闻")

6月28日 共产国际刊物发表《直奉战争与孙中山》一文,披露吴佩孚受美国指使反对孙中山。

文谓:"直奉战后,张作霖败退满洲,吴佩孚转而用兵对南,反对华南总统孙中山。孙中山的民主政府是受农民和工人支持,与外国资本家相对立,是美国在华投机商前进道路上的障碍。吴佩孚一旦在北京建立稳定的政权,他就会开始反对孙中山并将他赶出广州。"(《直奉战争与孙中山》,《国际新闻通讯》1922 年 6 月 28 日,转引自陈锡祺主编:《孙中山年谱长编》下册,第 1475 页)

△　陈炯明暂驻石龙。

陈炯明近有电来省城,谓 28 日晨赴石龙暂驻,以便接近省垣,对于粤事易于就商。闻陈氏未允返省城之原因,"系以孙中山宣言,如陈氏抵省之日,即开炮击之。陈为地方计,故暂不返省,在石龙居间策划。"(《粤局尚在危险中》,《申报》1922 年 7 月 5 日,"国内要闻二")是日,陈炯明抵石龙,定于 29 日来省。(《孙陈相持之粤中形势》,长沙《大公报》1922 年 7 月 6 日,"中外新闻")

△　长洲要塞敷设地雷告竣。海军陆战队举代表来谒,表示服从;且谓孙祥夫已为叛军贿买,并有逐长洲要塞司令马伯麟以自代的说法,孙中山力辟其为子虚乌有,惟以嘉言慰藉,勉其服从上官。(蒋介石:《孙大总统广州蒙难记》,第 14 页)

△　黎元洪电促孙中山北上。(《北京快信摘要》,长沙《大公报》1922 年 7 月 3 日,"快信")29 日,黎元洪再次电邀孙北上,为孙所拒。

黎元洪的第二电谓:"尚望旌旆北来,准绳下锡,借承明教,庶免冥行,际此云霓望岁之时,应无风雨弃予之慰,敬掬微困,伫候高杆,临电翘企,并希还示。"(民:《黎总统邀孙文之全电》,《北京日报》1922 年 7 月 1 日,"要闻";《北京》,《中华新报》1922 年 7 月 1 日,"本馆专电")又据本地之在野某有力者谈,孙氏在广东之势力若全然失坠,则或会依总统之恳请,立即北上。然此时孙氏在广东之势力,尚不能认为全然难以挽回,故如说孙氏今日即北上,则断无此事。(《望孙北上尚非时机》,《中华新报》1922 年 7 月 6 日,"时局要讯")

△　报载初拟请美领事馆保护安全离粤，旋又决定中止离粤。

报载，孙中山托美国人拿尔门，请美国领事馆请求外交团保证其安全离粤赴沪。美国领事馆为促地方镇定起见，已将此意代为转达叶举。而后，孙中山又托人传言其中止离粤，托请美领馆于是作罢。（《孙中山势成骑虎》，《中华新报》1922 年 6 月 29 日，"时局要讯"；《孙中山尚未离粤》，长沙《大公报》1922 年 7 月 4 日，"中外新闻"）

△　广州各界集议推魏邦平为省长，仍辞。

是日，商联会电留魏邦平。粤各界在广济医院集议，结果仍推魏邦平为临时省长，即派代表谒魏请出任，魏仍辞。（《香港电》，《申报》1922 年 6 月 30 日，"国内专电二"；《孙陈相持之近势》，长沙《大公报》1922 年 7 月 7 日，"中外新闻"）

△　刘震寰等接粤军武力迫孙中山下野电后，迟无回电，闻仍与林俊廷在争桂省地盘。张开儒部也无表示。（《广东电讯》，《京报》1922 年 6 月 28 日）

△　上海《民国日报》、《申报》于 28 日至 29 日间，连载《总统夫人之粤变纪实》一文，记述宋庆龄所撰粤变实情及脱险经历。

关于粤变的直接诱因和冲突双方的力量对比。陈炯明军队乘北伐军队陆续入赣之隙，回粤占据交通机关，妨碍人民生业，影响有秩序政府的存在。孙、宋等以彼曾与陈共事多年，且其位置系孙中山所与，初不意其即行叛变。至 6 月 9 日，孙中山因陈军过于横暴，使凡事均觉碍手，不能进行，乃召集新闻界会议，拟以舆论之力使陈军离省，回防剿匪，这本是孙等应对五十倍于自己军队对手的唯一"善策"，不料竟成为事变发生的直接导火线。（《总统夫人之粤变纪实》，上海《民国日报》1922 年 6 月 28 日，"本埠新闻"；《孙中山夫人之粤变述实》，《申报》1922 年 6 月 28 日，"本埠新闻"）

关于宋庆龄孙宅遇险经过。孙中山在得知陈炯明部来袭击其住宅时，叮嘱宋庆龄转移到军舰，但后者担心妨碍军事工作，请孙先离开，她则留在原宅。叛军来攻，警卫拼死抵抗，宋后趁机下山出逃。

所有的五十名卫士尽死于此屋中。(《总统夫人之粤变纪实》,上海《民国日报》1922 年 6 月 28 日,"本埠新闻";《孙中山夫人之粤变述实》,《申报》1922 年 6 月 28 日,"本埠新闻")宋庆龄出门之后,与外界连接的隐蔽桥梁被炸,切断住宅与外界之联系。屋顶中弹,险被砸中,如待在活地狱中。与叛军谈判未果,大门被破,敌人蜂涌而入。幸得鲍副官递草帽雨衣,故得于混乱中,装扮出逃,因障人耳目而未为察破。(《总统夫人之粤变纪实(二)》,上海《民国日报》1922 年 6 月 29 日,"本埠新闻";《孙中山夫人之粤变述实(续)(昨)》,《申报》1922 年 6 月 29 日,"本埠新闻")后被警卫夹持而逃,街上尸横遍野,装死避弹;欲入一屋被驱,遂乔装成村妇,到一党人家中过夜。第二天,仍饰为村妇混入沙面,由此登船至广州耶稣教学校。(《总统夫人之粤变纪实(二)》,上海《民国日报》1922 年 6 月 29 日,"本埠新闻";《孙中山夫人之粤变述实(续)(昨)》,《申报》1922 年 6 月 29 日,"本埠新闻")当天晚上,与孙中山在军舰上相见,彼此重逢,悲喜交加。不久,乔装赴港,与孙中山一同乘"大洋丸"船抵达上海。

△　报载又提出离粤三条件,港报则称乃系谣传。

先前孙中山提出退出广东条件五条后,闻今日又向调停者提出三条件:"一、送孙文川资一百万元。二、当孙启行时,各军舰、各炮台须鸣礼炮二十四发。三、北伐军之军费当即时筹付,其待遇当与广东军同。"(《孙中山又提出离粤条件》,《中华新报》1922 年 6 月 30 日,"时局要讯")29 日,广州城内仍安静,双方正从事谈判,同意孙以充分之体面离粤。(《南北时局》,《申报》1922 年 6 月 30 日,"特约路透电")然港报则称所谓索款百万离粤,乃陈炯明派的黎明社造谣。(《孙陈相持之粤中形势》,长沙《大公报》1922 年 7 月 6 日,"中外新闻")

△　各公团向叶举请愿以维持秩序。

公团代表二十五人谒叶举,请愿三事:(一)军队抢劫不已,请严办示戒;(二)请劝魏邦平回任,维持秩序;(三)请促陈炯明来省城负责。(《孙中山又提出离粤新条件》,《中华新报》1922 年 6 月 30 日,"时局要讯")

△　旅沪国会议员凌钺等电请讨伐陈炯明。(《旅沪议员致孙总统电》,上海《民国日报》1922年6月29日,"本埠新闻")

△　上海工商友谊会电请向全国宣布伍廷芳生平政绩,以鼓励国人护法之志。(《伍外长逝世后之悼勉(六)》,上海《民国日报》1922年6月30日,"本埠新闻")

△　皖人李鸿典等电请讨伐陈炯明。(《安徽李鸿典等讨陈电》,上海《民国日报》1922年7月1日,"公电")

6月29日　蒋介石抵粤来谒,劝孙中山率各舰强闯车歪(也称车尾)炮台以脱险。

是月20日,蒋介石贻书张人杰(即张静江),托以后事,便自浙江起程至沪。22日,留沪部署各事。25日,离沪奔粤。29日,抵粤前来"永丰"舰谒见,谈近日事及各方情况,至夜分乃已。陈炯明闻之,惊惶失措,并谓:"他在先生身旁,必定出许多鬼主意。"(毛思诚编纂:《民国十五年以前之蒋介石先生》第4册,第24—25页)

△　浙江督军卢永祥代表邓汉祥、贵州代表李某赴黄埔"永丰"舰来谒。晤谈甚久,孙专以国事勉励各代表。(蒋介石:《孙大总统广州蒙难记》,第14页)

△　是日电:"香山独立尚未证实,或因顺德、番禺、新会各属,未能相应,故有所待耶。"(《粤省无政府之危机》,长沙《大公报》1922年7月11日,"中外新闻")

报载近日新会县会议宣布非常戒严,原因有二:一为孙中山之死党开平县长邓山(即邓荫楠)拟率兵进攻新会,二为孙在钦廉之死党黄明堂等,将以兵轮载兵由彼处进犯崖门。开平县长邓山,前为美洲华侨,追随孙中山回国革命,以老党员资格担任开平县长,对孙极其服从,将该县长托人代理,自己任职于孙中山之卫队。邓"闻孙被逼下野,义愤填膺。日来在县组织民军,冀攻新会"。新会本为陈德春驻防,陈此时率兵来省,地方未免空虚,故不能不预为防范。据查新会南接洋海,北通西江,地理位置重要,得之则粤省西部皆截断。

报界因此宣称,孙中山一日不离粤,则地方一日不能安靖。(《粤省无政府之危机》,长沙《大公报》1922年7月11日,"中外新闻")

△　洪兆麟通告完全负责广州治安,且一定把孙中山赶出广州。

粤军第二师师长洪兆麟返穗,立见叶举,通告由他完全负责广州治安并劝告商人复业,并再次声明一定把孙中山赶出广州。是日下午,驻东堤的魏邦平的三个营被叶举部全部解除武装。(广东省档案馆编译:《孙中山与广东:广东省档案馆库藏海关档案选译》,第314—315页)

△　陈炯明来函请求和解。

陈在电文中称对于目前广东境况痛心疾首,即使下野也难辞其咎。连日苦思挽救办法,不能得其道而行。与孙中山十年患难与共,未敢丝毫有负,没想到兵柄现已被解除,而事变骤,处境苦困,请指示和解途径,以免北伐军内部自相残杀,保全人道而召天和。(蒋介石:《孙大总统广州蒙难记》,第16页)

△　旅暹侨民暨各公团电请剿办陈炯明。(鲁直之、谢盛之、李睡仙:《陈炯明叛国史》,第258页)

△　旅暹中国国民党暨各团体电请剿办陈炯明。(鲁直之、谢盛之、李睡仙:《陈炯明叛国史》,第258页)

6月30日　下令加强黄埔戒备,预防叛军夺取长洲炮台。海军司令温树德下特别戒严令,各舰长来"永丰"舰,声明拥戴,表示始终服从之决心。(蒋介石:《孙大总统广州蒙难记》,第15—16页)

△　闻朱卓文在香山招兵千人起事,兵工厂督办陈永善拟率部往剿。(《香港电》,《申报》1922年7月1日,"国内专电")

△　广州华人电称,孙中山答复请其离粤书,谓广州人民如愿其离粤,彼殊愿徇从民意,只是其手下的同志必为不平。该电又称,许崇智已奉命回广州,许之未来态度不能预测。许军可由三路开抵广州,此时有二路已由陈炯明之军占守,估计第三路经过惠州势必被阻,媒体认为,孙似不能再次得志了。(《北京电》,《申报》1922年7月1日,"特约路透电")

△　报载粤路向来每月拨三万元为总统府经费,现已停用。
(《孙文不去陈炯明不来之粤局》,《京报》1922 年 6 月 30 日,"中外要闻")

△　曹锟、吴佩孚与陈炯明电商南北和平统一等重大问题。

报载最近曹锟及吴佩孚曾联衔致电陈炯明,征询关于南北和平统一之意见。陈氏复电提出几点意见:孙中山应实践当选非常总统时之宣言,即行退职;两院决定黎元洪复任之是否合法;仿照美国建立联省制度,认为中央集权适足以肇乱。并认为南北和平统一时,最应注重者,即裁汰过多之军队及废除督军制度,主张在上海或其他南北两方可以同意之中立地域,召开和会讨论一切重大问题。并呼吁真正爱国者抛弃私见,抓住协力图谋救国之最好机会。据说曹、吴接到此电后,极为满意,已将原电转致颜惠庆、黎元洪,并再电陈炯明,征询西南各首领对于在上海召开国内和平会议之条件。

自粤局变动后,北京政府即计划与西南磋商统一,日前并在阁议席上,详细讨论了唐继尧来电主张的召集各省代表会议一事。为了解西南各省与唐意见究竟是否相同,决定委派白逾桓赴粤、高佐国赴川,与陈炯明、刘湘等妥为商洽,以作为办理凭证。(《南北商议召开和会》,《申报》1922 年 6 月 30 日,"国内要闻")

△　报载蒋作宾前来报告,缴获陈炯明与陈光远相约夹击北伐军的电报。国闻社香港电称:蒋作宾由韶关大本营来港,遂赴黄埔,云北伐军攻下赣州,抄获陈光远、陈炯明往来电二十余通,内容系约定夹击李烈钧、许崇智者。本应由李、许飞报到韶,适闻粤变,二人仓促离去,以致电文全失。只是原电系存于李、许处者,据说即将公布。(《孙陈之最后决战》,《中华新报》1922 年 7 月 2 日,"时局要讯")

△　报载令"宝璧"舰拨米运往所乘之"永丰"舰。

因北伐军此时大部已返韶州,孙中山遂决定以武力与陈军一决雌雄。昨日复由"宝璧"舰转往某鱼雷艇中,并令"宝璧"舰将所扣之米,拨运一百袋在己所乘之舰中,以备持久使用。(《孙陈相持之近势》,

长沙《大公报》1922年7月7日,"中外新闻")

△　接李烈钧回粤平乱之电。("中华民国"史事纪要编辑委员会编:《中华民国史事纪要(初稿)——一九二二年一至六月》,第1240页)

7月

7月1日　拒绝陈炯明求和。

是日,钟荣光持陈炯明6月29日手书上舰晋谒,请求和解,置之不理。(蒋介石:《孙大总统广州蒙难记》,第16页)同时,陈炯明贿买海军,谋袭长洲。("中华民国"史事纪要编辑委员会编:《中华民国史事纪要(初稿)——一九二二年七至十二月》,第1—2页)

△　魏邦平前来黄埔谒见,被责应效法古人,为民国而死。

是日,魏邦平赴石龙前来黄埔拜谒。孙问其为何在自己遭叶举部驱逐时不来救援。魏回答说,如果他当时支持任何一方,整个广州城就会遭到严重的破坏;并表示愿在孙陈之间进行调停,如果陈肯采纳他的意见,他就回来向孙禀报,否则就去香港,避开这场纷争。(广东省档案馆编译:《孙中山与广东:广东省档案馆库藏海关档案选译》,第315页)孙责以大义,勉其效陆秀夫,而以文天祥自待,说:"宋代之亡,尚有文、陆;明代之亡,亦有史可法等。而民国之亡,如无文天祥其人,则何以对民国已死无数之同志,垂范于未来之国民,以自污其民国十一年来庄严璀璨之历史,而自负其三十年来效死民国之初心乎?"(蒋介石:《孙大总统广州蒙难记》,第17页)

△　任命王鸣亚为大本营琼崖警备军副司令。(《任王鸣亚为大本营琼崖警备军副司令令》,中国国民党中央委员会党史委员会编订:《国父全集》第4册上,第415页)

△　广东地方自治维持会刘学询等通电各方,提出解决危局办法,请迎孙北上,谋商国是。

电称:广东政变,无政府状态已持续半月,人民生命财产朝不保夕。绅商士庶齐集广东地方自治维持会,为解决危局拟有办法三条,电呈察核:"一,共谋统一,全体赞成。二,维持治安,废督裁兵,实行军民分治,地方治安由绅商协力整顿,团体以辅官力。三,中山先生护法南来,现值东海下野,中央恢复国会,尊崇法治,应请北京政府派员,奉迎中山先生北上,先谋国是,停止各方用兵,静候政府和平解决。事机万急,专候速裁。"(《粤局日趋险恶》,《北京日报》1922 年 7 月 5日,"要闻")

△ 报载陈炯明、唐绍仪、刘湘联电北京政府,主张各首领派代表集议国家要事。(《北京快信摘要》,长沙《大公报》1922 年 7 月 1 日,"快信")

△ 有军事评论家称,陈炯明利速战,孙中山利持久。据说许崇智军已回粤,孙派在地方各属民军纷起。(《香港》,《中华新报》1922 年 7月 3 日,"本馆专电")又据报称:番禺、黄埔一带,驻有拥卫孙之军队五千余人,司令为李天禄。香山民军谋划,黄明堂占领雷州,钦廉发生兵变,陈炯明、叶举等"已处于四面楚歌之中"。(《孙陈相持之近势》,长沙《大公报》1922 年 7 月 7 日,"中外新闻")

△ 魏邦平奉命至石龙,调停孙、陈之争,但拒绝担任广东省长。是日中午,魏赴石龙谒陈炯明,闻带有孙对陈之条件。(《香港电》,《申报》1922 年 7 月 3 日,"国内专电")当晚返省。报称魏邦平自一日偕公安局长吴飞、水警厅长龙荣轩赴石龙谒见陈炯明后,后者力劝魏权摄省长,然"魏辞意甚坚"。当晚即原车返回省城。2 日晨,魏赴黄埔面谒孙中山,报告结果,并将陈炯明愿意双方和平解决,以保全地方的意思当面陈述。据说魏邦平"素以维持治安为己任,当其往石龙时,曾吁请陈竞存将粤军调出市区外,以免糜烂"。陈谓此举彼亦赞成,惟部下未必听命。魏不得已,乃"希望市民联合自卫,授意旅长陈章甫,将原日之粤军联合巡查队,改为各界联合巡查队,所有商团及各区武装警察游击队,皆一致拨队加入。务使兵力足以保护全市商

场,不必其他军队协助"。届时,即请其他军队退出市区之外,使市区的内外防务,皆各有专责。(平:《凄风惨雨之广州》,《申报》1922 年 7 月 10 日,"国内要闻二")7 日,据与魏接近之人云:其"于省长一职决意不干,惟调停双方意见则决不推诿"。尽管和平维持会各团体再往敦劝,魏仍坚辞。(《魏邦平与洪兆麟》,《申报》1922 年 7 月 8 日,"国内要闻二")

△　报载已派代表乔义生谒黎元洪,商议收拾粤局,但上海《民国日报》予以否认。

《北京日报》载,近有孙之代表乔义生一日往谒黎元洪。黎"屏去左右,偕乔至花园密谈二小时之久",据说其中关于如何收拾粤局,所谈颇为详尽。并留乔某午餐,且约高恩洪作陪,乔将所谈详告高氏。黎嘱其将乔意转达吴佩孚,并令介绍往见吴氏,高已应允。报纸认为,孙"刻下在粤方在布置军事进行,近忽遣人北上,亦时局中之一关键也"。(政:《孙文代表谒元首》,《北京日报》1922 年 7 月 3 日,"要闻")但上海《民国日报》否认有派代表到北京之说。(《总统并无代表在北京》,上海《民国日报》1922 年 7 月 5 日,"本埠新闻")

△　报载叶举拟收复长洲炮台之反响及原因。

粤军总指挥叶举致函海军总长汤廷光,谓限于二十四小时内收复长洲炮台,请通令海军部下勿生误会。报载"市民聆此消息,复起惊恐,纷纷搬迁,而商务益形冷落,一时影响所及,商店又复闭门"。而各界和平维持会即开紧急大会以应对。汤廷光亦即复函叶举,谓"人心未定,不可躁切,海军扣留米石、煤炭,经函知放行,米石已准折银抵销,煤炭现在交涉中。若果相煎过迫,则恐生变。因之收复长洲炮台一举,遂缓进行"。(《广东市民又一虚惊》,《申报》1922 年 7 月 9 日,"国内要闻二")

报载叶举急欲收复长洲炮台原因有二,一因孙中山屯驻军舰于附近一带,并招募民军欲攻省城。叶氏恐其势力蔓延,故此急于收复。二因吴礼和以黄凤纶已抢复虎门要塞各台,叶举担心自己独无战功,故决意抢夺长洲炮台以著劳绩并欲染指炮台丰富的枪械。

《广东市民又一虚惊》,《申报》1922 年 7 月 9 日,"国内要闻二")

△　下午,在"永丰"舰会见《士蔑西报》访员,回答对事变后时局之提问。

《士蔑西报》访员来访对时局之意见,答谓:"宁牺牲一己之生命,不愿退让于叛逆之下属。"问:近传索款数百万元方允休战之说,确否? 答:"予索款何为? 当黎元洪入京复任总统时,予曾向各国发表宣言,无论此后事变如何,予必坚持宣言中所载之条件。"问:各大舰之舰员登陆而去,久不返舰,其理由何在? 答:"彼等不欲于战争中被俘耳。"问:叶举甚欲与你直接谈判,以解决时局? 答:"予不愿与属员谈判"。(《广东市民又一虚惊》,《申报》1922 年 7 月 9 日,"国内要闻")

△　浙江督军卢永祥的代表以及四个来自不同省份的军官,从香港赴黄埔来晤。(广东省档案馆编译:《孙中山与广东:广东省档案馆库藏海关档案选译》,第 315—316 页)

△　叶夏声通电讨伐陈炯明。(《叶夏声宣布陈炯明罪状》,上海《民国日报》1922 年 7 月 20 日,"要闻")

△　中华民国进步党留日支部电请讨伐陈炯明。(鲁直之、谢盛之、李睡仙:《陈炯明叛国史》,第 217 页;沈云龙主编:《近代中国史料丛刊三编》第 3 辑,第 281 页)

7 月 2 日　北伐军许崇智、李福林、朱培德、黄大伟各部进入粤境,誓言三路进攻韶关。

梁鸿楷部叛变,许崇智、胡汉民等人商定回师韶关,急趋近路返穗援救孙中山。是日,许崇智、李福林、朱培德、黄大伟诸部皆入粤境,自南雄、始兴直指韶州,决定分三路攻韶:(一)以滇军朱培德全部由江口渡河经仁化,向韶州进攻。(二)以福军李福林全部,沿河左岸,经周田、大桥、长坝、黄浪水,向韶州进攻。(三)以第二军之许济、孙本戎、谢宣威等部由火山、大塘方面向韶州进攻。其他部队为预备队,另以第九旅黄国华部由三南(虔南、龙南、定南)方面还攻翁源。并同立誓约,词云:"三军一致,誓同生死,拥护孙大总统,平定粤省之乱,如有异心,天诛地灭。"部署既定,各部遂分途前进。(邹鲁:《中国国民党史稿》第3篇,第1104页)又报载北伐军已有三路回粤:(一)许崇智已于有日过韶关向英德猛进。(二)张开儒确已开拔巴江,与陈军作战获胜;(三)陈嘉祐一旅于24日已由赣南入粤。(民北政:《广州再战之酝酿·许张陈各军已陆续回》,《北京日报》1922年7月2日,"要闻")

△　在"永丰"舰召见各舰长,说明坚守黄埔等待北伐军的五大理由,大家表示服从。

指出将总统大本营撤离黄埔、移驻西江有五大害处:"(一)以西江水浅,如各舰移至西江,仅留三大舰在黄埔,则海军以分而力弱,大舰或为逆军所买,则将来更难取胜。(二)以大本营一离黄埔,则长洲要塞必失,广州附近水陆形胜,尽入叛军范围之中,牵制更难,贼焰必张。(三)以总统移驻西江,其地面较广,活动虽易,然黄埔为广州咽喉,且有长洲要塞,其地点重要,非西江可比。且总统驻于黄埔,广州虽失,犹易恢复,威望仍在;如移西江,地势偏僻,无以系中外之望。(四)海军如往西江,重来省河较难;如北伐军回粤,不能奏水陆夹击之效。(五)移驻西江,而弃长洲天然之要塞,另谋陆上根据地,能否占领,尚不可知;且西江各部陆军,态度不明,能否为吾所用,尚未可必。如果陆上毫无根据,陆军又不奉命,则海军势绌,可立而待。"其结论是:"有此五害,故动不如静,坚持北伐军速来,以备水陆夹击攻省城,则贼亡有日也。"(蒋介石:《孙大总统广州蒙难记》,第18—19页)

△　晨7时,陈军杨坤如部二十营,分四路迫攻黄埔长洲各炮台,鏖战约三小时,炮台及各军舰还击,陈部始陆续溃散。(《孙陈构兵之粤局》,《北京日报》1922年7月8日,"要闻")

△　连日,除饬北伐军陆续回粤分攻陈部外,其本人仍在黄埔收集残部,并召集民军预备反攻,形势紧张。

报称孙派军队许崇智,刻为陈炯明派翁式亮部堵截,不能前进,双方军队行将接战。其余孙军各部分向惠州、汕尾进兵,陈炯明分兵堵截,异常忙碌。至倾向陈炯明之海军,共有兵舰几艘,拟分守梧州助陈。其中孙派之张开儒暗率所辖各舰,绕道驶出肇庆,所属与驻守罗定之叶举部开始接触。(大:《孙陈备战之粤局》,《北京日报》1922 年 7 月7 日,"要闻")是日晨,据羊城访员电称:"孙中山在黄埔招集军队三千名,准备联合海军进攻羊城,孙索款三百万元方允罢休。英领事逆料海军将有第二次炮击羊城之举,已命沙面英侨携械自卫。闻孙之子妇携同儿女于前星期六赴澳躲避。"(《外报所纪之消息》,《申报》1922 年 7月 3 日,"国内要闻二")

　　是日,某记者访知广州形势,认为日内必有大规模之激战。其根据是陈派某要人言,孙中山自被叶举迫走退守黄埔后,异常愤激,大招民军,厉兵秣马,乘机举事。而陈炯明部下将士,尤其是师长洪兆麟极力主战,群情激昂,均一致主张与孙派决战。现粤军拟厚集兵力,攻击黄埔附近孙部所据之长洲炮台,务必尽驱之而后已。故而得出结论:"广州目下形势极为严重,孙、陈两军日内必有大激战。"(《孙陈未战前之广州》,长沙《大公报》1922 年 7 月 18 日,"中外新闻")

　　△　北洋舰队管驾在白云山与粤军密议,请汤廷光劝各舰勿移动。(《孙陈相持之现势》,长沙《大公报》1922 年 7 月 9 日,"中外新闻")

　　△　报载派"江大"舰赴梧州,传令张开儒速取肇庆,"广玉""广金"两舰赴北海;刘震寰两部来省。(《孙陈之最后决战》,《中华新报》1922年 7 月 2 日,"时局要讯")

　　△　陈炯明令钟声促使广东省议会以最快时间通过省宪。(《孙陈之最后决战》,《中华新报》1922 年 7 月 2 日,"时局要讯")

　　△　西报载,香山县知事原欲拥护孙中山而宣布独立,此时已取消该念。(《粤事行将大定》,长沙《大公报》1922 年 7 月 2 日,"中外新闻")

　　△　《申报》载文评述粤省孙、陈在多处对峙,局势难以很快平息。

　　认为粤省入于无政府状态多日,孙未去,陈不敢来,此次之事能发而不能收,不知如何解决。孙方面,现仍处兵舰中,黄埔设有总统办事处,并在旧陆军小学标贴大元帅大本营办事处。广东全省则民军四起,香山、顺德、新会、台山、开平闻皆有独立景象,纷纷截留钱粮,自行募集军队,"将来其势大盛,恐又将有特别举动"。北伐军方面,韶关未有大战事发生,并闻有从赣边窥伺东江之说。洪兆麟等粤军分别往河源、蕉岭堵截。因此,文章的结论是双方"交兵之地点甚多,纷纷扰扰,决非能速收拾也。"(平:《粤省恐慌之现象》,《申报》1922年7月2日,"国内要闻二")

△　国闻社香港电称:林俊廷派代表来谒,表示愿意讨伐陈炯明。(《粤局昨闻》,《中华新报》1922年7月4日,"时局要讯")

△　晚,孙中山方面将广九铁路之铁轨桥梁拆毁。(大:《孙陈备战之粤局》,《北京日报》1922年7月7日,"要闻")

△　晚,孙中山拟用黄埔军舰大炮再次轰击广州,但遭到"海圻"号巡洋舰舰长温树德的坚决反对,并将此事通知陈炯明部的炮兵,要求他们保持冷静,避免重启战端。(广东省档案馆编译:《孙中山与广东:广东省档案馆库藏海关档案选译》,第316—317页)

△　报载中国国民党加拿大卡忌利分部、巴拿中华会馆、秘鲁利马埠中华商会、墨国莱苑埠华侨工商总会、TAMPICOME(墨西哥港口城市坦皮科)国民党,分别电请讨伐陈炯明。(《华侨请一致声讨叛军》,上海《民国日报》1922年7月2日,"要闻")

7月3日　命令海陆两军攻击鱼珠、牛山炮台,陈炯明部求和。

是夜,鱼珠炮台叛军知照海军司令,限海军于本夜12时前退出黄埔。海军将士闻知,愤激异常,"海圻""海琛""肇和"各舰将士举代表晋谒,请求速下攻击鱼珠命令,俾可先发制人。在得知海军将士士气振发,可以一用后,即下令"命海军即向鱼珠、牛山各炮台射击";又命海军陆战队及各司令所部陆军,由海军掩护过江,同时进攻鱼珠、牛山两炮台。叛军见海军将士奋勇强毅,拥护孙中山,非可威逼,故复来请罪求和。(蒋介石:《孙大总统广州蒙难记》,第19—20页)

△　翁式亮、杨坤如电告,梁鸿楷部第一师宣言脱离北伐军。

报称梁鸿楷部第一师宣言脱离北伐军,拔队回惠与驻省粤军一致,此时正在商榷中。(《香港电》,《申报》1922 年 7 月 8 日,"国内专电二")翁式亮、杨坤如之致陈炯明电,进一步报告了具体情形。谓"现粤军第一师梁师长,特派黄指挥德珍来韶,代表梁师全部。现已脱离北伐关系,与驻粤本军一致行动,于上月有日,由赣州经信丰、定南出连平、和平遄返惠州,听候陈总司令指挥、驱策"。其余北伐各部,"并托黄代表代达与本军一致,趋向诚意和平,商榷即在目前"。相信如此粤局纠纷能立刻解决。(《未离恐怖状况之广东》,《申报》1922 年 7 月 12 日,"国内要闻二")

△ 汪精卫、古应芬来谒,次日返港。(《未离恐怖状况之广东》,《申报》1922 年 7 月 12 日,"国内要闻二")

△ 报载黎元洪赞成陈炯明所提的西南附北条件。

报称黎元洪自复职以来,竭力进行南北统一及废督裁兵。关于废督裁兵之办法,他迭次派员赴保定,与直系商量进行,已得到曹锟、吴佩孚同意。此时正在筹划者,就是南北统一问题。西南既然已经"除却孙文",黎元洪对于西南附北之条件,即"决计容纳陈炯明之意思,并拟将此种意思电达曹、吴",以期统一事业之进行。(美:《元首有容纳陈炯明主张说》,《北京日报》1922 年 7 月 3 日,"要闻")

△ 《益世报》载文,称广州事变后,孙中山派全权代表北上,与曹、吴进行接治。而北京政府却乘机暗中联络陈炯明,以求统一中国。

文章谈到了广州事变前后孙中山对与直系和谈前后的不同态度:当吴佩孚电促其北上之时,孙氏并无表示;但广州事变后,则仓卒派徐某为全权代表,北上接治一切。徐某已于 6 月 26 日由徐州转陇海路到开封,先向冯玉祥商议,请电告保定曹锟、吴佩孚方面为之先容,得到肯定回答。随后徐某 6 月 29 日到保,谒见曹、吴二人。据闻孙已表示让步:"苟全国能办到联省自治,彼即可相率西南与北方议和,以促成统一之局。"但是,直系与北京政府虽然表面上欢迎孙派代表北上和谈,实际上却乘机力图与陈炯明达成统一。所定方针,系任命陈炯明长粤,办理该省善后,诸事完竣,再行电邀来京,予以相当位置。据说此种主张为保定方面所授意。黎元洪中央政府经过仔细研究,致电陈炯明,即系征求其意见,听闻"前途若无阻碍,一二日必来复电,一俟复电到京,当可公布"。但是西南各界却为孙中山鸣不平:"迩来西南各界函电交驰,金谓中山总由法律手续下野,亦因其素忠主义维持西南,且曾两次担任元首,确应予以体面,不可坠井下石,过事穷追。"(《关于粤事之最近消息》,天津《益世报》1922 年 7 月 3 日,"要闻一")

　　△　报载港报消息:温树德等舰长联名否认汤廷光有代表海军媾和之权。(《粤局又见紧张》,长沙《大公报》1922 年 7 月 3 日,"中外新闻")

　　△　报载孙中山认为此次来粤被选为总统,共用去各种运动银五六百万元,如非偿还此款,将不予辞职或离粤。有人提议,粤政府宜以此银数给孙氏作为游历外国之用。(《外报所纪之消息》,《申报》1922年 7 月 3 日,"国内要闻二")

　　△　报载本日粤军将领在白云山会议,决定限孙中山二十四小时离粤,以定粤局。(《香港电》,天津《益世报》1922 年 7 月 7 日,"专电")

　　△　由粤来沪国会议员本日发表宣言,否认赴京集会。对此,《中华新报》载文予以批评。

　　文章指出:由粤来沪之国会议员开谈话会决定发表这一宣言时,还有多位议员未到场,当然不能代表在沪议员全体之态度。认为即就宣言所提的反对北京所开的 6 年国会和反对黎元洪的总统地位的两个反对赴京的理由看,也有些站不住脚。因为由粤来沪国会议员如不赴京集会,只能当作放弃职权理解,尤不利于影响政局。文章认为,凡反对赴京集会者,都是自命为拥护孙中山的。但是,如果真的拥护中山,就尤其应当结成团体奔赴北京,运动当时在京的前西南各派,协商大联合方法,以应付国家的新局面。况且,如果放弃北上,采取消极抵制的办法,岂不是等于说已以孙中山当时在粤的局面为满足,或者以永远限制孙中山的活动范围在广东作为理想,结论如同北京政府对于当时法律地位的解释一般。建议通过国会议员开会,解决法律地位问题,认为议员不北上实乃放弃权利,是一种不负责任的表现。(一华:《告在沪议员》,《中华新报》1922年7月4日,"论说")

△ 报载粤港舆论不满陈炯明叛乱的原因,部分出于孙中山在香港的机关报《香港晨报》《大光报》宣传的结果。(《孙陈未战前广州》,长沙《大公报》1922年7月18日,"中外新闻")

△ 广东省议会全体议员联名致电北京政府,宣布取消粤省自主与南方政府。(陆:《统一前途之有望》,《北京日报》1922年7月5日,"要闻")

△ 报载陈炯明部连日调大军北上,堵截回粤救援之许崇智北伐军。由于粤北各属大批商民涌向省城,"扶老携幼,极为拥挤,为向来所未有";加上粤军两批伤兵由韶关不断运抵广州医院救治,推测南雄已有战事发生。(平:《北伐许军回粤开战说》,《申报》1922年7月14日,"国内要闻二")

7月4日 任命徐树荣为别动队司令,守卫黄埔。(《香港》,上海《民国日报》1922年7月5日,"本社专电")

△ 晨,汪精卫来谒,劝告不要对抗。据说中山态度有所和缓。(平:《凄风惨雨之广州》,《申报》1922年7月10日,"国内要闻二")

△ 广东全省地方自治维持总会刘学询、梁致广等,集会议决应付粤局六条办法,并电请孙、陈双方息兵言和。

会议议决应付粤局六条办法如下:(一)致函粤军海军长官,务须实践前约,不可再开兵衅,以保安宁。(二)请孙中山、陈炯明两方各派代表,迅与各界会商,解决时局纠纷,"务期息事宁人,共维桑梓"。(三)由魏邦平组织一行政会,以共谋人民之治安,亟挽危局(省长一席,因陈炯明坚辞不就,并将议会请任书退还,群龙无首。和平维持会连日开议省长,属意于汤廷光、魏邦平二者取一,众极赞成。只是报纸纷传二人急欲求去,未审结果如何。故有此提议)。(四)请孙中山明令北伐军队双方停战,各返防地听候和平解决。(五)请陈炯明通饬粤军一律退驻广州市外,其市内治安归警察完全负责。(六)海军舰队亦不可驶入省河,以定人心,免生误会。

与此同时,会议决定电请孙中山、陈炯明息兵言和,解决危机。电谓:民国成立到现在超过十一年,广东龙济光去莫荣新来,战争叠见。粤军驱除桂人后,即闻共有共治共享之宣言,凡我粤人均以为可以走出水深火热之中了。不料孙、陈事变起,兵连祸结。敝会代表民意,曾发表通电,解决危局。"以中山先生护法南来,现值东海下野,中央恢复国会,尊崇法治,请北京政府派员奉迎北上,共谋国是。停止各方用兵,静候和平解决。竞存先生虽甘高蹈,然眷怀袍泽,缨冠往救,义亦难辞。况兄弟阋墙,有何不了之事,自无不解之冤。务恳分饬各军,互相让步,各派代表会议磋商,征集民意,挽此危局。"(《粤垣二次开战中之两团体》,《申报》1922 年 7 月 17 日,"国内要闻二")

△　报载李烈钧代表徐元诰来访黎元洪、颜惠庆,要求处理西南问题应用协调手段,而不能用强迫命令之办法,对于西南政府的取消应尊重孙中山的意见。具体而言,首先,要求总统就职应"经过西南护法派所主张之手续",此后"如欲取消西南政府,亦当用协调手段,若欲以命令行之,则终归于失败"。在该问题上,必须尊重孙之意见。其次,李烈钧惟知有国家而不知有他,如果北京政府允许江西自治,同时对于大局问题采用协调手段,那么其决不会提出过分要求。(《西南要人纷纷表示态度》,《中华新报》1922 年 7 月 6 日,"时局要讯")

△　十四省以上国会议员凌钺等、广东国民大会分别电请剿灭陈炯明。(《广东国民大会电》,黄季陆主编:《重建广州革命基地史料》,黄季陆主编:《革命文献》第 52 辑,第 205－206 页)

△　国民党湖南支部萧翼鲲等电请剿灭陈炯明。(《全国共弃之陈炯明》,上海《民国日报》1922 年 7 月 11 日,"要闻")

7月5日　拒绝陈炯明再次求和;同意魏邦平调停办法。

是日,陈炯明再次派钟荣光持函到"永丰"舰求和,遭到严词拒绝,(陈锡祺主编:《孙中山年谱长编》下册,第 1478 页),并在陈炯明的求和函中批示:"能恢复政府,陈亲出谢罪,叛军悉退出广州,可赦。"(《广州》,上海《民国日报》1922 年 7 月 8 日,"本社专电")魏邦平旋又派人登舰商议调停,其办法为:"第一,逆军退出广州省城;第二,恢复政府;第三,北伐军停止南下。"孙中山表示同意,陈炯明却无诚意实行。(蒋介石:《孙大总统广州蒙难记》,第 21 页)

同日,外人报纸分析,陈炯明向孙中山表示和好原因有二,但双方和解仍有困难。英文沪报广州电称,陈炯明致书道歉,请释前嫌,复相和好,主要因为:(一)双方力量对比发生了变化。由于孙之北伐军已自赣开回,而陈之部下复起内讧,致身陷危境,不得不屈服。但陈暗中仍尝与北方联合,拟袭击北伐军之后而歼除之,且拟置孙中山于死地,这些均有文件为证,故调和之举殊形艰难。(二)拘禁廖仲恺于广州兵工厂,为舆论所非难,被视为"无殊前清"之野蛮行为。廖在伍廷芳、唐绍仪任政务总裁时曾任次长,且与陈在孙手下共事二十余年,向目陈为至交,此次因赴惠州任调人,触陈之忌而被逮。汪精卫等要求开释廖氏,陈如果不先开释廖氏,求和之请难望有效。(《陈炯明向孙中山屈服说》,《申报》1922 年 7 月 7 日,"国内要闻二")

△　孙中山代表徐谦到保定,关于其行踪及任务要求,不同报纸有不同报道。

报载"闻孙文之代表徐谦已到保定,陈述中央但能容纳联省主义,孙氏可不反对统一"。(陆:《统一前途之有望》,《北京日报》1922 年 7 月 5 日,"要闻")而上海《民国日报》则称,徐谦系在陈炯明事变之前离粤,"现在是否已赴保定及有何任务,均未明了"。(《总统并无代表在北京》,上海《民国日报》1922 年 7 月 5 日,"本埠新闻")

△　报载受徐谦、徐元诰等活动影响,北京政府内阁方面决计仍由张国淦兼署。

内阁问题传说不一,原定由王毓芝担任,又变为张国淦兼署。媒体推测,"盖以南方代表若徐谦(孙文之代表)、徐元诰(李烈钧之代表）均已苤止，而湖南又转瞬取消自主，若任王为内长，非惟无以对谭延闿，亦且示人以不广。故决计仍由张国淦兼署，一面电促谭来，张氏辞呈闻已退回，目今内阁似可无差。"（陆：《二徐到后之内阁问题》，《北京日报》1922 年 7 月 5 日，"要闻"）

　　△　孙、陈两方争夺长洲炮台日亟，海军部长汤廷光出面调停无效。

　　关于双方争执的经过，陈炯明政变后，沿江炮台东自鱼珠，南至虎门，多为陈军所占，惟独军事地位重要的长洲炮台，仍在孙派陈策等人手中，并将过往船只米石扣留。陈军遂有进驻长洲之动议，但遭到强烈反对。海军汤廷光以为炮台若由陈策据守，"则徒助长谣言，甚非保护治安之道。若任粤军进驻，则彼方亦不相信，宜将该炮台完全提出，交付海军保管"。当时双方以为办法持平，均即答应。但当汤廷光往该炮台拟先将大炮撞针收缴时，孙军忽然反悔，推翻前议，仍无结果。（《未离恐怖状况之广东》，《申报》1922 年 7 月 12 日，"国内要闻"）因调停未果，汤廷光当天即将眷属迁往广州河南，并自行赴港。舆论由此认为："孙、陈已无调停之望。"（《孙陈已无调解之望》，《京报》1922 年 7 月 11 日，"中外要闻"）

　　△　报载齐燮元电劝陈炯明取消西南政府。粤中孙、陈之相持不下，苏督齐燮元因此电陈，劝其乘机通电全国，"取消西南政府，以杜孙文之野心，共谋南北之统一"。（大：《齐督电劝陈炯明》，《北京日报》1922 年 7 月 5 日，"要闻"）

　　△　报载张继、孙洪伊代表主张，谋南北妥协不得排除孙中山。

　　据称张继、孙洪伊二人近日派两代表入京，就国会问题与黎元洪接洽。其主张之要点为：南北妥协若不成立，则南方议员等北上殊属不便。孙中山作为护法派之领袖，"在西南各省今尚有势力，故欲除去孙氏而谋南北妥协，殊觉不可"。（《西南要人纷纷表示态度》，《中华新报》1922 年 7 月 6 日，"时局要讯"）

　　△　《中华新报》载文，称陈炯明负心反叛孙中山，实欲领袖西

南,密谋已久。

文章披露陈炯明与吴佩孚携手,以及萧耀南、陈光远之归附于陈炯明,是其之领袖西南野心膨胀的结果,孙中山的广州政府自然成为其实现自己领袖野心的障碍,而必然要予以消灭。吴佩孚派包兰有携函往粤,拜谒陈炯明,认为解决中国时局,只有南陈与北吴携手,诸事才可迎刃而解。陈遂派马育航赴保定与吴佩孚协商。拟等条件确定,陈"遂毅然置孙中山于死地"。更由于萧耀南、陈光远归心于陈,所以陈炯明把江西看作自己无上之奥援,自以为"奄有两广,再有江西、湖北之助,外有吴、陈之携手,再挟粤、赣、鄂之力以控制湖南,西南领袖舍我其谁"。于是孙中山及广州政府即成为其眼中钉、肉中刺,认为如果不将之去除,终究不能自由行动。于是,陈家将消灭孙中山与广州政府的计划着着施行。

文章指出,陈炯明破坏粤局的计划,系分步骤进行。其第一步,为"烧总统府、杀死邓铿"。第二步,借刀杀人,嫁祸于洪兆麟。孙中山回粤后,陈觉民亲来上海,与吴佩孚方面接洽,马育航又赴保定,所订条件就有如限 6 月 15 日前驱逐孙中山,于是 15 日夜即有图攻总统府的行动。按照计划,如湖南兵攻总统府,假设中山中炮身死,陈炯明即"率陈家军密布省城,痛哭流涕为中山举哀。将杀死总统罪名全加于洪兆麟、李云复及湖南兵士之身,执杀洪、李及各湘籍军官以谢天下,将湖南客军加以大逆之罪,得故解散"。因为洪兆麟"异常跋扈,陈久欲除之。今假洪、李除孙,又可除洪、李,反得美名"。其计划周到,一箭双雕。洪兆麟颇知陈用意,"近托人向中山疏通,即为此因"。(《广东事变之本末》,《中华新报》1922 年 7 月 5 日,"时局要讯")

△ 报载旧国会议员刘成在港时来函,宣称将设法维持香港各议员之经济问题。略云:"香港各议员之经济问题,余当设法维持,已经赴沪之诸君,务希始终抱定主张。"(《孙中山安慰议员》,《中华新报》1922 年 7 月 5 日,"本埠要闻")

△ 叶举进攻长洲炮台,魏邦平为维持粤局提出折中条件。是

日,叶举准备进攻长洲炮台。汪精卫因此到省城,与叶举、魏邦平接洽中止此次暴动,并劝魏赴石龙与陈炯明见面,以便缓和广州之局势。(《上海快信摘要》,长沙《大公报》1922 年 7 月 11 日,"快信")魏邦平为维持粤局计,除派员与叶举疏通外,又提出三个折衷条件:"(一)总统府与总司令部同时恢复,各泯猜嫌。(二)省城划为自治区,以警察队维持治安。(三)陈军于三日内退出广州,北伐军亦不回省。"旋以孙中山否认此议而作罢。(大民捷:《孙陈不两立之粤局》,《北京日报》1922 年 7 月 12 日,"要闻")

　　△　北京政府筹议南北统一,拟将孙文、陈炯明双方之意见,均设法容纳。

　　报载孙中山已将协助北方进行统一之意见,交汪精卫携往北京与中央政府直接磋商。(《北京电》,天津《益世报》1922 年 7 月 8 日,"专电")而对于南北统一之事,自孙中山、陈炯明各派代表北上后,政府对于两方面之来意,均拟设法予以容纳,并交有关机构筹议。而对于召集元老会议之办法,则拟通电西南六省以征求意见,希望有所采择。与此同时,广东省议会暨各团体等,又有赞成统一、主张取消广东政府的两道通电到北京。(民:《统一之预备会》,《北京日报》1922 年 7 月 6 日,"要闻")又报载,北京政府当局以广东省议会及各团体来电,赞成恢复法统,决定"除由政府派员邀孙外,尚拟由京中各团体出名,电挽孙氏北上"。5 日阁议对此进行了讨论,随后交北京团体具名向孙中山发出通电。商会、教育会等各团体,也拟一面派专员南下,一面邀请孙氏北上,旅费等项则由政府代筹。(《黄陂再邀中山北上》,《中华新报》1922 年 7 月 9 日,"时局要讯")

　　△　墨西哥那罅国民党来电,请讨伐陈炯明。(《华侨请一致声讨叛军》,上海《民国日报》1922 年 7 月 7 日,"要闻")

　　△　上海天潼、福德两路商界联合会会长陈广海等,电请孙中山停止调和,讨伐陈炯明。(《商界劝总统坚决讨逆》,上海《民国日报》1922 年 7 月 7 日,"本埠新闻")

△　旅沪赣人来电,请停战言和。(《旅沪赣人要求停战之哀声》,上海《民国日报》1922年7月23日,"本埠新闻")

△　美洲国民党总支部电请讨伐陈炯明。(鲁直之、谢盛之、李睡仙:《陈炯明叛国史》,第260页)

7月6日　致书促北伐各军从速回粤定乱,与叛军周旋到底,并稳住在粤海军。

孙中山致书前敌各将领,令各军从速回粤定乱。时海军受陈炯明贿赂,渐有动摇趋势,海军司令温树德态度益形暧昧。遂言:"我辈既为国牺牲,当置死生于度外,方寸既决,逆军其如余何?"又对随员谓:"当此危疑震撼之时,吾人惟有明断果决,支此危局而已。"是晚,"海圻""海琛""肇和"三大舰突然熄灯,人心摇惑。孙中山则起居如常,泰然不动,兵士因之渐归镇定。(蒋介石:《孙大总统广州蒙难记》,第22页)关于北伐军回粤一事,陈炯明闻讯颇为焦灼,已电令洪兆麟以武力夺回长洲炮台,借以控制黄埔;并飞电翁式亮、杨坤如各部,速行分兵出发,堵截各路回粤军队。(民醒美:《粤惠战云之日迫》,《北京日报》1922年7月6日,"要闻")

△　报载对日报记者发表谈话,称将与逆军抗争到底。

《东亚日报》称,孙中山对某日报新闻记者谈话如下:"爱国者不可屈伏于不正当之势力之一语,人人当知。"他说为维持正义起见,虽牺牲自己的生命亦在所不惜,自己"将为中国捐躯,且愿为世界而死"。对于逆军的行动,表示自己决不因强力所迫而宣布辞职。何况自己之部下仍在尽忠支持,自己一定会想出办法"以对付逆军"。(民醒美:《粤惠战云之日迫》,《北京日报》1922年7月6日,"要闻")

△　黎元洪来电,并派人携书南下邀请孙中山北上共商政局。

为共筹解决时局及统一各问题,黎元洪连续来电邀请北上,并派白逾桓携带亲书手翰,赴黄埔迎驾。(《黄陂再亲书邀孙北上》,《北京日报》1922年7月7日,"要闻";《黄陂致孙中山之又一函》,《泰东日报》1922年7月13日)

△ 卢永祥代表邓汉祥赴惠州谒陈炯明,意在调解孙陈冲突。(《香港电》,《申报》1922年7月8日,"国内专电二")

△ 陈炯明派邱哲赴香山迎唐绍仪出山。(《香港电》,《申报》1922年7月8日,"国内专电二")

△ 洪兆麟谈话称将竭力调停孙、陈关系。

对于时局主张,洪谓:自己在上海得知广东变乱事,曾"飞电孙前总统,请恢复陈总司令职以救时局",并未得到孙之复电,即料到事机必定变坏。他认为孙、陈俱是好人,而偏为小人所误,十分可惜。无论是叫自己扶孙攻陈抑或助陈攻孙,均做不到,但不认为孙免陈职是好办法。因为陈之部属均听命于陈而非越级服从孙总统。洪赞成请孙下野以践前言,但不同意陈武力解决办法。洪不认为自己劝谏孙中山会生效,"因孙先生性情太强硬,不肯听人言的"。而且之前又有孙中山调令第一师出发,而第一师人员又恰遇内争,因怕分裂而未敢出之芥蒂,估计孙必疑自己反对他而不相信自己的话。但无论如何,自己均必尽力斡旋二人隔膜,以使粤局免于糜烂,因此决定设法保全。(《洪兆麟之调停孙陈说》,长沙《大公报》1922年7月19日,"中外新闻")

7月7日 接见洪兆麟之来使和魏邦平,声言叛军如有诚意,以行动悔过自新,否则自己决不妥协。

是日,洪兆麟派陈家鼐持函上舰谒见,言彼拟与陈炯明同来谢罪,请孙中山回省城组织政府后,再任陈炯明为总司令。不久魏邦平又复来舰,请求发表宣言,责备陈军将领。孙中山指出:"陈军甘心叛逆,责备何为? 如其果有悔祸诚意,则可另予其自新之路,先使其广州附近军队,退出百里之外,以免人民遭殃;以广州完全归还政府,然后再言其他。否则,宁为玉碎,不愿瓦全。吾为国会选举之总统,不愿为叛逆军队拥护之总统也。"(蒋介石:《孙大总统广州蒙难记》,第22—23页)

△ 报载孙中山势力又将稍稍恢复,陈炯明派之人员多散去。陈现拟将逐孙一事,完全推在叶举身上。现已赴惠州,率军北上抵御

许崇智部。(《北京电》,天津《益世报》1922 年 7 月 8 日,"专电";《广州之时局》,《申报》1922 年 7 月 8 日,"特约路透电")

△ 中午,叶举赶赴英德,据说是为了亲自指挥陈炯明的部队,抵抗回师广州支援孙中山的许崇智和黄大伟的北伐军。(广东省档案馆编译:《孙中山与广东:广东省档案馆库藏海关档案选译》,第 317—318 页)

△ 孙中山总统府秘书长谢持任命王棠为筹饷委员。("中华民国"史事纪要编辑委员会编:《中华民国史事纪要(初稿)——一九二二年七至十二月》,第 28 页)

△ 否认赴浙与卢永祥联合组织联邦自治政府;对广东局面表示乐观。

5 日,海关档案载:来自海军方面消息,孙中山同意离开广东,但拒绝宣布辞职,他准备仍以总统和陆海军大元帅的名义,将乘"海圻"号巡洋舰前往浙江,并将其大本营迁到西湖,与浙江督军卢永祥、淞沪护军使何丰林和奉天之张作霖进行合作。(广东省档案馆编译:《孙中山与广东:广东省档案馆库藏海关档案选译》,第 316 页)7 日,报载关于在浙江设联邦自治政府,将以其为首领之说,孙氏答某要人之问曰:"在上海之余之部下,或与卢永祥计议此举,亦未可知。然余向来关于此项问题,从未加以甚深之考虑。余之希望,如北方果有诚意恢复旧国会,则正正堂堂从事于总统选举运动。关于广东时局,则不日依许崇智之归来,挽回形势,易如反掌,颇抱乐观。"(《孙中山将从事选举运动》,《中华新报》1922 年 7 月 8 日,"时局要讯";《孙中山否认与卢永祥联合》,《京报》1922 年 7 月 9 日,"中外要闻")

△ 强调下野与离粤之区别。

报载粤省绅商往黄埔来谒,请下野离粤。答曰"下野一事,离粤又一事,我月内必离粤,但离粤非即下野,我之政府,往杭往沪,无不可设。子不见浙卢、沪何欢迎我之新闻乎"。(《香港电》,天津《益世报》1922 年 7 月 11 日,"专电")

△ 报载南方议员在沪筹备组织法统维持会,宣言否认北京国

会,与北京议员对抗。

沪筹备组织法统维持会,因全国命运之濒危,为维法统于垂绝,希望全国同志"力予赞助,共挽狂澜"。(美:《北京国会之阻力》,《北京日报》1922年7月8日,"要闻")

长沙《大公报》对此有进一步的报道:"中华民国之法统在创始开国之约法,约法规定制宪之职权,在第一届正式之国会。国会职权之行使、议员职权之得丧,皆根据于法律,非何种命令所能支配。"如要约法完全有效,"义在实行主权在民之旨,与民贼独夫势不两立,岂复容其假借伪托"。而黎元洪乃"待罪之人,忽承王家襄、吴景濂等之私戴,篡窃总统,僭行职权,招致业已解职议员冒充国会"。旅沪国会同人第一次宣言已昭告天下,希望中国全国同志,顾及全国命脉之濒危,维护法统于垂绝,力予赞助,以共挽狂澜。(《孙派议员在沪之行动》,长沙《大公报》1922年7月11日,"中外新闻")

△　旅沪国会议员通电,请剿灭陈炯明。(《孙派议员在沪之行动》,长沙《大公报》1922年7月11日,"中外新闻")

△　报载,美洲国民党电请讨伐陈炯明。(《华侨请一致声讨叛军》,上海《民国日报》1922年7月7日,"要闻")

△　广东各界和平维持会来电,推汤廷光长粤。(《广东和平会之和平运动》,《申报》1922年7月15日,"国内要闻二")

△　赵守范来函,愿筹巨款以助所倡之三民主义。

函中追忆与孙中山在天津同舟相识之经过,解释此后未能继续联系之原因。末谓自己对孙中山所倡的三民主义极表认同,愿筹巨款以助成之,如果承蒙俯纳,请先赐示谕,以便面陈一切。有趣的是,在他人代孙中山的回函中说,自己不认识赵氏,因为其五年前也并未到津,同舟之事恐怕是错误的,但如果赵氏愿意捐巨款,可与上海方面的张静联系。(《赵守范上总理函》,环龙路档案第01211号)

7月8日　接许崇智本月2日由南雄来函,始知北伐各军已集中南雄,并悉朱培德总司令所部之滇军,奋勇尤甚,深为欣慰。(蒋介

石:《孙大总统广州蒙难记》,第24页)

△ 报载孙派开始实施三路联合攻陈计划。

是日,扼守黄埔,以待各路军队之响应。嗣知许崇智攻下韶关,张开儒已攻肇庆,乃令刘震寰、黄明堂合攻三水,并令三路即日齐赴。孙则依陈策之建议,搭乘"肇和"军舰,率领黄埔陆战队驶抵沙面,直攻东堤,水陆夹攻,交通断绝,陈炯明乃变得孤立。(《孙文还要攻击广州》,长沙《大公报》1922年7月18日,"中外新闻")

△ 夜,"海圻""海琛""肇和"三巡洋舰叛离黄埔。

陈炯明指使海军投降将校吴礼和、刘大同、何子奇等以重贿收买海军"海圻""海琛""肇和"三大舰叛离黄埔。孙中山闻报,即命其余各舰自黄埔上驶,经海心冈驶往新造村附近,掩护长洲要塞,以防叛军袭击。(蒋介石:《孙大总统广州蒙难记》,第24页)孙氏知黄埔方面形势之变化,特统率"永丰""宝璧"等军舰四艘,移泊他所。(《孙文在黄埔之败耗》,长沙《大公报》1922年7月16日,"中外新闻")到达新造村附近,倚借长洲作为屏障,以避免炮弹轰击。(《广州省河又起剧战》,《申报》1922年7月16日,"国内专电二")

△ 报载对自己的革命历史以及时局发表谈话。

首先,谈到自己鼓吹革命及手创并维护中华民国及其主权的历史。谈话宣称,"中华民国,为予所手造"。在众人皆睡之际,只有自己"不恤冒天下之不韪鼓吹革命,将国家主权自满清手中夺而还之四万万国民"。然由于甚属幼稚之国民不能自保主权,故不能不奋不顾身与民贼恶斗,从而把民权一次次从袁世凯复辟和临难的黎元洪手中夺回。

接着,谈到自己的奋斗目标以及对真正同志的需求。认为,"争真正之中华民国而建设之"是自己奋斗的目标。为实现这个目标,需要避免社会动乱,并需要众多"不顾身家性命,爱护中华民国"的同志追随。如果有人想要自己抛弃本来的宗旨,那是"虽灭死万万不能从"的。鼓励大家不要谈论失败,要有必胜的信心。

谈话强调自己不崇拜势力,只把真正爱国者视为同志,只想得到真正道义上可以托付事业的同志,并希望他们阅读并详加研究自己对于时局主张所发表的宣言,自己对于建设计划所写的著述,以明白自己的心迹所在。编者评论称,"盖南方中心,实在孙氏。历次之谋统一者,欲舍孙氏而他求,无一不归失败。盖孙氏既有一身革命之历史,百折不回之事业。人之信孙氏实为国家元气所在也"。

对于陈炯明的性格与地位,也提出了清楚明确的看法。其言曰:"竞存为予数十年患难之同志,然其人好名而喜总揽一切,彼之成功予实赞助之,彼之名誉予实造成之。无论公谊私情,彼实不能离予而独立。否则予失败于广州之日,即竞存人格破产于天下之时,予失败终有恢复之日,竞存人格破产则永无见谅之时。"文章对孙陈关系发表评论道,"由此观之,竞存之不能终离孙氏而独立,亦在意料之中。否则,必将失全国志士之同情,而终归于失败"。全文最后结论是,"北京若欲以发号施令方式收其功,真是玄想。惟有切切实实作真爱国之携手,庶几有望"。(包世杰:《解决时局之我见》,《京报》1922年7月8日,"投书")

△　粤军将领在白云山集会,决议不承认孙中山所提之下野条件。(《上海快信摘要》,长沙《大公报》1922年7月15日,"快信")

△　黎元洪就统一问题发表谈话,称"统一之先决问题莫过于孙中山之待遇问题"。

报载黎元洪近日异常沉闷,希望统一心情迫切。本日曾对左右云:"现在统一之局势,若就我个人意见进行,未尝不能早日统一,且统一之先决问题,莫过于孙中山之待遇问题,其次则为江西问题。"黎元洪认为,对孙中山不能轻视,并希望各派与其讲和。他说:"此次中山虽在粤省微受挫折,而中山离粤以后尚率有数支兵舰,而其部下之队军亦不在少数。其对于江西之战事,中山之志愿仍属不小,北方诚不可轻视也。且数十年来,彼始终以革命救国拥护民治相号召,回溯革命之首功,惟中山独坚持到底。我甚愿南北各军区首领一致对中山调和,未尝不能早日告成。"与此同时,北方政府若能得到孙中山的承认,将会产生很大影响。因为一旦得到其承认,则李烈钧、孙洪伊及在沪议员等,一定会北来合作。黎元洪此种意思,早已与保定方面磋商,但至此未得到确切答复,估计是在对于孙中山之待遇问题存在分歧。又云,黎元洪拟将江西让与北伐军作为条件,以早日达成统一之目的。后因某方面还未同意,所以未实行。(美:《黎黄陂之希望统一语》,《北京日报》1922 年 7 月 10 日,"要闻";《孙文之待遇问题为统一关键》,《京报》1922 年 7 月 10 日,"中外要闻")

　　△　蔡成勋密电保定曹锟,请转商洛阳吴佩孚,抽派兵力来南昌进行填防。(醒:《粤赣战云之迷漫》,《北京日报》1922 年 7 月 11 日,"要闻";《陈约吴合力除孙(上海)》,《泰东日报》1922 年 7 月 16 日,"东亚时局")

　　△　报载广东劳动界表示同情孙中山,电灯、水道等业有同盟罢工意。

　　孙中山向往之劳动代表声称,年来对于劳动者拥护其权力,自信不无微劳。而劳动者中也颇有对孙氏表示同情者,如电灯、水道等渐有同盟罢业之形势。(《广东劳动界表示同情孙中山》,《京报》1922 年 7 月 11 日,"中外要闻")

　　△　《申报》载文,分述孙、陈对峙状况以及解决粤局的要求。

　　文章认为:粤省问题和平解决难以实现的原因,是双方态度"仍趋极端"。一方面孙军之实力尚存。因为孙派之张开儒军已抵梧州,而且张部是速觅地盘之必勇的饿兵,粤军因此须分兵防御。而孙派的许崇智部也已由赣州间道回粤,分兵两路,一攻韶关,一取和平。用声东击西之法,以疲粤军之力。再就是蒋介石已经返回黄埔,进行划策辅佐。蒋氏足智多谋,素为孙所器重。孙常谓"宁愿失十万兵,不愿失一蒋介石"。但是,另一方面,陈炯明之粤军在兵力和地势方面,也占有优势。加上张开儒已派代表来粤接洽磋商,孙之北伐军也已多与粤军一致行动。而李烈钧之入赣,志在得赣,必不会回师救援,对粤军不构成威胁。而且,南北统一的局势已经形成,形势应该对粤军有利。但无论如何,粤局都应迅速解决。因为"省城方面,抢掠频仍,若再延年月,更不堪设想"。速解粤局,成为当时大多数人的共同愿望。报称孙中山向北方政府要求,解决粤局必须与己磋商。据《士蔑西报》载广州函称,孙中山致电北京政府,谓遣散北伐军及收束粤省军队各问题应与己磋商,陈炯明不得干预。并宣称,如北洋舰队不归己节制且随己北上,自己决不会离开粤境。(《长洲炮战中之粤局》,《申报》1922年7月13日,"国内要闻二")

7月9日　沙面英美两领事来谒。劝勿糜烂地方,损及外人生命财产,如有意离粤,当可担任使安全出境,被拒。(《广州省河开战续闻》,《申报》1922年7月17日,"国内要闻二")

△　下午,陈军经过周密部署,内运动外夹攻。(《广州省河又起剧战》,《申报》1922年7月16日,"国内要闻二")长洲炮台失守。海军陆战队司令孙祥夫等叛变,反戈相向,引敌登陆。孙因此召集各舰长和陆上部队指挥官开会,决定率舰进驻白鹅潭,以利北伐军回师讨逆和分化陈炯明部,并派陆上部队进攻江门。(鲁直之、谢盛之、李睡仙:《陈炯明叛国史》,第259页)至是,各舰长皆决定驶入省河珠江,义无反顾,不稍屈挠。(蒋介石:《孙大总统广州蒙难记》,第26页)

△　各报载长洲炮台失守,孙中山去向不明。对此,民党方面尚予以否认。(《陈军占领长洲炮台说》,《京报》1922年7月11日,"中外要闻")7月16日《泰东日报》载文,引汪精卫从港来电,并未说到此事,或者认为是北江战事所误;且长洲海陆军守卫森严,地势险要,易守难攻,并无战事。申、新两报所载长洲失守,中山离开黄埔之说不确,系香港陈军捣乱以惑摇人心的表现。(《孙氏离粤未证实》,《泰东日报》1922年7月16日)

至于孙中山离开广州之去向,一说到零丁洋一带,一说赴杭、沪、厦门。关于零丁洋一带之说,《北京日报》载称:9日,叶举复分兵四路,大举围攻长洲,孙"因措手不及,遂逃入军舰,开赴零丁洋一带,与民军朱卓文等联合"。(大民捷:《孙陈不两立之粤局》,《北京日报》1922年7

月12日，"要闻"）关于杭沪说，据香港急电：孙中山乘某号巡洋舰，突然离开黄埔，并有巡洋舰护送，"行踪尚未明了，大抵赴杭沪一带"。据孙日前对广州重要人云，"我为合法国会所推举，我之所在即正统之所在，或杭或沪均足有为"。可见，"孙氏离粤之意早已另有计画"。（大民捷：《孙陈不两立之粤局》，《北京日报》1922年7月12日，"要闻"）舆论之所以聚焦杭州，是因为该时期在沪国会议员与由粤逃沪之国会议员，向浙江之活动积极而有力，大有南国会在杭州复活之势，从而更加增加了孙离粤的决心。（《孙中山行将去粤》，长沙《大公报》1922年7月13日，"中外新闻"）还有的认为，孙中山离开广东北上与开府南京有关。据某方消息谓，孙此次离粤，实与东南形势有绝大关系，因苏督齐燮元与浙督卢永祥意见已渐互为谅解，南京也有建设新政府之酝酿。如今孙氏突然率舰北来，或以开府金陵较诸杭沪可以有为。（大民捷：《孙陈不两立之粤局》，《北京日报》1922年7月12日，"要闻"）

总而言之，媒体推测，孙中山离开广州后，在中国选择的下一个驻节处，可能有福建厦门，浙江宁波和江苏上海三种选择，不过可能性较大的还是上海。据长沙《大公报》称：国民党稳健派已献计孙中山，认为"在黄埔实不成为局势，不如去粤，或在沪、或在杭另以大元帅开府。久处广州必招危险"。此举得到孙的首肯，并自信"沪上多数民党对本身尚竭忠拥戴"。预备乘"海圻"舰离开广州。（《孙中山行将去粤》，长沙《大公报》1922年7月13日，"中外新闻"）该报又称，据一般揣测，孙氏可去之地有三处，"一为福建厦门，一为浙江宁波，一为江苏上海，大约以上海方面为多"。（《孙文在黄埔之败耗》，长沙《大公报》1922年7月16日，"中外新闻"）

△　命令杨虎直接指挥海军陆战队、侍卫队及要塞掩护队。（鲁直之、谢盛之、李睡仙：《陈炯明叛国史》，第257页）

△　电令利介同志汇款应急。（"中华民国"史事纪要编辑委员会编：《中华民国史事纪要（初稿）——一九二二年七至十二月》，第31页）

△　报载，众议院鄂籍议员彭漠遗提议，仿照民国5年黄兴、蔡

锷之先例,开程璧光、伍廷芳、刘建藩及护法诸烈士追悼会,并拟请孙中山来京主祭。(神:《彭漠遗提议开程伍刘追悼会》,《北京日报》1922 年 7 月 9 日,"要闻")

△　报载孙中山对调停人谈话,指斥陈炯明犯上作乱,目的在于与吴佩孚瓜分正、副总统,称决不与下属妥协,自己所争非为广东一地,实为民国正义事业。

关于陈炯明的副总统企图。孙中山自经 6 月 15 夜之剧变,仓促出走,仅以身免,但志气决不沮丧。连日来,省城各界调人到军舰谒见者颇多。据某调人述中山对众宣言云:作为中华民国的总统,今部下欲置己于死地,系因副总统问题而与北方吴佩孚联合,以为陈炯明与吴佩孚分配南北正副总统之张本。如果没有如此大的权利条件,以自己与陈二十余年之关系,不至于下如此这般的毒手。

宣称绝不使陈炯明达其副总统之目的,以保持中国纪纲。孙中山认为,其实陈炯明也极为愚蠢,设其好好助己,未来必能作年逾花甲的自己的接班人,"不但副总统可作,大总统又岂无希望"? 其出此发动叛逆之下策,急欲与吴佩孚瓜分大总统和副总统,合而谋己。自己既已出险,即决不使其达到副总统的目的。不仅陈炯明做不成副总统,吴佩孚也做不成总统。因为吴佩孚上面,还有曹锟。起初孙中山自己决不相信陈炯明有如此糊涂的条件,经北伐军前敌将士在赣州搜出来往电报多通,方能相信。中华民国十余年来,以下犯上成为风气。为保持中国的纪纲,需要对此事严加整顿,否则"廉耻道义绝灭矣,国乱其有已时乎"?

宣称设叛军再来进攻,海军人员将奋起自卫,以为中华民国定一永久强固的基础。谓"我总算做过中华民国总统,如兵舰不能住,我只有死在广东,决不逃往沙面香港,逃往外国兵舰,求外人保护。我既为总统,决不能失中华民国体面于外人"。对于曾为自己部下的陈军在省城、韶关一带奸掠烧杀,身为总统,将来只有将此强盗的军队铲除,以对人民谢罪。又称自己受议院之托而护法戡乱,曾宣言非到

"国会自由行使职权,非明是非、严赏罚,办到确实保障为中华民国一劳永逸之计,予决不去责任"。自己一直提倡逐满革命、建设中华民国,然此时年已近六十,尚不能为民国定一永久强固的基础,实无以面对中国死难先烈及举国之人民。希望诸公知道自己实乃主持正义所在,并非为争广东一方面而为此。(《处境艰危之孙中山》,《商报》1922年7月9日,"要闻")

△ 由魏邦平代向陈炯明提出的和解条件,遭到陈拒绝。

报载魏邦平对于广东省长本有俯就之意,赴石龙谒见陈炯明。及返省城面见孙中山,又竭诚愿任调和。孙中山开出三条件让其转告陈:"(一)要求在粤规复总统府。(二)炯明须道歉。(三)须惩办一二起事军官。"结果陈炯明的答复是,"事难办到"。(《香港电》,天津《益世报》1922年7月9日,"专电")以上各条皆为粤军所不能容纳者,故双方"决无调和余地"。(《长洲炮战中之粤局》,《申报》1922年7月13日,"国内要闻二")

△ 报载许崇智部分兵进逼广州。

许崇智军8日已占领韶关,9日分三路进逼省城,与孙文内外夹攻,广三、广九铁路均已中断,附省各地已尽属于其范围。(民政:《广州真日之战事》,《北京日报》1922年7月14日,"要闻")

△ 傍晚,召集各舰长和陆上部队指挥等在"永丰"舰开会,宣布当前的形势和今后的作战计划。大意是:

(一)北伐军回师广州途中,自己仍应驻在广州,以表示坚决讨逆,激励官兵返旆之心。(二)陈军内部将领有追随自己革命多年者,内心拥护革命,惟是格于环境,实力不充,暂时蛰伏,一俟北伐军前方胜利,他们将从内部起而袭击响应。因此自己实不宜离去广州,致失去领导,甚至会动摇他们的意志。(三)仍留驻广州,对陈军的一切作战部署,都起后方牵制作用,以利北伐军前方进展。(四)决定仍留驻"永丰"舰,等待前方胜利之军队回师,而"永丰"舰应选择一个地点,既可以安全锚泊,又不离广州过远。(五)帝国主义侵略中国的势力,与叛逆军阀占据的范围必存在着一度互相矛盾的地方,我们可以利用,作为暂驻的安全地点。这个地点就是白鹅潭。(六)从新造驶进白鹅潭必要经过险要地区,这就是车歪炮台。该处炮台虽已废毁,但河面狭窄,附近阵地为南石头、东塑和炮台三处,统驻有叛军野战炮队两营,分成掎角之势。舰队通过受威胁甚大。但冲进白鹅潭势在必行,希望官兵们奋勇前进。(七)"永丰""楚豫""豫章"三舰实力较强,随同冲入省河。但"豫章"舰是鱼雷艇,舰身矮,速度快,容易冲过。加以炮械较逊,护身钢板不多,应充当先行舰,免受其他各舰之阻碍。且叛军炮火必集中攻"永丰"座舰,使先行舰更容易冲过。江防舰队如何冲过,由该舰队自己计划。(八)至于陆上部队方面,因广州附近无驻守阵地,应另攻别处,树立根据地。因此着"宝璧""广玉""广贞""广庚""广亨""舞凤"六舰载运部队出发进攻江门。(九)执行命令定于 7 月 10 日上午 4 时,各舰和各部队出发向目的地前进。(胡应球:《孙中山移驻永丰舰经过及以后的活动》,中国人民政治协商会议全国委员会、中国人民政治协商会议广东省委员会、中国人民政治协商会议广州市委员会文史资料研究委员会合编:《孙中山三次在广东建立政权》,第 203 页)

7 月 10 日　早,率"永丰"舰等攻击车歪炮台,进驻白鹅潭。

蒋介石以长洲炮台失陷,无险可恃,力劝孙中山率各舰驰往省河,乃即率领各舰,随侍通过车歪炮台时,陈军以野炮轰射"永丰"舰,舰中六弹,然卒脱险进驻白鹅潭。(刘绍唐主编:《民国大事日志》第 1 册,第 216 页)

据蒋介石事后详细、具体的回忆,"是日凌晨 2 时,孙中山命'永丰''楚豫''豫章''广玉''宝璧'等舰由海心冈驶至三山江口。拂晓,乃命各舰试射车歪炮台叛军阵地,叛军发炮还击。孙以民国存亡在此一举,实属有进无退,乃于 9 时 30 分下令,先以座舰'永丰'率先前进,然后再命各舰鼓勇直前,速向炮台猛击"。船驶至炮台附近,"叛军野炮由四面八方向'永丰'诸舰发射。'永丰'中弹,船身震动,其余各舰皆受微伤"。在双方激战时,孙中山站立甲板上,不为所动。"蒋中正、谢心准等随侍孙中山身旁。侍卫副官黄惠龙、马湘等持枪向两岸叛军发射。"各舰至车歪炮台时,有无线电声音告诉谢心准说:"顷接省河诸大舰电,谓已闻炮声,知大元帅且至,乞示现在何处?以便出省河欢迎。"谢心准觉得此电甚为突兀,因此向孙报告。孙令"可即复以大元帅现在炮声所在之地,省河诸舰,不必离开,即在省河截断敌人海上交通为要。"过了二十分钟,"诸舰旋相继通过炮台,直入省河白鹅潭集中,'永翔''同安'二舰亦随即来归。"因此得以化险为夷。(蒋介石:《孙大总统广州蒙难记》,第28页;罗家伦主编、黄季陆增订:《国父年谱(增订本)》下册,第987—988页)

△ 接见粤海关英国夏税务司,抗议其干涉行为。

据载,长洲炮台失陷后,是日早上率领"永丰""宝璧"等舰驶入白鹅潭,攻击车尾(歪)炮台。互战约一时,炮台陷落,只是双方皆不敢派兵守卫炮台。(《上海快信摘要・十一日香港电》,长沙《大公报》1922年7月17日,"快信")之后广州粤海关夏税务司登舰来谒,以白鹅潭为通商港口和毗邻沙面为借口,提出舰队须驶离白鹅潭和舰队人员离粤的无理要求。孙以此为中国人领土,中国人可往来自由,无所谓"避难",指责夏税务司无权出此言,声明自己"生平不服暴力,不畏强权";"只知正义与公道,决不受无理之干涉"!夏乃默然如礼告辞离去。(蒋介石:《孙大总统广州蒙难记》,第28页)

△ 复函汤廷光,表示愿意和平解决粤事。

海军总长汤廷光函请停战,遂复函谓:"专制时代,君主尚能死社稷,今日共和国家,总统死民国,分所应尔。如叛徒果有悔祸之心,则和平解决,吾亦所愿也。"(蒋介石:《孙大总统广州蒙难记》,第28—29页)并允愿调和,嘱觅洪兆麟、魏邦平到舰面商。闻汤得复后,偕洪兆麟、魏邦平、熊略等三人同往"永丰"军舰谒见,请示意见。孙历谈长洲被逼种种经过情形,不胜愤慨,旋谓此次攻击车尾炮台,实被迫为之。至于所提之条件,仍颇为坚决,经由洪兆麟等携往,拟等送往陈炯明、叶举商酌妥当后,再行谒疏解。(《炮声停后之广州状况》,《申报》1922 年 7 月 16 日,"国内要闻二")

△　报载要求陈炯明不任省长、叶举退出广州为调停条件。对此,前者已接纳,后者则坚决不允。(或:《尚难妥协之孙陈和平条件》,《北京日报》1922 年 7 月 10 日,"要闻")

△　报载孙中山动员省城各工人罢工。

是日晚,市电力公司的工人举行罢工。据说,这些技工此次罢工,纯粹是孙中山的奸细从中收买所致。机器工人工会的头目,数天前已逃离广州。(广东省档案馆编译:《孙中山与广东:广东省档案馆库藏海关档案选译》,第 319—320 页)

对此《申报》有进一步的记载,盛传孙中山动员省城各工人罢工,如电灯、自来水、电话、火车等行业工人一律同时罢工,以图抵制。9 日于某处秘密会商,同时又密集民军于广州河南举行起义。而通过向工人方面详细调查,却告知"确无此事,现闻工人将通告声明,谓工人决不参与政争,受任何方面之运动"。(平:《凄风惨雨之广州》,《申报》1922 年 7 月 10 日,"国内要闻二")7 月 11 日报载,广州电灯公司职工爆发同盟罢工,并有蔓延他界之兆,刻下形势时趋恶化。(《广州形势日趋险恶》,《泰东日报》1922 年 7 月 20 日)与《申报》报道不同,《北京日报》报道,"广州各工党约有四五千人均与孙氏表同情,已于本日(11)实行罢工,省城人心极为浮动"。(《北伐军回韶与广州之形势》,《北京日报》1922 年 7 月 13 日,"要闻")

△　所部停留广州沙面。外人阻止舰队炮击沙面。(《孙中山尚在广州沙面》,长沙《大公报》1922 年 7 月 17 日,"中外新闻")另一说,陈炯明军攻击孙中山于黄埔,后者遁身于美国军舰。(《孙中山遂遁于美舰(广州)》,《泰东日报》1922 年 7 月 12 日,"东亚时局")

△　分别复电芝加哥暨大溪地国民党分部,告以捐款收到,并盼继续协助军饷。("中华民国"史事纪要编辑委员会编:《中华民国史事纪要(初稿)——一九二二年七至十二月》,第 74—75 页)

7月11日　马林在莫斯科向共产国际执行委员会报告他在中国工作的情况,充分肯定孙中山及其领导的国民党,希望共产国际加以支持。

马林在向共产国际执委会的报告中指出:"孙中山长期和工人有接触,特别是在广东省和华侨之中。他的党的领导者们在广州支持工会,在罢工中常站在工人一边。""国民党的党纲使得这些各种不同的团体都能加入进去,它主要的性质是民族主义的。它有三项原则:反对外国统治;争取民主;争取公民的人的生活。最后一条由孙中山和与他意见相同的人解释为社会主义。1920年,孙中山发表了一本论中国经济发展的书,其中包括他的国家资本主义的经济计划。他在序言中声言,这种国家资本主义经济可以通向社会主义生产形式。孙中山希望依靠外国贷款来发展中国,但要求排除所有外国对中国事务的干涉。"马林在报告中要求共产国际支持孙中山和国民党,并采取措施,促进国共两党合作的实现。(《马林给共产国际执委会的报告(1922年7月11日)》,《马林在中国的有关资料(增订本)》,第16页)

△　报载率舰队及陆战队占领车尾炮台,并于河南布设阵地,准备攻击省城。(《孙文还要攻击广州》,长沙《大公报》1922年7月18日,"中外新闻")

△　旅沪广肇公所致电唐绍仪、魏邦平、汤廷光,历诉广东险状及人民痛苦,请求救助方法。(《广州形势日趋险恶》,《泰东日报》1922年7月20日)

△　北伐军与陈炯明部交战于韶关,双方在全省各地布置对垒。

是日,三路北伐军均与陈炯明接战。双方接触后,右翼滇军占领白虎坳、黄冈岭、鸡公岭等要地,迫近韶州外之帽子峰;中路赣军迫近流塘、下长坝一带,向高地之敌实行攻击;左翼许部孙旅迫近东锡窟前背一带。然因陈军凭借坚固工事进行顽抗,北伐军猛攻数日未能攻破,转成相持之局。(邹鲁:《中国国民党史稿》,第1104页)14日报载详细战况如下:北伐军回师袭击韶关方面者,计有许崇智所部六千人,李福林所部三千人,滇军二千人。其黄大伟军为维持江西治安,留驻吉安附近。陈军对抗之布置,大概如下:韶关以南、粤汉铁路沿线,有叶举、陈炯光、翁式亮、杨坤如、熊略、谢文炳、洪兆麟一部,共计五十余营。势力亦相伯仲,此时主要在翁源、仁化附近对峙。在东江方面之配置,计有李炳荣及洪兆麟军之一部;东江下游有钟景棠军。广东省城及其附近,有叶举及洪兆麟并其他称为独立旅之一旅。西江方面,有黄志桓、熊略军之一部;梧州有前许崇智属下的关国雄之一旅。(《两军最近战况》,《泰东日报》1922年7月22日)《北京日报》载,粤军于14日,已退守韶关第二防线。陈炯明率部赴前敌指挥,"对北伐军施总攻击,其战事之剧可以想见。且有传说孙部军队已经逼近广州,陈炯明派员赴港物色暂居地点,以为遁逃之所"。(政:《粤战近讯》,《北京日报》1922年7月21日,"要闻")

据香港11日电,北伐军确分两路回粤:"(一)由韶关直攻英德。(二)由和平袭取河源。"并在翁源、新丰、龙川、紫金各处连日均有战事发生。洪兆麟、陈德春所部有一部分被黄大伟、许崇智勒命缴械说。粤军由各铁路运回伤兵约达一千八百余人之多,陈部失败已属无可讳言之事。(《北伐军回韶与广州之形势》,《北京日报》1922年7月13日,"要闻")是日,陈炯光率部赴北江增援。(《香港电》,《申报》1922年7月13日,"国内专电二")

△　报载在"永丰"舰组织敢死队,誓与陈炯明周旋到底。孙中山于和议决裂后,即在"永丰"舰召集各舰兵演说,为简单之誓师,激励死战,略谓:"余日前至黄埔时,曾宣言战至最后一人亦必奋战,诸君谅仍未忘。今日死战之时机到矣,人不攻我,我亦攻人。余必践前言,向前奋斗,诸君有不愿从我死战者,请从此辞,如愿从我者即举手。"于是举手者有百余人,孙即编为敢死队,一一犒以纸币三十元,面加奖励。(《孙陈间调和失败之经过》,《泰东日报》1922年7月27日,"论说")

△　率"永丰""宝璧""广玉"等舰驶至珠江,向东堤一带开炮。

香港文电,自"海琛""海圻""肇和"三舰中立后,孙中山深以黄埔炮台不足固守,故于 11 日再作铤而走险之计,亲率"永丰""宝璧""广玉"等七舰驶至珠江,"向东堤一带乱行轰击,陈部各军无法防御,均纷纷窜往西关,肆行抢掠,广州已成大混乱之状态"。(民政:《广州真日之战事》,《北京日报》1922 年 7 月 14 日,"要闻")又报载,孙中山自在省河开炮轰击东堤后,一时间人心惶骇,各界遂推举代表,分头谒见汤廷光、伍朝枢,要求出任调停,以免粤局糜烂。二人遂于 11 日午后 6时,借各界谒见之时,请求停战。孙之态度"初甚坚持,经各界环恳至三小时之久,始允停止攻击"。(醒大美:《孙陈相持之粤局》,《北京日报》1922 年 7 月 15 日,"要闻")

△ 水上警察厅所辖"广亨""广贞"二舰来归,驶至车歪炮台,与陈军对抗数小时之久。终以舰力薄弱,不能通过,乃与东廊附近的陆上各部队配合,向江门退却。(蒋介石:《孙大总统广州蒙难记》,第 29—30页)

△ 报称闽浙联合孙中山,双方互有条件。前者允与孙联合,并援助粤军器械及孙派议员的开办费,后者之海军则完全担任闽浙两省的防务。

闽、浙两省对于粤军所承认之条件有三:"(一)担任粤军军饷十五万,闽、浙两省各半。(二)助粤军快枪一千四百枝(闽六百浙八百)、大炮两架(闽担任——原注,下同)、子弹二十万发(浙担任)。(三)暂担任孙派议员开会费六千元(闽浙各半)。"孙对于闽、浙两省,则承认三个条件:"(一)粤、闽、浙三省实行联防,水面防务概由孙派海军担任。(二)南北统一条件由粤、闽、浙共同提出,北伐军不得自专。(三)孙氏恢复广东以后,应先还十五万六千元。"闻双方所议结的条件甚多,此时尚守秘密,其签字代表孙方面为汪精卫及胡某等十二人,闽、浙方面则未详。(美:《闽浙联孙之计画》,《北京日报》1922 年 7 月11 日,"要闻")

抑有进者,报传浙省卢永祥将邀孙中山至浙,组合南方新同盟,但不为舆论看好。卢永祥表面上虽赞成政府的废督裁兵计划，实际上则自从辞掉督军职务后，已将其军队由一万名增至二万名。此时卢氏且"组织政党，其志显在破坏北京聚集旧国会法定人数，及建设合法有力中央政府之企图。预料邀孙中山至浙，组合南方新同盟，推孙为名义上之领袖，而卢则自操大权。惟众意南方各省今皆俶扰不靖，此种计划，绝难告成"。听闻陈炯明近期与吴佩孚之代表会商时，建议派军攻击赣省之北伐军，"俾扫除孙氏在国内之势力，据传吴佩孚极欲亲自指挥此役"。（《北方所传之浙省行动》，《申报》1922年7月12日，"特约路透电二"）13日，长沙《大公报》就设联省政府迎孙来浙一节，称内幕实系一部分奔走西湖之政客或有此种运动。尽管卢永祥与在沪之孙派近期确实关系加密，"凡上海拥孙之某某团体皆受扶持，但事实上不能成功，因为浙江人绝对无希望此事成者，以免受到干扰"。（《孙中山行将去粤》，长沙《大公报》1922年7月13日，"中外新闻"）7月21日，上海消息，浙江军事善后局通告路透社之消息称：6月11日北京电报所称，卢永祥增加军额，且与孙中山联络，拟邀其至浙为南方新同盟领袖之事，"绝对无根据。浙省现正竭力实行裁兵"。（《南北近闻录》，《申报》1922年7月22日，"特约路透电"）

△　关于张开儒行踪，舆论界发布的两则消息内容完全相反：一说拟与叶举一致行动，一说拟进攻韶关之陈炯明部队。前说言张开儒派员来粤，与叶举磋商接济饷械，决定与粤军一致行动。后说则称张部往贺县出粤连阳，似欲会合许崇智部，以合力进攻韶关。（《张开儒之行动》，《京报》1922年7月11日）

△　在"永丰"舰与香港《士蔑西报》记者谈对陈炯明的态度。

是日，香港《士蔑西报》记者至"永丰"舰谒见。在与记者谈话中指出：对陈炯明的态度"与前无异，如彼等允遵从予之良好条件，必须请予返省，俾执行政府职权，以惩办战务负责之人"。当记者问是否允准不再炮击广州时，答："是也。但须附以粤军不给予之条件"。（《与香港〈士蔑西报〉记者的谈话》，《孙中山全集》第6卷，第500页）并指出：

自己虽失去长洲炮台,却得到了车尾炮台,"地势更好,因可与北伐军夹击陈军"。北伐军约有三万人,分两路回粤,一抵惠州,一由北江下,8日已占韶关。"我专候北伐军到广州即行事。现彼方不攻我,我亦不开炮。陈欲杀我,卸其责于部下,惟是计不行。"(《香港电》,《申报》1922年7月13日,"国内专电二")

△　报载粤军内部争权,叶举向陈炯明辞职有多重原因,但未获批准。

报载广东政变自叶举开炮轰击广州以后,因叶举驱逐孙中山预备未周,未得陈十分之满意。陈炯明部下争权甚为激烈,其之所以此时尚未进省城,即因此故。此次叶举与魏邦平的长粤之争,直接导致叶举提出辞职。叶举提出辞职的另一原因,则因叶之部下陈德春被许崇智军队包围缴械。关于叶举与魏邦平之长粤省之争,报载陈氏为人机警,当粤军发生冲突之后,陈氏即主张魏邦平长粤,其意即在抵制孙派,且为讲和作铺垫。嗣因叶举部下不服,谓此次驱逐孙文盖皆叶举师长之力,以属于孙派之魏邦平长粤,同人决不承认。因此,叶举部下对陈之感情忽然变更。而陈部及其他军官谓叶举军队全无约束,不听陈氏命令,且叶之部下因怨愤之故,在广州城内任意劫掠,致使陈部其他军官更为不满。既然叶举之命令已不能施行,据称已于11日向陈氏请辞总司令之职,陈之意思本拟照准。嗣因陈之弟陈炯光建议,谓"孙部许崇智将到省城,我军正宜奖励,不可更动"。陈氏遂挽留叶举,勿持消极态度。关于陈德春被许崇智军队包围缴械之事,据说之前陈德春部奉陈炯明令,由韶关攻始兴,行至麻村,被许崇智军队施以暗计而被包围,已被勒令缴械。陈军遂大受打击,此亦成为叶举辞职一大原因。(醒大美:《孙陈相持之粤局》,《北京日报》1922年7月15日,"要闻")

△　汤廷光代表西南海军通电,申明赞同孙中山下野之本意。

电文提及出面斡旋之理由,在于海军护法南来后,始终以奠定国本为宗旨,在事变迭出、无从补救的情形下,不得不设法斡旋,拨乱反治;而且在此点上,与急于求治且素负人望的孙中山相同。陈炯明的粤军此次之所以要孙中山下野,缘于孙就总统职之日,曾有"将来徐氏退位,即当同时下野"的宣言,"薄海咸闻,断无反汗"。此次事变仓猝发生,两相误会,导致市面震动,贸易停顿。为避免群生重遭惨酷,彰显孙中山救国护法之心,使全省共信孙氏下野之宣言,所以粤军请孙下野,海军全体也表示赞同。这实际上是本于奠定国本之心,施予斡旋之计。在当时"骇浪惊涛,一时遽息"之际,以将海军之心大白于天下。(大:《西南海军通电请孙下野》,《北京日报》1922年7月12日,"要闻")

△ 魏邦平、汤廷光等发起海珠会议,反复商讨调和孙、陈冲突,最后因意见分歧严重,无果而终。

据载自长洲炮台失守后,孙中山乃带兵舰五艘驶入省河,藉沙面为蔽。彼则与居正、蒋介石、古应芬等匿居沙面英界域多利酒店,仍不肯离粤。只是孙既处困境,以冀援兵,遂致电魏邦平,表达和解之诚意。随后又致电汤廷光,提请魏邦平、李炳荣、洪兆麟和熊略出面调停。(《孙陈间调和失败之经过》,《泰东日报》1922年7月27日,"论说")

是日中午12时,魏邦平、汤廷光、洪兆麟代表黄维藩、熊略代表何经纶、李炳荣代表周翘芬共五人在海珠公园会谈。魏氏提出议和大纲三条:"(一)对北方言和,由双方通电全国,设立和议机关,商议统一条件。(二)对广东不能互相以武力对抗。"第二条包括两点:一是北伐军不能由韶关向广州作战;二是叶部军队不能再向军舰进逼。(三)双方军队由孙、陈命令暂离广州,以为缓冲。由双方同定地点,暂时驻扎。(《孙陈间调和失败之经过》,《泰东日报》1922年7月27日,"论说")即用函电通知孙、叶两方,请其先行答复承认,以便12日再行开议。(《粤事无办法之海珠会议》,《申报》1922年7月20日,"国内要闻二")

据香港电讯,在海珠会议上,孙、陈等各方所提议和条件大致为:叶举对孙提出条件包括:"(一)粤军保证孙文出境。(二)孙将各舰交回粤政府。"孙颇表容纳。陈方提出的条件有:"(一)对北言和,由双方设和议机关商议统一。(二)对粤不能以武力对抗,北伐军不能由韶向广州作战,叶部不能向军舰进迫。(三)双方军队退出广州市,由孙陈双方指定地点暂驻。"是日讨论未毕。(东:《海珠会议之港电》,《北京日报》1922年7月17日,"要闻")

下午,粤军各将领假座财政厅开临时会议,各高级军官列席者十余人,会议结果:"(一)主张收回海防各兵舰。(二)承各界之请求及诸要人之调停,实行停止作战举动,同时并撤退防守长堤各部队,以为和平之表示。(三)孙中山亦须停止军事动作及进攻省河。(四)对于海珠会议各条件仍待熟商。"对此,该报记者评论道:"惟多数仍有请孙离去广州,由其所部保护安全出境,此则断乎办不到者也。"是夕,长堤各防军皆已撤退。(《粤事无办法之海珠会议》,《申报》1922年7月20日,"国内要闻二")与此同时,孙中山接海军总长汤廷光与陈炯明部属叶举关于议和条件的来函,谓:"两方敌体相视,且以明日12时为限。"各士兵闻之,不胜愤激,孙中山即命秘书起草复绝其调停函,云:"叶逆等如无悔过痛改之诚意,即如来函所称,准于明日12时为限可也。"(蒋介石:《孙大总统广州蒙难记》,第29页)

又据海关档案载称:11日在海珠公园召开之会议,一无所获。孙坚持无法同意调停者的建议,他要求恢复他的政府,以便与北京言和,要求叶举引咎自责,负荆请罪。叶举则宣布许崇智的部队必须马上撤出南雄,否则无言和余地。(广东省档案馆编译:《孙中山与广东:广东省档案馆库藏海关档案选译》,第320页)调人所提的议和条件为:"(一)陈炯明军退出广州省城。(二)北伐军与陈军即行停战。(三)省城不得驻屯北伐军。(四)省城治安概归魏邦平负担。(五)孙文再入广东,恢复大总统职权。(六)陈炯明向孙文谢罪。"惟此等条件陈方坚持反对,不易成议。(东:《海珠会议之港电》,《北京日报》1922年7月17日,"要闻")

12日中午,魏邦平、汤廷光、洪兆麟代表黄维藩、熊略代表何经诒、李炳荣代表周翘芬五人,复齐集海珠,当由黄维藩代表、何经诒代表传达叶举答复,"谓第一条请孙下野,对北方言和,粤军已有表示。

第二条则现在许军分路由曲江、仁化、翁源三方向韶关攻击,是彼已破坏和平,粤军不能不以武力对抗。第三条须许军、滇军能即日退出南雄,方有磋商余地"。当时叶举答复尚属和平。正待开议,忽接到孙中山回信,谓"今日所议三条皆非先决问题,如叶等专恃武力则亦已矣。倘知悔悟,则须先有改过之诚意,乃有磋商余地。至所谓先决问题,即前与丽堂(魏邦平)、惺可(钟荣光)言之已详,请一询之。若前题不决,不必决商。准如来函所称,即于明日十二时为限可也"。各代表阅后,皆为惊愕。查询先决问题,则实系下列两件:"(一)恢复政府原状,然后对北议和。(二)叶举自请惩,由孙命赦免。"当时各人见此等办法实走极端,于是各皆主张宣告终会,并将经过情形由汤、魏、熊、李、洪五人发一通告,遂无结果而散。(《粤事无办法之海珠会议》,《申报》1922 年 7 月 20 日,"国内要闻二")

粤省各界人士得悉上述情形,以为战事即在眉睫,即召集会议,议决两项办法:(一)"即日印发紧要传单,通请全市商民齐集省议会,一同向双方请愿,不得在省城作战。"(二)"联袂往见沙面领事,请其调停。"其后有梁谦武提议,现在省城实无战事发生,若散派传单,反惊扰全城居民,力持不可。于是反复讨论,议决暂行取消第一个办法,实行第二个办法,举出代表数人,往沙面谒见英领事。英领亲自出面接洽,谓"现在省城实无战事,诸君不必惊恐。因孙以一人而率五舰,岂能复设政府。既无政府岂能有对抗之行动,现在粤局关键,实在北江方面之军事"。(《孙陈间调和失败之经过》,《泰东日报》1922 年 7 月 27 日,"论说")

△　讨贼义勇军司令沈志来电,请讨伐陈炯明。(鲁直之、谢盛之、李睡仙:《陈炯明叛国史》,第 250 页)

△　各界联合和平维持会电请保全广州。(《粤人呼吁和平之五电》,天津《大公报》1922 年 7 月 19 日,"政闻")

△　宁少清电请讨伐陈炯明。(《讨陈炯明者继续不绝》,上海《民国日报》1922 年 7 月 13 日,"要闻")

△　赖德嘉电请拒绝和解,继续讨伐陈炯明。(《拒绝陈炯明乞和之主张》,上海《民国日报》1922 年 7 月 17 日,"要闻")

△　国民党东京支部支持讨伐陈炯明。(《华侨请一致声讨叛军》,上海《民国日报》1922 年 7 月 19 日,"要闻")

7 月 12 日　于石围塘设立大本营。

报载孙中山自 12 日将各舰驶入白鹅潭后,"复于石围塘设立大本营一处,与广州对峙。内有孙系民军五六千人,海军陆战队三四千人,均分布于省河对岸,仍积极备战"。陈军因北洋舰队附近即为租界,不敢贸然攻击;加上"石围塘等处又与海舰相距甚近,恐一旦袭击,则孙系开炮更有所藉口"。故此时双方仍在调停中,尚无何等激烈之举动。(民政:《韶英间之大战事》,《北京日报》1922 年 7 月 18 日,"要闻")

△　报载是日下午 4 时,用八舰长(即"永丰"舰长冯肇宪,"永翔"舰长丁堵龙,"楚豫"舰长招桂章,"同安"舰长欧阳琳,"豫章"舰长欧阳格,"舞凤"舰长袁良骅,"宝璧"舰长卢善矩,"席〔广〕玉"舰长张德恩)的名义,拍一电致汤廷光,"限令叶举于两日内,将省城附近各军队调离百里之外"。电稿详细内容如下:"敌军与我海军佯言和平,阴图破坏。本月 9 日下午 2 时,竟袭我长洲,击我海军。敌军毫无和平之诚意,其与我海军始终为难、势不并立之心,至此而不可复掩矣。吾海军同人本护法之宗旨,受人民之寄托,卫国保民,责无旁贷,奉命讨贼,职分所在,今令吾国人重申约言曰:(一)广州省城为吾政府所在之地,当完全归还吾政府自由处置,不得有任何方面丝毫之限制。(二)省城附近各军,限二日内从速撤退于省城百里之外,予人民以安居乐业。吾海军本此二端护法卫民之主张,不达目的誓不终止。如敌军不速反省以深悔前愆,长恶不悛,冥顽无改,则吾海军惟有为民请命,伸罪致讨,以重国法而振纪纲。衅由彼启,责有攸归,是非曲直,惟有待国民之公判。"(《孙陈间调和失败之经过》,《泰东日报》1922 年 7 月 27 日,"论说")该电词语备极强硬,据说"意欲激汤氏与陈系反目"。

此电为叶举探悉,命无线电局扣留不发。各海长闻之大为愤怒,共商对付叶举之办法。(《两军最近战况》,《泰东日报》1922 年 7 月 22 日)

△　下午,孙中山在河面截获粤军子弹六万颗。(《粤战近况之港函》,《申报》1922 年 7 月 21 日,"本埠新闻")

△　师世昌等致电北京政府,请以护法之功优待孙中山,共谋建设。不可利用广东局部问题,轻视侮蔑,以滋隐患。(《兰州电》,《申报》1922 年 7 月 20 日,"国内专电")

△　报载,连日来广州国民党机关多被叶举部破获、查封,所逮捕之人一律枪决。(《孙陈不两立之粤局》,《北京日报》1922 年 7 月 12 日,"要闻")

△　报载黎元洪代表黎澍就组阁问题发表谈话,认为孙洪伊的小孙派最有希望。

北京政府新派赴粤敦请孙中山之代表黎澍,被询以何日成行,有无把握。黎答谓,"孙来不来另是问题,即使能来,中央连买船票钱亦不能筹措。此种重大事情,岂是不名一文所能办到"。当被问到组阁人选时,黎答道:就最近国会各派情形观察,将来组阁人物,"实以孙洪伊、唐绍仪二派所占势力较优"。因为孙洪伊派以本系为中坚,而研究系、讨论系两大系均乐于给予相当之援助。唐绍仪派则以益友社为中坚,而宣南寄卢的一部分议员也给予支持。至于政学会一派议员,则处于"不南不北、不孙不唐之间",另谋操纵时局的计划,不过"人数太少,且该系首领岑西林,年来行为颇为国人所厌弃"。故该系未必能得势。认为将来结果,当以小孙派为最有希望。因为小孙派"不但可得国会较多数议员援助,即公府方面及某某实力派方面,亦均与小孙表极端之同情"。(神:《总统代表黎澍之谈话》,《北京日报》1922 年 7 月 12 日,"要闻")。

△　黎元洪派黎澍南下迎接孙中山,"预定行程,先至上海与旅沪民党切实接洽,一面探查孙氏行踪,前往会晤";并建议筹备组建南北统一专设机构,以代替原来已被撤销的筹备统一善后委员会。

（醒：《统一进行之昨讯》，《北京日报》1922 年 7 月 13 日，"要闻"）

△　《益世报》载，东亚同文书院教授小贯静马氏谈孙、陈冲突，认为孙中山在势力上仍不可小觑，中国政局仍将混乱。

据日本辽东新报载，是日，东亚同文书院教授小贯静马氏带同该院生徒三十八名赴日本休学旅行，由上海到日本门司、神户，对人谈及孙、陈冲突时指出，一般认为陈炯明及其参谋长叶举等在广州发动兵变，将孙驱逐以及伍廷芳的逝世，使孙"受有将来不能再起之打击"。孙所受打击虽属事实，但还不至于如传说那样严重。因为在当时的中国南方，"孙文之潜势力尚有意外之大"。这主要基于广东还存在孙氏卷土重来的形势和条件，故"孙文或能挽回其大势，在南方再为活动，亦未可知"。至于孙逃亡日本之说，该教授认为，这不过是反对派的一种宣传。但为中国之将来计，孙如果再次恢复对广东的统制，恐怕中国南北统一事业将益加陷于困难地步。相信孙氏鉴于此次事变，对将来之行动自己会大加反省。最重要的一点是，此时中国北方既有内讧，南方又陷纠纷，中国前途恐怕最终会陷于频繁混乱之中。（《日论报中国前途与孙文将来》，天津《益世报》1922 年 7 月 12 日，"要闻二"）

△　报载北伐军部分回至南雄，即为粤军翁式亮所收编。（《上海快信摘要》，长沙《大公报》1922 年 7 月 12 日，"快信"）

△　报载"海琛""海圻""肇和"等舰，为舰队司令温树德统率，拟暂移泊于虎门内的棉花山，以俟问题解决。（《未离恐怖状况之广东》，《申报》1922 年 7 月 12 日，"国内要闻二"）

△　《申报》载文，以戏剧角色评论孙、陈关系。

文章称：陈炯明和孙中山作为二十年的同志，"一朝决裂，这回合演取帅印，可以说、唱、作俱全。"文章把叶举比作秦怀玉，肯"小戏大做，居然用起全武行来"；孙中山的尉迟敬德"做得也不坏，不愧是个著名大面"；陈炯明的秦琼更没得话说。只有把去程咬金的伍廷芳"恐怕唐皇见怪，溜到阴间去见阎王了"。（芷卿：《中华大戏园观剧记》，

《申报》1922 年 7 月 12 日,"谐著")

　　△　广州沙面下令戒严,外舰在省河排列一行,"宝璧"等舰似不致再进省河珠江。熊略缴驻河南福军军械。(《香港电》,《申报》1922 年 7 月 14 日,"国内专电")

　　△　李烈钧来电,主张与陈军媾和。此时孙中山各军已进逼粤省城,陈军四面受敌,已有不支之势。但李烈钧 12 日来电,谓"宜与陈军媾和,不宜与陈开战。否则赣事紧要,粤局益不可收拾。"(醒大美:《孙陈相持之粤局》,《北京日报》1922 年 7 月 15 日,"要闻")

　　△　广东各界联合和平维持会在广济医院开会,一致主张函请叶举勿再增兵省城。(《粤事无办法之海珠会议》,《申报》1922 年 7 月 20 日,"国内要闻二")

　　△　11 日至 12 日,许崇智、朱培德两部进攻韶州,福军亦介入,"尽夜剧战",仁化、翁源、曲江战线延长。(《孙陈相持之要讯》,长沙《大公报》1922 年 7 月 23 日,"中外新闻")

　　△　报载安庆陈天裁等电请讨伐陈炯明。(《安庆陈天裁等讨陈炯明电》,上海《民国日报》1922 年 7 月 12 日,"公电")

　　7 月 13 日　致函曾公乐,告捐款已备,收条列领。

　　曾公乐本名公洛,孙中山曾为之改为公乐,取与民同乐之意,此时服务于南洋兄弟烟草公司,连日化装为疍民,于深夜驾舟输送粮食并捐助款项,以助孙讨逆。共收到毫银五千元,亲签收据,且函告"日前贵公司捐助国民党经费毫银五千元,兹因军需浩繁,为此缮备收条,专函列领,即希亮察照交为荷"。(《致曾公乐告捐款已备收条到领函》,中国国民党中央委员会党史委员会编订:《国父全集补编》,第 399 页)曾氏继复函,告已筹得二十万元,均交邓泽如支付讨逆军费之用。

　　△　《北京日报》载文,认为军事问题尚不能说孙中山失败;主张先后解决政治、法律问题,认同吴佩孚先制国宪、再制省宪之议。

　　文章认为,孙中山在军事上并未失败。据在野某公所谈,孙中山虽有离粤之报告,但许崇智等军方逼韶关,没到达战事完全解决的时候,不能确定孙中山已失败。而南方舆论因为孙之蹉跌,反而对其大表同情,对陈炯明则无甚好感。估计孙若到上海,东南空气又必定容易成为一种局面,此种大势不难预测。

文章建议先解决政治和法律问题。认为政府此时若能"开诚应付,即在上海会议以解决政治问题,仍不蔑视孙中山之地位",而法律方面没有侵及国会权限之嫌。旧国会方面则适应潮流,根据一般国人之希望以制成国宪。如此即能将政治问题、法律问题先后解决,时局前途自有希望。至各省省宪与国宪的关系,主张省宪必后于国宪而制定,以不与国宪相抵触而免将来之纠纷。吴佩孚支电所言,只有此层颇有见地,否则先有省宪,"势不能举有关全国之国宪而迁就之。所谓联省自治,且将省而不联,实为危险"。(丝:《解决时局之步骤谈》,《北京日报》1922 年 7 月 13 日,"要闻")

△ 北京政府向各方征集应付大局之意见,仍主张邀集在野名流来京会议,废督裁兵,但认为联省自治制度不合国情。

关于大局解决办法,报载日来黎元洪、颜惠庆迭次讨论应付大局方针。大致以桂省既有陆荣廷担任返省办理,谅乱事不久即可平静。粤省孙中山、陈炯明互相制胜,徒扰人民,拟即征集各疆吏意见作为标准,相机进行,俾出人民于水火。至于解决大局办法,"仍主张邀集在野名流来京会议"。此事之前虽由津沪要人政客函电号召,尚无何等进步。拟再分由北方各首领选派接近西南各派稍有联属者,分往疏通,务请遴派代表即日来京,以使从根本上讨论一切。关于废督裁兵和联省自治问题,前者拟仍由黎元洪再电曹锟、吴佩孚,请速提倡;后者即西南所要求之联省制,则拟"为一度缜密之讨论。其结果拟由秘书厅起草,通电全国,说明此制不合国情之种种窒碍难行之理由,请各方面谅解一切"。(北:《府院讨论应付大局之方针》,《北京日报》1922 年 7 月 13 日,"要闻")

△ 陈炯明求援于吴佩孚、李厚基,后两人同意派兵斩断北伐军之后路。

报载陈炯明向吴佩孚求援,吴已电令闽督李厚基就近出兵援粤。李氏与陈有姻娅关系,此次陈驱孙,曾向李求援。李乃将王献臣团改编为旅以出峰市,高全忠之第二师则出韶安,又令辛桂芳月编一旅出平和,分三路入粤。据说王献臣旅之援粤,拟先由长汀入赣,以断北伐军之后路。(民醒大:《北伐军回韶与广州之形势》,《北京日报》1922年7月13日,"要闻")

△ 孙、陈两军战况甚为剧烈。

香港快讯:"两军战况仍甚剧烈",孙中山已分兵三路向惠州、韶关、梧州进发。而陈军方面设总司令于河源,一面将韶关驻兵沿粤汉路布置,以李炳荣、洪兆麟为司令,两路迎战。至梧州方面,调有"江固""江大"两舰为援应。许崇智曾在蕉岭与洪兆麟接触,洪部之某团有被许军解除武装之传讯。(民醒大:《北伐军回韶与广州之形势》,《北京日报》1922年7月13日,"要闻")

△ 广东和平维持会派代表谒沙面外国领事,请调停孙陈冲突,后者已允诺。叶举函自治维持会,称决不向海军开衅,车尾炮台现仍为粤军驻守。(《香港电》,《申报》1922年7月14日,"国内专电")

△ 外电称,某方面与孙中山之谈判正在进行。众意以"某方面"为陈炯明。(《北方近事记》,《申报》1922年7月14日,"特约路透电")

△ 派徐苏中致祭粤军第一路司令部参谋长张希知。

粤军第一路司令部参谋长、赣人张希知在赣州阵亡。旅沪赣人特于13日在沪寓白克路设位致祭。孙中山派代表徐苏中致祭,并送"为国捐躯"横额一幅。中国国民党本部派代表彭素民致祭。(《旅沪赣人追悼张惟圣》,《申报》1922年7月14日,"本埠新闻")

△ 12、13两日,孙、陈暂行停战。

据领事团消息,广州战事自11日海军开炮后,12、13两日,经外舰之制止,双方已暂行停战。(民政:《广州战事昨讯》,《北京日报》1922年7月16日,"要闻")

△ 与日本电报通信社特派员谈话,称数日即可平定陈炯明部

之叛乱。

　　是日,日本电报通信社特派员来访,答曰:"广东乃正式政府,陈炯明军不退,予惟有出之于战耳",声称不出数日,凡事皆可望解决。(《广州形势之混乱》,长沙《大公报》1922年7月20日,"中外新闻")

　　△　据民党方面消息,陈炯明军派飞行家林福元赴沪购买飞机。(《广州形势日趋险恶》,《泰东日报》1922年7月20日)

　　△　粤军战报称,许崇智部第八旅团长严大年炮队投降陈军。(《孙陈相持之要讯》,长沙《大公报》1922年7月23日,"中外新闻")

　　△　总商会13日接到"永丰"等舰邮电,要求这里的部队在两天内撤到市外一百里地方,逾期舰队即将对他们采取行动。(广东省档案馆编译:《孙中山与广东:广东省档案馆库藏海关档案选译》,第321页)14日,广州开各界大会,用全体市民名义回复"永丰"等舰,恳勿再生战事。(《香港电》,《申报》1922年7月16日,"国内专电")

　　△　报载温哥华国民党电请痛剿陈炯明。(《讨陈炯明者继续不绝》,上海《民国日报》1922年7月13日,"要闻")

　　△　报载英国利物浦国民党电请痛剿陈炯明。(《讨陈炯明者继续不绝》,上海《民国日报》1922年7月13日,"要闻")

　　△　全国商会联合会等来电,请北上共商国是。(《京团体迎孙之措辞》,天津《大公报》1922年7月20日,"政闻")

　　△　黄明堂等电请讨伐陈炯明。(《黄明堂出师讨贼电》,上海《民国日报》1922年7月31日,"要闻")

　　△　广东各界联合和平维持会电请孙中山、陈炯明、叶举停战和好。(《广东·调停无效之海珠会议》,天津《大公报》1922年7月23日,"外埠")

　　7月14日　任命许春草为福建讨贼军总指挥。(《任许春草为福建讨贼军总指挥令》,中国国民党中央委员会党史委员会编订:《国父全集》第4册上,第416页)

　　△　北洋舰队"永翔"炮舰与叶举磋商后,14日驶往莲花山外海面,表示与仍然拥戴孙中山的姊妹舰"永丰"和"楚豫"彻底断绝关系。

(广东省档案馆编译:《孙中山与广东:广东省档案馆库藏海关档案选译》,第321页)是日,发布命令,禁止舰只在省河自由行驶。命令谓:"省河各舰,非有海军命令,不得自由行驶。"此时自莲花山至白鹅潭,皆为海军势力,内河各小舰也悉听指挥。(《香港》,上海《民国日报》1922年7月17日,"本社专电")

△ 晨,发表两宣言,令陈部限时离省,并交还所占之兵工厂及黄埔炮台。

13日,海珠会议曾由汤廷光等提出和平办法三条,仍难妥协。最后请叶举暂行退出广州,亦被拒。孙中山因此于14日发表两项宣言:"(一)限陈部于二十四小时内离省。(二)石井兵工厂、黄埔炮台应即日交还,否则以武力对待。"(民政:《广州战事昨讯》,《北京日报》1922年7月16日,"要闻")

△ 拨款鼓励奖赏海军夹击广州。

报载近日赏各舰海军两千元,命各舰长平均分配,"以为鼓励海军严加防备,一俟粤城变动,即令夹攻。其在沪民党要人,如张继等正在向各方面设法贷款,以资接济"。(政:《粤战近讯》,《北京日报》1922年7月21日,"要闻";《广东战事行将扩大之推测》,天津《益世报》1922年7月21日,"要闻二")

△ 报载入赣北伐各军得湘军援助,连日皆捷,赣粤两军已占领吉安,湘军占领樟树,抚河右翼赣粤两军已占据临川。(《北伐军三面前进(上海)》,《泰东日报》1922年7月14日,"东亚时局")

△ 报载派前浙江都督蒋尊簋由粤到沪,一说与卢永祥有所接洽。(《蒋尊簋将来沪》,《申报》1922年7月14日,"本埠新闻")

△ 赣省自治筹备处暨绅商界呈请撤兵停战,与北京政府协商,并饬谢远涵省长速即就任。

呈文首先指出,持久集兵使江西财力捉襟见肘,人民苦不堪言。略谓:赣省连年遭受陈氏苛刻虐待,商民困瘁,穷于应付。对于孙中山与李烈钧爱举义师,慨然施以援手,赣人均极为感激。只是因为事机掣滞,延续月余,只攻取了南虔,而且由于北来的援军云集,持久集兵,而导致赣省"财力敝于供给,人民迫于转输;农工失业,市面萧条;败兵焚掠,村舍为墟",困苦不堪。其次,呈文要求结束战争,与北方重归于好,实现人民自治,并请谢省长尽快就职,主持一切。文略谓:近期黎元洪复出,表达了和平统一之宗旨,相信有媾和之磋议。中华共一民国,南北皆属同胞,异种相争,尚且终归于和好,何况同室之斗。要求"停止战争,撤回师旅,开诚布公,与北京政府共相筹议,顺自治之潮流,俾人民自治之实现"。最后,希望谢省长速即履新,主持一切,如此不仅是民国之大幸,也是赣人之大幸。(《赣人停战运动之热烈》,《申报》1922 年 7 月 17 日,"国内要闻")

△ 报载汤廷光函示自我解除调人职责。据称其有允任省长之意,对此省会商议将开会推举。(《孙陈相持之要讯》,长沙《大公报》1922 年 7 月 23 日,"中外新闻")

△ 卢永祥发表《时局未宁之内阁问题》一文,称由于国务总理才能、经验、声望难以兼有,军阀政客干预,对内阁组成表示悲观,主张召开各省联席会议加以解决。

文章认为,作为国家最高行政机构的内阁,要求内阁总理才具、经验、声望兼备。所谓"内阁为一国最高之行政机关,其关系重要不待言也。而当时局艰难之际,应国务总理之重任者,尤为至不易之事,盖才具、经验、声望三者缺一不可,否则欲其胜任钜艰,收拾残缺,不其难乎"。但当时中国内阁的组织最难,内阁总理并非最佳人选,国事因而无法得到适当处理。即所谓:"今日中国,内阁之组织,最困难之问题也,军阀横行,武夫当道。行政机关行使职权不惟动辄受其牵掣,而且非仰武人之鼻息,不足以保其位置。脱有不如武人之意者,则肆意攻讦,政客从而利用之。倒阁之声一起,即不能不下台而去矣。故近年内阁之组织虽有善者,回旋顾忌,恐未酬志愿者反损声明而不敢为。高尚人物,纵人民有斯人,不出如苍生何之叹,亦决不欲为。于是承乏阁揆者,无所谓声望也,无所谓经验也,即具有才干者亦所未见。国事日益濒危,政治日益纷乱,又何足怪哉。"就时任颜惠庆内阁而言,其地位也十分不稳。颜内阁组阁半载,经奉直战争之巨变,"睹徐去黎继之更张,屡有引去之传闻,卒无下野之实现。直至今日,又有内阁辞职说,于是有继任之呼声者,迨不乏人"。

在卢永祥看来,中国当时的政治,实悬于武人之手,政治重心不在首都北京,而在保定、洛阳。观察中国政局,目光不宜专注于北京,"盖政治上之重心已不在首都,而政治上之进行亦不以中央执政者为标准。国务总理之任命,虽由大总统提出于国会,由国会通过而实行之,载在约法,不可或背。实际上则总统任命官吏,何尝敢独行己意。国会通过所提出者,未必敢忤武人。职是之故,政治之实权,乃悬于武人之手焉"。故内阁问题,颜惠庆如果离去,无论继之者为唐绍仪、孙洪伊、周树模、王正廷、张国淦,"黎氏以己意任命之不可也,必也保定方面、洛阳方面有所表示,以为谁可膺其选,其人之上台遂可靠矣。非然者,苟未事前请示,则毋论何人,皆非所愿,实无疑义"。因此,他对当时内阁问题深感悲观。"现在之内阁问题,既不能畅然解决,能得适如国民愿望之人物,而顾瞻海内,南北统一遥遥无期。五岭以南,既不能遽归范围。赣水流域,又属兵戈未息。吴、陈虽已有联络,卢、齐尚别多怀抱。时局如此,尤足担任阁揆者,无能为力。故吾人对于今日之内阁问题,不胜其悲观之感焉。"

要弭乱息争,需要公开讨论,十分赞成、支持当时召开各省联席会议的提议。卢永祥说:"目的责在国会,似可听其正常解决。至事实问题,与其各个疏解,无宁公开讨论。盖各个疏解,仅能为感情权利之结合,实非弭乱息争之正轨。庚电拟开各省联席会议,确为时局妥协必经之手续",自己极表赞同,望毅力主持,以期一致,共成大计。(《时局未宁之内阁问题》,《满洲报》1922 年 7 月 27 日,"论说")

△　鄂人张伯烈等电请撤退驻鄂客军。(《鄂人请撤驻鄂客军》,《申报》1922 年 7 月 21 日,"国内要闻二")

△　中国劳工联合总会印度支会电请讨伐陈炯明。(鲁直之、谢

盛之、李睡仙:《陈炯明叛国史》,第 216 页)

7月15日　孙中山方面用小炮舰进攻江门,以为根据地,惜未能成功。(大平:《粤局之扰攘》,《北京日报》1922 年 7 月 20 日,"要闻")

△　广东各界和平维持会代表来"永丰"舰谒见,请求勿再开炮轰击省城。孙氏当允暂不开炮,以候调停。该会 21 日曾邀请各洋行买办,请其银行大班联同要求领事出面调和双方,勿再开衅以糜烂商场,但领事以不便干涉中国内政而加以拒绝。至此,希冀外人有力之调停,完全失望。(平:《粤省风云续纪》,《申报》1922 年 7 月 22 日,"国内要闻二")

△　报载上海广肇公所主张请孙中山离粤,由唐绍仪出任省长,以维粤局。(也:《粤省长之解决难》,《北京日报》1922 年 7 月 15 日,"要闻")

△　报载广东各界和平维持会电请赞同汤廷光长粤,并力促和平。

魏邦平一再坚辞出任省长,报载广东各界和平维持会电请孙中山赞同汤廷光长粤。略谓:粤省自伍廷芳出缺,省长之席一直空缺。同人以为,当省中紊乱之秋,政务不可一日无人主持,经敦请前第三师长魏邦平出任,乃因仕途冷淡,再四坚辞。同人迫不得已,乃集合省内各界会议,讨论结果,一致认为汤廷光,"老成廉正,调护粤局,仰赖者多,望隆品重,人所归心,一致赞成公推汤公兼权省篆"。(《广东和平会之和平运动》,《申报》1922 年 7 月 15 日,"国内要闻二")与此同时,该会又致电省议会,催促请提案举出汤廷光长粤。谓:同人前以省中政务主持不可一日无人,公决一致举出汤公廷光兼权省篆,经函达省议会,请一致赞同,迅送请任书,以维地方。然迄已多日,仍未见省议会提案进行,以至人心更为惶悚不安。汤氏"既为人心所归,望之如岁,即宜举定,以安众望,况省中陷于无政府者,已将一月,全粤庶政无所秉承,人民荡析更无底止。想贵会代表人群,当必以人民真意为依归,用再修函奉达,即请查照,迅赐提案,即日举出汤公,以解倒悬"。(《广东和平会之和平运动》,《申报》1922 年 7 月 15 日,"国内要闻二")

和平维持会仍欲恢复海珠和会,故是日又发一快电至惠州,请陈炯明将粤军调离省城,以使地方勿再有战事。(《广州形势之混乱》,长沙《大公报》1922 年 7 月 20 日,"中外新闻")闻陈得此电后,拟暂搁置不复,仅转告前方知照而已。(《广东和平会之和平运动》,《申报》1922 年 7 月 15 日,"国内要闻二")

广州地方自治维持会 14 日致电汤廷光海军总长、叶举总指挥及温树德司令,要求各饬部属,践约息争,毋再启衅。电谓:"吾粤自政争突起,城市震惊,困苦颠连,惨难言状,犹幸海陆两军长官立约息争,双方销弭,人心略定,市面赖安。"但是因为当时道路传言,粤军已下战书,限期二十四点钟收复长洲炮台。一时群起恐慌,大祸若在眉睫,人情厌乱,难免怨言。谓"桂系窃政多年,民心解体,然去粤之日,尚宣言不忍糜烂地方。今之执政同是粤人,父母之邦,何反摧残至再"。自治维持会同人以汤廷光、叶举、温树德等人力主和平,希望力戒所部各走极端,以致触发战争。故连日各社团集议,希望本会代表民意,函告左右,即使有作战计划,也须稍缓须臾,使人民有调解的余地。万望力践前言,各饬部属毋再肇衅,重苦人民,以使"商贾得以复苏,氓庶免至流离"。(《广东和平会之和平运动》,《申报》1922 年 7 月 15 日,"国内要闻二")

△　致函李是男,促其与《晨报》同志妥商善法,以维久远。("中华民国"史事纪要编辑委员会编:《中华民国史事纪要(初稿)——一九二二年一至六月》,第 100 页)

△　范玉琳电请讨伐陈炯明。(《拒绝陈炯明乞和之主张》,上海《民国日报》1922 年 7 月 17 日,"要闻")

△　许宝祥电请讨伐陈炯明。(《许宝祥讨陈炯明电》,上海《民国日报》1922 年 7 月 18 日,"公电")

△　国会议员李希莲来电,称中国乱于骗术。(《中国乱于骗术之痛论》,上海《民国日报》1922 年 7 月 18 日,"本埠新闻")

△　报载有赴沪传说,东南时局如何变化成为极可注意的问题。

《《上海快信摘要》，长沙《大公报》1922 年 7 月 16 日，"快信"）

　△　广东省公安局局长陈德璋在广州剧院遇刺身亡。（《公安局长被刺》，《泰东日报》1922 年 7 月 22 日）7 月 20 日，《北京日报》却载文称系陈炯明之弟、曾任广州公安局长的陈达生，在港为孙中山方面所刺身亡。（民:《港粤之暗杀团·专刺陈系重要人物》，《北京日报》1922 年 7 月 20 日，"要闻"）为此，陈炯明于 17 日电告叶举，责以措施不善，有"达生尚遭非命，天意可知"等语。（大平:《粤局之扰攘》，《北京日报》1922 年 7 月 20 日，"要闻"）而长沙《大公报》则称，陈炯明之叔陈达生，16 日夕在港被人枪击中腹，入院医治。（《孙陈相持之要讯》，长沙《大公报》1922 年 7 月 23 日，"中外新闻"）

　△　报载北伐军进攻帽子山，15、16 日大战粤军。（《香港电》，《申报》1922 年 7 月 18 日，"国内专电"）

　△　广州沙面领事团开会，议决允劝孙中山勿开炮攻击省城；但粤军也须停止军事动作，使得进而征询和议意见。（大平:《粤局之扰攘》，《北京日报》1922 年 7 月 20 日，"要闻"）

　△　报载粤军在广州木排头新街十一号四楼破获民党机关，搜出大本营公文并军用票大束，逮捕四人。（《孙陈相持之要讯》，长沙《大公报》1922 年 7 月 23 日，"中外新闻"）

7 月 16 日至 23 日　中国共产党第二次全国代表大会在上海举行。会议发表宣言，明确规定了党的当前任务是:消除内乱，打倒军阀，建设国内和平；推翻国际帝国主义的压迫，达到中华民族完全独立；统一中国为真正民主共和国。（李新总编，韩信夫、姜克夫主编:《中华民国大事记(1905—1922)》第 1 册，第 12 卷，第 902 页）

7 月 17 日　《北京日报》载，北京政府就全国统一与粤秘商三种办法。

鉴于全国多数省份赞成统一，独粤、赣两省犹在扰攘纷乱之间，北京政府拟派大员与粤密商统一办法，办法有三:"(一)闽、浙、赣及长江各地之民党要人，应予以要职，责成赴粤与孙文统兵之首领接洽,一致要请孙文北归,共筹统一。(二)如孙文及各部下仍不服从,或于至不得已时,拟容纳吴佩孚之建议,以武力解决赣事,再与孙文协商其他事件。(三)与陈炯明先谋局部和议,然后再与孙系各首领接洽统一问题。庶南方均有所牵掣。"(民:《中央对粤事之三主张》,《北京日报》1922 年 7 月 17 日,"要闻")

△ 黎元洪代表黎澍函告抵达惠州。俟与陈炯明接洽后,即往谒孙中山。(《北京电》,天津《益世报》1922 年 7 月 19 日,"专电")

△ 晨,在"宝璧"舰上对记者谈话,称绝无赴沪或避居他处之意,只是静待赣省之北伐军返粤,以驱逐陈炯明,愿为民主共和而死。

记者于是日晨来"宝璧"舰晋谒,孙答:"绝无赴沪或避居他处之意,现惟静待赣省北伐军返粤,以驱逐陈炯明所部军队"。孙氏对于大局观点未变,谓:"从前国君死社稷,现在为共和国家,则当为共和而死。余于民国 10 年,受非常国会之推选,而任总统之职。且二十五年以前,余已从事革命运动而为同胞之先导,故必排除万难,使国民脱离军阀之压制,而为国家之真正主人翁,虽以此而牺牲生命亦非所惜。"(丝:《广州战事不免之外讯》,《北京日报》1922 年 7 月 21 日,"要闻")又曾对某西报记者笑谈陈炯明阴谋陷害自己之计,谓:"余若被害,陈将诿其咎于不负责之部下,而再表示其悲悼之意,或将赠余花球而哀以诔词。"报纸评论曰:"其说虽出以恢谐,然粤人多有信其言之不诬者。"(讷:《陈炯明之表示》,《申报》1922 年 7 月 18 日,"杂评二")

△ 胡汉民函劝勿对赣局灰心。是日,胡汉民自韶关来函,告知北伐军在赣迭获胜仗,对赣局甚乐观,请"万勿灰心"。(大平:《粤局之扰攘》,《北京日报》1922 年 7 月 20 日,"要闻")

△ 叶举照会沙面领事,宣布每日下午 6 时至次日早 6 时,"省垣河面定为戒严区域,禁船只通过。"(《香港电》,天津《益世报》1922 年 7 月 22 日,"专电")

△ 黎元洪等函劝孙、陈息争休战,将来各事不妨交由国会,为公平之解决。(民政央:《韶英间之大战事》,《北京日报》1922 年 7 月 18 日,

"要闻")

7月18日 许崇智部克复翁源,此后旋失旋复。

回粤救援的北伐军许崇智部第九旅黄国华及何梓林两部,连占鲁溪、坝子墟等处,于是日占领狮子岭及翁源城。陈军方面急调援军,粤汉路兵车往来日夜不绝。除原在韶之翁式亮、杨坤如两部外,续调陈炯光、苏世安、黄业兴、黄任寰、李云复等加入韶关方面;调李炳荣、尹骥、熊略等部加入翁源方面。因陈军恃有粤汉铁路运输之便利,而北伐军则水陆交通均形困难,故翁源、马坝一线,优势渐为其所夺。19日,翁源又告失陷。(邹鲁:《中国国民党史稿》第3篇,第1104页)20日,许军张民达部再复翁源,旋又失。24日,黄大伟部三复翁源。(毛思诚编纂:《民国十五年以前之蒋介石先生》第4册,第26页)

△ 北京电称,孙中山、陈炯明两军将在韶州附近决战,李烈钧志在赣省。

是日北京电,据未征实之消息称,李烈钧已占据南昌,预料孙中山与陈炯明之军旦夕将在韶州附近决战,广东政权问题将定于此役。至于李烈钧,"显仍抱控持赣省之计划,不欲回粤参战"。(《南北战事与政闻》,《申报》1922年7月19日,"国内专电")

△ 汉口旅鄂广东全省同乡会来函,并致广肇公所等,推唐绍仪作调停人。

来函谓:民国以来,广东迭遭灾害,十室九空,火热水深,疮痍满目。近再同室操戈,彼此争雄。"伏乞悉泯猜嫌,化干戈为玉帛,重视民命,以地方为前提,天下无不解之仇,万姓慰其苏之望,拟公推唐少川先生出作调人,排难解纷,匪异人任,维持秩序,恢复治安,勿使陷入无政府地位。"(《广肇公所所接旅汉同乡复函》,《申报》1922年7月23日,"本埠新闻二")

致广肇公所函谓:极为赞同该所公推唐绍仪出面维持粤局。并"用快邮代电,分致孙中山、陈竞存、唐少川、汪精卫、魏邦平、汤廷光、叶举诸先生暨广州省议会、自治社、七十二行总商会列位执事先生"。

(《广肇公所所接旅汉同乡复函》,《申报》1922年7月23日,"本埠新闻二")

△　李厚基致电北京总统府、国务院,称为防止粤乱波及,已派兵守护闽境。

电云:"粤乱久未能定,粤闽直接交界,厚基早与粤中首领商明互不侵犯,现因孙、陈交恶,闽境难保无意外之处,已派王献臣等统兵赴境防范,特此电陈。"(共:《李厚基与孙陈》,《北京日报》1922年7月19日,"要闻")

△　报载陕西民军来电,敦请讨伐陈炯明。(《陕西民军请讨陈炯明》,上海《民国日报》1922年7月18日,"要闻")

7月19日　陈炯明部计谋以水雷炸"永丰"舰,不逞。

孙中山率舰泊白鹅潭后,陈炯明、叶举计谋以水雷炸"永丰"舰,谋害孙中山。陈、叶与桂系周天禄谋划,由周制造水雷炸舰,事成后酬以水警厅厅长一职。周即往广南船澳,与其同事徐直等共同制造水雷,竣工后,授徐以试放之法。徐乃自驾小轮,率同事三人携同水雷,潜向白鹅潭进发,迨放置毕,以为"永丰"舰必被炸毁无疑。不料爆炸时,适值潮水涨满,"永丰"舰移动,距离水雷爆发处尚远,未能命中。随即周天禄命徐直等四人再驾舰往觇动静,见"永丰"舰依然无恙,知水雷炸力无效,相顾失色,正在转舵图逃之际,为乘电轮来追之水兵捕获(一说徐直是在22日傍晚在广州芳村岸边被捕)。(蒋介石:《孙大总统广州蒙难记》,第33页),周之阴谋遂不得逞。(邓泽如:《中国国民党二十年史迹》,第264—265页)孙中山对此极为愤激,已对外声明,叶举相煎太急。战祸重开,罪不在彼。因此,海军三次炮击广州之谣传更甚,广州城内已极见惊慌。(《上海快信摘要》,长沙《大公报》1922年7月27日,"快信")

孙陈双方因此互相指责此乃对方之阴谋。孙氏方面称"此乃陈军以爆沉'永丰'为目的,或欲藉手领事团,由沙面前撤退"。陈氏方面称,"此乃孙派意欲使陈军与领事团发生恶感"。(《孙氏军舰前怪水雷(上海)》,《泰东日报》1922年7月23日,"东亚时局")之后,停泊附近的美舰饬"永丰"舰移开,以免危险,为孙所拒,并答西访员谓:"昨浮雷几中美舰,殊难负责。余派秘书见美舰,请同维海面秩序。吾不移别处,列强准叶举间谍利用沙面对余施限制。韶战恶耗,吾不灰心,吾革命家,长受压力。华若得合格政府,吾为总统或苦力亦不计。"(《香港电》,《申报》1922 年 7 月 22 日,"国内专电二")

△　讨贼湘军第一路司令陈嘉祐率部讨伐陈炯明部之谢文炳旅,并攻占乐昌。

湘西陈嘉祐所部湘军第六混成旅因与赵恒惕意见不洽,遂独树一帜。赵氏下令免陈氏之职,并改编所部。陈嘉祐乃统率所部退往粤边,并言从此不问湘事。(大平:《粤局之扰攘》,《北京日报》1922 年 7 月20 日,"要闻")陈炯明叛变后,湘军第七混成旅旅长陈嘉祐请命讨贼,被任为讨贼湘军第一路司令。17 日,陈率部进攻乐昌,守乐昌之陈炯明部第七旅谢文炳率部抵抗,激战两日,大败而逃,湘军于是日进入乐昌。(文公直:《最近三十年中国军事史》下册,第 142 页)

△　复函孔庚,勉其振奋精神,排除艰困。

孔庚来函报告困难情形。复函谓:"现值彼此皆在困难之中,惟持此奋斗精神,各尽所能以排除艰困而已。"此时虽北伐军已与叛军战于韶关,胜负尚未决,"总要旬日左右方能得结果也。成败利钝,尽在韶关一战矣"。(《复孔庚告在舰中与叛贼战斗情况函》,中国国民党中央委员会党史委员会编订:《国父全集》第 3 册,第 805 页)

△　黎元洪提出对孙中山待遇之条件。

报载黎元洪回天津前,提出对南北统一至关重要之孙中山待遇条件问题。紧要者有三:"(一)效民国元年故事,以孙为临时大总统,公府暂设上海。俟国会正式选出,请孙退位。(二)此次粤省政变,民党所受损失及阵亡将士,由吴使会同陈炯明斟酌抚恤。(三)江西南昌以北地点,暂借北军驻扎;以南地段暂借南军驻扎。俟议会选出正式总统后,再为公平调解。"(美:《黎黄陂语之传述》,《北京日报》1922 年 7月 19 日,"要闻")报纸对此有评论:孙氏"在粤势力根蒂甚固,广东问题决非一时所能解决,以孙之革命资望,颇类百足之虫。黎氏虽忧之卑词,重之以专使,惟据在京民党云,孙氏即至在粤完全失败,亦不必北来就范"。(《时局要人之最新态度(孙中山)》,长沙《大公报》1922 年 7 月 22 日,"中外新闻")

△　报载孙部陈策、李安邦率三舰、民军数船袭前山,被陈永善击沉"广贞""广亨"二舰,夺"舞凤"舰,李等驾小轮逃。(《香港电》,《申报》1922 年 7 月 21 日,"国内专电二")

△　上海某著名政客向北京政府传达孙中山等人意见。

报载上海某著名政客 19 日来京,专为向北京政府及国会转达孙中山之希望及益友社、民友社两派之意见。闻中山之意有五层:"第一,在对等和议;第二,在实行兵工会;第三,在新内阁之人选;第四,在联省自治;第五则似有不好意思出诸口者。"益友杜及褚辅成对中山意见无甚差别,仅附两层,希望民友社意见以孙洪伊为准,"其感情侧重于洛,而对保,仅与曹三^①个人表同情。而对其幕客,则认为妨害南北意思之沟通,颇不欲引为新内阁之助"。(或:《某政客来京之任务》,《北京日报》1922 年 7 月 20 日,"要闻")

△　报载陈炯明部陈觉民请吴佩孚立饬援赣军,将孙中山之部众歼除。

吴佩孚前派张禹三次赴粤,与陈炯明联络。张由粤北旋后,此时已因事赴汉。陈部陈觉民近日由惠州致电张氏,请其向吴佩孚及鄂萧耀南代陈两事:"(一)请饬沈鸿英军队暂驻桂省,弗再前进,桂事即以陆荣廷所提出之林虎回桂主持。(二)请吴立饬援赣军迅攻赣南,务将孙中山之部众歼除,以杜后患。"陈觉民为陈炯明之心腹,特请张氏代向吴、萧两氏要求之两事当系其之主张。媒体认为此乃南方面极为值得注意之消息。(《粤陈向直吴商两事(北京)》,《泰东日报》1922 年 7 月 12 日,"东亚时局")

---

①　即曹锟。

△　报刊评价孙陈冲突与整个政局之关系。据京讯:"孙陈喋血,虽属局部战争,然其关系大局实非浅鲜。"据熟悉粤情之某君云,陈军实力较孙明显优足,但陈炯明局量狭窄,"非惠属同乡,虽曾共生死患难,亦不肯推心置腹,其部下之排外心尤烈"。孙中山则"持党派统一主义,虽亦不适国,庆而其容量究非陈可望其项背"。所以该时粤讯,有省城洪兆麟宣布中立及转向孙氏等种种消息。此外,如朱培德、张开儒所统之滇军,合计人数,至少亦有一万六七千,与孙、陈本来皆无甚深切之关系。只是为生存计,而必然会助孙攻陈。正因如此,所以孙虽流寓军舰,但态度依旧强硬。而陈则"函电纷驰,信使络绎,盼望外援,急于星矢",且迭电洛阳,以派兵入赣夹击孙部,作为归北之条件。所谓联省自治等等业已不再提及,由此可知粤局日趋严重了。(《孙陈势力比较观·陈炯明望洛阳援兵如望岁》,《泰东日报》1922年7月27日)

△　18、19两日孙、陈在韶关、英德战事结果,以孙派略占优势。报载孙陈战事自18日以后,韶关、英德两处之两军冲突已趋于极其剧烈之状。至19日,许崇智部已陷燕石村、锣鼓滩各要隘,并亲自率军长驱直入花县,离省城仅二百里之遥,孙系声势又为之一振。(东民大:《粤中之形势》,《北京日报》1922年7月24日,"要闻")

△　旅美华人骆侠生电请讨伐陈炯明。(《华侨请一致声讨叛军》,上海《民国日报》1922年7月19日,"要闻")

7月20日　陈炯明军克复翁源,乘胜占据荷树岭。(《粤中之形势》,《北京日报》1922年7月24日,"要闻")

△　报载拟联络李厚基、卢永祥,并企图阻止旧国会议员入京。针对粤军筹拨款目资助穗港议员北上,(《粤当局送议员北上(广州)》,《泰东日报》1922年7月12日,"东亚时局")孙中山力图结合李厚基、卢永祥,并致函联络护法会之人员,以阻止旧国会议员入京。(《广东战事与政策》,《申报》1922年7月21日,"特约路透电")

△　报载叶举发给不罢工电灯工人每名十元。(《广州形势之混

乱》,长沙《大公报》1922年7月20日,"中外新闻")

△　蒋尊簋在沪称,粤人多拥护孙中山,西南仍有由散而聚之可能。

广东参谋次长蒋尊簋于15日由粤来沪后,各方面之要人乘机前往访问时局者,颇不乏人。某君问蒋氏粤中确切现状。蒋答曰:"广东现状一言难尽。而最可注意者,即系今日广东人民所受之兵祸,情殊可悯。然人民仍皆倾向中山。"他谈到当自己未离港之先,曾目击居港人民踊跃输款,以资助孙中山。仅他自己所居之旅邸,茶役等顷刻间即集获有五六百元,身为茶役尚能如此踊跃,其余可想而知。护法政府的原定方针虽受波折,但至此仍在继续进行,而无所更变。此时西南的团结虽为阴谋者破坏,然就历史关系而言,"恐不久仍能由散而聚"。(《蒋尊簋之时局谈》,《申报》1922年7月21日,"本埠新闻")

△　直军第一旅由汉口开赴九江,压迫江西北伐军,借以遥为陈炯明声援。(《南北现象一斑》,《申报》1922年7月25日,"特约路透电")

△　许崇智再攻翁源,战事甚剧。(大:《尚未解决之粤事》,《北京日报》1922年7月28日,"要闻")

△　陈际熙函告讨伐陈炯明事宜之进展。("中华民国"各界纪念国父百年诞辰筹备委员会学术论著编纂委员会主编、中国国民党中央党史史料编纂委员会编:《国父墨迹》,第440页)

△　江苏公团联合会电告陈炯明十大罪状,请会师进剿。(中国第二历史档案馆编:《中华民国史档案资料汇编》第4辑下册,第698—699页)

7月21日　《益世报》载文,称许崇智北伐军回攻广东并非孙中山之本意,旨在除去叶举,甚至主要不是针对陈炯明兄弟。

文称:陈部师长叶举自击退孙中山后,对国民党家属大行掠夺,国民党恨之入骨。后因国民党家属均遭其害,乃群起反对,非电请北伐军回攻广东不可。许崇智等乃率军回攻,其实并非孙之本意。等到许崇智率队进攻时,叶举大为丧胆,故孙氏复主张"非夺回广州不可",并于14日赏各舰海军两千元,命各舰长平均分配,作为鼓励海军严加防备之用,倘粤城稍有异动,即命令各舰开炮轰击。一面又电致上海各议员,请切勿北上,以免受奸人利用,而失却数载护法的名声。并云:无论如何,粤省及江西战事未告结束以前,在沪议员不得北上,"否则认为卖党求荣。倘将来失败于奸人之手,本党决不予以援助"。

　　许崇智与李福林此次率队回援广东,系保全民党地盘与报复叶举起见,与陈氏兄弟并无若何芥蒂。听闻许崇智、李福林两军,当未与陈军交手时,即联名致电陈氏,谓"祸粤者叶举也。倘能将叶举擒送孙氏海舰交大总统按法惩办,则民党方面,崇智尚可疏通(恐系离间计——原注),否则全军覆没,不敢承认。至于休战言和,亦非先交出来叶举不可"。(《广东战事行将扩大之推测》,天津《益世报》1922 年 7 月 21 日,"要闻二")

　　△　报载黎澍鉴于孙中山行踪不定,粤局纷乱,中止谒见计划,拟到江苏游玩。(免:《黎澍行踪之反证》,《北京日报》1922 年 7 月 24 日,"要闻")

　　△　派刘菊坡到长沙接洽联省自治。

　　报载孙中山因促进联省自治,特派代表分赴西南各省接洽一切。其派来湘省之代表刘菊坡正与赵恒惕、孔庚等重要人物磋商进行办法。(或:《孙中山促进联省自治》,《北京日报》1922 年 7 月 26 日,"要闻")

　　△　报载孙、陈两军近日在北江、东江、西江展开激战。

　　北江方面,北伐军于 16 日夜复将韶关攻下,许崇智亲率所部沿粤汉路进攻,意在取得该路以入省城。叶举因恐许军西侵摇动粤军根据所在,22 日已将省军全部开赴北江,并于 23 日亲往前线指挥。东江方面,翁源、河源前后均被黄大伟部攻下。陈炯明分兵两路抵御,以钟景棠部守惠州,以李炳荣、陈炯光两部分攻翁源、河源,以复失地。西江方面,关国雄已将张开儒击败,但孙系军舰正扼守车尾炮台,关军与省城东江交通均已断绝,势恐难于久持。至省中秩序,由熊略、洪兆麟、魏邦平三部维持。熊、洪两部因与叶举不睦,已宣布中立。(醒秀:《粤中之战局》,《北京日报》1922年7月23日,"要闻")

　　△　国会议员丁超五电请讨伐陈炯明。(《国会议员明辨顺逆之表示》,上海《民国日报》1922年8月6日,"本埠新闻")

　　7月22日　海军致电李烈钧、许崇智、朱培德,报告叛军拟在白鹅潭谋害孙中山未逞。

　　电谓:"闻叛军贿买'肇和''永翔'二舰来白鹅潭攻击各舰,诚所谓匪夷所思,叛军谋害总统,盖无所不用其极矣!无论'肇和'舰吃水甚深,不能驶入省河;即使能之,则海军将士,深明大义,必不为其所买。无奈,叛军谋害心切,不计可否,徒见其枉费金钱,多耗人民脂膏而已。"(蒋介石:《孙大总统广州蒙难记》,第35页)

　　△　北伐军退出韶关、翁源,孙派回复省城希望落空。

　　报载北伐军退至距韶关北方八十里处,进出翁源方面之北伐军亦被击退。"孙派回复省城之希望已归泡影",停泊沙面之军舰渐有离叛者。孙中山虽有做工作,"恐难挽回"。(《(孙派难挽回颓势(广州)》,《泰东日报》1922年7月22日,"东亚时局")

　　△　陈炯光电称,驻始兴之北伐军三千于是日下午已被包围。(大:《尚未解决之粤事》,《北京日报》1922年7月28日,"要闻")

　　△　广东全省商联会来电并致各社团,请孙中山克日北上。

　　广东全省商联会致"永丰"舰转来电,请俯顺舆情,克日北上。电谓:接全国商会联合会张维镛暨商会总事务所、京兆事务所等13日电,名言正论,正与敝会众意相同。"万恳俯顺舆情,克日北上,为粤省留元气,为国家策久安,吾民爱戴之诚,渐不因钧座之行而有间也。"(《粤商会请孙中山北上》,长沙《大公报》1922年8月5日,"中外新闻")

　　广东全省商联会致各省议会、报界公会、总商会、粤商维持公安会、总工会、自治研究社、九善堂院、自治维持、和平维持会等各社团电,拟请省会领衔,联电国会,议定优待孙中山之条件。电谓除电呈孙公恳请俯顺舆情、克日北上外,伏念其"数年护法,功在国家,当兹法统重光,宜享崇隆之报,拟请省会领衔联电国会,议定优待条件,

以彰殊勋而留纪念"。(《粤商会请孙中山北上》,长沙《大公报》1922 年 8 月
5 日,"中外新闻")

在复京全国商会联合会电中云:"国家分崩离析,人民转徙流亡,
政象如斯,何以能久。终南北统一,实为人民之公意,抑亦时变所要
求,孙公护法宣劳,国家攸赖,崇功报德,礼亦宜之。即已悉如来旨,
分别进行矣。"(《粤商会请孙中山北上》,长沙《大公报》1922 年 8 月 5 日,"中
外新闻")

△　《申报》载文,记述珠江海军舰队动向及对北江一带战事的
不同报道,认为海军舰队的主要目标在东面,北江孙陈双方胜负还无
法判明。

关于珠江海军舰队之动向,孙中山所率海军舰队自进泊省河白
鹅潭后,以长洲既失,已无根据,拼为孤注一之掷,于是有"限粤军二
日出境、逾期即有动作"之宣言。15、16 两日,各舰队共八艘,仍泊于
沙面对港之芳村河面。是日,各舰队均成双行,计北洋舰"永丰"与
"同安"、"永翔"与"楚豫"、"豫章"与"舞凤"各自双泊;其海防舰则泊
于北洋舰之前,计"广玉"与"宝璧"舰成一犄角形,但双行舰上各炮均
指向省河之东向。

关于北江一带战事的进展,双方报载不一,但均极形吃紧。因为
省报所载战讯,多由粤军机关黎明通讯社发稿,故其报道,粤军均有
胜无败,甚至认为许、滇两军"连日迭受重创,兵疲弹缺,粤军各部士
气甚壮,日内即可将其一鼓肃清"。然据国民党方面传出的消息则
说,许、滇两军猛攻帽子峰,且已夺获,韶关甚危。此说虽未证实,然
许军冒死回粤,有进无退,其气甚锐。而粤军以全力布防,势亦不弱。
文章认为北江这一阶段战况是"两方旗鼓相当,时似尚未至胜负判明
之时"。(平:《粤省风云续纪》,《申报》1922 年 7 月 22 日,"国内要闻二")

△　周召棠等来电,请拒绝陈炯明求和,继续讨伐。(《反对陈炯
明求和电文》,上海《民国日报》1922 年 7 月 24 日,"本埠新闻")

△　所属舰队加强戒备,努力消除再度被袭之隐患。

报载孙中山之舰队自遇浮雷爆炸之事发生后,严加提防,除用木筏围绕"永丰"舰外,并派小轮彻夜巡查。(《北江剧战中之增援与戒备》,《申报》1922年7月31日,"国内要闻")另据《士蔑报》载,海军舰队人员派人搜寻泊于芳村岸边之十五艘小轮,并将各轮之机件毁坏,"俾其不能行驶",以保证"永丰"舰安全。(《北江剧战中之增援与戒备》,《申报》1922年7月31日,"国内要闻")

△　声明对水雷事不负责任。并发表谈话,称决不灰心于一时之失败,相信终有恢复之日;只求中国有一合法政府,然其造成有赖于革命之效果。

报载孙中山虽接外国舰队之劝告令,要求脱离险地,但向外人声明,19日水雷之事,彼不负责任。闻更对人云:"吾为一革命家,一时之失败,余决不灰心。北伐军虽见失利,但认吾人志不衰颓,终有恢复之一日。余但求中国有一合法政府,即退而为一劳动者亦乐为之。惟此种合法政府之造成,须视吾辈革命之效如何。"(《孙陈仍奋斗》,长沙《大公报》1922年7月30日,"中外新闻")

△　陈炯明部因军费困穷,特开赌业以资应付。

报载日来由广州开往前线之陈派兵士,要求补发欠饷及本月饷银,陆军当局百方说合,并发放若干现银,始允开往前线。陈军因而被军费所困,一部人拟乘陈炯明未至省之际,"特开赌业以资应付军饷,将所有赌博税金既充军费"。俟战局告一段落,陈炯明至广州后,再行禁止。(《孙陈仍奋斗》,长沙《大公报》1922年7月30日,"中外新闻")

△　余和鸿、黄罩认等来函,报告致公堂及保皇党王继曾残杀墨西哥国民党同志之经过,请求讨伐与致公堂有关的陈炯明,并筹款进行援助。

函中谴责陈炯明之叛乱,为未能参与除恶感到惭愧;致电国民外交会及国体总会,报告所派朱伯允来墨调解与致公堂及保皇党冲突未果。谴责致公堂及保皇党串通北京政府领事等,变本加厉,不但多次残杀、暗害本党在墨之负责人,而且贿买墨警察加以搜捕,驱逐出境。幸数次得墨西哥总统和有关政治人士主持公道,得以脱险,免除牢狱之灾。鉴于形势险恶,生命不保,恳求施加援手,除给墨政府拍发电报,说明本党与致公堂之区别,并力斥其凶横无理外,希望发动同志捐款,以应官司所需巨款以及剿灭陈炯明,报仇雪恨。"本党嗣被致公堂残杀以来,兴讼伸冤约费四万余,重讼事未结,诸费浩繁,无从生贷,伏请钧座分电海外诸同志筹款援助,免致独力难支,感德无既。惟恨致公堂恃势行凶,愈演愈烈,吾人居此,生命财产朝夕难保,惟希我总理速率劲旅,早灭陈逆,恢复根据。恳请查封其家产,以雪此恨。"(《余和鸿等上总理函》,环龙路档案第 06242.1 号)

7月24日　北伐军于韶关附近火山击败陈部叛军。自本月 22 日起,北伐军自马坝、大塘一线退却,即以火山为坚强据点。陈军增援部队开到后,双方激战,彻夜不息。北伐军久战疲劳,前线颇有动摇之势。许崇智为鼓励士气,于 23 日进驻火山,并鼓励三军于 24 日向敌猛烈搏战,大破之。"叛军锐气顿挫,纷纷后退。"(邹鲁:《中国国民党史稿》第 3 篇,第 1105 页)

△　报载孙、陈将在英德附近决战。

许崇智军队屯于韶州与南雄间之始兴。由始兴派兵一支南行,已达芙蓉,目的在攻击英德铁路,以截断陈炯明之军。但陈已知此谋,正集重兵于英德附近。舆论认为,英德"不久将有决战,孙、陈命运将视此战之结果而定"。(《南北现象一斑》,《申报》1922 年 7 月 25 日,"特约路透电")

△　许崇智中路军河源遭重创,陈炯明军改守为攻,双方在全省布阵,激战即将展开。

北伐军攻下韶关后,许崇智即以重赏鼓励军士进攻大罗山,其目的"盖欲迅速攻入省城"。殊不知梁鸿楷因受陈炯明之运动,突由河源方面反攻李福林之后路。李军猝不及防,受创甚重。许军闻中路骤生变故,遂于 23 日晚间退守韶关。陈军因此改守为攻,力谋恢复韶关之失地。连日里,陈炯明复将东江方面的兵队,抽调一部开赴北江助战。光是韶关一隅,陈军兵力即已达一万五千之众。翁式亮、杨坤如、李秉荣、陈炯光、叶举各部均麇集其间,"以韶关为第一防线,马坝为第二防线,连江口为第三防线"。至许军方面,则将两翼归并中路,许崇智亲任指挥,"以莲花山为第一防线,以大塘为第二防线,以韶关为大本营"。东江军事完全付诸朱培德担任,预料日内必定即有剧烈之激战。(醒政一:《孙陈构怨之广东》,《北京日报》1922 年 7 月 26 日,"要闻")

7 月 25 日　报载闽督李厚基添派援粤军王永泉一团,已抵长汀,王献臣一旅已抵武平,准备入粤。(美东:《粤事拾零》,《北京日报》1922 年 7 月 25 日,"要闻")

△　《泰东日报》载文,斥责陈炯明叛孙"国法不容",并从道义及实力上认定后者仍具有优势;由于理念分歧、实力限制,对陈氏联合吴佩孚谋南北统一表示怀疑。

陈炯明作为总统之属官,因被总统免职而反叛,国法不容;其变节之速,宜与传说中的吴佩孚的统一计划有关。文曰,"大名鼎鼎之陈炯明而亦躬冒不韪,甘为丁公吕布之俦,以叛孙中山闻也"。且不论陈炯明与孙中山的私交,只是"陈氏既大揭护法之旗,奉孙为合法的大总统矣。则陈氏不过大总统属下之一官吏,官吏任免权,惟大总统操之,他人不能过问,此定例也"。陈氏此次叛乱反噬之举,实挟有因前日免职之嫌,此已为国法所不容。且当北伐进展江西垂手可得之日,反戈犯上,甘为敌人内应,其野心恰如慕容氏夺秦,有违陈氏平日之声誉与人格。其变节如此迅速,传说缘于吴佩孚与陈氏密谋的南北统一计划,"或不无几分可信之事实"。

文章认为陈炯明此举需要弄清楚的是,孙中山虽然被逐,但孙为国民党首领已非一日,陈氏如果无法率领全党以与孙氏为难,那么服从孙氏者就仍然占据优势。而且,吴佩孚"援一江西不能,又安能飞渡珠江,与陈氏为南北夹攻之举"。再就是所谓西南,本来就包括黔、滇、川、蜀等省，陈氏是否真的能指挥这些省份一致反对孙氏呢？如果不能，则说明陈不足以代表西南。就算陈、吴堪为南北代表，然而二人在统一问题上意见是否一致，也是极可注目之事。因为吴主张奉中央为正统，而陈则趋重于联邦自治制度。文章的结论是：吴、陈实各有难言之隐，吴不能得志于北方，陈不能得志于西南，双方或只是武力之结合，以统一为借口，暂时以之遮饰天下人的耳目。大局是否真有统一之望，还要看今后南北政局变幻到何种限度，才能慢慢勘定其结果。（甦：《吴陈果能统一南北耶》，《泰东日报》1922 年 7 月 25 日，"论说"）

　　△　复某人电，拒绝黎元洪北上之邀请。

　　报载孙中山由香港转来一电，答复在京之西南派某要人，电中略谓："陈炯明私通敌党，无故称兵，致使粤局不宁。黄陂复职，是否守法抑或毁法，自有公论。在粤战未息之时，实难谈到统一问题，劝文北上，更难遵命。"（《北京电》，天津《益世报》1922 年 7 月 25 日，"专电"）

　　△　报载陈炯明近日屡以取消联省自治为条件，电请吴佩孚夹击孙中山军队。（《陈炯明电致洛阳请以夹击孙军》，《满洲报》1922 年 7 月 25 日，"论说"）

　　△　报载孙中山军舰"永丰""豫章""楚豫"不听温树德各舰归队电令，仍泊白鹅潭，不往莲花山。叶举以海军中立与否为发饷标准，已发六万。（《香港电》，《申报》1922 年 7 月 25 日，"国内专电"）

　　△　香港转韶关急电：许崇智再攻英德、河源，叶举分三路并力抵御。

　　报载许崇智军自 25 日分兵两路与陈军激战。一路为滇军，一部由翁源扑新丰，另一部抄河源后，直逼惠州，期捣陈炯明之巢穴。另一路为吴忠信旅及许之本部，仍由英德正面进击滃江。相传前哨已在迎嘴坳与陈炯光接仗，互有胜负。又闻陈军以许部节节猛进，不得不筹相当之抵御。除以李炳荣担任广州治安外，拟空全粤之兵与许氏角斗。其计划如下：（一）派洪兆麟率旧部三营从英德出，以助杨坤如、熊略等部。(二)河源方面,派钟景棠、翁式亮率部抵御。(三)新丰方面,以原驻始兴一带之叶部及杨部负责。27 日两军在英德、新丰各处接战,极为剧烈,死伤极众。仅英德一县即得失凡三次,最后粤军洪兆麟、叶举、钟景棠等全力夺回。北伐军仍然屯驻于翁源、曲江一带,而与陈军相持不下。(民免丝:《粤中最近战讯》,《北京日报》1922 年 7 月 30 日,"要闻")

△　拟亲率"永丰"等军舰攻江门,陈军严阵以待。

报载孙中山以陈策攻江门失败,将自己亲率"永丰"舰及其他之两舰,猛扑江门。此时有多数民军依集于孙,孙氏之气势为之一振。粤军得此电告,防范加紧,叶举等以孙如亲攻江门不下,则必然会被外人敦加警劝而离开广州,故令各军充分预备,以予孙大的打击。(《尚难解决之粤事》,长沙《大公报》1922 年 7 月 31 日,"中外新闻")

△　陈炯明抵省城,对人论及孙中山,表示十分惋惜。

报载陈炯明上午抵省,对人论及反叛孙中山之事,仍然为之十分惋惜,并表明其不得已,谓如孙氏左右能共同收拾粤局而整理,再进而谋发展,"吾人当有无穷之希望"。事到今日此等地步,"致使整理工作者更为广州之罪人,实与最初之旨不侔"。认为相信孙本人当也不料有此结果也。(《尚难解决之粤事》,长沙《大公报》1922 年 7 月 31 日,"中外新闻")

△　报载美国杞连湖国民党分部电请讨伐陈炯明,并开除其党籍。(《美洲国民党讨陈电》,上海《民国日报》1922 年 7 月 25 日,"公电")

△　报载江西自治筹备处电请撤兵停战,并与北京政府共相筹议,以顺自治潮流,切实实现民治,并饬谢省长速即履新。(《江西自治筹备处呼吁和平之文电》,天津《大公报》1922 年 7 月 25 日,"政闻")

△　四川省议员曹叔实通电讨伐陈炯明,历数其背叛主义、破坏北伐、反对护法、阻挠讨贼、扰乱桑邦四大罪。

(一)陈炯明虽曾追随孙中山及诸同志参加革命,然黄花岗已误事于先,今忽叛主义于后,无法慰诸先烈之英灵并报答孙氏及诸同志的苦心。(二)孙中山以大元帅名义起师护法,复以国会选举膺任总统,近期秣马厉兵,提师讨贼,意在"维系法律于不坠,减除军阀之专横"。但讨贼军入桂,陈氏不接济曾允诺的五十万元月饷,又电湘赵恒惕阻遏义师,种种不欲讨贼之心,已昭昭在人耳目。在北伐军江西克捷、湘省出兵,奉直交攻,曹吴未洽的有利时机,多方牵掣,且"迷梦副座,以吴佩孚之马首是瞻"。导致北伐事将功亏于垂成,坐误良机,馨竹也不足以书尽其辜。(三)孙陈患难与共者二十余年,孙对陈推心置腹,引为知交,寄以南疆之任,军民两政大权萃于其一身,而陈则恃爱恣肆,援引亲族,遍据要津,广树爪牙,扩充势力,摧残护法,危及孙公,"何异鹰饱食而远飏,虎生翼而反噬"。(四)粤省为中国庶富之区,又为革命根据之地,此次因陈氏操兵行逆,掳掠一空,且占羁奸淫,无所不至。由于两兵相接,战火交加,导致"昔之崇楼杰阁,今则化为焦土,昔之繁华都市,今则顿变萧条",粤民遭及荼毒。推原祸始,则陈氏"以粤饷而养粤兵,以粤兵而残粤民,既阻讨贼,又扰桑邦,厉阶戎首,两无可逃"。对于陈氏以上四端大罪,通电甚望南中同志诸公急起讨贼,"先奸萧墙之内奸,后作北讨之大计"。(《川议员声讨陈炯明》,上海《民国日报》1922 年 8 月 19 日,"要闻")

△ 广东省议员刘经画电请讨伐陈炯明。(《粤省议员深明大义》,上海《民国日报》1922 年 8 月 24 日,"本埠新闻")

△ 邓鼎封来函,声明自己忠于革命,款项清廉。

邓鼎封来函,报告二次革命以来参加的各种行动,言数次求见,"欲为面陈粤事并请方略",因各种因素未果。赞扬周来之毁家纾难义举,声明自己忠于革命,款项清廉。在沪"静养之际,回思数年来所事之业一无所成,对己对人愧怍无地,然对于款项涓滴皆归公用,无丝毫肥私之事。及今旅食沪上数月,一身之外,则无他物,此可为先生告也"。(《邓鼎封上总理函》,环龙路档案第 02386 号)

7 月 26 日 海军总司令温树德函劝孙中山早日离粤,并饬永丰等舰早日归队。

海军舰队司令温树德以"永丰""楚豫"等四舰向隶海军范围,电请孙中山饬令其归队,并率"海圻""海琛""肇和""永翔"等四舰由太平出口,至虎门外之妈湾海面,以表示中立之决心;并承诺只要孙中山早日离粤,当将优待条件一概履行。(《海军最近之动静》,《中华新报》1922 年 8 月 7 日,"广州新讯")在致孙中山电中,谓:"窃察粤军当局,惟求钧府早期离粤,其余优待条件自当一概履行。"并认为在大乱未已之际,早离一日,则早获一日之安全,亡羊补牢,为时未晚。再者,"永丰""楚豫"诸舰同隶海军范围,因追随孙中山而进泊白鹅潭。倘战端再启,雷炮交加,致舰受重大损坏,自己固无以对将士,即孙中山亦无以对国家。故万恳饬"永丰"四舰出口归队,使得以及时整练,以备异日为国家效力。(《温树德致孙中山书》,《申报》1922 年 7 月 31 日,"国内要闻")但"永丰""楚豫""豫章"各舰长,对于该命令拒不奉行,并复函温树德,"以服从大元帅为其天职"。温氏为保全舰队,故仍拟用和平手段劝令归队。(《海军最近之动静》,《中华新报》1922 年 8 月 7 日,"广州新讯")30 日,温树德再下第二次归队令,婉劝各舰开往莲花山集中,并附带条件两款:(甲)各舰于期内归队者,所有舰员水兵,概不更动。(乙)各舰于期内归队者,所欠旧饷,任由司令部担任发给。(《海军最近之动静》,《中华新报》1922 年 8 月 7 日,"广州新讯")

△ 黔方代表李子仁来函,就近进行调停。

来函称,李子仁受人所托,"在粤就近斡旋切劝,俾粤事得和平解决,免致自伤实力"。因而冀劝双方息战祸,和平解决。希望孙中山能指示息争之途径;或指定离粤的时间,自己将在沙面候派艇渡过接洽。(平:《粤省战事之近状》,《申报》1922 年 7 月 31 日,"国内要闻")

△ 杨庶堪告四川近况。("中华民国"史事纪要编辑委员会编:《中华民国史事纪要(初稿)——一九二二年七至十二月》,第 150—151 页)

△ 唐绍仪拒绝各界及陈炯明长粤请求,认为若能尽快与孙中山商榷和平,粤事或有可为。

报载粤省以各处民军蜂起,各军纪律毫无,社会秩序紊乱,大有无法收拾之势。日前各界人士迭电唐绍仪，"请其出长粤政，救民水火"。陈炯明也以唐氏"负粤中重望，甚望其出定粤局，以挽狂澜"。除函电迭商外，并专派代表敦请，甚至求唐之岳丈吴涤宜偕同代表再往劝驾，终被唐氏拒绝。唐在致函岳翁时，略谓："绍仪自护法南来，奔走国事，与中山同一宗旨，今既请中山下驾，又请绍仪出山，固于情理上不合"，而且深虑自己的升降会让他人掌控。建议"在省若有人再以维持粤局见商，可劝其速与中山为和平之商榷，则粤事或有可为"。否则愈闹愈凶，后果不堪设想。并警告如果谁再生障碍，将会难逃公论，千秋万世将唾骂无穷。（政：《唐绍仪不允长粤》，《北京日报》1922 年 7 月 26 日，"要闻"）

△　粤军定于 26 日实行第二次总攻击。陈炯明任关国雄为驻梧水陆各军总指挥，命黄志桓率部赴韶关。（《香港电》，《申报》1922 年 7 月 28 日，"国内专电"）

7 月 27 日　北伐军猛攻韶关，事实上并非激战，而是双方士兵怠战。

叛军近日全线向大塘、韶关方面退却，北伐军乘势追击。是日，左翼军许崇智部占莲花山阵线，向韶关车站猛攻，陆旅向马塘方面进攻，卫队孙部与谢部进占大塘、羌在街之线，向敌之韶州附近之防御阵地进攻。（邹鲁：《中国国民党史稿》，第 1105 页）湘军陈嘉祐部，也前来驰援。（毛思诚编纂：《民国十五年以前之蒋介石先生》第 4 册，第 26 页）。19 日，北伐军许崇智军长和李烈钧总参谋长发函报告战况。27 日，孙中山得函，知前方连获胜仗消息皆非子虚；又知湘军陈嘉祐旅长所部已集中仁化县，不日即可加入战线，十分欣慰。（蒋介石：《孙大总统广州蒙难记》，第 41 页）但报载据由韶关前线归来之伤兵谈云，韶关方面虽有激战说，然事实上绝非如此。两军兵士在战线上相互交谈，谓"同是广东同志，交战实属毫无意味"，相约各以枪向天射击。北伐军因子弹不足而少事射击。粤军则因天气酷热，加上物资缺乏，"兵士多无战意，甚至有自刺伤其股以求归还广东者"。许崇智"因军火不足，力避决战,专从事买收,冀以乘广东军之虚"。而陈炯明军则"除上级军官外,兵卒毫无战意"。所以此时双方的战斗状态,颇似于儿戏。(《胜负难决之孙陈内讧》,长沙《大公报》1922 年 8 月 3 日,"中外新闻")

　　△　报载孙中山近日或居"永丰",或居"楚豫"舰,日迁数次。因派员与某领事磋商,拟迁居沙面。后者提出条件:可以居沙面,但不得与舰员接洽,孙氏闻之颇为踌躇。(《香港电》,天津《益世报》1922 年 7 月 27 日,"专电")

　　△　粤商联会电省议会及各团体,请由省议会领衔联电国会,订优待孙中山之条件。(《香港电》,天津《益世报》1922 年 7 月 27 日,"专电")

　　△　报载卢永祥复电唐继尧,赞成联省会议。(《卢永祥赞成联省会议与吴佩孚之意见正成反比例》,《满洲报》1922 年 7 月 27 日,"论说")

　　△　部分国会议员拟弹劾黎元洪违法。

　　报载部分众议院议员,以黎元洪民国 6 年明令国会开会为违法,认为"虽总统取销之,而违法之罪断非可消灭者"。因此,拟提出弹劾黎总统案,并在请各议员赞同。(《一部国会议员将弹劾黎总统以明令认为违法》,《满洲报》1922 年 7 月 27 日,"论说")

　　△　四政党推唐绍仪组阁,黎元洪将开会进行协议。

　　报载国会议员抵京者,已达法定人数,国会开幕当于预定之日即 8 月 1 日进行。至于内阁问题,则拟由益友社、研究会、讨论会、政学会四政党联络,推唐绍仪组阁。黎元洪总统拟于 28 日招待全体议员协议该问题。(《关于内阁问题总统将开协议会》,《满洲报》1922 年 7 月 27 日,"论说")

　　8 月 1 日,《满洲报》载文谈益友社、研究会、讨论会、政学会等四党促使唐绍仪组阁有一定成功把握之原因。(一)公府方面,黎元洪以南北统一问题,非以南方人物组阁,决难奏效。而唐绍仪为最适合之人物,提唐组阁,足以表示中央有统一之诚意。即使国会通过后唐仍不来,则中央责任已尽,何况唐氏未必绝对不来。因此逐内定唐为总理。(二)国会方面,国会大多数人认为,此次法统恢复,组阁者必须遴选与护法有关系之人物,以见法统昭苏之精神。因此,唐绍仪、孙洪伊遂为应时之候补总理。但孙氏主张恢复广州之 8 年国会,而反对北京之 6 年国会,故孙内阁虽时有呼声,但因此层之阻梗,重心渐趋于唐内阁。(三)军阀方面,此时的中枢大政,并非北京政府所能专主。唐绍仪作为天津小站之元勋,对于目下的巡帅、大帅来说,实为前辈,不会贸然反对。(四)政党方面,此时在京活动者,都不是大规模之政党。无论何系何派所推之总理,欲求国会同意,殊无把握,故也落得共推唐绍仪当头阵,亦多数表示赞成者。(《四政党促唐氏组阁》,《满洲报》1922 年 8 月 1 日,"论说")

△ 报载叶举定于是日出发,巡视北江战线,省城广州秩序由李炳荣维持。(《香港电》,《申报》1922 年 7 月 28 日,"国内专电")

△ 洪兆麟率旧部三营出动于英德方面。(《香港电》,天津《益世报》1922 年 7 月 29 日,"专电")

△ 报载孙中山之舰队毁坏洋商的运货小轮,英法领事因而向孙发出警告,遂赴沙面道歉。(《上海快信摘要》,长沙《大公报》1922 年 8 月 2 日,"快信")

7 月 28 日　共产国际执委会决定在中国实行马林关于支持孙中山和促成国共合作的意见,并指示中国共产党把总部移到广州。(中共中央党史研究室编:马林档案第 3009 号;杨云若:《共产国际和第一次国共合作的形成》,《党史通讯》1987 年第 2 期)8 月,共产国际又在给共产国际执委会驻华南代表的指示中,明确指出,国民党是一个革命的政党,中国共产党人应该在国民党内进行工作。(中共中央党史研究室编:马林档案第 3113 号;杨云若:《共产国际和第一次国共合作的形成》,《党史通讯》1987 年第 2 期)

△ 致电李烈钧,令指挥前方各军以收统一之效。闻邓铿原第一师已在翁源方面附逆参战,孙中山谓:"该军如此,仲元死不瞑目矣。"(蒋介石:《孙大总统广州蒙难记》,第 41 页)

△ 《满洲报》载文,主张实行联省自治要注意两事:一是文官代

武人;二是先定省宪,再议国宪。在中国可以实行联省自治,但实行之初,宜注意两点:(一)主张以文官代替武人。不以曾握军权仍有军事势力者为执政者,而切望以正直文治派人物居执政之位。(二)中国果行联省,必宜先定省宪,再议国宪。否则省之发展,仍不免拘束。由于章太炎等发起联省会议于上海,遭到北方曹锟、吴佩孚等的反对,因此,联省自治势必将为南北争执之焦点,时局难以安定。(念曾:《为主张联省自治者进一言》,《满洲报》1922年7月28日,"论说")

△　黎元洪任孙洪伊为代理内务总长。(《任孙氏代理内长》,《满洲报》1922年8月1日,"论说")

△　报载侨美中国锄奸团电请讨伐陈炯明。(《美洲来电》,上海《民国日报》1922年7月28日,"公电")

7月29日　北伐军自韶关附近失利,被迫全线退却,直至始兴县属之江口,收容部队,重加整顿。(《香港电》,《申报》1922年8月1日,"国内专电")

△　据《士蔑西报》载,现居"永丰"的孙中山身体欠佳。其子孙科居澳,"现间接与澳门政府磋商,如许孙文居澳门,则允代调停澳门华人罢工事"。(《香港电》,天津《益世报》1922年7月29日,"专电")

△　《满洲报》转载旧金山《大同长报》短评,称华侨对孙中山多有不满,失去民心。

报载海外华侨平素极其尊崇孙中山,但最近之情感似已大变。根据是旧金山《大同长报》短评。

该文认为:孙、陈决裂,在势必不能免。而且,此时孙中山败逃,不因其最大政敌之吴佩孚,而祸起于萧墙内之陈炯明。推原其故,认为是孙在政治行动上过于率性,在性格方面"惟我独尊,不显世人",以至于"违背众大多数之心理而不恤",所以他"排斥陈炯明以遂一己之大欲,固意料中事"。而陈炯明之反兵相向,实为孙逼迫的结果。由此可知,"以轻死生、共患难之陈炯明,对中山尚不能容忍,则中山之失民心,不愈信而征欤"。文章对孙中山的保国会、诛国贼旗帜也加以批评。指出孙中山"频年辛苦,以保国会为帜标,诛国贼为亟务。而向所谓国贼者,中山与之联欢矣。恢复完全国会之机会在即,中山顾乃消极视之"。这些都是他所以致人疑,而不免人非之的原因。最后,不无讥讽地说:"忠诚为国之政治家,人多望其成功,不幸而致失败,益动人怜爱惋惜之同情。噫嘻! 大多数民众之对中山,则如何也。"(《华侨之对孙文》,《满洲报》1922 年 7 月 29 日,"论说")从孙中山与陈炯明对立的立场上看,这文章的倾向性十分明显。

△ 报载综述最近 3 日粤军与北伐军战况:翁源、英德间铁道已炸毁,东、西、北三江同时发生战事,孙中山将实行三次炮击广州,并任命欧阳格为海军临时总指挥。(民:《广东之大纷乱》,《北京日报》1922 年 7 月 31 日,"要闻")

△ 报载湘人黎兆枚等来电请讨伐陈炯明。(《湘公民黎兆枚等讨陈炯明电》,上海《民国日报》1922 年 7 月 29 日,"公电")

7 月 30 日 传令各舰将士严密防备陈炯明袭击,勿自惊扰,以示鼓励。

探报陈炯明派陈永善在江门装修钢板小轮船三十二艘,招募敢死队三百名,预备袭击海军。对此,孙中山传令各舰将士谓:"敢死队纯出于自愿牺牲,岂可招募而得? 且何处去招募如许敢死队与领江之人? 陈炯明谋害之心虽切,此种伎俩,终无如我何也。"(蒋介石:《孙大总统广州蒙难记》,第 38 页)

△ 任命徐天琛为讨贼军别动队司令。(《任徐天琛为别动队司令状》,中国国民党中央委员会党史委员会编订:《国父全集》第 4 册上,第 416 页)

△ 报载派代表转托某方面致意吴佩孚,提出下野条件。

是日,距国会开会之期仅一日,孙中山派代表王某北来,转托某方面致意于洛吴,谓:"果能赞成恢复 8 年旧会,承认孙文之护法总统,由孙将职权交还国会,则孙可办到下野。"亲孙派旧议员,也可来京凑合国会之成功。(世:《孙文下野之条件》,《北京日报》1922 年 7 月 30

日,"要闻")

△　对某议员称,护法告终,专注讨陈。

据最近由广东来沪之某议员语人,彼行前曾谒孙中山于军舰,孙谈谓:"护法之役业已告终,我言法统,彼等亦言法统,无足相持。惟竞存以部下抗我,非讨灭之不可。俟粤局底定,我亦要休养,将来另革命。"(《孙中山认为护法告终》,长沙《大公报》1922 年 7 月 30 日,"中外新闻")有学者认为,孙中山对《临时约法》的放弃,表面上说因法统问题,实则约法自身亦存在先天的体系弊端再进一步暴露的结果。(王雷:《误读的共和——1916—1924 年的北京国会》,2008 年 5 月,上海师范大学博士论文)

7 月 31 日　《益世报》登载黎元洪的代表黎澍本月 22 日的来电,认为南北妥协,国家统一,需要公开开会讨论,而孙中山应采取主动态度。

来电指出:南北统一之途径和方法,最好通过公开讨论来决定。文谓:"西南六省独立者有年,称政府者有年,一旦欲归于妥协,当必有途径以由之。政府不避艰辛,以诚意相号召,大公至正,薄海同钦。顾诚意从何而表示,必有方法以征之。寻其途径,绎其方法,除公开会议外,实无良策。"关于公开讨论的具体方法,以为可以通过政府及各省各派代表一二人共同讨论,"聚南北英俊贤达于一堂,为诚意之协商,实地之谅解,以形式之商榷,作转圜之地步"。而公开讨论的益处则在于:"不独南北对峙之局可免,即意见不同之某某数省,悉镕冶于一炉。则数年之纠纷立解,建国之大计以成,统一盛业于斯聿定。"关于公开讨论的实现,孙中山宜采取主动,尽快进行。"应请我公毅然英易,以自动的态度,最短的时期,迅开各省会议,国事前途,庶几有豸。"(《黎澍对于时局主张之养电》,天津《益世报》1922 年 7 月 31 日,"要闻二")

△　报载孙中山与陈炯明之部下有一千三百名逃兵沦为土匪,近期离开乐平,取道婺源入皖。据传已抵屯溪,预计该处恐将发生骚乱。(《北方之政局》,《申报》1922 年 8 月 1 日,"特约路透电")

△　报载国务总理已决定由唐绍仪担任,其未到任前,暂委王宠惠代理。又现有唐氏果能组阁,则顾维钧当就外交总长之说。(《总理决定唐绍仪》,《满洲报》1922 年 8 月 2 日,"论说")

△　报载黎元洪已任命王宠惠为国务总理。(《阁揆已有人矣》,《满洲报》1922 年 8 月 2 日,"论说")但王氏不但不肯就任国务总理,并将辞司法总长,闻已于初一日早上呈请辞职。(《王氏固辞总理》,《满洲报》1922 年 8 月 3 日,"论说")

△　报载孙中山在广东已失去人心,已经率兵舰离开广州。陈炯明因军资匮乏,不能续战。

文谓:孙中山因许崇智等之活动,"挽回形势之说,其实不过其机关报纸之宣传,实则其久已为广东人所厌弃"。因此,不但广东居民切盼孙派退出广东,即如向与孙派深表同情之水道、瓦斯工人等之曾为孙氏罢业者,也翻然悔悟,不再支持他。后因各国领事之警告,孙派之兵轮三只于 27 日离开广州北上了。又有人认为,陈氏因军资匮乏,恐不能与孙派继续进行战事。(《中山果挽回形势耶》,《满洲报》1922 年 8 月 2 日,"论说")事后证明,此时孙中山仍在广州。

△　《字林报》载赣州近一月兵祸,指责北伐军为害赣州,抢劫拉夫,怨声载道。

孙中山北伐,大招盗匪入伍,其数之众,为向来所未闻。这些人入赣后,一切行为可目为有系统之打劫。打劫的罪状有如下几种:(一)入城搜查。"凡入城者,概须搜查,囊中即有铜元数枚,亦须为若辈取去。"(二)四乡骚扰。"一月来,无室不惠临多次,苟稍值钱而可携带者,莫不搜取一空。"甚至比北方军队更糟。(三)借口拉夫以扰民。兵士常常借口拉夫,供途中转运,动辄入民家强掳男妇幼女,稍事抵抗,则以枪柄刺刀相向,死者枕藉。(四)掳掠妇女,弃杀婴孩。妇女被掳者以数百计,婴孩则委弃或被杀,家室破亡,鸡飞狗走。(五)伤害赣城地方元气,荼毒赣民。由此可知,"赣民受此荼毒,倘北兵复来者,将箪食以迎矣"。(《外报纪赣州之兵祸》,《申报》1922 年 8 月 10 日,"国内要闻")这里说的孙中山的北伐军，主要指的当是李烈钧的军队。

△　报载洪兆麟、魏邦平、李炳荣、关国雄等通电宣告中立。（《洪兆麟等宣告中立电》，天津《大公报》1922 年 8 月 8 日，"政闻"）

6 月至 7 月　因陈炯明发动兵变公开反叛孙中山，国内各界个人或团体、海外华侨及国民党海外各支部纷纷来电声讨，力主剿灭陈炯明，以正国法。来函部分代表有：

李郭、前救国第六军三支队南海周黎阁、李任侠、聂一民、讨贼军别动队司令徐树荣、副司令李辉白等，分别电请讨伐陈炯明。（鲁直之、谢盛之、李睡仙：《陈炯明叛国史》，第 197—199 页）

国民党南非洲杜省支部、百图加义华侨、星洲广肇同志、暹罗国民党、美国掘慎委利中国国民党分部、菲律宾纳卯华侨总会、维也基华侨、顷市国民党，亚顿华侨，古巴华侨国民党全体，分别电请讨伐陈炯明。（鲁直之、谢盛之、李睡仙：《陈炯明叛国史》，第 257—258 页）

李铁铮、菲律宾华侨全体、民生社赵有那、中国国民党海防、河内支部全体党员、中国国民党海阳分部、中国国民党北宁分部，中国国民党南定和太平分部、南洋华侨、巴城老巴阅书报社、侨民叶有志、郑梦芝，荷兰华侨苏恶敌、张毅、亚剌士打国民党分部等，分别电请讨伐陈炯明。（鲁直之、谢盛之、李睡仙：《陈炯明叛国史》，第 212—216 页）

西特林国民党，南洋挂罗庇啰华侨，美国斐市那国民党分部，美国必珠卜国民党分部，加拿大波兰党中国国民党黄国良、檀山国民党支部，中美屈地吗拿国民党，墨国孙沙打冷国民党分部，国民党加拿大舞士助分部，加拿大民国建设会，智利国意基忌埠国民党分部，墨威味利市国民党分部等，分别电请讨伐陈炯明。（鲁直之、谢盛之、李睡仙：《陈炯明叛国史》，第 218—220 页）

8 月

8 月 1 日　仍驻"永丰"舰。（《广州》，上海《民国日报》1922 年 8 月 1

日,"本社专电")

　　△　奉系张作霖取消戒严令,补充、整编军队,舆论界估计本年内当不致再有战争。(《奉省取消戒严令》《奉军现在状况》,《满洲报》1922 年 8 月 1 日,"论说")

　　△　报载国会议员各派之人数及其代表人物。

　　外间传说国会议员之党派,此强彼弱,其说不一。一说益友社、政学会、讨论会、研究系四大党之人及中坚人物如下。益友社,即吴景濂、卢信、易次乾之派,人数三十。政学会,李根源派,人数二十;杨永泰派,人数三十。讨论会,江天铎、谭瑞麟派,人数五十;彝园派,温雄飞,人数三十。研究系,林长民派,人数十;浦伯英、蓝公武派,人数七十。(《中国议员之党派》,《满洲报》1922 年 8 月 1 日,"论说")

　　另一说,则以为有十派之多,党派林立。一,益友社;二,政学会;三,讨论会;四,老研究系;五,调查局派;六,平社派;七,新研究系;八,吴、于派;九,山东派;十,浙江派。各派别略况如下。"益友社,主张以唐绍仪组阁,其最强分子为吴景濂、王正廷、卢信、易次乾等约三十余人。政学会组阁人物,与益友社同,以李根源、张耀曾分长内务、司法,分子为杨永泰、金兆□等约二十余人。讨论会,组阁人物无标准,惟主张以张国淦代阁,分子为江天铎、唐士铎等约二十余人。老研究系,阵容颇为涣散,分子仅林长民、籍忠寅等,人数极少。调查局派,此派系无所属之东三省议员及宣南寄卢等小组,合之议员共一百二十余人。其重要分子为黄明新、裴廷藩、讷谟图、孟昭、万钧汉等。平社派,系旧日共和党及安福议员之组合,约四十余人,分子为廖希贤、余昭琴、刘映奎、向乃祺等。新研究系,主张以□孙组阁,或超然内阁系。有蒲伯英、李文熙、蓝公武、杜成镕等,脱离者有林长民、籍忠寅二人,而组合号称七十余人,实即三十余人。吴运炬、于宝轩派,无所属之议员,在吴运炬新赁石□马大街三号着手组织团体。加入者有蒋义明、黄序鹤等。于宝轩则与徐兰墅、赵时钦等有小组织,大约有五六跨党议员,此二派合计十余人。山东派,此派与调查局派无其分别,不过以地方主义联合,且与孙洪伊有多少之接近。浙江派,无所属之浙籍议员,为省自治问题,有此项之集合,全浙人皆加入。即政学系之金兆铺,亦不能脱离此团体,计十七八人。就上述情况观之,足见国会内幕,异常复杂,且缺乏足以左右各派之大政党。"(《国会议员分十派》,《满洲报》1922 年 8 月 5 日,"论说")

　　△ 报载曹、吴借口裁兵废督,推王士珍为总理组阁。

　　国会开会在即,内阁总理人选问题,外间喧传多时。据政界消息,此间已发生大的变化。保定洛阳方面已有电致政府,推荐王士珍(字聘卿)组阁。保洛推王之原因,以为"战争未息,将来裁兵废督诸大政,非军人总揆,不能措置自由,故决以王收拾现局。俟时局大定,再以文人组阁"。保洛方面之意见既然如此,舆论界推测:"恐总揆一席提出国会时,必十九属王无疑。"(《曹吴推王聘卿组阁》,《满洲报》1922 年 8 月 2 日,"论说")

　　△ 报载广州市民"以孙、陈均不孚人望,盛传有将来扩张义务兵之组织,以谋自卫之议"。(《上海快信摘要》,长沙《大公报》1922 年 8 月 7 日,"快信")

　　△ 旧国会复会,参众两院的结果不同;对复会的作用看法,喜忧参半。

　　1 日北京专电,民国 6 年所解散之国会,于八月初一日午后二时继续开会。参众两院议员之到会者,共计三百二十五名,即已达法定之额数,当由众议院议长吴景濂登坛宣告开会。吉林省议员徐某随起而诘问云:"广东国会可否护法? 吴景濂可否广东国会议长?"反对党则大声疾呼,有所辩驳,甚至有互相殴击行为,以致议场一时骚动不可收拾。议长只好宣告散会。参议院则到院之议员共计一百三十九人,由议长王家襄宣告开会。"关于制定宪法,有所演说,颇极乐观。"(《国会开幕光景》,《满洲报》1922 年 8 月 3 日,"论说")

　　对于国会复会作用,舆论界喜忧参半。8 月 3 日,报刊载文批评国会徒为军阀利用。文章指出:这次恢复旧会之举虽已告成,但瞒海内，"足以为国会行使职权之障碍物尚多，武夫专制之淫威犹昔也，顾忌之多如故"。此时中国最大之问题，莫过于废督裁兵。然而国会之无能既若此，"即使开会，决不能副人民之希望，代表人民之意思，以纳政治于正轨，解决一切之纠纷，斯固不难预测"。相反，"武人苟有利用之者，乃足为祸而有余"，因此，时人对国会之恢复，喜忧参半："一则以喜，一则又不胜其忧惧焉。"担心的是，国会一旦开幕，这些议员惟军阀之命是从。而且将来军阀有非分的举动，也不难假借国会之名以行。所以，在军阀滥权的时代，国会之恢复，只是对于军阀有被利用之功用而已。代议制度的流弊，到了如此极限，令撰稿人感慨不已。（《国会在军阀时代之功用》，《满洲报》1922年8月3日，"论说"）

　　△　吴佩孚对陈炯明代表谈时局、孙中山及孙派待遇问题。

　　据洛阳消息，陈炯明派代表某氏赴洛谒吴佩孚，磋商一切。对于时局，吴云："我所希望者，粤省战祸早日解决，我即与竞存商办统一，否则愈弄愈坏，将来西南与关外必发生极大变化，我惟有尽力维持成败，则视中国气数若何耳。"关于对孙中山之待遇条件，吴云："我认为中山为护法之元勋，若以非常总统号召全国，我则反对。孙氏如只言护法有功，则与以相当偿功条件，若坚持非总统不可，将无应付矣。"某氏云：孙本人对待遇条件"无若何苛索"，不难满足，所难的是孙派党人难于对付，李烈钧、许崇智等非有地盘不可。此外，与孙派关系密切的孙洪伊也需相当位置。吴云：自己曾主张孙氏组阁，请中山同时下野，可惜被小人阻隔。自己对北京政局"持不干政主义"，并且要防备奉张进兵山海关。（《吴佩孚之谈话》，《满洲报》1922年8月10日，"论说"）

　　8月2日 讨贼民军吴泽理率部退出江门。

　　孙中山委吴泽理为讨贼联军第二军第一独立支队司令。吴奉命后，回新会招编民军，"旬日间，应召入队者千余人"，分队编练，定期8月1日"约同新会县长陈永惠所部警察游击队集中县城，分途进取江门"。但因寡不敌众，为陈炯明部陈德春所挫，"暂行退出，以避其

锋"。(罗家伦主编、黄季陆增订:《国父年谱(增订本)》下册,第 992 页)

△　报载北京政府特拟速向京外各界表示自治办法,采取合制分权制。

北京政府以日来各处"主张自治意见纷歧,且联省制之声浪又风行",一时殊难统一,关系至大。特拟速向京外各界表示自治办法,"大致以我国幅员辽阔,宜取合制分权,不能强为划分。至中央稍取集权,亦不过为维持统系起见,务请解除误会,切勿走于极端"。(《政府表示自治办法》,《满洲报》1922 年 8 月 2 日,"论说")

△　电告海外同志军事近情,并望急速筹款,以助军需。("中华民国"史事纪要编辑委员会编:《中华民国史事纪要(初稿)——一九二二年七月至十二月》,第 214—215 页)

8 月 3 日　北伐军在南雄召开军事会议,决定粤军入闽,滇、赣军入桂,兵分两路,继续讨陈。

此时北伐军军事上整体处于节节败退情势:许崇智之粤军第二军自退江口后,叛军追踪至长冈、水南、水口等处。北伐军正拟重新整顿,加以反击,适接始兴电话,知翁源方面亦告失败,后方已受敌威胁,不得已下令各部星夜自江口退却,是日退至赣边之南雄。第九旅黄部退虔南;是时赣州又为北军所得,赣军赖世璜部退信丰,李明扬部退大庾。李福林之福军,一部退往仁化,一部退至南雄。滇军朱培德部、湘军陈嘉祐部则因河川阻隔,退南雄不易,向湘桂境退却。在南雄军事会议上,北伐军对进军路线的两种不同意见,导致日后向福建和湘桂两个方向发展。李烈钧主张各军全部退往桂林,许崇智则以有延平王永泉之关系及与闽有多年之历史,主张退福建,结果分道扬镳。粤军第二军、福军及黄大伟部,偕同退闽;李烈钧之赣军、朱培德之滇军、陈嘉祐之湘军,退往湘边,再谋入桂。李烈钧则自赴上海养疴。(邹鲁:《中国国民党史稿》,第 1106 页;《自传》,李烈钧:《李烈钧先生文集》,第 63 页)

△　报载黎元洪表示不援助孙、陈任一方。

据北京公府消息：民党议员某君前日为广东事件晋谒黎元洪，后者颇不以北方之援助陈炯明为然，答云："中央绝无援助陈炯明之事，停战命令早经颁布，和平主旨众所共闻。此次广东大动干戈，政府无从调停，方深疚心，万无援助任何一方之理。"但是，极力希望孙中山、唐绍仪、孙洪伊等人，"早日北来，共议国政"。(《元首表示不助粤陈》，《满洲报》1922 年 8 月 3 日，"论说")

△ 《商报》载文，称北伐军虽有挫折，但影响不大，且有新增力量，总体上胜过陈军。中外舆论倾向孙中山胜，陈炯明败。

文章指出：刻下北伐军在军事上仍有优势。其中北江形势，北伐军左翼翁源方面，"甚为得手"，右翼韶关方面，"也有进步"。中路则向马坝进攻，"虽有退却，但无甚损失"。且此路兵力本薄弱，稍退以为变更作战计划，对全部计划无任何妨碍。加以北伐军黄大伟部约六千人，湘军陈嘉祐部约七千人为新加入，故"北江战事解决时期，当必较速"。相反，陈军方面，"以名义、以人才、以人心、以军心、以军队之能力，均不足与北伐军争胜负"。当时的中外舆论，也倾向于陈败孙胜。外人方面，此次对于中山"颇崇拜其有毅力"。而中国社团及一般人民，也"咸能感受中山此次革命之真精神，而信任其将来能担责任收拾中国也"。至于民党、各工团方面，"见其首领如是兴奋，更觉精神焕发"。总之，港澳及广东人民之舆论，"对陈皆责其弃信背义，纵兵抢掠；对孙皆赞其爱国守正，不为势屈"。因此，从舆论方面、事实方面推测，"皆呈一陈败孙胜之征兆焉"。(《孙陈战争之观察》，《商报》1922 年 8 月 9 日，"香港特约通信")

△ 黎元洪召集各重要人员，协议唐绍仪组阁及其阁员名单事。

其内定阁员：内务总长张耀曾；外交总长顾维钧；财政总长高凌霨；交通总长高恩洪；陆军总长张绍曾；农商总长张国淦；海军总长萨镇冰（或张国淦）；司法总长王宠惠；教育总长黄炎培；秘书长卢信。(《阁员业已内定矣》，《满洲报》1922 年 8 月 6 日，"论说")7 日，北京电称，继任内阁人员大概是：总理唐绍仪；外交顾维钧；内务田文烈；财政高凌霨;陆军张绍曾;海军李鼎新;司法张耀曾;教育王宠惠;农商卢信;交通高恩洪。以上阁员并未经国会承认发表,并且各阁员之配置与前电不同。因吴佩孚反对张国淦之结果,故有此项阁员之配置。(《内阁人员之配置》,《满洲报》1922年8月8日,"论说")

△　报载拟采取北伐军与民军合作夹击的作战方针。

据民党方面消息,许崇智军改变方针,主张南雄暂取守势,以待陈军军费困窘,同时又待各地民军应援,共讨陈军。据7日访孙中山之某日人云:其"在军舰内神情如旧,意气极壮,即对于韶关方面许军之败报,亦谓为预定之行动。所持方针为不日将与各地民军呼应,以图再举"。(《孙陈战事真相不明》,《中华新报》1922年8月8日,"时局要讯")

报载孙派将以澳门为策源地,以对付陈军。略谓,广东之民党过激分子,据闻已于四日"移策源地于澳门,将于同地继续活动"。又说民党系乘澳门政厅为劳动者之胁迫所苦之机会,遂以调停两者为条件,将策源地转移该地。"盖以澳门与香山,江门,新会,顺德及西江各地水运极便,最适于为策源地。"舆论认为,这里今后将对陈炯明一方产生不小的影响。(《广东北江战事一段落》,《中华新报》1922年8月11日,"时局要讯")

△　命何成濬联络王永泉。("中华民国"史事纪要编辑委员会编:《中华民国史事纪要(初稿)——一九二二年七至十二月》,第234—236页)

△　《满洲报》载文,述评京、保、洛三方对于国会的态度不同,但总体上暂时倾向于维持现状。

此时北京方面的重心,当然在东厂胡同总统府,黎元洪"淡泊为怀,无贪恋权位之心,且主张统一、废督裁兵各项大政",但鉴于大局之形势,"颇希望国会扶助政府,维持现状"。保定方面,曹锟因为"勋高望重,对于登峰造极,大有富贵逼人来之势"。国会议员颇有因其而新得使署参议、顾问、咨议者。政学系诸政客,对其拥戴"尤为热衷",希望鸡犬皆仙。保定方面对于国会之态度,"视北方面而为奢,初不仅维持现状已耳"。至于洛阳方面,对保定方面本属于同一阵线,只是吴佩孚"识见较高,不以急功近利为然",故"惟谆谆以制宪为言",而不愿涉及总统、总理事宜,以统一为大业,故不愿北京政局此时有所更张,希望在维持现状中,将"百年大业之宪法,早日完成"。从京、洛、保三方面对国会的不同态度,文章得到的判断是,国会暂时的趋势,"将倾向于维持现状"。(《国会将何所是从》,《满洲报》1922 年 8 月 4 日,"论说")

8月5日 复电国民党古巴支部,告以捐款收到及军事近情,并望继续筹助。("中华民国"史事纪要编辑委员会编:《中华民国史事纪要(初稿)——一九二二年七至十二月》,第 242 页)

△ 孙、陈两方在翁源、英德一带战况激烈。孙中山在广州通过各路民军与陈嘉祐、张开儒军牵制陈军。

报载粤省陈、许两军相持于翁英间,连日以来,战争极为剧烈。许军以全力誓破翁源,直趋英德,其锋锐甚。盖英德既下,则北江无险可守,有长驱直进之势,故此路战事所关重要。许军进攻翁城,得而复失者,数次斗智斗力,各尽所长。至孙中山之舰队,此时虽然尚未能为许军直接之助,但以三路军队牵制陈军。一为各路之民军。计开平、香山、顺德、江门一带均有民军起事。顺德县长周之贞"且亲率队反抗",此路军事与陈永善、袁带相持不下。二为湖南第六旅长陈嘉祐军。陈自被赵恒惕撤差后,率全部退至湘边,由宜章取道坪石入粤,前锋距乐昌仅十五里,"大足为北伐军之声援"。三为张开儒军。该军将在西江方面"援应北伐军"。(平:《陈许两军之最近战况》,《申报》1922 年 8 月 5 日,"国内要闻二")6 日,北伐军南雄失守后,退至龙南、会昌、瑞金,转往福建。(蒋介石:《孙大总统广州蒙难记》,第 41 页)

△ 在沪广东议员反对国会。(《粤议员反对国会》,《满洲报》1922 年 8 月 6 日,"论说")

△ 报载精神如旧,一派乐观,并非卧病不起或者病逝。

是日港讯:自孙中山退居"永丰"军舰后,对于种种计划一时不能施展。陈派人物在外宣传其大发神经病,并有卧病不起之说。顷据某人赴"永丰"舰,见其"神色甚好,其一种豫暇情形溢于言表"。某遂述外间之谣言,并问陈策是否于新会失败身亡,孙氏笑请陈策出与相见,陈策与某相交甚熟,"彼此相见狠击"。孙复对某说,谓"现有机会,不日则可知之,随以密函示某"。某随问现在伙食接济如何,邮电通否,答谓"伙食无缺,邮便常通。惟北伐军之战报电,虽系隔膜,然亦有法可以知之"。某遂言别,临行时,孙仍笑谓"不可多来,恐被人窥破而致被捕,并当小心"。另讯:白鹅潭各兵舰,现在孙氏专倚蒋介石一人策划指挥。日前离去长洲,驻泊此处,也出自蒋氏计划。孙氏"向外募捐,款项甚为充足"。(《孙中山精神如旧》,《商报》1922 年 8 月 10日,"要闻")联合通讯社甚至载孙中山患病逝世,事后证明是陈军造谣。说其"连日劳伤吐血,咸传自接南雄战败讯,激刺过甚,登时血管崩裂",6 日在舰逝世。但该日尚有日本人来访见到,则上述之不确可知,由此可见系陈派之造谣。(《广东陈军宣传胜利》,《中华新报》1922年 8 月 9 日,"时局要讯")8 月 7 日,电劝宋庆龄勿信其病故谣言。电曰:"敌造种种惨谣,切勿信之。"(《中山致夫人电》,《中华新报》1922 年 8月 10 日,"本埠要闻")

　　△　下午,北京政府参众两院议员假众议院开谈话会,依据约法讨论宪法问题。(《讨论宪法问题》,《满洲报》1922 年 8 月 9 日,"论说")

　　△　粤人何永贞来电,呼吁孙、陈停战。(《粤局杂报》,《中华新报》1922 年 8 月 12 日,"紧要新闻")

　　8 月 6 日　复电檀香山同志,告以捐款收到及军事近情,并望继续筹助。("中华民国"史事纪要编辑委员会编:《中华民国史事纪要(初稿)——一九二二年七至十二月》,第 255 页)

　　△　报载吴佩孚发电反对唐绍仪组阁。

　　吴佩孚 6 日电云:内阁现状,可以颜惠庆代理之。假设颜氏不就,则可以让王宠惠组阁,但"绝对反对唐绍仪总理"。次日又致议院电报云,"请勿通过唐绍仪总理"。(《洛吴之反对黄陂》,《满洲报》1922 年 8月 11 日,"论说")

△　报载唐绍仪借助机关报骂黎元洪为军阀傀儡，不欲就任国务总理与其共事，也不宜就职而有违广东的友谊。

被任命为国务总理之唐绍仪，借助机关报纸发表自己的意见，云：黎元洪复职为大总统，于法理上势难承认，因黎"系军阀之傀儡故也。故予就任国务总理，与彼共事实非所愿。且予对于广东系属友谊，不宜为者"。(《唐氏不欲就任总理》，《满洲报》1922 年 8 月 9 日，"论说")

△　湖南省公署专设联省主义课，并派员赴全国各地宣讲联省自治。

联省自治被视为当时西南各省的惟一主张。湖南因为首先实行自治之省份，故"持之尤力"。赵恒惕派员赴各处宣传联省主义的消息，报纸多有报道。为大规模开展宣传，赵氏已于省公署专设联省主义一课，并派人分四路到各省宣讲。其中苏皖浙鄂为一路，派李况松、陈国钧负责；直鲁豫奉为一路，派王克承、萧坤担任；川黔为一路，派胡曜、吴树勋负责；闽浙桂粤为一路，派刘家正、苏信负责，"俟各代表向各省宣传妥洽后"，还拟发起一联省自治大会。(《湖南宣传联省自治》，《满洲报》1922 年 8 月 6 日，"论说")

△　旅沪粤人开公民大会，宣布陈炯明祸粤，劝其罢兵，议决电粤商会，请孙中山登陆。(《上海快信摘要》，长沙《大公报》1922 年 8 月 10 日，"快信")报纸进一步记载具体情况。是日下午 3 时，旅沪广东公民假虹江路广舞台开公民大会，到者二千余人，公推崔通约为主席。经陈荣海提议，全场一致赞同通过三项决议："(一)宣布陈炯明祸粤罪状。(二)质问广肇公所。(三)拥护孙中山。"事后并发表通电："盼速复公府行使职权，维持秩序，俾广州四民如常乐业，徐图补救。"同时，致电粤总商会："敬请贵总会觉悟，痛定思痛，速行欢迎孙大总统上陆，维持秩序而保治安。"又致电陈炯明，指责其"糜烂粤局，瞬及两月，实由足下甘心卖友，背党通敌。请速解散叛军，恢复公府，欢迎孙大总统行使职权，泥首向国人谢罪，庶保令名，否则终不汝容也"。(《旅沪广东公民大会纪》，《申报》1922 年 8 月 7 日，"本埠新闻")

△　谢文炳军赖陈军之援助,夺回乐昌,陈嘉祐军已向北退却。

(《广东陈军宣传胜利》,《中华新报》1922年8月9日,"时局要讯")

△　广东财政当局命各县预纳各种租税。

报载广东财政当局已决议通告各县知事,"命照预纳各种租税形式,筹集现款六十万元,火速送至广东",其每县分担额,最少为一千元,最多为四万元。(《黯淡纷扰之粤局》,《中华新报》1922年8月7日,"时局要讯")

8月7日　蒋介石以韶关未复,赣南复失,南雄不保,第一师降敌,前方军队已失重心,战机无法挽救,劝孙中山离开广州,另图发展。

△　孙洪伊复电北京政府,称与孙中山一致护法,辞谢北上。

报载孙洪伊与西南关系最为接近,北京政府很希望其早日北上,"以期速谋统一而解纠纷"。孙洪伊以未便对团体不忠,对个人不义为由,复电拒绝,并以确定孙中山地位作为北上条件。复电称:"查洪伊与中山,始终一致护法,此次中山在粤,尚未得国人待遇,则洪伊未便单独行动。若冒然北来,于团体为不忠,于个人为不义。谨与诸君相约,于中山地位未确定以前,本人未便北来,以维人格而答知遇。"

(《孙洪伊辞谢北上》,长沙《大公报》1922年8月7日,"快信")

△　报载陈友仁在沪称,孙中山无意北上或赴沪。

《大陆报》报道,孙中山的私人代表陈友仁近日抵沪,语人云,"现在粤中局势尚未决定,孙氏并无北来之意,目下仍居沙面,其意欲留居。彼闻直待攻克陈炯明,恢复被陈篡取之权力时为止"。否认沪上所传近日孙氏军队在广州以北大败消息,对南方前途颇抱乐观,"料孙中山于今后数星期内,当能制服敌人"。相信近数日间,广州或将出现新局面。加上向来守中立的军队,此时"已为利于孙氏之行动",相信对大局"将有重大影响"。(《外报纪广东时局·陈友仁之谈话》,《申报》1922年8月7日,"本埠新闻")

△　《满洲报》载文,主张制宪、组阁并举,并行不悖。

国会重开后,制宪与组阁两种问题,遂为群众之所注目,议论纷纷。有主张以制宪为前提,而不欲国会行使其他职权者;有主张即以内阁问题提出于国会者。但该文认为,制宪组阁孰先孰后,孰缓孰急,都不是问题。原因在于,内阁问题在国会的提出和表决,费时不多;即使在制宪的过程中,插入短暂时间以通过内阁问题,也"决无妨害于制宪"。制宪与组阁,其实并行不悖,它们在时间和法理上,"绝无冲突之点"。希望议员各本良心,积极推进,如此则"制宪组阁,两易告成"。(《制宪与组阁之我观》,《满洲报》1922 年 8 月 9 日,"论说")

8 月 8 日　居正、程潜劝孙中山离粤,另谋出路,被拒。

居正、程潜登上"永丰"舰,来请离粤,另谋进取。答谓"未得前方确报,决不轻弃职守"。又言,敌方报导不足为信。"如前方军队未退,以我离粤牵动前方军心因以致败,则我将何以对二万余人为我牺牲之将士耶?"遂决心不动。(蒋介石:《孙大总统广州蒙难记》,第 48 页)

△　报载孙中山仍驻"永丰"舰,"政躬极健,照常见客。逆党称其患病谢客,全属捏造"。(《香港》,上海《民国日报》1922 年 8 月 8 日,"本社专电")

△　陈炯明向黎元洪代表称,"欲统一中国,非先实行联省自治则不可"。

黎元洪代表柏佑宽于惠州会见陈炯明,据其回广州后向记者所言,陈炯明主张,"欲统一中国,非先实行联省自治则不可"。柏氏颇赞同此说,并表达自己个人的意见:本次国会即"须先确定联省自治,并须得各省省议会、教育会、总商会等各团体之提倡,唤起舆论,以为国会后援"。(《总统注重统一》,《满洲报》1922 年 8 月 13 日,"论说")

△　韶关粤军洪兆麟等短暂回省城,商议决定粤北留守事宜。

洪兆麟、熊略、黄强等以韶关方面之战争已告一段落,8 日返回广州,会见叶举、钟秀南等,商议以后之军队配置、军费筹措等办法,并拟于 9、10 日再赴韶关。(《广东陈军宣传胜利》,《中华新报》1922 年 8 月 9 日,"时局要讯")8 日,部分粤军由北江班师回省后,决以翁式亮留守韶关,杨坤如守南雄,谢文炳守乐昌,李云复、罗绍雄守翁源,陈炯光守始兴。(《香港电》,《申报》1922 年 8 月 10 日,"国内专电")

　　△　杨汉烈来电声讨陈炯明,汇报截击赴粤闽军战况,谓"正联合闽中健儿共起杀敌,藉伸正义"。(《杨汉烈截击赴粤闽军电》,上海《民国日报》1922 年 8 月 8 日,"公电")

8 月 9 日　北伐军回师途中,在韶关遭到陈军阻击。同时,受到曹锟、吴佩孚所派北军的进攻及广西陆荣廷旧部沈鸿英在赣西的袭击,三面受敌,不得不分途向赣、湘、闽、滇等地退却。回师平叛之举,终于落空。孙中山被迫于是日离开广州,转赴上海。至此,孙中山领导的第一次北伐以失败而告终。

　　9 日,得确报,陈军有袭"永丰"座舰计划,孙中山乃召集各舰长会议,一致称:"赣南失陷,南雄不保,前方腹背受敌,战局必危;总统株守省河,有损无益。"遂决定离粤赴沪,并将即日离粤之事托某顾问通告各国领事。初本拟乘搭商船,后英领事声言可派炮舰"摩汉"号护送赴港。下午 3 时,率蒋介石、陈策、黄惠龙由"永丰"转附英舰"摩汉"号,(《香港电》,《申报》1922 年 8 月 11 日,"国内专电")由广州起航,出虎门要塞,晚上到香港,再乘别船赴沪,下英舰时,穿黄色西装。(《上海快信摘要》,长沙《大公报》1922 年 8 月 15 日,"快信")是时,鱼珠各炮台已得有长官命令,不得拦阻。"永丰"等四舰闻已派员往见温树德,由温接收归队。(《孙中山去后之粤局》,《申报》1922 年 8 月 18 日,"国内要闻二")脱险后的孙中山对身边同志说:"不图吾与君等竟得脱险,以有今日。一息尚存,此志不懈! 民国责任,仍在吾人身上,不可轻弃,以自负初心也。"

　　△　在炮舰上,曾对幕僚发表谈话,讲述中国建设与外交上应取的榜样和态度。

　　中国建设,应学习各列强优长。应以"英国公正之态度、美国远大之规模",以及"法国爱国之精神"为模范,以树民国千百年永久之基。美国的特点是"素重感情,主持人道";法国则"尊重主权,又尚道义";而英国外交则"尊重利害",其主张"中正不偏",能"识别是非","主持公理",故其对外态度,"常不失其大国之风,实在令人敬爱"。中国的建设,就应该学这三国之所长,以树立民国长远建设计划。

中国外交,既要注重研究英美等海军国,更要特别留意研究欧亚大陆之俄、德二国。基本原则,要注意"研究其利害与得失之所在",尤其"不宜盲从他国,致为人利用"。此时中国之外交,以土邻接、关系密切而言,则莫如苏维埃俄国。以国际地位而言,与中国"利害相同,毫无侵略顾忌,而又能提携互助、策进两国利益者",则是德国。可惜的是一般国人不明俄、德真相,只因德国大战失败,就把它划入不足齿之列,而不知"其固有之人才与学问,皆足资助吾国发展实业、建设国家之用也"。又以为俄国布尔什维克为可怖,而不面对事实,看不到此时俄国的新经济政策,"早已变更其共产主义,而采用国家资本主义,并弛私有之禁,其事已逾一年,而国人不察,至今尚指其为共产主义,为过激派"。造成对苏维埃俄国的恐怖宣传,其缘由大概因"某国不能发展其侵略主义于东亚,而又与俄国利害冲突,积不相能"。故俄国明明有政府,"乃强指其为无政府";俄国"早已弛去私有之禁,而又宣传其为共产国,为过激派"。"以彼之恐怖而不相容者,而又忌人缔交亲善,故特布此恐怖之宣传。"(蒋介石:《孙大总统广州蒙难记》,第50—52页)

△　报载关于北伐军败退及孙中山离粤之多种原因。或说是北伐前锋黄大伟兵败;或说是许崇智韶关失误;或说是李烈钧主动撤退;或说是魏邦平、张开儒等不敢相助;或说担心部下劫持。

《申报》称,北伐军之所以败退,一因翁源之役失败。翁源之役黄大伟担任前锋,其始颇为得手,后因粤军援军大集,黄退守新江为粤军攻下,继复在司前死战,又为所败,黄以军事无可挽救乃即他往。二因许崇智部未能得到后方粮食接济退守赣南。许崇智在南雄设立大本营,后方本无接济,开始以为一战可下韶关,便可因粮于敌。不料相持日久不能得手,军无见粮,"士心恐变,故节节退守,复向赣南"。三因李烈钧回赣助防。北方援赣军已与李氏开战，其"深恐赣州一失，背腹受敌，不若回赣助防，可望战胜攻取"。四因魏邦平、关国雄、张开儒等不敢相助。孙中山以此前所希望之北伐军回穗援救已成画饼，而魏邦平、关国雄、张开儒等以前敌不利，也相望而不敢帮助，故只好暂时离粤。（《孙中山离粤时之情势》，《申报》1922 年 8 月 13 日，"国内要闻"）

　　报载魏邦平的中立军队放弃对民党的保护，孙中山不得已离粤。《满洲报》载文称，孙氏离粤之原因之一，是魏邦平放弃了对民党的保护。而这又与魏邦平截知北伐军陷入困境的电报有关。粤军与北伐军之间战争，一度难以分判胜负。只是江西方面，自从北军加入，蔡成勋部军势大振。李烈钧虽极善战，但"粤变发生，首尾已不能兼顾"，即致电孙氏，"陈述困难之状，并请孙氏向某□借饷若干"。但电报被魏邦平等中立军队截留。魏在得知"北伐军已陷腹背受敌之势"后，一改此前做法，自此对于孙派在广东之党人，"不甚予以保护"，粤军方面乘机加大对孙党的防范和逼迫。孙氏与李因电报不通，"双方顿形隔阂"。孙派党人有知其内情者，将此情告孙，遂不得不离开广东。旅居上海之多数民党，也建议"孙氏赴沪，以便在沪另图发展"。（《孙中山赴沪之真因》，《满洲报》1922 年 8 月 19 日，"论说"）

　　孙中山离粤的另一原因，是担心被部下劫持或敌军挟持。10 日下午，上海某人接古应芬由香港来电，报告孙中山离粤原委，系担心被部下劫持。因陈曾有贿买水兵谋变的举动。又得到许崇智、黄大伟等电，略谓："总统因居兵舰，敌人有所挟持，且令我军不得不专指省城一路，敌人遂得以全力抵抗，于军略上不便。主座宜急出险，然后各军可随机活动。"因为担心北伐军回师援救投鼠忌器，孙中山于是决计离开广东。汪精卫、蒋介石与之随行。（《孙总统今日旋沪》，上海《民国日报》1922 年 8 月 12 日，"本埠新闻"）11 日，《中华新报》却载称孙中山并未离粤。指出港粤方面连日谣言其已逝世，忽传离粤，逝世固纯属虚构，离粤亦并无其事。（《孙中山离粤说》，《中华新报》1922 年 8 月 11

日,"本埠要闻")事后证明,此消息显然也不确。

△　电令各将领,告离粤之原因及到沪之计划,并望各军服从李烈钧统率,继续讨逆。

电谓之所以离粤,是因为"孤军粮绝,变生肘腋",而到沪则打算与护法同志讨论善后及中国统一计划。在离粤赴沪时,电令各军将领:"文于 6 月 16 日率舰应变以来,与叛军相持二月之久,正期与我各将领会师广州,歼此叛逆。徒以孤军粮绝,变生肘腋,故文于本日不得已离粤来沪,相与我护法同志讨论善后与中国统一计划。"希望各省义军服从李烈钧统率,继续讨逆。因为"讨贼之志未终,平乱之责犹在",特令李烈钧"统率各省义军,集合粤境,同心戮力,讨此叛逆,以彰国法",各位将领"凛遵毋违"。(《香港》,上海《民国日报》1922 年 8 月 15 日,"本社专电";《孙中山离粤时之电令》,成都《国民公报》1922 年 9 月 11 日,"新闻二")同时又命令海军司令温树德:"现因本总统要到沪上主持统一国是,今日离'永丰'舰,兹令各舰归队",今后浅水各舰一切行动,"皆受本总统之命令"。(中国国民党中央委员会党史委员会编订:《国父全集》第 4 册上,第 417 页)

△　据民党方面消息,关国雄奉命在梧州宣布独立。(《孙中山去后之粤局》,《中华新报》1922 年 8 月 12 日,"时局要讯")

△　曹锟派员疏通孙中山下野。报载曹锟已派员赴沪,与孙中山代表商议统一问题。闻曹氏自信当能诱致孙氏下野,借以增进自己当选总统之机会。(《曹锟派员疏通孙中山》,《申报》1922 年 8 月 11 日,"国内要闻")

8 月 10 日　抵香港,旋赴沪,另作他图。

是日上午,孙中山一行抵香港。英政府拒绝其登陆。留港国民党员古应芬、谢持、刘纪文、汪精卫等皆登轮晋谒。正午 12 时,孙中山乘坐的"俄国皇后"号邮船由香港启碇,出口驶沪。(蒋介石:《孙大总统广州蒙难记》,第 47 页;《香港电》,《申报》1922 年 8 月 11 日,"国内专电")

孙中山离粤乃为另图伟业。报载孙与沪上某要人确有成约。其条款有三:一为"以联省制促成南北统一";二为北江战争"由某方担任调停";三为江西事件"拟向北政府交涉",各处防地静候解决。据说该决议业经某方面赞成,陈炯明部也有停战之表示。因此,孙氏遂决议"抛弃广州,另图较伟大之事业"。(《孙文离粤另有企图》,《满洲报》1922 年 8 月 15 日,"论说")报刊也有载,民党方面拟拥护孙中山至杭州,"再谋发展"。(《上海快信摘要》,长沙《大公报》1922 年 8 月 13 日,"快信")至于其赴杭"是否欲藉卢(永祥——引者注)力以维持南政府,抑仅作一度之会晤",则未可知。甚至有称孙氏将往北京,与北京政府商订一种协约,"以完成南北统一者"之说者。(《孙中山今日到沪》,《申报》1922 年 8 月 12 日,"本埠新闻")

△　《中华新报》载文,称孙中山离粤实可喜可贺。

其理由有三,一可脱去名义、军队之累,离开广州一隅之漩涡,为大局而奋斗。一方面留在广州,战后善后工作十分艰难;另一方面,孙中山在中国本不需要以"大总统"三字为荣,也不需要军队武力拥戴,且容易为军人所利用。此番离粤,"非转为其脱难系累之道耶。"二可超然于特殊势力之上而领导、指导各省之自治运动。如今各省自治虽成为全国新潮流,欲民治发扬,需要全国性的领袖引导,"中山果脱离西南、脱离军队,则其言论主张转易贯澈于全国",始能与一般希望民权之群众接近。三,也是最重要的,是孙中山从此不用专注广东一隅之事情,以全国为对象,"超出于一切南北旧纷纠之上",为全国所有国民争自由。国事大局,需要有孙氏这样的人加以引领。(一苇:《中山离粤说》,《中华新报》1922 年 8 月 10 日,"论说")

△　报载吴佩孚欲以段祺瑞为大总统、曹锟为副总统。(《吴佩孚劝段出马》,《满洲报》1922 年 8 月 12 日,"论说")

△　报载粤战结束与孙中山离粤情形。

《商报》载《粤战结束与中山离粤》文,评述战事结束后孙、陈动向,涉及:(一)北江战事已告一段落,北伐军万余人退回湘赣边,分兵扼守天堑大庾岭,"以控制粤赣两省"。陈军知难而止,"后方军队陆续回省"。许崇智拟集合湘滇粤各军,不日由湘假道入桂,然后与张开儒联合,"再图发展"。(二)陈军陆续回省,只留陈炯光、杨坤如、翁式亮等部担任边防。东江、北江陈军各兵站已下令收束裁撤。陈军当局以此次军事得手,十分骄夸,"日日派兵百数十名赴车站欢迎所凯旋旅军者。他如军官之宴请、兵士之犒赏,尤忙个不了"。商民观此,以为大局可保,"城内及西关、长堤,各繁盛街道之铺户,复业者已有什之六七"。逃避香港、澳门之人民,亦络绎回省,"市面已不如前月之萧条"。(三)孙中山乘英舰离粤。此消息于 9 日下午由沙面英领事传出,事前绝无人知。平日所带之北洋舰队"楚豫""永丰"各舰已由温树德派人接洽,订立条件,"使归节制,不日北归"。(毅卢:《粤战结束与中山离粤》,《商报》1922 年 8 月 18 日,"广州特约通信")

△ 报载孙去后之粤局。

《申报》载文,谈及孙中山离开后的广东近况。(一)军事收束。因北伐各军离粤,退驻江西虔南。粤当局以赣边防务重要,拟责成第二路司令陈炯光,警备游击第一司令杨坤如,第六独立旅长翁式亮等部军队协同担任该处边防,其余各军"悉调回旧日防地"。(二)舰队处置。孙中山离粤后,所余"永丰""楚豫""豫章""同安"四舰全体将士,转托某领事出作保人,向汤廷光、温树德请求收编归队,并提出"不得治罪,不得斥革"以及不能歧视等归队条件,达成妥协。北洋舰队拟仍暂时驻粤。(三)善后会议。叶举以孙中山赴沪,粤局将告平息,此后军事收束,机关规复以及省垣各属地方治安种种问题,"亟待解决者甚多",特在白云山行营开善后会议。最急之务为推定省长,以唐绍仪或陈炯明担任,前者婉拒,后者亦不就,推海军方面的汤廷光自代。会议拟派金章、陈章甫赴惠州劝驾。(《中山离粤与粤省长》,《商报》1922 年 8 月 18 日,"要闻")与此同时,广州市秩序已渐恢复宁静,商店复业者多日,所有长堤各处马路及老城西关一带繁盛街道商店,多已开门营业。(《孙中山去后之粤局》,《申报》1922 年 8 月 18 日,"国内要闻二")

是月上旬 共产国际执委会指示驻中国代表,加强同中国国民党的联络。

共产国际指示驻中国特派代表:"一,根据马林的报告,代表的所有活动必须以共产国际第二次代表大会关于殖民地问题决议为基础。二,共产国际执委会认为国民党是一个革命的政党,这个政党坚持辛亥革命的使命,并渴望建立一个独立的中华民国。三,共产党人为完成他们的任务,必须在国民党内部和在工会中组成从属于他们自己的团体。在这些团体之外,建议成立一个宣传机构,宣传与外国帝国主义作斗争、创建民族独立的中华民国以及组织反对中外剥削者的阶级斗争的主张。四,这一机构的建立要尽可能地得到国民党的同意,当然,它应保持完全的独立性。由于国民党在南方政府中负实际责任,它暂时需要避免与帝国主义国家发生冲突。"(《马林在中国的有关资料(增订本)》,第 65 页)

△ 报载王宠惠提出辞职。

电谓,组阁问题因吴佩孚方面反对,已陷于难产之势。王宠惠已向黎元洪提出辞职,并怂恿黎氏改组内阁。(《王宠惠提出辞职》,《满洲报》1922 年 8 月 12 日,"论说")

8 月 11 日 孙中山代表乔某留沪暂不北上,北京政府特电何丰林优予招待。(《北京电》,天津《益世报》1922 年 8 月 11 日,"专电")

△ 香港电:孙中山致电道谢广州英国总领事助其离粤。(《香港电》,天津《益世报》1922 年 8 月 12 日,"专电")

△ 《中华新报》载《孙中山离粤后之时局形势》文,分析孙去粤后之西南局势、孙派作为及政局与宪法会议之关系。

关于孙氏离粤后之西南局势。文称,据香港消息,陈炯明已与滇唐湘赵及广西林虎订有密约:将组织一联省政府,以陈为长,唐继尧为副。故此前陈与吴佩孚互相提携统一,在孙中山去粤以后,反将破裂。"盖陈将大张联省旗帜,以挽回其在粤之地位。"在广东内部,孙既去粤,则从前所谓中立派,如魏邦平等不能与陈部抗衡。而孙派的复仇举动,必定会从此大开。故陈炯明若要收拾广东,恢复各地秩序,会十分困难。四川问题,"吴佩孚公开援助杨森,但遭到四川本地联军包围,战事即在重庆城外展开,杨森必败无疑"。预计今后四川势必再张自治之旗帜。

孙洪伊之南北纵断计划无从进行;宪法会议远水不解近渴;直系反对联省会议。文称:孙中山到沪以后,将取如何之行动,无人预知。孙洪伊由于为孙中山所信任,又与曹锟为姻娅,在思想倾向上比较接近吴佩孚,很有可能担任孙中山与吴佩孚的联络人。只是吴为拥护曹锟的忠实者,且北方军阀一向惟势力是问,故孙洪伊的南北纵断计画,事实上也无从进行。惟一希望在于以国会的制宪解决时局难关,只是宪法会议一定拖沓,且一旦政局有所变动,则宪法会议事实上也将受其影响。至于联省会议,每省一票,势力大的直系势必处于少数之地位,断然将不会赞同此举。(《孙中山离粤后之时局形势》,《中华新报》1922年8月11日)

8月12日　苏俄政府全权代表越飞率随员二十四人抵京,与北京政府谈判中苏建交问题。马林即赴上海。(陈锡祺主编:《孙中山年谱长编》下册,第1491页)

△　在赴沪船上讨论到沪后所发表宣言之主旨时,同随员谈论联省自治的祸害,主张实行分县自治。

主要理由:(一)联省自治制不适于此时之中国。因为中国各省之土地与人民,都比世界各小国为大且多,所以如果各省自治,"可不依附中央而有独立之能力",结果就是"各省借名自治,实行割据,以启分崩之兆"。(二)要实行真正民治,当实行分县自治。如果实行省制自治,"大而无实,复有府道界限之争"。而县的范围有限,"凡关于其一乡一邑之利弊,其人民见闻较切,兴革必易,且其应享之权利,亦必能尽其监督与管理之责"。分县自治"或不免其仍有城乡区域之分,然其范围狭小,人民辨别较易;以其身家攸关,公共事业之善后与是非,当不致为中级社会所壅蔽,且因其范围不广,故其对于中央,必不能脱离中央而称独立"。(三)联省自治害处颇多。"上足以脱离中央而独立,下足以压抑人民而武断;适足为野心家假其名而行割据之实耳。"故主张"联省不如分县"。并相信当代之明达,必定有所决择。(蒋介石:《孙大总统广州蒙难记》,第54—55页)

△ 黎元洪又向参众两议院提出第二次辞职,同时又向各方发表辞职之电。(《黎总统第二次辞职》,《满洲报》1922年8月16日,"论说")

△ 预计是日下午抵沪,民党诸要人及各界准备热忱欢迎。(《孙总统今日旋沪》,上海《民国日报》1922年8月12日,"本埠新闻")赴码头欢迎者万余人。因船受风阻挠,延迟抵沪。

报称是日前往欢迎的各团体有:上海各路商界总联合会、全国各界联合会、旅沪浙江自治协会、江苏平民自治会、天潼福德路商联会、海员联合会、工商友谊会、竞雄女学等,以及全体国会议员均在码头静候,颇极一时之盛。下午3时,昌兴公司发出布告称:"'俄皇后'号因在中途忽遇风浪,恐今日不能抵沪"。至四时许。前往码头欢迎者更形踊跃,竟达万余人。待至五时余,始悉该轮不能抵沪,乃各分散。(《孙总统今晨抵沪》,上海《民国日报》1922年8月13日,"本埠新闻";《孙中山昨因风阻未到》,《申报》1922年8月13日,"本埠新闻")

△ 唐绍仪组阁瓦解,以张绍曾继之。(《唐氏组阁已归瓦解》,《满洲报》1922年8月15日,"论说")

△ 上海大中烟公司陈白来电,欢迎抵沪。(《总统来沪后之欢慰声》,上海《民国日报》1922年8月16日,"本埠新闻")

△ 四川省宪筹备处来电,请为省宪之起草抒发伟论。

电谓:孙先生"熟察世潮,勤求典宪,必有宏规,藉作准则"。希望除"克期从事起草"外,务请"发抒伟论,早日见贶,以凭汇交起草委员会"。(四川省文史研究馆编:《四川军阀史料》第3辑,第210页)

△ 讨贼军南路独立第三统领欧阳丽文来函报告战况。

略谓:丽文虽系一柔弱女子,但自少读春秋,颇知大义,与叛军势不两立。"旬日以来,仗我大总统神威,一战而下安铺,再战而下廉江。现正秣马历兵,直出江门,与叛将周旋于五羊城下。"(《高廉讨贼军之胜利》,上海《民国日报》1922 年 8 月 23 日,"要闻")

8 月 13 日 在赴沪船中向随员辨析与徐世昌同时下野之约言及叛乱与革命之别,揭露陈炯明自诩叛乱乃为革命之谬。

关于与徐世昌同时下野之约言辨。指出此言不知从何而来。自己在民国元年,曾有与宣统同时退位之语,而今日与徐同时下野之说则无。这或是那些造谣生事者,根据与宣统同时退位之语而来。指出,如自己"果有与徐世昌同时下野之语在前,是无异承认其为合法,承认其为正式总统",这是不可能的事。认为自己就任总统职,"乃知名器之不可以假借,职权之不可虚悬",从而"正名定位,不使是非混淆,以乱天下人之耳目"。名分既定,"自无与徐同时下野之理"。

关于叛乱与革命之关系辨。孙中山指出:革命与叛逆之名,不可丝毫假借混淆。因为"革命为一宝贵尊严之名词,须知革命有革命之主义,有革命之道德,有革命之精神"。他认为"法国革命之主义在自由,美国革命之主义在独立",而中国之革命,乃在追求实行三民主义。故中国革命之精神与道德,也都是由此三民主义而产生出来的。至于陈炯明此次叛乱之行为,"纵兵殃民,图袭谋害,适与革命之精神与道德,成一反比例",而其主义,"则在盘踞与割据,以逞其一己之私欲而已"。所以要将革命与叛逆相区分,不容有丝毫淆乱。(蒋介石:《孙大总统广州蒙难记》,第 55—56 页)

△ 孙中山离开广州后,白鹅潭航路交通全复。(《香港电》,天津《益世报》1922 年 8 月 13 日,"专电")

△ 陈炯明之弟在沪发表其兄有关统一、制定省宪之政见。

孙中山赴沪后,南方势力已全在陈炯明之掌握中,陈之弟是日在沪上发表其兄之政见。主要见解:(一)中国统一不可再缓,统一根本在于法律。认为中国自共和制度确立后,内乱不绝,故而统一之图,"须臾不可再缓"。只是"统一根本在于法律",如果真能由法律而致统一,"则国家永无分崩之虞"。(二)中国要免于分裂,首在建立强固的中央政府。为此,第一步在修改法律,制定制度,使之适于时势之需要;同时确定一种制度,使政府"深合于人民政府由人民管理而为人民办事之原则"。(三)采取美国的联邦制度,分权于全国。主张"采用美制,使大权配分于全国,不复为少数人掌握,庶人民获有管理之机会"。(四)制定省宪,废督裁兵。合全省人民制定省宪,则各省为全省人民所共管,军阀也不复能要求为一己之地盘,对于废督裁兵能更进一步推动。(五)分权制度实现的关键,在于人人能做出牺牲。西南政府"必在牺牲之列,盖此乃全盘之关键。倘人人各能牺牲,则岂特西南一隅得以迅速解决,全国纠纷亦不难迎刃而解也"。(《西报述陈炯明之政见炯明乃弟所谈》,《申报》1922 年 8 月 13 日,"国内要闻")

　　△　报载各有关各方派员邀请孙中山北上。黎元洪已派黎澍赴沪偕孙中山入京。(《北京派员迎孙》,《申报》1922 年 8 月 14 日,"本埠新闻")曹锟、吴佩孚派孙岳为代表,齐燮元派温世珍为代表前往迎接。但据张继云,孙氏"断不北上,凡一切事体不至孙氏到沪后,皆难判别。"(《迎接孙文之一片声》,《满洲报》1922 年 8 月 16 日,"论说")

　　△　上海各团体欢迎孙中山。

　　报称 13 日上午,孙中山始可抵埠。孙洪伊、柏文蔚、民党机关、国会议员及总统夫人特派小轮各一艘前往吴淞口迎接。(《孙总统今晨抵沪》,上海《民国日报》1922 年 8 月 13 日,"本埠新闻")

　　△　国民党东京支部长陈季博来电,欢慰平安抵沪。(《总统来沪后之欢慰声》,上海《民国日报》1922 年 8 月 16 日,"本埠新闻")

　　△　报载三藩市国民党总支部黄子聪等,加拿大国民党总支部分别电请铲除陈炯明。(《华侨慰问孙大总统电》,上海《民国日报》1922 年 8 月 13 日,"公电")

　　△　报载新加坡华侨张永福等来电,慰问平安抵沪。(《华侨慰问孙大总统电》,上海《民国日报》1922 年 8 月 13 日,"公电")

　　8 月 14 日　上午抵沪。黎元洪派黎澍、刘钟秀南下欢迎孙北上。

　　报载孙中山搭"俄皇后"轮经过风拒后,终于安全抵沪,各团体代表在吴淞口岸欢迎者约数千人，"连日飓风骤雨,鹄立江岸不倦"。（蒋介石:《孙大总统广州蒙难记》,第51页）登陆后,孙中山一行从吴淞乘汽车途经新吴淞路、杨树浦路、北苏州路、河南路、南京路、西藏路,直往法租界住所。广东同乡会、海员工会、各路商界总联会、旅法归国华工会和中国劳工会等团体的代表,已聚集在海关码头上。当有人向他们宣布孙业已抵达自己家中后,人群方散。（《档案与历史》编辑部:《上海公共租界工部局警务处情报选译》,《档案与历史》1986年第3期）

到寓所后,各界代表及国会议员等仍络绎来谒。但对于时局,说不日即有宣言发表,暂时未述及。惟对于粤中情形,略谓"北伐军近虽少受挫折,并非全败,前敌军队也有数处退后。第此为军事上之作用,全部仍在作战之中,坚信最后必可击破叛军"。又谓与陈炯明数十年深交,乃不料其竟敢冒此人不违。当离开粤之前,听闻陈之部下尚有种种乱谋,意图运动部下之海军共同作乱,加害自己。最后说,"离粤非逼迫而出走,系另有其种种原因。迨吾人最后胜利之后,当可证明强权之非即为公理也"。（《孙大总统平安抵沪》,上海《民国日报》1922年8月15日,"本埠新闻"）

下午,召集同志讨论国会与时局问题;与曹锟代表进行会议。拒绝会见大量未经预约的不速之客。（《孙中山昨日到沪》,《申报》1922年8月15日,"本埠新闻"）

△ 粤军分两路追击入赣、入湘之北伐军。（《上海快信摘要》,长沙《大公报》1922年8月15日,"快信"）

△ 《申报》载文,充分肯定孙中山的护法运动。文章欢迎孙到沪,赞其护法功高,为护法而忍辱负重,因护法而担任了一届护法总统,也因护法而得了个"孙大炮"的浑号,可算有得有失。但无论如何,总已对得起这个法了。（瘦鹃:《欢迎孙中山先生到沪》,《申报》1922年8月14日,"随便说说"）

△ 《益世报》载文,认为孙中山虽下野,但势力影响仍存,故来沪后北方多方与之接洽,西南形势也因此而变化,滇黔最为活跃。滇

唐改变闭关之法,积极扩充地盘,乘机入川。

孙中山虽然下野,但仍有一部分势力存在,故北方纷纷派员来沪,包括吴佩孚、曹锟二使之代表孙岳,"与孙商决国是之说大炽"。中山抵沪后,西南形势为之一变,唐继尧此次入滇后,原"本主闭关自守",此时鉴于各方政潮激荡,改易态度,"仍不脱扩充地盘主义也"。他拟利用四川党派复杂的机会,以援川名义派兵入川;并在派代表多人在沪霞飞路组织机关。同时,黔省自卢焘被攻后,"军队庞杂,极不易治"。袁祖铭忽连电刘显世要求回黔解决纠纷。西南局势将有重要变化。(上海特约通信员澄尘:《孙中山抵沪后之状况及趋势》,天津《益世报》1922 年 8 月 18 日,"要闻二")

△ 国民党山东支部来电,欢迎平安抵沪。此外,来函欢迎者还有湖南益民樟脑厂全体工人,安徽民治实进会主席理事澹台树人、理事李时乐等,上海市民施诊医院、旅沪浙江自治协会代表张 · 鸣、杭毅等,中华学工互助团全体团员,上海纺织业工人会暨义务学校全体。(《大总统到沪后之欢慰声(四)》,上海《民国日报》1922 年 8 月 20 日,"本埠新闻")

△ 报载旅沪广东公民大会来函,派代表崔通约前来欢迎,以表示旅沪十万余广东同乡之公意。(《孙大总统已抵吴淞口》,上海《民国日报》1922 年 8 月 14 日,"本埠新闻")

△ 四川省议员王翼致电上海国民党同志,声讨陈炯明。谓"陈逆为护法分子之一,不思效忠讨贼,贯彻初衷,竟敢响应曹、吴,犯上作乱,大逆不道,罪岂容诛。务恳诸公一致声讨,以维法纪,国家幸甚"。(《川议员声讨陈炯明》,上海《民国日报》1922 年 8 月 19 日,"要闻")

8 月 15 日 陈炯明回广州,在白云山主持军事会议,自任粤军总司令。

自孙中山离粤后,广东已成陈系清一色之政局,国民党人匿迹销声。15 日,陈炯明已来省城,驻在白云山总指挥处,决定维持粤局之意见,约有数端:"(一)维持粤局现状。(二)托省会从速选出省长,以主持粤省民政。(三)维持金融原状。(四)调各军暂回原防办理善后。(五)召集各界讨论施政方针。"其中,刻下所宜最先解决者,为省长一席。在粤军将领方面,多数主张非陈担任不可,但被其拒绝,决定推唐绍仪自代。原因在于:(一)陈一再宣言,"下野断不食言,而非总揽大政"。(二)陈或"以各军无所统属,不能不出任粤军总司令,亦须实行军民分治,故不并理民事"。因为,其认为省长公署组织不良,须要裁改,拟将政务厅长缺裁去,于省长之下设置民政、军政两厅,实行军民分治,并拟任金章为民政厅长,叶举为军政厅长。(《陈炯明来省后之粤局(二)》,《申报》1922 年 8 月 23 日,"国内要闻二")

△ 发表对内宣言,宣布粤变始末及解决国事主张。

到沪后,在寓所邀集孙洪伊、谭延闿、杨庶堪、马君武、张继、徐谦、郭泰祺及国会议员彭介石、陈荣广、杭辛斋、申梦奇、方潜等,"修正其宣言书之大意,另译英文在西报发表"。(《孙文在沪之言动》,天津《益世报》1922 年 8 月 18 日,"要闻一")在宣言中,谈到 6 月 16 日兵变缘起时,谓:"据兵变主谋陈炯明及诸从乱者所称说,其辞皆支离不可究诘。谓护法告成,文当下野耶?"认为陈炯明嗾使部下发动兵变的目的,是"务使政府成为煨烬,而置文于死地",阴谋割据,以逞私图。所以此次兵变,"主谋及诸从乱者所为,不惟自绝于同国,且自绝于人类。为国法计,固当诛此罪人;为人道计,亦当去此蟊贼。凡有血气,当群起以攻,绝其本根,勿使滋蔓。否则流毒所播,效尤踵起,国事愈不可为矣"!至于国事,护法问题,当以合法国会自由集会、行使职权为达成目的。如此,则非常之局自当收束,继此以往,当为民国谋长治久安之道。自己在 6 月 6 日宣言中所陈工兵计划"为救时良药"。其他"如国民经济问题,则当发展实业,以厚民生。务使家给人足,俾得休养生息于竞争之世。如政治问题,则当尊重自治,以发舒民力。惟自治者全国人民有共治、共享之谓,非军阀托自治之名,阴行割据所得而借口"。(《孙中山宣言原文》,成都《国民公报》1922 年 9 月 11 日,"新闻二")

△ 报载孙、曹、吴有三角同盟之说。自孙中山由粤抵沪后所发表政见,不主张联省制度之点与曹锟、吴佩孚两人意见暗合,于是遂有"孙、曹、吴三角同盟"之说,极为舆论所注意。但据吴佩孚本人云,与曹锟派孙岳旅长赴沪,系慰问孙中山,并与孙洪伊等人接洽时局。自己虽然在感情上与孙不十分融洽,但得知其亦反对割据式的联省自治,理念相近,"何妨共同商酌"。论者以为实际上三人"未到具体接洽之程度"。外传之三角同盟,未免言之过早。或者"将来到此程度,亦未可知"。(《孙文在沪之言动》,天津《益世报》1922年8月18日,"要闻一")与此同时,报载曹锟、吴佩孚派孙岳前来沪以接洽,认为曹、吴"现并改其向日之主旨,以孙中山为护法政府首领,所有关于统一及一切建设事业,均应尊重其意见"。(《曹吴确系联孙》,《满洲报》1922年8月15日,"论说")8月20日,《满洲报》载文,对孙、吴、曹三者联合表示悲观。文称:今日政治上风云变幻无常,"朝如兄弟,暮若寇仇,昨呼为贼,今认作友"。这种联合反复,不是居于主义思想,而是出于自身利益,故往往貌合神离。从前西南因护法而讨段祺瑞,既而又有孙、段之联络。奉直争斗中,张作霖又与孙氏相联络。今一转眼间,极端相反之孙、曹、吴,又有携手之说。"彼曹锟、吴佩孚、张作霖之所以深憾也。吴、张间之恶感,为尤甚。"张既联孙,吴、曹又联孙,"孙将即行联直抑或仍旧联奉"呢? 按之孙中山的在沪宣言,颇露不注重联省自治之意而赞成统一,他与直派渐行接近,也可以提供足够的证明。尤其值得注意的是,与陈炯明联手打击孙之吴佩孚,又与孙中山重新合作。文章认为,根据过去各方合作的经验教训,孙中山有理想与主义,吴佩孚、曹锟之流与张作霖无异,毫无知识,不能契合。因而,相信孙氏独能与曹、吴"彼此之间,开诚心、布公道,以谋国事之解决"。因此,曹、吴等虽与孙氏无论如何联络,人们对于其"能维持永久之团结与否,亦不能无疑问也"。(《孙吴曹之携手》,《满洲报》1922年8月20日,"论说")

△ 《满洲报》载文,从军力不相上下、民军蜂起、陈炯明有违道

义、孙中山根深蒂固四个方面进行分析，认为后者离粤不代表其失败。

军力不相上下。从军队实力上说，粤战中陈军之对手孙系用于作战之军队，为许崇智、李烈钧、黄大伟部、张开儒之滇军、陈嘉祐之湘军。孙虽离粤，上述各军与陈军尚互有胜负，相持如故。"此等军队与陈军势力不相上下，前途之胜负未可预卜。此不可谓孙派在粤之遂归失败者一也。"民军蜂起。粤省最近各地民军蜂起，该地又为革命党人的策源地，与孙系夙有渊源，孙氏之势力散布在各属者众多。"现已有起而与陈氏抗者，使群相附和，纷纷举兵，则孙虽远去，陈氏亦不可高枕无忧矣。此孙氏离粤，不可谓孙氏之遂归失败者二也。"陈炯明有违道义。孙陈为二十年之师生部属关系，陈炯明此次逐孙，背恩负义，已大失一般人向来对彼之同情。其声价名誉一落千丈，除与陈关系至密者外，民党中人殆无不痛加责备，即非民党亦不直其行为。此种情况，"一方面殊足使陈氏减削其势力，一方面则又使孙氏增加其势力，隐□之中，令陈树敌不少。孙中山在社会上之毁谤，乃为陈分负若干矣"。加以孙氏本以善于宣传著称，"此后更可利用舆论，以为制陈之利器。此孙虽去粤，不可谓为孙系遂归失败者三也"。孙势力根深蒂固。唐绍仪因粤省长事，犹推重中山；孙洪伊以孙氏地位未确定之前，不允北往，以维持其人格。此外民党人才散在四方，潜力尚在，在国会中力量也树一帜。特别是，"孙氏于建设民国不为无功，从事既久，根蒂已深，彻底推翻，谈何容易？此不可谓孙系之遂归失败者四也"。（念曾：《观测孙中山离粤后之局势》，《满洲报》1922 年8 月15 日，"论说"）

△ 据香港电，陈炯明粤军总司令部已照常办公；海防司令部决裁各舰，拨总部舰务处管理。（《香港电》，《申报》1922 年8 月15 日，"国内专电二"）

△ 上海《民国日报》载，自15 日起三天内暂不见客；并否认在宅内与曹锟代表秘密会议一事。（《孙大总统摅事修养》，上海《民国日报》

1922 年 8 月 16 日,"本埠新闻")

　　△ 《益世报》称,孙中山与各方联络合作标准,在于是否求合法国会之能行使职权,不在乎何派何人。是日下午,段祺瑞、张作霖代表相继晋谒,除慰劳孙氏外,并闻略有表示,"谓联络曹锟则可,联络吴佩孚则不可"。但孙氏对于彼等之意见,则谓"只求合法国会之能行使职权。至于人的一层,各方如能诚心为国,当然可以不成问题"。而段祺瑞前派之驻沪代表刘实君日前接来电,略谓"孙中山离粤,西南形势当已不同,前项计划自宜变更,请先北返另定方针,然后再行赴沪"。(《孙文在沪之言动》,天津《益世报》1922 年 8 月 18 日,"要闻一")

　　△ 《字林西报》评论孙中山到沪,认为足以产生骚乱,但又称其反对北方有相当之理由。

　　之所以会产生骚乱的结果,是因为在上海的各政治团体,"欲利用孙氏名义收渔人利益"之辈,为达利己且悖德的野心,致使孙氏蒙其罪恶者,"固信其比自身所犯者尤为重大"。但又称孙氏反对北方有相当之理由,因为"无论何人不能予以否认,盖北京近年来之举措,无一有足以赏赞之价值故也"。(《字林西报之论孙文》,《满洲报》1922 年 8 月 20 日,"论说")

　　旅沪英人投函英文沪报,对上述诋毁孙中山的言论表示不满,相反认为应该欢迎他的抵达。其函略云:"吾人知孙中山氏之政府及其人员,确对于广东之人民屡有切实利民之举。吾人又知以伍廷芳之人物,苟非以孙中山抱有改造国家之理想,决不肯轻与孙氏携手。当孙氏抵沪之时,吾人当使之知本埠英人系视彼为中国忠于国事,不畏强御之大人物而欢迎之。乃不幸竟有此假托代表英国政策之舆论。"(《旅沪英人对孙总统之公论》,上海《民国日报》1922 年 8 月 16 日,"本埠新闻")

　　8 月 16 日　中华民国各团体联合会在上海开会,议决举行欢迎孙中山抵沪集会。

　　是日上午 9 时,中华民国各团体联合会的十四位成员,在上海法租界白尔路三益里十七号会所开会。妇女联合会会长黄宗汉担任会议主席,孙中山的秘书徐苏中出席了会议,并在会上作了简短的发言,感谢该会给南方政府的援助。会议决定与"宪政会"联合在尚贤堂举行欢迎孙中山的集会。(《档案与历史》编辑部:《上海公共租界工部局警务处情报选译》,《档案与历史》1986 年第 3 期)

△ 《满洲报》载文,反对陈炯明、赵恒惕等联省制倡导者与吴佩孚等集权、统一主张者齐头并进,认为宗旨不同,互相争执,会引起战争。

国会恢复,黎元洪复任总统后,统一之声大起;同时联省自治也盛倡于西南,颇有齐驱并进之势。文章认为,主张国会制宪以谋统一者与主张联省自治者,其宗旨其实背道而驰,立于反对之地位。陈、赵一方面主张联省自治,一方面又以联吴,"以极端主张联省之人,与主张集权统一之人,互相携手,试问将来之结果,其主张联省自治者降伏于主张集权统一者之下乎? 抑主张集权统一者,降伏于主张联省自治者之下乎"? 一旦统一集权与联省自治,"实行争执,两不相下,或将以此引起战争亦未可知。而今日之互相联络,恐不免相见于疆场矣"。(《联省制与吴佩孚》,《满洲报》1922 年 8 月 17 日,"论说")

△ 报刊载文认为国会受军阀左右,主张打倒军阀。

旧国会两度解散,皆与军阀有关。以中国当时之情形而论,国会与军阀,实不能并立。因为军阀"不能遵守法律范围,非分之举,出位之言,人之所不敢为者而敢为之"。势力较小者"亦藐视立法机关,不知有所谓尊重之说";势力大者,则"以谋夫策士之献计,乃欲利用立法机关,以偿其野心勃勃之希望",于是把国会当作"处于彼等之下之地位"。总之,"军阀未除,法律无效"。有军阀存在,立法机关就无法"行使其职权而不为人所牵制"。(《国会与军阀冲突之动机》,《满洲报》1922 年 8 月 18 日,"论说")

△ 报载孙中山不愿依靠张作霖,坚信自己精神上并未失败。到上海后,派人与卢永祥代表某氏接洽,愿即赴杭,结果被婉拒。有人劝其转赴奉天,依张作霖。答曰:"我与张作霖主张根本不同,倘张

牺牲其主义来就我则可,我就张则不可。余料中国人与我表同情者甚多,我形式上虽属失败,精神上并未减少。"(《离粤抵沪后之孙文》,《满洲报》1922 年 8 月 17 日,"论说")

△　宴请国民党员。(《上海快信摘要》,长沙《大公报》1922 年 8 月 19 日,"快信")

△　在沪宅接见黎元洪等人的代表,对外仅称系邀其往京晤商国事,但对国会与总统选举问题,"全取静默态度",严守秘密,不表示任何具体意见。舆论却认为,其态度当与已发表之宣言内容有直接关系。(《北方代表纷谒总统》,上海《民国日报》1922 年 8 月 18 日,"本埠新闻";《北方联孙运动》,《申报》1922 年 8 月 18 日,"本埠新闻")正因为如此,各种谣言不胫而走,计有三种:"(一)谓孙岳昨午即在孙宅开始会议。(二)谓孙已与浙卢暗订条约,以浙江为护法根据地。(三)谓孙之来沪乃欲联合滇黔川浙组织第三政府。"(上海特约通信员六润:《孙中山抵沪后之各方空气》,天津《益世报》1922 年 8 月 19 日,"要闻二")

△　皖人孙希文、张拱辰等来电,欢慰平安抵沪。(《皖人欢慰孙大总统电》,上海《民国日报》1922 年 8 月 18 日,"公电")

△　江辛来电慰问,谓"惟我总统手创共和,福国利民,舍公谁属?希坚初志,勿急近功,自有国民为公后盾"。(《江辛慰问孙总统电》,上海《民国日报》1922 年 8 月 25 日,"公电")

△　讨贼军别动队中路司令部参谋长岑静波来函,报告容奇失败后部队情形,并请接济。

函中云,容奇败亡后,部队建制、武器尚齐备,队伍有散有留,现隐入山中,以避敌锋;部队负责人多住香港,但两地经费均紧张,"囊空如洗,颠连万状",希望孙总统"妥筹善法,函示维持"。得函后,批示代答,"奖励并拨款三千元,着到某处领"。(《岑静波上总理函》,环龙路档案第 02778 号)

8 月 17 日　发表对外宣言,内容与对内宣言大致相同。宣布和平统一中国之计划。

　　孙中山于本月15日发表对内宣言,主要内容包括:陈炯明谋叛,破坏道德信条,遂其割据私欲。政治上之统一,以国会真正恢复为必要条件。全局和平之谋划:(一)服从国会;(二)实行工兵;(三)发展实业;(四)地方自治。

　　在17日发表的对外宣言中,宣布和平统一中国之四点计划:"(一)凡共和国公民,均当服从国会。"即孙中山总统本人,也当按照宪法上规定之地位,"应行尊重国会之决议"。"(二)中国军阀须根本推倒。"如督军兵权不能解除,与孙自己在6月6日宣言中所主张之工兵计划不能实行,则"全国和平,终难达到"。不过,将重点放在打倒军阀,与对内宣言的重点放在工兵计划,还是有所不同。"(三)发展文明。"这并非仅仅关于财富方面的物质文明,而且负有谋人民之幸福与安全的责任,即发展精神文明。这点与对内宣言单纯提发展实业有些不同。因为在孙中山看来,"所谓世界大国,其福民往往多于富民",但要想达到此项目的,相信"非发展中国实业不可"。关于此节,孙中山在自己的《中国国际发展》著作中,已有详细的阐述。"(四)改造中国政治制度,以各区域为平民政府单位之一基础。"此层"虽近似革命",但孙中山认为,"乡村政治,古时已发现于中国"。其目的在于,在将来使"一区域内之乡村组织,成为地方自治之单位"。(《孙中山对外宣言之概略》,成都《国民公报》1922年9月10日,"新闻二")此外,宣言还强调指出,自己虽然主张地方自治,但也极力反对削弱国家统一的联邦制。因为在当时条件下的中国,"联邦制将起离心力的作用,它最终只能导致我国分裂成为许多小的国家,让无原则的猜忌和敌视来决定它们之间的相互关系"。他指出,"中国是一个统一的国家,这一点已牢牢地印在我国的历史意识之中,正是这种意识才使我们能作为一个国家而被保存下来,尽管它过去遇到了许多破坏的力量,而联邦制则必将削弱这种意识。"(伦敦国家档案局藏英国外交部档案英文原函影印件《孙逸仙宣言》[*Statement by Dr. Sun Yat-Sen*],转引自陈锡祺主编:《孙中山年谱长编》下册,第1494页)宣言发表后,孙对人言,统一乃中外共同希望,只有联省自治一派反对,如果直系能够并邀奉皖各派,自己也愿意与之"共商方策"。(《上海快信摘要》,长沙《大公报》1922年 8 月 19 日,"快信")

稍后,对这一"主张融合各方,以期南北统一,恢复和平"的宣言全文,各大报纸均予转录,虽然它为"全国人民与友邦人士洞悉时局者所赞成",但仍有不同的反应。法统维持会一部分议员有不满之色(《孙中山到沪后之空气》,长沙《大公报》1922年 8 月 22 日,"中外新闻")国民党内部也存在分歧,"意见不一,且有持极端之主张者,颇不以此种宣言为然",舆论界也有批评此为仍坚持一党之权利,不顾他人。(《民党对于孙中山宣言之纷歧》,《申报》1922年 8 月 23 日,"本埠新闻")

△　安徽全省学生联合总会来电,欢慰抵沪。(《安徽学生会电》,《申报》1922 年 8 月 18 日,"公电")

△　复电旧金山国民党总支部。("中华民国"史事纪要编辑委员会编:《中华民国史事纪要(初稿)——一九二二年七至十二月》,第 330 页)

△　晚,在寓所宴请宾客。参加者包括黎元洪之代表黎澍、李繁昌、刘成禺、曹锟之代表孙岳,以及汪精卫、蒋介石、陈策、张继、杨庶堪、孙洪伊、陈群暨驻沪国会议员等,凡三十余人。席间讨论良久,直至 11 时许,始各尽欢而散。(《孙中山前晚宴客》,《申报》1922 年 8 月 19 日,"本埠新闻二")

△　上海《民国日报》载文,谈孙中山抵沪后,对各派游说之态度。对于时局,大致仍以 6 月 6 日通电及前日宣言为方针。认为北方形势太混沌,尚待详查,故一时不便发表具体意见。但考虑到"南方甲兵数年,今北方军人已知有法律一物,则不难与之讲道理。国人既渴望统一,吾人自无反对统一之理"。又据民党方面舆论,"咸认恢复 8 年国会为合法,若恢复 6 年之会,是不啻自认护法为非"。(《北方求客于总统实况》,上海《民国日报》1922 年 8 月 19 日,"本埠新闻")

△　陈炯明对西报访员谈话,主张和平发展民国事业,认为要统一中国,须先制定宪法,并自述这是其反对北伐的原因。

某西报访员 17 日乘舟赴百花洲谒陈炯明,畅谈时局。陈谈到了反对孙中山北伐计划之原因,他说:自己此时之所以不应北京之召前往北方,是期待国会制定宪法。自己"渴望中国获有美国所得之宪法,以较大之自治权赋与各省,以管理民政。至全国军事、司法及外交,则隶属于中央巩固政府之下而听其指挥"。如果想"以武力造成更佳之宪法",是谬误之举动。孙中山之前用武力倾覆清朝,"其法诚善"。只是此时"又欲以武力谋民国之发展",此乃不行之事。自己力主统一,只是"统一必先制宪"。用武力发展民国之计划,则极端反对。因为要想谋民国发展,"必须由商务、实业、教育诸事努力进行,方能收效"。粤省与全中国的发展,都应取和平手段。并宣称这些就是自己"反对孙氏北伐计划之原因"。(《陈炯明对西访员之谈话》,《申报》1922 年 8 月 21 日,"国内要闻二")

△　皖人李乃璟等来电,欢慰平安抵沪。(《皖人欢慰孙大总统电》,上海《民国日报》1922 年 8 月 18 日,"公电")

△　安徽县自治联合会、安庆青年同志会分别来电,欢慰平安抵沪。(《皖人欢慰孙总统莅沪》,上海《民国日报》1922 年 8 月 20 日,"公电")

△　四川成都徐达卿电请讨伐陈炯明,以绝后患。(《川人徐达卿讨陈炯明电》,上海《民国日报》1922 年 8 月 23 日,"公电")

8 月 18 日　国民党横滨、神户支部鲍应隆、杨寿彭、黄焯民、李晖等来函,欢迎抵沪。(《大总统到沪后之欢慰声(二)》,上海《民国日报》1922 年 8 月 18 日,"本埠新闻")

△　报载,横滨黄自强、李军、鲍兴仁、梁朝圻等五百四十六人等来函,欢慰抵沪。(《大总统到沪后之欢慰声(二)》,上海《民国日报》1922 年 8 月 18 日,"本埠新闻")

△　报载,神户华侨杨远名、梁朝卿等四百二十人等来函,欢慰抵沪。(《大总统到沪后之欢慰声(二)》,上海《民国日报》1922 年 8 月 18 日,"本埠新闻")

△　是晚,宴请奉张代表倪某等。黎元洪代表黎澍等将于 19 日

晚赴宴。民党领袖于时局现均持乐观态度,以为孙中山愿望之实现,有日近一日之望。(《外报所纪中山行动》,长沙《大公报》1922 年 8 月 25 日,"中外新闻")

　　△　报载横滨、神户国民党支部来电,欢慰平安抵沪,并表示"此后除奸讨贼,誓死后援。特掬诚请命"。(《大总统到沪后之欢慰声(二)》,上海《民国日报》1922 年 8 月 18 日,"本埠新闻")

　　△　全国商会联合会来电商讨筑路养兵计划,并请早日主持兵工大计。(《全国商会联合会迎孙电》,天津《大公报》1922 年 8 月 24 日,"本埠")

　　8 月 19 日　报载王宠惠以财政无人负责为由辞职,黎元洪挽其改阁为署。(《未来财次将代部务》,《满洲报》1922 年 8 月 19 日,"论说")

　　△　上海《民国日报》发表评论,为孙中山北伐失败及其原因解释、辩护。

　　就客观方面看,不能不代孙中山承认暂时的失败。故此次之战,即不就伦理、道德、政治、法律言,专就技术、智略言,平心而论,"北伐军已不算失败"。孙中山蒙难广州,从总统府突围出来,杀出海军重围,安然抵达省河珠江。"逆军威胁不去,绅士劝诱不去,水雷轰击不去,北使敦请不去,必至事无可为。""故今日之失败,吾人即令完全承认,亦只能归咎于事势。"应该承认其失败之点,第一,即"少数恶劣分子之叛乱"。第二,即"社会进化之程度尚属幼稚"。此次陈炯明造反,询之社会舆论,十九皆抱不平。但始终只能以私意示同情,而不能以实力为援助。承认失败的好处,在于总结经验教训:第一,"知道一种失败当然有一种改正,故失败为成功之母"。第二,政治运动也和赌博一般,"失败了赶快承认人家的债权,成功了自然取得应得的权利"。承认失败,"就是革命党旗帜鲜明的取得未来的成功的表证,绝不是垂头丧气的态度"。(香港特约通信员燧石:《孙总统离粤感想》,上海《民国日报》1922 年 8 月 19 日,"要闻")

　　△　报载民治急进社彭光武、赖子钊、吴子垣、华秉言、焦桐、李

挥戈、吴桢、刘辅民等来函,欢慰抵沪。(《大总统到沪后之欢慰声(三)》,上海《民国日报》1922年8月19日,"本埠新闻")

△ 报载杭县孙斌、吴素昭、任佐廷等由《民国日报》转来函,欢迎抵沪。云:"中华前途,建设大业,护法重任,系公一身。万祈为国自珍,民众忻慰。"(《大总统到沪后之欢慰声(三)》,上海《民国日报》1922年8月19日,"本埠新闻")

△ 《申报》载文,主要内容一为孙、陈龃龉原因之追述;二为西南政府结束之标志。

关于孙中山与陈炯明龃龉之原因,文章认为有性格分歧与事实冲突两方面。在性格分歧方面,孙"性气有一短处,即在太快,无论事之大小,利害成败,想做便做,想行便行,毫无顾虑审慎迟回之处。盖纯是爽直者流,而非沈毅之英雄也"。陈炯明则恰恰与之相反,"精神强毅,思虑周详,办事有步骤、有条理,盖合眼明、手辣、心狠为一人,与李根源等相伯仲"。陈氏出身法政,不知兵略,对于筹饷调将,略有经验,故"条理计画、利害成败种种,看得明白"。孙是"坦白爽直者,生平以革命为生涯,不计利害成败,且并不知有利害成败也"。故陈常云:"孙公意见执拗,收纳党徒失于芜杂。其平时之不融洽,可以想见。"

关于事实冲突方面。1920年10月,陈炯明率粤军由东江返广州,驱逐盘踞广东十年之桂系军阀,中山亦即由上海回粤,被举为非常总统。当时以四条件示陈:"(一)广东总司令畀许崇智。(二)广东省长畀胡汉民。(三)任陈为陆军总长,即日率得胜之师西讨桂阀。(四)另编新军四师,准备北伐。陈置不理,于是孙、陈之龃龉起矣。"依上所述,粤军无陈炯明不可能有该日,陈炯明若无孙中山,更不可能有该日。故孙突然以四条示陈,并非事出无因,然而"以此施于利害深明之陈竞存则左矣。自是以后,孙自孙,陈自陈,用人行政,总统府与总司令部丝毫不相统属,且丝毫不相侵越"。因之孙与许崇智、胡汉民等结合日深,后两人从此与陈炯明积隙成仇,不共戴天了。关于孙中山北伐之失败原因和短处所在，该文一言以蔽之，即"第一在性急，第二在不识人，第三在心手不辣"。这三者"恰与历来成功者相反，是则可为太息者也"。

关于西南政府之结束，文章认为，乃以孙中山离粤为标志。五六年来，广州曾先后设立军政府和总统府，汇集有云南顾品珍、唐继尧，贵州卢汉、袁祖铭，四川之但懋辛、刘湘，广东的孙中山、陈炯明，广西的岑春煊、陆荣廷等大员和名流，军队有滇、黔、粤、桂种种不正式之队号。即西南各省，无论为北政府、南政府；为独裁制、委员制；为集权制、联省制，"其实无可无不可，并无真正的主张"。陈炯明要孙中山下野，可以有种种方法，"何必阴□倾覆，贻羞天下，见笑外人"。孙中山离粤，西南从此无政府了，此后中华民国"究有合法统一之政府与否，是诚一问题耳"。（静观：《孙中山离粤纪》，《申报》1922 年 8 月 19 日，"国内要闻二"）

△　上海各工团执行委员会开联席会议，慰劳孙中山。

是日，到会团体有中国劳工同盟会、浦东纺织工会、中华劳动联合会等共三十一团体，代表三十余人，来宾三十余人。主席建议，每工团派一人为代表，前往欢慰。经众人讨论，全体赞成慰劳，推童理璋、崔通约、王吉人、王化民、林大松、穆志英为纠察员，各团体代表须带本团标帜或徽章。拟定星期一上午 9 时齐集靶子路出发，前往莫利爱路孙宅进行慰劳。（《各团体定期慰劳孙总统》，上海《民国日报》1922 年 8 月 20 日，"本埠新闻"）

△　旅沪广东公民大会特向陈炯明、唐绍仪、广东各公团及本埠广肇公所，分发函电各一通，声讨陈炯明，拒绝其长粤。（《旅沪粤公民大会□□》，上海《民国日报》1922 年 8 月 20 日，"本埠新闻"）

△　劝说自粤来沪之国会议员即日入京。

报载孙中山将应黎元洪及诸要人之邀请，不日入京，先派陈友仁、郭泰祺两人作为代表赴京，向各要人接洽；并成功劝说此前来粤逗留之沪上国会议员约一百余人，即日入都。这是政情的一大变化，如果他们到京后,"于大局必有重大之影响"。(《南北接近之外报观察》,《申报》1922 年 8 月 20 日,"本埠新闻")

　　△　声明留沪国会议员之赴京,并非承认北京政府。

　　派民党要人郑重发表声明,留沪国会议员之赴京,"并非承认北京政府",因为国会本身"于认为适宜之时,原有自由集会之权"。之前因"有武力之障碍,故不能在京开会,今障碍既除,国会复能在京开会矣"。估计留沪议员经孙氏劝告后,应当有大多数北上。黎元洪代表也声称,他们并非"代表总统之资格来沪",而仅系代表黎氏个人,即"以代表民国内一公民之资格,与另一公民商榷国务"。(《外报纪孙中山行止》,《申报》1922 年 8 月 21 日,"本埠新闻")

　　△　发表谈话,称宗旨在整理国家,借此谋全国之和平与真正之统一。

　　谈话称,"余尝告各派代表,称余不欲求一党之拥护,且将坚拒与任何一党或数党联合以抗他党"。又称:"目下宗旨即在整理国家,藉此谋全国之和平与真正之统一。"据可靠消息,在眼下与曹锟、吴佩孚、张作霖、黎元洪各代表之谈判中,有种种期望,其中之一即欲"谋张作霖与吴佩孚在友谊的根本上互相联络",以达到自己"整理国家之宗旨",并对此表示乐观。(《南北接近之外报观察》,《申报》1922 年 8 月 20 日,"本埠新闻")

　　△　上海私人及团体各方面,如江西自治会,范永成、刘雪等来函慰问。(《大总统到沪后之欢慰声(五)》,上海《民国日报》1922 年 8 月 21 日,"本埠新闻")

　　△　邹鲁来电,商讨国会议员赴京参加国会复会事及国民党改组问题。(张世福主编:《一九二二至一九二三年孙中山在沪期间各地来电汇编》,第 335—337 页)

　　8 月 20 日　报载派陈友仁赴北京,答复黎元洪北上之请,但此举并非表示承认北京政府或黎元洪的总统地位,不过一种酬答而已。(《上海快信摘要》,长沙《大公报》1922 年 8 月 21 日,"快信")

△ 报载派参议王某到保定谒见曹锟,已决定即日赴洛先谒吴佩孚。(《曹吴派孙岳去联孙》,《满洲报》1922年8月20日,"论说")

△ 报载皖人陈紫枫等来电,欢慰平安抵沪。(《皖人欢慰孙总统莅沪》,上海《民国日报》1922年8月20日,"要闻")

8月21日 在接见上海本地工会和其他团体来访代表时发言,感谢关心,希望监督政府行动,为救国之后援。

是日上午,上海本地工会和其他团体的四十名代表,先去环龙路四十四号孙中山工作人员办公处,后到莫利爱路二十九号孙宅拜访。(《档案与历史》编辑部:《上海公共租界工部局警务处情报选译》,《档案与历史》1986年第3期)孙"身穿蓝纱长衫,足登布履,精神极其健壮",向各代表还礼鞠躬,并发言谓,"今日承蒙各团体诸君如此热心下慰,鄙人实感于心",希望诸君"本国民之责任而监督政府行动,为救国之后援"。其余问题甚多,"皆在社会诸君身上"。自己因近来各方慰者见面甚多,未能与诸君多谈,深以为憾,并希原谅。众人请崔通约代表全体发表答辞,大旨略谓,各团体对于大总统"希望坚持主义,本西南护法之精神,以慰众望"。孙最后答以"自当服从民意"。(《各团体慰劳孙中山纪事》,《申报》1922年8月22日,"本埠新闻")

△ 报载孙中山今日最注意之事,在使奉、直达成谅解,弭除两方重开战争之危险,以为"实行统一最重要先提之一"。据说其对于此事,则抱有成功之希望。(《孙总统促成统一西讯》,上海《民国日报》1922年8月21日,"本埠新闻")因此,《申报》称孙中山以下之国民党人,表达了这样一种重要意见,即"既谋统一,应当集合各方通力合作,不能以一党一系,作贿赂式的协商,致惹别方之猜嫌,反为统一生障碍"。并指出直、奉之间的问题,宜有友谊之谅解,但这并非是孙中山亲自对奉直之间的调停之举。(《各面接洽中之时局》,《申报》1922年8月22日,"本埠新闻")

△ 请黎元洪代表黎澍、谢氏携带书信启程北上,称对黎元洪当竭力援助。(《直派与孙文之疏通》,《满洲报》1922年8月25日,"论说")

△　报载上海国民党员,有暗中推举孙中山为大总统之举。(《总统推孙》,《满洲报》1922年8月24日,"论说")

△　报载江西自治会来电,欢慰抵沪。(《大总统到沪后之欢慰声(五)》,上海《民国日报》1922年8月21日,"本埠新闻")

△　派汪精卫、张继等向吴佩孚代表孙岳正式提出主张,即一方面恢复民八国会,取消民六国会;另一方面令议员北行。(《上海特约通信》,天津《益世报》1922年8月25日,"要闻一")

8月22日　报载到沪以来,仍然极为关注粤事,非讨灭陈炯明不可。对北伐大局,尚无具体接洽。(《上海快信摘要》,长沙《大公报》1922年8月22日,"快信")

△　《满洲报》载,黎元洪慰留力辞代总理职务之王宠惠,政局益趋暗淡。

据闻王氏之所以决欲辞职,主要原因有二:"一,因卢信就职农商,恐某方面坚持反对,无法调停。二,因孙丹林以甘省问题,被府拒绝盖印,认为内阁无力负责。"予王以打击,而此二者乃最使王氏感受到干不下去之痛苦。(《内阁又呈零落之象》,《满洲报》1922年8月22日,"论说")

△　报载黎澍在沪,一方面散布谣言极力破坏孙、曹、吴联络;一方面劝黎元洪迅速与洛、保妥协,"使保洛两方对孙不致有同一之态度"。(《孙曹吴联络之反对》,《满洲报》1922年8月30日,"论说")

△　广东省议会开谈话会,讨论省长问题。有推举陈席儒长省之呼声,并对其情况加以介绍。

报载广东之省长问题,酝酿两月,各方各有属意之人。先是唐绍仪,后说陈炯明,此时又有陈席儒。鉴于民众对其不甚了解,报章有专门介绍。陈席儒为香山籍,年六十有余,留学美国,国民党党员,为香港巨商,"对外信誉良好,长期对广东革命政府和粤军进行财力支持,与粤军上下关系融洽;纯谨朴实,不求声誉"。其子陈永善,时任粤军兵工厂长,其侄陈炳谦时在沪上广肇公所办事。(《广东省长问题之新趋势》,天津《益世报》1922 年 8 月 30 日,"要闻二")

△ 报载汪祖铨来电,欢慰平安抵沪。(《大总统到沪后之欢慰声(六)》,上海《民国日报》1922 年 8 月 22 日,"本埠新闻")

△ 越飞来函,征询关于中国社会各势力、日本等列强在华利益、俄国与蒙古等问题,以便于他制定恰当的远东政策。(中共中央党史研究第一研究部:《联共(布)、共产国际与中国国民革命运动(1920—1925)》第 1 卷,第 103—106 页)

△ 浙江陈无咎致电旅沪粤人,声讨陈炯明叛变祸粤。(《浙人陈无咎讨陈炯明电》,上海《民国日报》1922 年 8 月 23 日,"公电")

△ 安徽学生王同荣等电请再接再厉,讨伐陈炯明。(《皖学生王同荣等致孙总统电》,上海《民国日报》1922 年 8 月 24 日,"公电")

△ 自由党常熟部部长程沼伊来函,对安抵上海表示欢迎,并希望积极奋斗,以谋真正共和幸福。(《程沼伊上总理函》,环龙路档案第11739 号)

△ 吴佩孚致电在沪代表孙岳,极其赞成孙中山 15 日宣言之意,认为双方有合作之可能。自孙中山抵沪后,政治之空气日趋浓厚,各方力量云集。其中,各代表中最有力量者,为直系吴佩孚(一说曹锟)所派之孙岳。其与中山左右之汪精卫、张继、杨庶堪等尤为接近。并转达吴氏自洛之来电,谓"对中山 15 日所发宣言,极端赞成。所提出数项政策,均为救时之南针。而组织自治政府与化兵为工,尤为志同道合。嘱将此意转达于中山"。舆论认为,此乃孙、吴携手之征兆。双方在忠于民国与反对联省自治上有交集,彼此接近,作为此时中国两个最有势力者,如能携手,"前途纠纷,或有解决之一日也"。(《上海特约通信》,天津《益世报》1922 年 8 月 25 日,"要闻一")

△ 国民党巴达斐亚支部长沈选青等来函,痛斥武人违法,提供援粤战略,并报告筹款情况。

函中痛斥武人违法和陈炯明叛乱,请告知李烈钧、许崇智援粤战略及时局变化的解决办法。认为这些"均为海内外同志所重",并报告筹款情况。由于经营失败,市场不景气,筹款虽继续进行,但恐杯水车薪,无所裨补,幸得关君深明大义,"立允筹寄万圆以为我总理助"并署名电达。唯因现金存杉荷,地方政府提取不易之故,"拟收回若干,即寄若干"。(《巴达斐亚支部长沈选青等上总理函》,环龙路档案第08536号)

8月23日　拒绝回答前国会议员询问吴佩孚、曹锟代表的来沪原因。

是日下午,二十三位前国会议员至莫利爱路二十九号孙宅拜访,询问关于吴佩孚的代表王法勤和曹锟的代表孙岳(一说吴佩孚的代表)来沪的原因,并问是否打算去京、是否劝他们这些前议员北上。结果,孙中山拒绝回答前两个问题,但劝告这些前议员应该进京,因为他们是合乎宪法程序选举的国会代表。(《档案与历史》编辑部:《上海公共租界工部局警务处情报选译》,《档案与历史》1986年第3期)

△　复函唐克明,谴责陈炯明叛乱,勉其坚定信心,经营武汉。

函谓:此次陈逆党徒叛变,毁护法之成功,坏人类之伦纪,诚堪浩叹。"然吾党主义,每历艰贞,益加光显。则此次之失败,又正可策告人之进步耳!武汉地处中枢,兄经营不懈,此志可嘉。俟确定方针,自当商筹办法。"(《复唐克明》,《中央党务月刊》第9期,第1页)

△　《益世报》载,孙中山、曹锟联络已成事实,且长江有两省自请加入。尤其孙中山已决定9月与唐绍仪一同北上,认为各方面对于南北统一问题已有把握。(《孙曹联络已成事实说》,天津《益世报》1922年8月23日,"要闻二")该报同时载文,将孙氏北上传闻的不同报道进行对比,认为存在一时难来、不日可来以及未决定是否来三种说法。(《孙中山北来之消息汇志》,天津《益世报》1922年8月23日,"要闻二")

△　报载将宴请报界,餐叙一切。(《孙中山氏明晚将宴报界》,《申报》1922年8月23日,"本埠新闻")24日晚,在上海法租界寓所宴请三十余名报界人士后讲话,谈护法武力战争的效果,国家统一之重要,以及文字宣传在国家统一中的重要作用。希望大家一起努力。

孙中山指出:护法武力战争达到了宣传法律之重要效果,但武力是否真的可以告终,关键看北方武人是否真的有诚意。他说,民国以来,"乱多治少,此次护法之战尤甚"。民党以武力奋斗六年,达到的效果是"北方武人之觉悟,知非有法律不可"。因此国会才得在北京开会。北方武人此时之表示是否有诚意,虽尚不可知,但只要他们真的赞成护法,武力就可以告终,南北从此就能"同趋一轨",就无用兵之必要了。但党内许多同志以为,那些武人所表示者不可相信。

还指出,中国是否统一,关系国家存亡;而国家能否统一,则视乎国民的奋斗力。他对此充满信心。"今国民共望统一,即友邦亦望我统一,盖统一与否,实关中国存亡。""惟能否达到目的,全视国民奋斗力如何。"但既然南北已共同赞成尊重法律,期望统一,可以相信武力告终时期已经到来。

孙中山号召,要以笔为主要奋斗武器,去争取真正统一的实现。他说,"欲得真正统一,尚须大家奋斗,今后奋斗之器,不以枪而以笔"。并极其希望各位报界人士自觉担当起这个责任,"提倡公理,分别是非,同赴一的"。如此相信则统一必定可以成功。(《孙中山宴报界》,上海《时报》1922年8月25日,"本埠新闻")报载列席宴会者对于孙氏维持和平之态度,"咸极赞许"。(《孙文招待报界之演说》,天津《益世报》1922年8月26日,"要闻一")

△　对旅沪国会议员发表谈话。

当旅沪国会议员进谒时,根据来沪与全国各军政要人代表会议所得之谅解,以及吴佩孚对其宣言中原则之赞成,孙中山最扼要地说:"六年来使国家分裂之南北战争今已告终"。而他对于各代表会商中之要项,则未肯表态。仅对各议员云:"当今国会在京开会之武力障碍既经扫除,议员之责任即在迅速入京,将护法派所主张之次要问题一一由国会提出施行。"只是他对于议院日后之举动,"完全未有所建议",并对于政府用人、行政、组阁诸问题,"俱不愿有所讨论"。(《孙中山对议员之表示》,《申报》1922年8月25日,"本埠新闻")

△　陈炯明宴请广东省议员,推介陈席儒长粤。

陈炯明首言政变之经过,次则言及省长问题。称自己不干,唐绍仪、汤廷光对出任均无确切表示,故推陈席儒长粤。并介绍了陈席儒的经历与特长:首届留美学生,对于财政上有活动能力。(《香港电》,《申报》1922 年 8 月 25 日,"国内专电")

△　报载讨贼军第二军别动队第一支队司令黄德来函,报告所部在廉江、石城之战斗情况。(《高廉讨贼军之胜利》,上海《民国日报》1922 年 8 月 23 日,"要闻")

△　报载孙中山与张作霖联合难成事实。原因在于陈炯明的阻拦,导致孙之前承诺的应援奉张之约定未能兑现。据说奉直战前,"张曾与孙密约攻吴",及后孙因陈炯明作梗,"事不果行"。张以孙不能应援,致奉方失利而"颇为不怿",故自免职,"藉名自治以来,无论何事,均欲以自力行之"。所以舆论认为,"孙张联合,谅难成为事实"。(《孙张联合难成事实》,《满洲报》1922 年 8 月 24 日,"论说")

△　报载孙、曹、吴接洽之条件。

据某方面消息,孙与保、洛接洽之条件,大体已经达成妥协,主要包括四个方面:(一)孙正曹副总统。孙承认 6 年国会,以为总统交换条件。(二)孙任总统后,即行出洋游历,由曹代行总统职权。(三)审查议员资格。孙来京,民党议员相牵而至,两院人数将超过额限。应实行资格审查,分别去留。(四)议员名额分配。"两院议长、副议长,北方议员与民党议员,各分其半。"孙也愿借此取得总统,作一下台阶。保洛方面,正积极推进此条件。(《孙曹吴接洽之条件》,《满洲报》1922 年 8 月 25 日,"论说")

△　报载"永丰"舰已离开白鹅潭,闻将赴港修葺,修妥后即将北归。(《香港电》,《申报》1922 年 8 月 25 日,"国内专电")

△　报载粤兵工厂丢失测量镜,正在查究。陈炯明拟拨予千余万经费,依原禀四成发还。(《上海快信摘要》,长沙《大公报》1922 年 8 月 30 日,"快信")

△　报载卢信自辩已脱开国民党籍,与一味服从孙中山之革命党毫无关系,且非政学会会员。彼之来京,志在助成国家统一,并未与南方领袖事先有所商榷。彼之政见,以为各政党当消释前嫌,协力为国宣劳。彼履任后,已取消为害全国之奖券。今后,仍将注重国利民福。(《北方政局现状》,《申报》1922 年 9 月 3 日,"特约路透电")

△　浙江沿海渔业各公团来电表示慰劳。(《浙人慰劳孙大总统》,上海《民国日报》1922 年 8 月 24 日,"要闻")

8 月 25 日　在上海会见越飞的代表马林。

在会谈中,告诉马林,现在感到与苏俄建立一个更紧密的联系是绝对必要的。(《马林在中国的有关资料(增订本)》,第 44 页)请马林向苏俄政府驻北京的全权代表越飞转达他的意见:如果能实现同苏俄的联盟,自己将在取得全国政权之后,允许苏俄参加中东铁路的管理。([荷]马林:《中俄在中东铁路的冲突》,《二十年代的中国》,第 32 页)在会见中,马林劝告不要单纯用军事行动收复广州,而要以上海为基地,开展一个发动工农群众的宣传运动。(《马林在中国的有关资料(增订本)》,第 44 页)

马林向孙中山介绍了他去莫斯科的情况,并告诉孙,共产国际已经命令中国共产党人加入国民党,为国民党的主义和目标而奋斗。孙很乐于接受马林的建议,请马林在国民党中央委员会阐述关于群众运动的观点,以说服国民党领导人接受共产国际代表的建议。在会谈中,双方还讨论了越飞致孙中山的一封信的内容。(马林档案第 3141 号,[美]托尼·塞奇:《亨克·斯内夫利特和第一次统一战线的起源(1921—1923)》)

△　与美国《芝加哥论坛报》记者鲍威尔谈话,希望美国财团给以贷款,支持中国统一,并以此作为北上的条件。

是日,世界新闻社所译的日本《广智报》上海通信员索克思氏用英文写就的通信云:孙中山在与《芝加哥论坛报》鲍威尔氏谈话时指出:中国内部政潮欲求解决,"必须先从解决财政入手,尤以解决北京

政府之对外借款义务为特要"。孙认为,北京若无一"有效力之政府,
能实施其命令于全国,并收集各省之税款而不遭阻挠",则统一之举,
徒属空谈。而国家之还债若不恢复,则设立此种政府显然为不可能
之事。在"未觅到若干解决中国财政问题之方法"以前,自己不准备
加入北京政府。他提出,倘若自己"得有美国及其他中国欠债之国之
保证",证明中国提出"关于归还过期外债借本之提议,将得优惠之考
虑";又保证在依据外人良好顾问不久,即将实行之整理时期内,"新
银团将给与垫款,以供寻常行政用途",则自己将前往北京。

他还希望,美国应记得中国乃欧洲之一大债户,或可"将中国欠
欧洲之债,移渡于美国"这一问题加以考虑。最后并声明,"凡北京政
府所合法缔结并经国会最后批准之任何借款",自己"绝无否认之
意"。(《美报记孙总统之谈话》,上海《民国日报》1922 年 9 月 8 日,"要闻")

△　前国民党南浔镇支部评议员、前中华革命党党员、此时的中
国国民党党员周颂西来函,指出三民主义不能早日实现之原因,贡献
了多个宣传办法,并推介了张乃燕(君谋)博士。获批复并约见张
博士。

函云:宣传对三民主义作用至大。其目前所以不能早日实现,最
大原因有二:一为"党员中热心者太少";二为"从前不甚注意于宣
传"。周颂西认为,关于宣传办法主要有四个:一,添组各种宣传委员
会,"竭力设法从各方面宣传,使全中国之多数人觉悟"。除已有的宣
传委员会外,还宜设立各种专门宣传委员会,如军中宣传委员会、学
界宣传委员会、工界宣传委员会、对于外国之宣传委员会。具体宣传
方法可以有这样四个:(一)"印赠小册子及演说等,如能为工人设立
补习学校则更好";(二)"投稿于中西各大报";(三)"请命令现服务于
教育界之同志在高小者,将中文本之建国方略作教本",在中学大学
校"将 *The International Development of China* 作英文教本";(四)
命令浙江、东三省同志利用卢永祥、张作霖与本党友善的有利条件,
积极从事宣传。二,在沪设立特殊学校,"教育党员之子弟,以为后继

有人"。三,在沪设立市政学校,"以党员为师生,进行专门研究"。四,添设交际部,"使各党员之间通信、推荐书报、聚会,提高知识,有利精神上团结"。最后,推荐自己的表弟、张静江之侄、党员张乃燕(君谋)博士,此时担任宣传委员,"品学兼优且富有革命精神",可以招聘为党效力。

批复:代答,嘉奖并交各部议行所陈各节,并约带张博士来见。(《周颂西上总理函》,环龙路档案第 03941 号)

△　报载黎元洪与曹锟、吴佩孚两人电商迎孙中山之条件和结果。

商议结果大致如下:(一)京沪议员合并固属当然,应取消附带要求。(二)孙中山向国会辞职改为已经退位,而便先定招待仪式。(三)北京政府要请孙担任粤省善后,因陈炯明不干,应勿提议,只请其早日来京面商。(《孙唐最近之态度》,天津《益世报》1922 年 8 月 25 日,"要闻一")

△　北京电:内阁声称,如国会同意,黎元洪愿让总统位于孙中山。(《政局近闻》,《申报》1922 年 8 月 25 日,"国内要闻")

△　下午,上海各团体开会筹备欢迎孙中山。

是日下午,上海各团体为欢迎孙中山事,假座贵州路上海各马路商界总联合会,开筹备会议。到会团体,有工商学报暨各公团等约三十余个,公推崔通约为临时主席。决定 26 日下午 3 时,开正式筹备大会,全体赞成。至 4 时许散会。(《各团体筹备欢迎孙中山》,《申报》1922 年 8 月 26 日,"本埠新闻")

△　复函黎元洪,表示愿意为统一贡献意见。

是日,北京政府接到孙中山由沪来函,略云:六年以来,事变万状,自己倡率护法,不得不艰难坚持,以求成功,"差幸人心悔祸,护法问题终告结束,庶几初心不负耳。到沪日浅,未遑宁居,重劳使节慰问,至深惭荷。公以身任天下之望,凡属国民,皆当竭其思虑,仰赞高深。文虽暂息尘纵,藉事休养,惟苟蒙垂问,必献其刍□之见,以备采择,亦与前席借箸无殊也"。(《孙文复黎黄陂函》,天津《益世报》1922 年 8月 27 日,"要闻一")

8月 26日　复函芮恩施,表示希望就财政与其交换意见。

在致前美国驻华公使、近以顾问身份来华的芮恩施博士函中,告知其 21 日来函收悉。并谓:也希望尽速来京集资,与阁下晤谈。"即将进行之为政府获致'财源'之努力,如告成功,则余早日北上,颇有可能。"并言"阁下由附去之节略,当可了解余此言之意义。以前美国报纸两次访问之内容,即根据是项节略,该节略并已电知费城纪事报及芝加哥论坛报"。他还告诉芮恩施博士,美联社也曾摘要发布自己之意见:自己并应允该社作另一次"追踪"访问,以便研讨"此一问题与华盛顿会议有关中国部分决议之关系"。并询问博士"对节略中之观点有何卓见,余极愿闻。"(吴相湘:《国父联击北洋皖奉各系的一些史料》,《传记文学》[台北]第 44 卷第 3 期)随即给保罗·S. 莱因斯博士发送了一些纪录,即他用来替新闻界概括论述他的财政观点的材料。([美]韦慕庭著、杨慎之译:《孙中山——壮志未酬的爱国者》,第 137 页)

△　黎元洪代表黎澍回京报告与孙中山接洽经过。

黎澍返京后,即前往公府谒见黎元洪,详述孙中山"暂不来京之原因及对于北方之态度",并呈上孙复之谢函一件。黎元洪详尽垂询了孙中山在沪情形。(《代表回京》,《满洲报》1922 年 8 月 30 日,"论说")

△　中国共产党在杭州西湖召开中央会议,进一步讨论同孙中山领导的国民党建立统一战线问题。经过两天讨论,有条件地接受了共产国际代表马林关于共产党员和社会主义青年团员加入国民党的意见。(《党史通讯》1987 年第 2 期)

△　报载在沪之国会议员,虽经孙中山劝令北上,然议员尚未正式表明态度,须日内决定方针后,再通电发表北上日期。(《上海电》,天津《益世报》1922 年 8 月 26 日,"专电")

△　报载王宠惠坚辞代理总理职务之原因。

王宠惠此次辞代理总理之意坚决,表面上是时局杌隉,本身无应付能力,实则主要是财政问题。据与王接近者云,最主要的原因有三:(一)中央财政已至不可维持之日,高凌霨迄今不来就职,财政部无人负责,将来种种风潮,必相继而起。(二)黎元洪与吴佩孚虽无意见可言,但难免有策士从中挑拨,个人更无疏解之手段。(三)国务院索薪运动激烈,财部既无款拨给,此事断无良好结果。现王氏已入医院借养病为名,坚持不出,推顾维钧以代。(《内阁前途益形暗淡》,《满洲报》1922年8月26日,"论说")

　　△　冯自由来函,报告省港党务情况,建议重视党德;并请委邓泽如为广东支部长。

　　函云:陈炯明据有粤省后,本党受到摧残,威望渐失。需要加强组织领导,推荐邓泽如担任广东支部长,"使速进行,实为至要"。增加港澳联络,吸收工人入党,发展势力;建议重视党务,加强党员团结,尤其是注意党德问题。指出"吾党中人,多数于得势时代,漠视党务,扼用同志,甚且拒纳所得捐,日以排斥党员为得意。及党务偶尔失败,则又用党钱食党饭,直不知党德为何物。经此回失败,此类人尤不可胜数。弟愿公以后对于此类人尤加以注意也"。(《冯自由上总理函》,环龙路档案第01701号)

　　8月27日　报载派汪精卫、廖仲恺赴杭。(《上海快信摘要》,长沙《大公报》1922年8月27日,"快信")

　　△　报载向新闻报经理汪汉溪索要稿费。(速记者马二先生:《孙宅盛会补记》《孙中山索稿费》,《晶报》1922年8月27日)

　　△　报载孙洪伊关于孙正曹副总统选举主张,有关各方态度不一,背后反映出北京政府与保、洛三方矛盾纠葛。

　　所谓总统选举孙正曹副之说,出自小孙派魁首孙洪伊,即前述孙中山为大总统,曹锟副之,前者当选后出洋,后者以副座代行总统职权。保定方面对此表示首肯,并与洛阳吴佩孚沟通,孙当选以后实行出洋之时,由政府拨款一百万,壮其行色。但同时担心"一意孤行,不若黎氏之易与"的孙中山当选以后,"若真个行使总统职权,违背契约,不肯出洋",不知如何处置。因此,保洛双方均以为孙正曹副总统选举的关键,是孙氏当选后辞职出洋能否实现为前提。(惜静:《北京通讯·政局大变化与总统问题》,《申报》1922年8月27日,"国内要闻")次日,另有报纸明确指出,孙正曹副总统选举的背后,"实即排黎倒吴之运动"。边守靖等人之目的,在拥曹锟为总统,但又担心曹氏在此时"骤得首座,既不能得西南之承认,复不能得奉张之折服,既欲拥曹而推倒黎吴,则此两重要之方面,非为先有极妥实之接洽不可。于是不惜牺牲首座,利用孙中山为正曹为副之计"。(平:《北京通信·孙正曹副之素隐;排黎倒吴之手段》,《申报》1922年8月28日,"国内要闻")

9月26日报载,直系代表孙岳发表正式谈话,解释孙正曹副总统之说由来及结果,称孙中山联曹不成进而联段、奉。换言之,此事促成孙中山反直三角同盟的形成。据醒民通信社发表曹、吴代表孙岳正式之谈话:"孙正曹副之说纯系中山左右所创议,曹使始终水为音动,惟直派军人,赞成此事者自亦不少。顾对中山之正,仅允畀以虚名,请其出洋考察列国政治,由副总统代行职权。此种主张,传到沪上后,中山左右一致反对,孙曹接洽遂以中止。"目下孙中山之不肯北来,动辄借口北方无诚意。所谓无诚意者,"即指保定对彼提出之虚位条件而言"。(《非常总统之非常手腕》,《社会日报》1922年9月26日)

△　吴佩孚通电反对联省自治会议。(《吴氏反对联省自治》,《满洲报》1922年9月2日,"论说")

△　愿意有条件赴北京襄助黎元洪;黎氏南下代表建议停止派人使粤,以免于统一有碍。

报载孙中山与黎元洪引为同调,答应有条件来京,拟安排入住西城顺承郡王府,并决定请其担任顾问院总裁。(《盛传中之中山来京说》,《申报》1922年8月28日,"国内要闻")与此同时,黎元洪的代表黎澍、李繁昌、刘成禺向北京报告在沪接洽统一情形,建议勿下白逾桓使粤之命。大意是孙中山力谋统一,主张合法国会完全自由行使职权,各代表齐集沪上谒见,"长江舆论攻击陈炯明及其党徒甚力,请府院对粤

勿下任命。否则破坏统一，将致舆论嚣然"。换言之，黎澍离沪之时，
因须绕道宁汉回京需时，故特会同刘、李两氏电呈黎氏，请撤回白逾
桓使粤之命。其文云：陈炯明现为举国舆论所不容，请速撤回白逾桓
使粤之命，以免障碍统一。（《统一运动中之沪闻》，《申报》1922 年 8 月 28
日，"本埠新闻"；《盛传中之中山来京说》，《申报》1922 年 8 月 28 日，"国内要
闻"）

8 月 28 日　孙镜亚来函，要求解释报载关于复黎元洪函及对外
宣言统一中之疑点。

函中大意，对报纸所载孙中山复黎元洪函中，有"公以身任天之
重，凡属国民皆当竭其思虑，仰赞高深"，以及对外宣言发表中有"陈
氏突然执取革命手段"及"伍若应招北上则南北两政府开诚相见，真
正统一不难实现"等语，感到费解，多有不满。认为对于前者，除少数
不辨是非者外，各团体多通电谴责黎氏非法篡位，虽无补于事，但清
议正义尚存，批评这种做法是"不惜降格与各方面周旋"，与长期所坚
持以主义争取群众之旨不符。至于后者，党中同志，啧有烦言，"谓陈
炯明叛逆绝对与革命不同，胡适妄作是言，备受呵责。北庭致电伍总
长既不认双方对等，伍总长是时更毫无北上之意。何以总统宣言，竟
有此语"。因为未见原文，担心翻译有错，真实内容究竟如何，请明白
赐教，希望"公一面整理党务，一面保持社会之同情，一面吸收非吴派
之散漫势力，国事正大有可为也"。（《孙镜亚上总理函》，环龙路档案第
13721 号）

8 月 29 日　与日本大阪《每日新闻》驻沪特派员村田谈有关时
局问题。

本次谈话内容要点包括：北上尚未决定；希望恢复民八国会；对
直、奉、段均无成见；三月之内解决陈炯明部。

"问：阁下派遣陈友仁、郭泰祺二人代表北上之说确乎？答曰：此
事亦未决定，目下大约尚无派遣代表之事。问：闻阁下劝在沪议员北
上，确乎？答曰：准确。问：闻民党之方针决定等待黎元洪总统，次说

如何？答曰：苟黎氏能处治得当，则维持问题视黎氏之能力与态度而定。问：阁下与直隶派提携，于安徽奉天各派亦得有完全统一之望乎。答曰：于统一之前，对于无论安徽派直隶派，当无反对之理由。问：阁下曾与段祺瑞相提携，今乃与为仇敌之吴佩孚氏相提携，将来阁下段氏之感情上，可无龃龉乎？答曰：段氏对此颇了解予之衷心，为图谋统一计，自与段曹吴等会商为佳，即与张作霖氏谋之亦无不可。惟曹、吴果有对于统一之诚意与否，尚属疑问。苟彼等无此诚意，则予当然拒绝与之提携也。问：直隶派将推荐孙洪伊为国务总理，事果属实否？答曰：此事尚稍有所闻。问：将来之总统当然属之阁下，以为如何让？答曰：此事予尚毫未有所考虑。问：对于陈炯明氏，作何处置？昂然作曰：不出三月，必见消亡。认为陈氏已不能维持广东，为人道之贼，非但广东，实为全国之民所共弃。"（《孙中山与日记者之谭话》，《社会日报》1922 年 9 月 5 日；《日报载孙文对于时局之谈话》，天津《益世报》1922 年 9 月 6 日，"要闻二"）

△　委任邓泽如为中国国民党广东支部部长。（邓泽如：《中国国民党二十年史迹》，第 269 页）

△　曹锟、吴佩孚联名致来电，表示拥护兵工计划等宣言与主张。略谓："诠释人民自治，痛斥军阀宰割，砥柱横流，具仰真知灼见。其工兵计划，发展实业，亦属民国建设必有之图。"（《曹吴致孙中山之艳电》，长沙《大公报》1922 年 9 月 8 日，"中外新闻"）

△　复函王正廷解释护法要旨，勉为正义奋斗。（"中华民国"史事纪要编辑委员会编：《中华民国史事纪要（初稿）——一九二二年七至十二月》，第 390 页）

△　粤省议会开会讨论省长问题，仍以唐绍仪、陈席儒呼声为高。（《省长民选后之粤局》，《社会日报》1922 年 9 月 1 日）

△　国民党芝城分部邵元冲来函，报告梅友活返国拟晋谒，请指示党务进行方针，并予以接见，以便返美后有利进行党务工作。

批复云：请陈树人主稿件作答。（《芝城分部邵元冲上总理函》，环龙

路档案第 07444 号)

8 月 30 日　致函蒋介石,告以湘滇军情,促早来沪商议与越飞随行的苏俄军事人员事。

函谓:"日来变局愈速,非兄早来沪同谋不可。军事进行,湘闽似已有不谋而合,日在进行中,湘较闽尤急而有望,似日内便可解决者。金(即金汉鼎——原注)闻昨日已行,或有分道而驰,先急回滇也。某事(指孙中山与苏俄全权大使越飞代表的会晤——原注)近已由其代表专人带函来问远东大局问题及解决之法,予已一一答之。从此彼此已通问讯,凡事当易商量矣。彼有一军事随员同行,已请彼先派员来沪,以备详询军事情形,想不久可到也。望兄稍愈,则当早来备筹一切。"(毛思诚编纂:《民国十五年以前之蒋介石先生》第 4 册,第 39—40 页)

△　复函赵恒惕,反对联省自治,希望同道为国事奋斗。

略谓:北伐改道,是囿于"湘省于饥馑之余,不胜东道"。陈炯明"竟作内奸,弄兵肘腋,成功之毁,固深足惜"。陈氏假联省自治之名,成串盗分赃之实,如果事真如此,国事不可为。希望同道勿避艰难,更加努力奋斗。(《复赵炎午》,《中央党务月刊》第 9 期第 4 册,第 390 页)

△　报载,称北京内阁政潮未完全平息之前,决不北上。

据民党议员方面消息,孙中山未即北来之主要原因,系孙洪伊内阁尚未成熟。小孙虽然可以左右大孙态度,但高唱孙洪伊内阁为大孙北上之条件则未必。因为大孙北上并不拘定小孙内阁成立,即唐绍仪内阁成立,也可以北上。孙中山曾对其左右曰:"予十年来未见北京景象若何,此次各方欢迎予赴京一行,予亦具同意。但北京政潮未完全平息,予决不进京而自取烦恼也。"(《孙文晋京尚未确定》,《满洲报》1922 年 8 月 30 日,"论说")

△　沪商界总联合会开职员会商议欢迎孙中山。

是晚,上海各路商界总联合会举行职员会讨论欢迎问题。到会者计南京路等出席代表二十三人,副理事长钱龙章主席。议决用总会名义,派余华龙、钱龙章、成燮春三人备正式公函,赴孙宅欢迎。
(《商界总联合会职员会纪》,《申报》1922 年 8 月 31 日,"本埠新闻")

△　报载黎元洪与某鄂人谈话,称赞孙中山对共和护法贡献,十分盼望其早日北来合作,否则自己离京回津。北京政府目下困难在于财政问题。

有鄂人某公,由津来京,请教黎元洪有关时局看法。后者答曰:"时至今日,就我个人见解,首先在邀孙中山北来,磋商一切。中山或能助我统一,且中山与我同是倡义之人,嗣因彼南我北,见面之疏,中间不无隔阂。中山为共和二字,奔走南北,几次由弹雨枪林中逃出,始终不改护法宗旨,姑无论持论对与不对,系为共和二字,而非为个人之权利也。至于中山扩张党徒,乃共和国应有之事。中山此次若不来,我决计不作此无聊总统矣。如中山不肯来京,我亦不再干。我此时所以早起晚睡供职者,仍希望中山北来。看来无办法,如再过一月后,中山不来,我决计回津。"至于北京政府现状,"唯一难点,莫过于财政,无论何人出来做财政总长,亦无办法。如中山速来,能统一南北,整顿各省收入或可望治"。(《黎与鄂人某之谈话》,《满洲报》1922 年 9 月 1 日,"论说")

△　北京政府代表王芝祥、王人文于 31 日 10 时,乘京浦特别车南下,似系劝孙北来。黎元洪以私人名义致电章炳麟,请其来京有所借重,以再劝中山北上。(《北京电》,天津《益世报》1922 年 9 月 1 日,"专电")

△　江苏省农会暨南京各界联合会代表徐瀛等来电欢迎。(《各团体第四次筹议欢迎中山》,《申报》1922 年 8 月 31 日,"本埠新闻")

△　下午,日本某西报女记裴斯兰(Beasley)至孙宅拜访,询问关于劳动家之各种意见。(《日本西报女记者莅沪》,《申报》1922 年 9 月 1 日,"本埠新闻二")

△　赴京护法议员来电,请求给以继续支持。谓"本日赴众议院出席,初则闭门禁阻,嗣始入院。多数议员允为依法解决。乞转(请)

同人到京,一致力争,并祈通电主持"。(《护法议员闹院之续讯》,长沙《大公报》1922年9月5日,"中外新闻")因此,报载认为民八议员闹院后气势甚盛,系孙中山背后的支持和意见,以图推翻现状。(《北京快信摘要》,长沙《大公报》1922年9月4日,"快信")

是月下旬 胡汉民应王永泉约赴延平面晤,商订如下合作条件:(一)彼此合力驱逐闽督李厚基,实行孙、段携手,闽、浙联防,开创东南新局面。(二)闽局定后,公推王永泉主持。胡汉民以此条件派员带交许崇智,其本人即秘密由延平经福州,返上海。(毛思诚编纂:《民国十五年以前之蒋介石先生》第4册,第28页)

△ 马林在与孙中山会见时,曾劝后者不要用单纯的军事方法去夺回广州,要以上海为基地,开展宣传工作,使上海成为一个在全国城市工人中,以及在农民中积极开展宣传工作的中心。虽然接受了要重视宣传工作的意见,但仍坚持要以军事方法收复广州。(刘曼容:《孙中山与中国国民革命》,第114页)

是月底 在沪与李大钊会晤,讨论振兴国民党以振兴中国等问题,主持后者加入国民党。

中共中央杭州西湖特别会议尊重共产国际的意见,决定以"党内合作"方式进行国共合作。会后,马林积极促成国共合作。孙中山在上海会晤李大钊,表示理解中国共产党的合作主张。李大钊由张继介绍,首先加入中国国民党。陈独秀于9月6日被指派为国民党改进案起草人之一。张国焘、张太雷等一批中共党员,遂先后加入国民党。李大钊在加入国民党前,向孙中山说明自己是共产国际中国支部的成员,不能脱去共产党籍,孙回答:"这不打紧,你尽管一面做第三国际党员,一面加入本党帮助我。"(《政治周报》,第5期)李后来在《狱中自述》中忆述:"于是,决心投入中国国民党。事在四五年前(其时孙中山先生因陈炯明之变避居上海,确期则不复忆矣),钊曾亲赴上海与孙中山先生讨论振兴国民党以振兴中国之问题。曾忆有一次,中山先生与我等畅谈此问题亘数小时,当即由先生亲自主盟,介绍钊入国民党,是为钊献身于中国国民党之始。"（张静如等编:《李大钊生平史料编年》,第185页）12月,又委任陈独秀为国民党参议。（刘曼容:《孙中山与中国国民革命》,第100页）

是月　谢作楷来函,请彻查余礼铭、朱慈祥等在港粤募捐、非法成立支部等行为。

函中大意,列举余礼铭、朱慈祥等在香港、新加坡种种行为,包括以参谋部特任慰问华侨委员名义遍向侨胞募捐,进而因彼此瓜分款项不均,互相揭发;组织中国国民党新加坡支部临时分部,自命负责人,刻制印鉴章程;登报陷害南下正直党员,以达居留政府逐其出境之目的。并附上报载捐款、私刻公章等物证。认为二人种种作伪行为,"大有关于本党前途,务望钧座澈底查究余、蒋等近日在港与粤之作为,因余礼铭近日更运动吉隆坡益群报社替他鼓吹,五花八门,令人神迷目眩,愿钧座有以处之"。（《谢作楷上总理函》,环龙路档案第06349号）

9月

9月1日　《社会日报》载文,主张在中央采用瑞士联邦行政委员制,地方行政废省制改用道制。（夏殖民:《对于宪法之建议（续）》,《社会日报》1922年9月1日,"社会之声"）

△　《社会日报》载文,从恢复法统、法律与事实上评论民六、民八国会。

8月31日民八议员大闹众议会,此事若无适当处置,将来会麻烦不断。以恢复法统言,今日议会当为民六议会。所谓恢复者当系恢复最初之国会,而不认广东国会为有效。"因斯时广东国会原尚存在,无庸恢复也。"以法律言,主张国会自行召集,择地广州开会为有效;当日广州开会,除名递补之议员,是否一一尽合法,不敢保证。进一步而言,即使今日勉强凑过半数之国会议员,也是问题。因此,较好的办法,与其谈法理,不如说事简捷,所谓“纯从事实上承认现在北京开会之五颜六色锄头畚箕之人物,即为国民之代表,聊付与赶制大法之职权”。(天生:《从此议会无宁日》,《社会日报》1922 年 9 月 1 日,“时评”)

△　报载刘震寰联手陈炯明攻桂,但阻力较大。

桂军刘震寰,拟平定广西,近日与陈炯明协定条件如下:“(一)广东供给刘震寰以军费火药之援助,俾广东恢复自治,但不为直接西队之援助。(二)广西平定后,实行联省自治。”这表明刘陈携手,已有具体妥洽。只是其时广西自治军蜂起,派别众多;加以财政困难,收入锐减,不及原来十分之一,因而障阻重重。(《刘震寰之平桂·联粤攻桂正恐未易成功》,《社会日报》1922 年 9 月 1 日)

△　陈炯明电请吴佩孚践行其督理两广军务前约。

报载吴佩孚为统一计,曾许陈炯明以督理两广军务之头衔。孙中山离粤后,陈氏连电洛吴,“要求速践前约”。后者以久已据情请与北京政府答应,但迄今仍未见发表。(《省长民选后之粤局》,《社会日报》1922 年 9 月 1 日)

△　唐绍仪对于担任广东善后督办一职未表明态度。

报载唐绍仪因孙中山一方在沪之活动与粤省长解决之困难,对于广东善后督办一职,仍在观望中。(《省长民选后之粤局》,《社会日报》1922 年 9 月 1 日)

△　接见上海各路商界总联合会代表,并发表讲话。认为商人力量重大,需要谨言慎行,不要滥用罢市武器;并愿意协助推动工商建设。

上海南京路等十九路商界联合会所组织之各路商界总联合会,定是日派三位代表到孙邸慰劳,并致欢迎辞。(《各团体第五次筹议欢迎中山》,《申报》1922 年 9 月 1 日,“本埠新闻”)在接阅欢迎词后,孙中山依次回答问题:当此国家危亡之秋,士农工商皆应起而救国,上海为全国商业之中心,诸君权力重大,前次六三运动,上海商店愤而罢市,北京释所囚之学生。"惟诸君之权力既重,诸君之言行亦不得慎重,罢市为商人最后之武器,非至必要时不宜滥用,滥用则效力失,商人之武力穷矣。是以深愿诸君能各秉天赋之能力,随时尽国民之天职。"代表复请孙中山实施建设良好之工商政策,使全国商民得灭痛苦。答曰:"当视能力所及尽力为之。"(《总统与商界代表谈话》,上海《民国日报》1922年9月2日,"本埠新闻")

　　△　上海国民党复函章太炎,为孙中山与曹锟密谋合作组阁辩诬,双方展开笔战。

　　章太炎曾发表敬告上海民党书,称孙中山与曹锟等密谋合作组阁,即前文"孙正曹副"总统之说。对此传言,汪精卫特复函章氏予以驳斥。

　　汪氏函称,孙中山6月6日在广州及8月15日在上海之宣言,"主旨一贯,无几微之差违,不以胜败而易其辙"。因此后来各方来见,孙中山"皆坦然相接,一切言论皆根据宣言大旨,无不可公开者"。对于所谓孙正曹副总统之条件,认为是谰言蜚语,是直欲"人之夷蔑其人格,粪土其言论而已"。初见章太炎之函,"骇然不知其所指",直至见到"勖一位之京电"始释然,"平日以国师公自命"之章氏,其实也不过是"嗜利忘耻"者,因而也就没有必要责怪了。(《上海民党致章太炎书》,《申报》1922年9月1日,"本埠新闻")

　　9月2日,针对汪精卫上函,章太炎再复函上海民党,指责孙中山失败在于事先不听己言,以至于"负气忿事致遭反动"。孙"自身失败犹小,大波所及,并江西而亦失之",认为对此孙是要引咎负责的。(《章太炎再复上海民党书》,《申报》1922年9月2日,"本埠新闻")9月7日,《香港华字日报》载录《章太炎敬告上海民党书》全文,辩明致书本意。称之是要激励南方人士,"庶几足以自立"。如果"不求其实,以吾为恶声",将负责任之人视为谰言而拒绝,那么也只有听全国之公评了。(《章太炎敬告上海民党书》,《香港华字日报》1922年9月7日,"中外要闻")

△　报载萧耀南派顾问朱兆熊赴南京,拟谒江苏都督齐燮元后,再转车赴沪晤孙中山。(《南京快信》,《申报》1922 年 9 月 2 日,"国内要闻二")

△　北京政府通令撤销通缉第一届议员原案,田桐、居正等重获自由。

国会重新开展活动,但第一届议员尚有数人名列通缉令中,对于国会制宪大有影响。经两院议长咨请国务院撤销通缉原案,"以重立法"。经国务院呈请总统,准予撤销原案,"即由内务、司法两部查照办理"。该第一届议员如田桐、居正、郑万瞻、康世铎、白逾桓等,于此恢复了自由。(《国会议员重见天日》,《满洲报》1922 年 9 月 7 日,"论说")

△　河南省议会来函,望孙中山贯彻其 8 月 15 日宣言主张。9 月 4 日,在沪住所接到该函。(《豫省议会倾向孙总统》,上海《民国日报》1922 年 9 月 5 日,"本埠新闻")

9 月 2 日　复函张敬尧,望其续留东北赞襄出力,暂勿南来追随为宜。

1920 年 6 月,张敬尧被湘军逐出湖南,投入张作霖幕下。因孙中山与奉张、皖段搞"三角同盟",张敬尧来书表示愿意追随效力。复函略谓,陈炯明的叛变,乃违背伦常之变,自己始终坚持大张讨伐,嗣以北伐军失利,须变更军略,于是"越险来沪,为统筹全局之计"。认为"奉军奋斗不懈,极堪嘉尚",而张氏自己"赞襄其间,谅资得力"。东北根基稳固,"大有可为,因应得宜,必多良会"。希望张敬尧"悉心擘划,匡扶正义"。此时局势尚在混沌之中,孙本人正在"总合群情,斟衡壹是",待有"当藉重之处,自应致电相邀,以资骥展"。(《复张敬尧勉辅导奉军归义函》,中国国民党中央党史委员会编订:《国父全集》第 3 册,第 540 页)

△　复函上海各路商界总联合会,号召国民反对军阀武人干政,实行民治。

上海各路商界联合会,日前来函,并推派代表,当面递呈。孙中山认为护法需要按《建国方略》行事。函谓:护法以来,坚持数载,"北方武人始知觉悟,相与为尊重护法之表示"。或者从此"可导国人入于法治之途",只是代价不菲。至于护法主张须赖于全国人民同心一德,共同努力。关于统一善后各种大事,自己常憾将国政付之于武人政客之手,致民治无由实现。现在各位留心及此,"谨为民国前途贺"。自己自当蓄志革命,即努力研究建设之方略。曾撰写有《建国方略》一书,虽卷帙未完,但规模略具,可供参考。自己创立民国,即当终其身为民国而奋斗,对一切横暴之阻力,只有"持正义以为率,民意以为助"。(《孙中山复各路商联会函》,《申报》1922 年 9 月 3 日,"国内要闻二")

　　△ 委任林宗斌为双溪大呻中国国民党分部干事,何碧炎为海悦中国国民党分部干事。("中华民国"史事纪要编辑委员会编:《中华民国史事纪要(初稿)——一九二二年七至十二月》,第 428 页)

　　△ 何礼林致电北京政府,称暂不赴浙与北上,在沪办理粤省善后事宜。(《北京电》,天津《益世报》1922 年 9 月 2 日,"专电")

　　△ 报载,陈炯明派代表邓镌联络赵恒惕,倡行联省自治,直系将领吴佩孚、冯玉祥等对此通电反对。(《陈炯明依然主张联省》,《社会日报》1922 年 9 月 2 日)

　　△ 四川总司令刘成勋来电,请示杨森事件后之川中善后机宜,并派向育仁前来向孙中山请教。(《孙总统嘉勉川将》,上海《民国日报》1922 年 9 月 17 日,"要闻")

　　9 月 3 日 复电曹锟、吴佩孚,重申实行兵工计划的重要性,希望双方"推诚共济"。

　　自 6 月 6 日发表《工兵计划宣言》后,8 月 26 日曹锟、吴佩孚来电表示赞成。孙中山随即复电曹、吴:"化兵为工之策,自信为今日救国不二法门"。因为"举世多讼言裁兵",但不得其法,弊且立见。此策"易简无虞,朝决夕行,寝诸滞碍"。在实施过程中不断总结,集思广益,"或将为数世之利"。为去除诈伪相乘,各私其属,阳假嘉名,阴图幸利以及"滥用权威,僭越非望"之弊政,解民于艰困,脱危时棘事,若能双方"推诚共济,何难不纡"?(《复曹锟吴佩孚电》,《孙中山全集》第 6 卷,第 540—541 页)时论认为,该复电可视为孙派与直派具体交涉之第一步而备受关注。(《孙文之重要表示》,《社会日报》1922 年 9 月 6 日;《孙中山复曹吴电》,天津《益世报》1922 年 9 月 6 日,"要闻")

△　令高振霄助合法国会。("中华民国"史事纪要编辑委员会编:《中华民国史事纪要(初稿)——一九二二年七至十二月》,第 450 页)

△　报载黎元洪已将统一方针编为条例特别来电,征求孙中山同意。(《北京电》,天津《益世报》1922 年 9 月 3 日,"专电")

△　沪上各团体定于 9 月 9 日欢迎孙中山。舆论推测,待欢迎会开后,将移步至西子湖畔,遨游数日,近水楼台,则必定与卢永祥见面。(上海特约通信员六润:《政局酝酿中之沪上拉杂谈》,天津《益世报》1922 年 9 月 6 日,"要闻二")

9 月 4 日　报载在上海召开改进国民党会议,决定起草改进委员名单。

是日,召集在沪各省张继等五十三人,商讨改进国民党事,与会者咸表赞同。6 日,指定丁惟汾、管鹏、茅祖权、陈独秀、覃振、田桐、张秋白、吕志伊、陈树人等九人为规划国民党改进方略起草委员。自 7 日起开会集议,筹商起草改进计划。后因旧国会于北京开会,丁惟汾、吕志伊、覃振、田桐赴京,争取国会继承广州 1919 年之法统,致使起草委员会人数过少,遂又于 9 月 21 日,批准居正签呈拟派叶楚伧、刘芷芬、孙科、彭素民补其缺。(居正记:《本党改进大凡》,黄季陆主编:《中国国民党十三年改组史料》,第 32—33 页;黄季陆主编:《革命文献》第 8 辑,第 1040—1041 页)在推举起草员九人中,内部不无意见。如陈独秀,因其"私通陈炯明",其余个人多有不满。(《改造国民党之沪讯》,《社会日报》1922 年 9 月 13 日)

△　《社会日报》载文,称孙因渐知外援不足,近求转内,由秘密变为公开,扩张民党势力。

孙中山原来与段祺瑞、张作霖、卢永祥有所联络。但后三者近来与湖南赵恒惕走到一起,主张联省自治。孙因为张、卢发起,暗有倾向联治之表示。但这又与孙和曹联络计划之"根本冲突"。另外,湘赵与孙联络,遭到奉张与吴佩孚反对。如果黎元洪满足奉张的要求,则又会影响孙张关系。鉴于孙中山外援明显不足,只好进行国民党内部整顿,以增加力量。现国民党总共约有二十万人,但良莠不齐。孙中山意识到"此皆以前秘密二字之所致,因拟将国民党扩充,以后纯取公开制度,无论何方人士,只要能守党规者均可入会"。此事与汪精卫等一度磋商后,决定召集在沪重要党人发表意见。经张继、杨庶堪、陈策等互相讨论,均认为此举"为扩张本党势力之要关,一致赞成",不久即将正式宣布。(《孙中山之对外对内》,《社会日报》1922 年 9 月 11 日,"时评")

△ 接见北京都市地方公益会及自治筹进会代表张毓长,主张实行兵工政策的救国计划。

北京各团体鉴于京城政局混乱,决定推举京都市地方公益会代表张毓长(字战云),持函来沪谒见,请早日北上,统一中国大局,维持京都地方。(《北京地方代表谒总统》,上海《民国日报》1922 年 9 月 5 日,"本埠新闻")孙中山在询问北京最近状况后,阐述了实行工兵政策的救国治标的意义。现任救国分治标、治本两种办法。"治标则应实行工兵政策,但工兵政策之实行,非用款不可,用款非借外债不可,借外债非先统一不可,须知不统一不能借债。"否则所借外债,"诚不知增加若干,国家早破产"了。此时如能实行工兵政策,"则可借一种生产外债",其详细条目尚在考虑中。工兵政策若能实行,"不独国家财政不患不足,且兵士本身可以得加倍工资",其种种益处,希望北京言论界加以鼓吹,促其实现。(《滞沪中之孙中山》,天津《益世报》1922 年 9 月 8 日,"要闻")

△ 报载对北方政局态度冷淡,直系联合孙中山计划完全失败。(《上海快信摘要》,长沙《大公报》1922 年 9 月 4 日,"快信")

△ 《社会日报》载文,分析孙中山与曹、吴、奉、浙、苏各方关系。

孙中山到沪半月,各方力邀北上,但仍决定留沪。这除奉、皖之极力联孙与后者与曹之结合障碍外,还与长江形势变化有关。孙氏倾向浙江卢永祥,因其为"操纵长江之实力中之佼佼者",所有一切计划,长江各省赞成者颇多。曹锟联系孙、卢,主要系因江苏齐燮元有不得不联浙之势。深恐北方势力单薄,乃派代表谢某赴保定劝说联卢,此系曹与卢携手之原因之一。闽省在孙氏抵沪前,已得浙苏保障,兼有某国五博士极力从中斡旋,苏督齐燮元因而有善待孙之计划。有鉴于此,故孙暂不急于北上。(《孙中山与长江局势》,《社会日报》1922 年 9 月 4 日)9 月 5 日,报即载齐燮元表示协助孙中山,以为南北统一助力。舆论称其在沪,以为苏省"谊属地主情合招待,政府亦屡有来电嘱为沟通南北,余本北洋系一份子,嗣后更代表北方,勉力交驱,藉为总统企望统一之臂助"。(《齐燮元之重要表示》,《社会日报》1922 年 9 月 5 日)

△ 报载留沪护法议员开会,商量继续北上事宜。

旅沪之护法议员已在京者为增加声势,电召留沪议员前往。后者跃跃欲试,拟在沪国会议员通信处开会议,预料日内仍将有继续北上者。(上海特约通信员六润:《政局酝酿中之沪上拉杂谈》,天津《益世报》1922 年 9 月 6 日,"要闻二")

△ 卢永祥之子卢耀到北京进行联络,国会议员郑万瞻同行。(《直代表孙岳赴杭》,《社会日报》1922 年 9 月 5 日)

△ 黄明堂来函,报告所部讨贼军现退守广东钦廉地区,枪支尚配足,但饷项极其困难,"请接济维持,否即危险万分"。(《黄明堂上总理函》,环龙路档案第 02472 号)

9 月 5 日 复函旅京护法议员,须辨明国会真伪,彻底完成护法,以竟全功。

自 6 月 11 日黎元洪入京"暂行"大总统职权后,解散了民国 6 年国会。8 月 1 日,民国 6 年旧国会复会,"法统"恢复。孙中山函谓:

"北方武人似有觉悟,解散国会之非法命令自行撤销,且不妨碍国会之开会于北京。就此以观,可谓护法主张已达。至于数年间国会经过之事实,非惟北方武人所未能悉,即国民亦恐未易知其所以然。故文以为将欲使国会黜伪崇真,俾护法完全无憾,惟有赖于诸君子之奋斗。"又谓:今天,各国会议员自由集会于北京,不再有阻挠之人,各位尽可驰驱辩论,使人了解孰真孰伪。希望大家"坚持贯彻,无所摇惑,以竟全功"。(《国会消息·孙中山复护法议员书》,《社会日报》1922年9月9日;《复旅京护法诸议员》,《中央党务月刊》第9期第4册,第390页)

△ 分函陈嘉祐、朱培德,令其相机进占湖南或联络桂省部队,并济以军饷。

驻防郴州的湘军第六混成旅旅长陈嘉祐和滇军司令朱培德曾托人致函,询问进取方略。遂复函谓:"为解决湘事,时机成熟,则以速定湘局为宜;若时机尚未成熟,则宜合益之所部退驻桂林,与在桂之滇军及刘震寰、黄明堂等部联络,相机进行,是所至要。"末谓:军饷当陆续寄上,以济急需。"惟望固结军心,支此难局。"(《复陈护黄》《复朱益之》,《中央党务月刊》第9期第4册,第391、392页)

△ 报载吴佩孚密电长江各督,防止孙中山党徒赴四川组织政府。(《北京电》,天津《益世报》1922年9月5日,"专电")

△ 报载直系代表孙岳赴杭州与卢永祥交换意见,以加强彼此联系。(《直代表孙岳赴杭》,《社会日报》1922年9月5日)

△ 《社会日报》载文,称陈炯明徘徊于统一、联省自治之间,唐绍仪因此离粤赴沪。

陈炯明除委派陈其光赴京,接洽附北事宜,还另派心腹马育航为赴沪代表,接洽联省自治事件。"统一也,联治也,柄权不相人,陈炯明实具有骑墙主义焉",实为骑墙派。唐绍仪得知陈氏并无固定宗旨,且有心利用,故对于广东政局不寄希望,特于陈席儒当选省长之第三日,"怂然去粤,遄返沪江调查政情以决活动方针"。(《桂粤之搅扰》,《社会日报》1922年9月5日)

△　报载陆荣廷等密议筹设广西军务善后督办,使已可总理桂省一切军务,并承乏该职。(《桂粤之倥扰》,《社会日报》1922 年 9 月 5 日)

△　报载陈席儒就广东省长职,陈炯明将就任粤军总司令。

陈炯明面临内忧外患,之所以不任省长,表面谓系世界潮流所趋,当实行军民分治,实际上则因财政关系,不能不推荐陈席儒自代,"以土财主供其傀儡"。(《九月五日之广州两陈》,《社会日报》1922 年 9 月 7 日)现定于 12 日复总司令职后,即整顿军制,拟将粤城驻兵,"悉移市外,废除旅长,采师长制,以杜军人流弊"。事情结束后,即返惠州百花洲休息,所有日行公事由叶举代拆代行,如属要件则送惠州由其亲自裁夺。(《陈炯明今日就总司令职》,《社会日报》1922 年 9 月 12 日)一说陈炯明拟于 15 日就该职。(《上海快信摘要》,长沙《大公报》1922 年 9 月 18 日,"快信")

△　石青阳来函,请乐观面对未来。略谓"闻大局挫折,不胜悲愤。然南北名人因此愈多服从,后事仍多乐观也。川局渐平,此间近状托陈抱一代为呈述,请赐亮察"。("中华民国"各界纪念国父百年诞辰筹备委员会学术论著编纂委员会主编、中国国民党中央党史史料编纂委员会编:《国父墨迹》,第 434 页)

△　曹锟复电表示赞同工兵政策,反对联省自治之私意以及非生产性外债。

电称孙中山反对联省自治,极表同意。陈炯明、唐继尧、赵恒惕三人主张在粤滇湘建设联省自治,不过"欲将中央职权,移转于各省总司令之手而已"。中国一旦仿照美洲各邦建设联省制度,则足以引起各省各党之争,于国于民两无所利。主张在现在情形下,"建立强有力之中央政府,使其法令通行全国,则或能补救于万一"。赞赏"实行裁兵之后建设工兵制,以收容被裁兵士;改良劳工待遇,以减少资本家与劳动者双方之争执,实属救国良法"。主张利用国内外资本开发天然富源,但反对不用于生产之外债。(《滞沪中之孙中山》,天津《益世报》1922 年 9 月 8 日,"要闻")

△　报载曹锟代表孙岳在沪接洽孙中山后北归保定。直隶派与孙之联络，始于吴佩孚对后者宣言通电赞成，双方互通声讯。由此可证直、奉与孙派之关系仍然密切。(《上海快信摘要》，长沙《大公报》1922年9月10日，"快信"；《民党与各派之联络》，《满洲报》1922年9月10日，"论说")

9月7日　马林在苏联《真理报》发表《在中国南方的革命者那里》一文，介绍其桂林之行和对孙中山、国民党的印象和认识。

马林说他在桂林会见了一些将领，他们虽然不同意国民党的纲领，但决心支持孙中山。孙中山与该党的一批领袖也在桂林。国民党已是公开的政党，参加的主要是知识分子。国民党的政纲包括三项内容：维护中国的完整和独立；采取民主政府形式；所有中国人均享有做人应有的生存权利。又说："该党领袖大部分都表现出社会主义倾向。"他们在日本、法国和美国进行学术考察期间，曾经同社会主义政党交往过，并试图把社会主义理论同中国古代哲学调和起来。前面所提到的党纲，各种各样的分子都可以接受，因为任何集团都可以按照自己的想法加以解释。党的生活还不太复杂，没有达到在策略问题和纲领性问题上发生分歧的程度。国民党主要面向小资产阶级分子、手工业者、产业工人和中国南方军队的士兵进行宣传。这种宣传在一定程度上"具有社会主义精神"。南方领袖大多是知识分子，他们全力以赴地在工人中发展势力。他们懂得"尽管无产阶级还很年轻，人数很少，但是为了实现自己的民族主义的目的，他们需要无产阶级的帮助。他们都对俄国革命和苏俄抱有好感。只是由于广东的地理条件造成的困难，才使中国南方政府未能与苏俄建立直接的联系"。

在广州海员大罢工期间，马林说自己清楚地看到，国民党领袖（在大多数情况下是拥护孙中山一派的领袖）和广东工人之间有着密切的联系。这次大罢工矛头指向外国轮船公司，"具有政治色彩"。而英国政府在这次斗争中则支持香港资本家。这样就使得国民党领袖能够在罢工者中间广泛进行民族主义宣传。国民党对这次罢工采取的路线,是同正确的革命经济斗争路线配合一致的。(《1919—1927苏联〈真理报〉有关中国革命的文献资料选编》第 1 辑,第 25—27 页)

△　分函蔡钜猷、陈渠珍,告其与北军提携以谋统一时,军事上仍不能放松准备。

函称:赣事得手、粤变未起之时,本人愿与北军提携,以谋统一之进行。到沪后,各方以统一问题就商者,函电纷驰,信使络绎,诚伪虽不可知,"第吾党年来所极力争持者在高尚纯洁之主张,故对于各方之迎拒,亦以主张之能否实现为鹄,此外皆非所向"。因为兹事体大,己方内部须于军事上予以相当之准备,尚不能加以放松。(《致蔡铸人》《致陈玉鳌》,《中央党务月刊》第 9 期第 4 册,第 392、393 页)

△　《满洲报》载文,将中国党派分为统一与联省两大派别,并列举各自代表人物,劝他们应以国家观念为重。

文曰:今日中国党派林立,可分为两大派别,一为主张统一派,一为主张联省派。统一派,以直系为中坚,黎元洪、孙中山属之。联省派,北有发起人卢永祥、张作霖,南有粤之陈炯明、湘之赵恒惕,滇之唐继尧、黔之袁祖铭、川桂以及章太炎,而以湘粤为代表。在两大派中,"苟有多少份子非彻底的赞成其一派之主义,今日联甲,明日联乙,则无论统一与联省,均非旦夕间所可奏效固矣"。指出两派"苟稍存国家观念,则应顾及国家而不因省而忘国。目中只有所据之省,而不以国为念者,在不主联省之军阀,亦与主张联省之军阀毋以异,使此辈在联省告成时,或统一告成时,犹然不去,则尚得谓之联省乎?尚得谓之统一乎"?(念曾:《论南北统一与联省自治》,《满洲报》1922 年 9 月 7 日,"论说")

△　报载近日王宠惠复出内阁,财政问题是其任期之关键问题。(《王氏近日内阁消息》,《满洲报》1922 年 9 月 7 日,"论说")

△　东三省民治促进会来电,慰问安抵上海。

电谓孙中山虽安抵上海,但法统未彰,人心滋疑,"此后平民幸福,仍惟钧座是赖,东省民气,今渐发扬,张总司令亦愿重视舆论,始终不渝,倘钧座有所主张,愿惟命是听也"。(《滞沪中之孙中山》,天津《益世报》1922年9月8日,"要闻")"张总司令"指张作霖。

　　△　报载卢永祥请孙中山游杭州确有事实,但后者杭行与否,尚未决定。(《孙文赴杭尚未决定》,《满洲报》1922年9月9日,"论说")

　　△　大元帅府会计司司长李海云来函,报告陈炯明兵变以来帅府财政部存留、垫借款项之详情。(《李海云报告会计司储存及贷款情形上国父函》,黄季陆主编:《重建广州革命基地史料》,黄季陆主编:《革命文献》第52辑,第434—436页)

　　9月8日　报载孙将与张作霖、段祺瑞组织临时政府,并自为大总统,段氏为副总统。认为如果属实,则国家分裂不远;并批评这是南北政客与军阀朋比利用、玩弄阴谋的表现。(《时局变化之又一说》,长沙《大公报》1922年9月8日,"中外新闻")

　　△　报载与在沪护法派议员磋商北上之办法。(《公府电》,《香港华字日报》1922年9月8日,"本报特电")

　　△　报载,湖北京山县永漋市商务总会阮策澄等,庇能国民党支部暨吉礁初贝、双溪大哶、浮罗交怡、瞳颂、居林六分部,旅杭江西公民邹怀渊等,分别来电,欢慰孙中山平安抵沪。(《海内外慰劳总统声》,上海《民国日报》1922年9月8日,"本埠新闻")

　　△　徐际恒来函,报告反对国家分裂之联省自治制,并寄来北京政府有关宪政之文件,以供参考。

　　批复:"代答,函悉,来件当从详研究。"(《徐际恒上总理函》,环龙路档案第09165号)

　　△　沈卓吾来函,盛赞孙中山之奋斗精神,告以已创立《中国晚报》,"本良心主张,力扶正谊,诛奸伐恶,绝无瞻徇",但经费困难,请给予维持。并附海外华侨报纸转登的对该报的评论。批复云:派林焕廷查明,酌量办理并代答。(《沈卓吾上总理函》,环龙路档案第11594号)

9 月 9 日　报载黎元洪再派代表分赴沪、湘，迎接孙中山、李烈钧北上。（《北京》，上海《民国日报》1922 年 9 月 9 日，"本社专电"）

△　江都县公团开会欢迎孙中山。（《江都县公团欢迎总统》，上海《民国日报》1922 年 9 月 10 日，"本埠新闻"）

9 月 10 日　批阅宋大章之来函，望以开启民智为主，以争取当局为次。

宋大章奉令在奉天活动，来函报告所获知的各方消息，谓："最近此间又闻吴有来攻消息，故有仰于钧座者较前益切，不日派韩麟春赴沪，专谒先生，商具体之办法，并携有小款（其事甚密），报效吾党。"韩麟春为段祺瑞之嫡派，日本士官学校学生，前充北京陆军部次长，现为奉天兵工厂督办，建议"觐见时可假以词色，预为还奉时对张报告地步，此手段也"。再示以希望奉张出款，召集民八议员；执行国会职权，因现在章等正运动此事。因此事与本党关系至大，"万恳钧座筹之"。孙中山批复云："望兄等实事求是，从人民方面以开民智，以辅当局之设施，期达最后之效果。此时尚无向当局游扬之必要，幸为谅之。"（罗家伦编：《国父批牍墨迹》，第 146 页）同日，宋大章、赵锄非来函，请奖谕奉天省长王永江，维持信用，增加信任，以利于在奉更好地开展工作。（《宋大章、赵锄非上总理函》，环龙路档案第 12792 号）

△　《满洲报》载文，称联络性格多面之吴佩孚，不如与曹、张、段结合。

文称：最近盛传孙文与吴佩孚将有提携之说，终恐难成事实。或采张作霖之策而酝酿孙、张、段（祺瑞）及卢永祥四人之合纵。"故孙氏设欲联络直派，除吴佩孚外，须以冯玉祥、王承斌等势力为中心之曹锟相提携，方可有利。故与吴提携，不如得段张两势力，一举而得，与孙曹段张相连结，大开安全之路。"现亡命上海的徐树铮，为与吴佩孚提携起见，大肆活动。然徐氏方面舍孙、张而结吴氏，恐亦自穷前途。至张作霖，自日俄战争后皆遇顺境，以致气象骄傲，及奉直一战败北乃大变其态度，于是网罗人才，努力于政治，对于中东铁路经营不遗余力，又拟以朱庆澜将军充任督办。对于各方面之青年有识者，又加意罗致，"故张氏自此而后前途当无可限量矣"。(《时局扰攘之面面观》,《满洲报》1922 年 9 月 10 日,"论说")

△ 因民六、民八国会争潮,致电曹锟、吴佩孚,希望作公道正义处置,以防止被破坏。

略谓:与诸护法议员共同辗转西南,无非欲借法律以谋大局之解决。今法统赖以重光,但与自己共难而功高之护法议员,竟被拒绝出席两院,则未免不符合诸公恢复法统之初意。自己深恐真伪不明,法律仍无解决之希望;也恐国宪施行之日,即南北再战之时。"致使统一无望,所以倘诸公真有恢复法统和平统一之诚意,则对此次民六民八双方之争执,即应作公道正义之处置。万不可口是而心非,使法律无解决之希望,而反有破坏之举动。事关统一前途,尚望公等留意焉。"(《六八争潮尚难解决》,《社会日报》1922 年 9 月 10 日)

△ 报载黎元洪与张伯烈、褚辅成商讨,拟调停民八议员所提暂停宪法鉴定及议会常会案。

双方达成如下谅解:(一)应废除民六、民八名称,而以合法者为有效;(二)前在广州之新补议员,如正式议员已经报到,则新补议员无效;(三)本席缺席者,以新补议员出席;(四)未经核准出席之新补议员,聘充公府顾问,仍月支四百元之俸。但民八议员,对此仍表示不甚满意。(《六八争潮尚难解决》,《社会日报》1922 年 9 月 10 日)

△ 报载黎元洪发表谈话,只要南北能迅速统一,能够接受孙中山为总统职,曹锟或段祺瑞为副总统,但话语颇含牢骚。(《北京电》,天津《益世报》1922 年 9 月 11 日,"专电")

△ 北京平民大同盟代表韩士元回京,报告在沪谒见情形,希望同盟支持工兵政策。

称孙中山询问本同盟现在之状况,乃报告本同盟对于"社会之精神及奋斗之主张",并"希望孙总统实行工兵政策,本同盟愿为后盾"。孙中山答曰:"以今日社会日趋窘迫,人民痛苦日见加厉,前途不堪设想,其故实由军人争权夺利所致。苟能化兵为工,则分利者变为生利,为害者变为有益。"希望该同盟共同奋斗以达目的。(《北京平民欢迎孙总统》,上海《民国日报》1922 年 9 月 17 日,"要闻")

△　谭赞来函,谢宗汉返国,特为介绍,请赐予接见,并拟面告支部工作情况。(《谭赞上总理函》,环龙路档案第 06388 号)

△　郑占南来函,庆幸脱险赴沪,告以华侨同志一致声讨陈逆,竭力筹款以助义师。

批复:"答函奖许。"(《郑占南上总理函》,环龙路档案第 08495 号)

△　前十五路游击司令李实藩来函,报告工作大要以及身体欠佳情况,称拟继续进行湘省军事,为"藉竟前功",请接济千元。除用以个人药食外,酌给湘沪以及牺牲诸人作抚恤金。

批复 :"代答:各事请商谭组菴办理。行徐苏中拟呈。"(《李实藩上总理函》,环龙路档案第 04675 号)

9 月 12 日　致函蒋介石,促速来沪。函称"日内仲恺、汉民、精卫将分途出发往日本、奉天、天津等处活动,寓内闲静,请兄来居旬余,得以详筹种种"。(《促蒋中正来沪筹商军事函》,中国国民党中央党史委员会编订:《国父全集》第 3 册,第 543 页)

△　报载,所派往湖南磋商之代表刘菊坡,明日将由湘经汉返沪。(《孙中山代表明日返沪》,长沙《大公报》1922 年 9 月 12 日,"本省新闻")

△　报载陈炯明谈与孙中山决裂原因、广东急务所在及南北统一之前提。

据称,陈炯明自认与孙氏在性格上冲突无可避免。因为"孙之为人,自恃太过,遇事擅专,所以每试必挫其锋,不仅此次已也"。在广东战乱之余,陈认为其"唯一急务只在整理内政,一面尤须与邻省联络。深望改良广东政治,蔚成模范行省"。而论及对北方之意见,他则对以国会制宪一节,"深表赞同"。认为"一等宪法制妥",南北即可统一。(《陈炯明今日就总司令职》,《社会日报》1922 年 9 月 12 日)

9 月 13 日　李大钊在北京接受记者访问,转述孙中山关于解决时局的主张。

　　李大钊对记者称：在上海最先会见了孙中山先生，孙认为如能恢复民国 8 年的国会及非常总统，北京之行也许必要；但此时已把民国 6 年的国会恢复了，而他连打破这"6 年国会"、恢复"8 年国会"的武力一点都不掌握，所以北京之行毫无必要。他以为应恢复合法的国会、护法总统、护法政府，同时使中央拥有强大的武装力量，来削弱各督军的势力，并认为这是促进统一的最好方法。他决不承认由督军割据的联省自治，"应当一面采取集中兵力于中央的办法，一面扩大县的自治权力，从而削弱现有督军的权力"。

　　李又谓孙认为需组织有力的政党。所以当时正在改组之中国国民党，要扩大工人基础，这样改组后的大政党，一方面要讨论政治手段的运用，做一般政党应作的工作；另一方面还要努力唤起民众的觉醒，将中国国民党建成一个群众革命的先锋组织。总之，中国在近期内，"想要依靠短暂的统一来实现永久的和平，那是不现实的，除了四万万民众的觉醒和真正的群众性的改革之外，别无他途可寻"。（李大钊：《中国统一的方策与孙吴两氏的意见》，《北京周报》1922 年 9 月 17 日）

　　△　谢持、邹鲁来电，请示闽事、王宠惠内阁去留及联络保洛问题事宜。（张世福主编：《一九二二至一九二三年孙中山在沪期间各地来电汇编》，第 339 页）

　　9 月 14 日　复函焦易堂，指示解决国会纠纷之办法，告国会事可作最低限度之让步。

　　当时焦易堂等代表护法政府议员，在北京就国会事进行活动，孙中山接其来函后回复指出："国会事得诸兄在京努力奋斗，当有贯彻之望。如不得已而调和折衷，总以无悖于法为依归"。最低限之让步，当以去吴景濂之议长及议员中不良分子为限，"庶使国会空气，稍得清明。"（《复焦易堂告解决国会纠纷办法函》，中国国民党中央党史委员会编订：《国父全集》第 3 册，第 543 页）

　　△　李烈钧来沪，受到居正、张继、彭素民、徐苏中及赣民自治促

进会代表等欢迎，次日来谒。(《上海快信摘要》，长沙《大公报》1922 年 9 月 20 日，"快信")

△　报载黄埔粤军属官研究所将续办。(《续办粤军属官研究所》，《香港华字日报》1922 年 9 月 14 日，"粤闻")

△　报载发表谈话，称中俄交涉恐不可能；对外借款仅限于裁兵还债。

近来盛传国民党改造之说，不过大家一起协议党势扩张方法。又如中俄交涉，恐不可能。次则关于财政问题，颇为困难，"余所主张者为借款主义即偿还借款(约五十万元)，裁兵借款(约五六亿以上)之二种借款(此外之借款则绝对反对)"。颇赞成如关税增加，厘金撤废等做法。其他烟酒税、地租税等之改善，皆可增加收入，于财政亦有可补。(《孙逸仙氏财政意见》，《满洲报》1922 年 9 月 19 日，"论说")

△　报载上海《民国日报》刊文，称已允变通加入国民党手续。(《国民党主义并无变更》，上海《民国日报》1922 年 9 月 14 日，"本埠新闻")

△　南美洲智京同志周益等来函，告以集得款项一宗，待来指示后再予以汇寄。函中报告了募捐购买飞机之汇款二千元美银事，原交伍廷芳手收。惜因伍氏逝世未能接收。"敬待我大总统来示调款，听命拨用。若得来书，即依命汇回。"(《周益等上总理函》，环龙路档案第 08496 号)

△　南京王国栋来函，索要《三民主义》《五权宪法》，"原望得赐一卷，俾得晨昏领教"。(《王国栋上总理函》，环龙路档案第 01214.2 号)是月又来函索要两书。(《王国栋上总理函》，环龙路档案第 01214.1 号)

9 月 15 日　复函杨森，劝其勿留恋四川之权利，速来沪详商一切。

杨森时任川军第二军军长，与吴佩孚相勾结。杨托陈抱一带函至沪晋谒。孙劝其不要操之过急，当暂时缓释，相信总有好办法。(《复杨森勖宜重国家安危函》，中国国民党中央党史委员会编订：《国父全集》第 3 册，第 553 页)并谓：时颇闻其有"投依北敌以图卷土复来之举，此

〔期〕不可。此后当注意全国之安危，而万勿恋恋于四川之权利，并望来沪，详商一切"。（罗家伦主编：《国父批牍墨迹》，第148页）

　　△　报载陈炯明反对裁兵，并整顿粤军，加强联防。拟将其部下分为五师，分驻于潮、梅、高、雷等处。其余小部分，分驻各要塞，以资防守，"取首尾相连之势，如遇意外发生，即可联络各军共同保卫"。（《陈炯明不裁兵矣》，《社会日报》1922年9月15日）

　　△　任苏福为蘇厘柏板国民党支部评议部正议长。（"中华民国"史事纪要编辑委员会编：《中华民国史事纪要（初稿）——一九二二年七至十二月》，第518页）

　　△　越飞来函，讨论俄国与北京政府、中国东北及日本之关系及谈判等情况。（中共中央党史研究室第一研究部译：《联共（布）、共产国际与中国国民革命运动(1920—1925)》第1卷，第126—129页）

　　△　国民党总务部长居正呈文，汇报东京支部争执事，并呈"拟解决办法，伏乞训示施行"。（《为东京支部争执事上总理呈》，陈三井、居蜜合编：《居正先生全集》中册，第320—323页）1922年7月中旬，国民党东京支部因为选举负责人问题，产生了激烈分歧和冲突，分别形成以刘尧夫、邱怀瑾、马肇良为代表的一方和与陈季博为首的另一方，各执一词，互相攻击，形同水火，电报官司不断打到上海本部孙中山处，派员就地调解无效。（《刘尧夫上总理函》，环龙路档案第06241号）直到命居正代表上海本部对纠纷作出最后裁决，此事历时近两个月才告一段落。对东京支部之争，执事所拟之解决办法如下：

　　一，认为邱怀瑾、刘尧夫等陈诉陈季博附逆一节不成立。据所派时在日本的杨寿彭调查称，广州政变陈季博"初不信陈炯明有此叛逆举动，又称陈欲附逆无利用本党支部之必要"。经上海本部复核，认为陈炯明叛变事出非常，海外真相不明，言论难免不当。事后，陈季博表示同意并通电讨陈，表现"尚为平允"。因此，其附逆之说不成立。

　　二，认为刘尧夫等诉陈季博违法改选一节，不能说违法，但改选依据不准确。这既与原章程规定过于笼统有关,更与会议时提案及讨论过于简化、仓促密不可分。据支部章程第十二条,有"执评两部各职员如有违法或旷职时,得由党员二十人以上之提议,经过支部党员三分二以上之决议得取消之,另行改选"的规定;而东京支部章程第十二条关于人数之规定,原文写作"本支部党员大会出席人数三分二",因此,双方理解分歧在于"大会出席"四字。因此,在人数问题上,不能认为违法。双方另一个分歧在于对章程规定的"各职员"含义的理解上。查该章程原规定为"执评两部各职员如有违法或旷职时","得取消之,另行改选",但主席陈季博在选举会上,未将"各职员行为——分别讨论进行,泛涉全体,与原章程所称之'各职员'意义不符"。而且,"议案记录载改选干部不言评议部,亦不言执行部,事后则指干部为单执行部,惟提议时则声明评执两部",显然有所取舍。据此,上海本部认为,"此种纠纷皆因会议时提案及讨论过于囫囵之故",因而认定此次改选根据不确。

三,关于陈季博等陈诉马肇良等夺去部印一节,采取之方法不当。后者称,"此次纠纷本部即派杨某来调查,双方宜静候本部处分,但在事未解决以前,所有支部印信彼此皆不得擅用,故强将印章封固,派人交伊保存"。此举不能说无理,但不将该理由函告本部核夺,而是直接以激烈手段强行迫取,非常不合适。该支部既然应当恢复原状,就应当由本部函知,仍将原印送还支部启用。

关于东京支部之争,居正最后之结论认为,以上三点为争执中的重要情节,其余皆系因此而发生事故,故拟另外分别去函疏通调解,"俾各弃嫌修好,和衷共济,是否有当,伏乞训示施行"。

孙中山批复云:准照办理。(《居正上总理函》,环龙路档案第06258号)

9月16日 黎元洪因唐绍仪阁案退回,恐南北因此发生问题,拟再派员赴沪欢迎北来。(《北京电》,天津《益世报》1922年9月16日,"专电")

△ 收林直勉、古应芬来电,内容为请示粤省币之兑汇及预算安

排。(张世福主编:《一九二二至一九二三年孙中山在沪期间各地来电汇编》,第285页)

　　△　菲律宾华侨赵安来函,称陈炯明谋逆涂炭生灵,本地华侨等"誓愿随事磋商,勉为后盾"。(《赵安上总理函》,环龙路档案第07921号)

　　9月17日　民六议员陈铭鉴等二百零九人来电,认为北上之护法议员大闹议院违法;护法有功人员与依法取得议员资格者不同,不可混为一谈。

　　自护法议员闹院后,孙中山曾致电曹锟、吴佩孚,历述民六议员拒阻护法议员出席国会之不当。对此,民六议员陈铭鉴等二百零九人来电辩解。电谓:"8月1日所开国会审议宪法。不料9月5日,竟有曾在广东非常国会之少数候补人,闯入议场,破坏制宪。此系本院内部问题,不难由国会自身解决,惟报载先生致电曹吴,历述民六议员拒阻护法议员出席国会之不当。"细译电意,"纯为舍法徇情之谈"。国会依法而组成,议员亦依法而取得,非可以意念为去留。广州开会,只能认为护法手段,不能认为适法行为,"犹之10年4月7日,先生在广州以二百十八票当选为非常总统,自认为革命不认为护法也"。查《国会组织》第十五条,两院须有议员过半出席,才可开会。议院法第六条,新到院议员,应将当选证书提出该院审查。第十三条规定,议员缺额,由院通知国务院,依法递补。"广州非常国会其递补之分子,既无当选证书,又非依法序补,越次冒替,瑕疵极多,根本上即不能认为有议员资格,遑论其他。"

　　又查《组织法》第六七二条规定,两院议员任期,至为谨严。广州非常国会,自6年10月起,至11年6月止。"连续开会,计已四年零七个月,益以北京民二、民五两次开会,十九个月,均已满六年以上。若非从黎元洪复位撤销民六非法解散命令时接算,不独众议员任期三年早经届满,即参议员任期六年者,其议员资格也不存在,更何有恢复之余地乎。要之,护法有功为一问题,依法取得议员资格出席国会,又为一问题,二者性质截然不同,不能因护法有功,遂谓未经依法取得议员资格者,亦可到院出席。对于护法同人之未能依法递补到院者,由政府另行安排。""倘弗尊法规,横起干涉,致国会于破裂,是以护法始者以毁法终,恐非手创民国如先生者所愿出也。《传》曰,无偏无党,王道荡荡;又曰,差以毫厘,谬之千里。"(《民六议员致孙中山电》,天津《益世报》1922 年 9 月 17 日,"要闻")

　　20 日,孙中山收到该电后,即指示以孙宅秘书处名义,通函各报声明,对所援引致曹、吴之电作重要辨正,认为纯属子虚乌有,并代白维持对除名议员之意见。

　　通函谓:"孙中山先生收到北京寄来陈铭鉴等二百零九人快邮代电一通,内有报载先生曾致曹、吴电,内有'与我共难功高之护法议员,竟拒绝出席两院',未免不符。中山先生于 8 月 3 日发表宣言后,曹、吴之电踵至。中山先生因有 9 月之江电,并已报诸各报。此外,绝无致曹、吴之电如陈铭鉴等所援引者,至其全文如何,无从查考。中山先生以陈铭鉴等所根据之以发宣言者,是否二百零九人所发,更无从问,只可搁置不理。惟深恐以讹传讹,特为辨正。已除名之议员决不能因孙中山先生写此电文,而自鸣得意。""彼当日除名,合法与否,彼辈宜还问诸彼辈所拥为议长之吴景濂也。狐埋狐撌,具何深心,我等不屑过问。惟以国民道德言之,六年以来之战争原于护法,而护法之目的在于国会恢复。为国民者,因此一役,生命财产丧失无算,国民所以不恤为此牺牲者,为国会非为议员之个人。各位身为议员,当守礼义廉耻。且须知国会议员即须受法律之制裁、舆论之唾骂,即使偷位一时,所窃据者亦不能久,勿遂以国民为可侮也。平日闻中山先生之言论,对于因溺职已除名之议员绝无恕词。"(《孙宅秘书处重要辨正》,上海《民国日报》1922 年 9 月 21 日,"本埠新闻")

　　△ 电复四川总司令刘成勋,嘉奖川军。

　　四川总司令刘成勋派代表向育仁来沪觐见,并于本月 2 日电陈川事。孙中山当即复电嘉勉川军稳定川局、与民休息之举。"育仁到时,会党竭愤以告。项日并已派宋辑先上谒,代述鄙枕,唯进教之。

诸将为国宣勤,亦希传语嘉励。执事导率,共襄伟绩,非独吾党之光,亦举国之幸也。时事日棘,幸崇明德,以副厚期。"(《孙总统嘉勉川将》,上海《民国日报》1922年9月17日,"要闻")是日,刘成勋再来电,感谢对杨森事变后川局的训勉。(张世福主编:《一九二二至一九二三年孙中山在沪期间各地来电汇编》,第159页)

△ 报载北伐军李烈钧、许崇智部失败后难以复振。

据调查,李、许两系情况如下,李烈钧系:(一)朱培德军,退至湘南,由湘政府遣散一部分;(二)李明扬之赣军,退至湖南桂东一带;(三)赖世璜部,一部分随许崇智图闽,一部分投降沈鸿英,一部分投降陈炯明;(四)陈嘉祐之湘军,已退至湘桂便捷地点。许崇智系:(一)许济之第八旅,完全溃散;(二)黄国华之第九旅,现在福建武平;(三)第七旅第一支队何梓林所部,第二支队谢宣威所部,均临许图闽;(四)陆学文之独立旅,全部溃散。此外,黄大伟所部之二千人,李福林所部之福军八营(原有十二营),则联合图闽。(《失势后之北伐军》,《社会日报》1922年9月17日)

△ 邓锡侯等来电,历数杨森祸川罪状。(中国第二历史档案馆编:《中华民国史档案资料汇编》第3辑,第568—569页)

9月18日 致海外同志书,叙述陈炯明叛变情形,表示要与其斗争到底。

书中简述陈炯明叛变始末,称自己革命三十余年,"失败之惨酷未有甚于此役"。盖历次失败虽原因不一,但终究败于敌人。然此役则"所代敌人而兴者,乃为十余年卵翼之陈炯明,且其阴毒凶狠,凡敌人所不忍为者,皆为之而无恤,此不但国之不幸,抑亦人心世道之忧也"。自我检讨任用非人,以致"祸患生于肘腋,干戈起于肺腑,不但国事为所败坏,党义为所摧残,文与诸同志为所牺牲,即其本身人格信用,亦因以丧失无余"。表示决心同陈氏继续斗争到底。(鲁直之、谢盛之、李睡仙:《陈炯明叛国史》,第269—276页)。

△ 沈志祥来函,索要《三民主义》《五权宪法》,并附上邮费一

角。(《沈志祥上总理函》,环龙路档案第 00291 号)

9 月 19 日　报载孙派与直系关系有所疏离;而经胡汉民、汪精卫联络卢永祥,与段祺瑞派关系有所增进。(《孙段携手之进步》,《社会日报》1922 年 9 月 20 日)

△　谢持、邹鲁来电,请派徐谦北上接洽王宠惠内阁。(张世福主编:《一九二二至一九二三年孙中山在沪期间各地来电汇编》,第 343 页)

△　汪兴镛来函,请赐《五权宪法》《三民主义》二书。(《汪兴镛上总理函》,环龙路档案第 01213 号)

9 月 20 日　致函张开儒,希望闽、湘、川各军与朱培德及滇军共同合作,讨伐陈炯明。

函称陈炯明为国贼,认为为国为党皆当一致声讨;并告:"汝为、子荫、登同诸军,在闽已有根据,准备归讨。湖南方通,组安诸人亦有筹划。川之石青阳亦将率师由湘而粤,共襄大举。"望滇军与朱培德部共同讨伐陈炯明。"军事指挥必求统一,故至望与益之兄同心共济,则滇军荣名与国俱永,勖哉前途,岂胜期望。"(《致张开儒勖与朱培德等合力讨陈函》,中国国民党中央党史委员会编订:《国父全集》第 3 册,第 549 页)

△　福建志士刘焜等函请予以委任,联络一致,请示讨伐福建李厚基之机宜。(《刘焜等上国父等上国父请示在闽讨贼机宜函》,黄季陆主编:《重建广州革命基地史料》,黄季陆主编:《革命文献》第 52 辑,第 396-397 页;"中华民国"史事纪要编辑委员会编:《中华民国史事纪要(初稿)——一九二二年七至十二月》,第 572 页)

△　报载奉系张作霖实行新军制。奉张内部计划,"于收买军械、改革军制二事,实尚进行不懈"。新定军制,以旅为单位,去师长一席,每旅三团,每团三营,每营四连,每连百五十人。从前骑兵各连,悉扩为营制。(《奉张态度仍不明白》,《社会日报》1922 年 9 月 22 日)

△　张作霖一面表示倾向中央;一面加紧联系孙和浙卢。

张作霖在派代表袁金铠进京面晤黎元洪(《奉张态度仍不明白》,《社会日报》1922 年 9 月 22 日)的同时,又遣派军器局局长韩麟春前往沪杭,以"妥谋完全谅解,复向西南方面进展其种种计划";然后前往杭州与卢永祥"接洽一切,其使命颇为重要,沪地人士甚为注意"。因此,日前盛传孙、奉、段加强联合之说,并非无因。(《奉张态度仍不明白》,《社会日报》1922 年 9 月 22 日;《上海快信摘要》,长沙《大公报》1922 年 9 月 25 日,"快信")

9 月 21 日　黎元洪称孙中山在沪破坏北京政局。

近日黎元洪鉴于南北统一及废督裁兵种种之计划无法实现,批评有关各方面不予配合,当中涉及孙中山。明确指出"现中山业已失败逃沪,方谓统一有机,殊不知有大谬不然者。陈炯明盛倡联省自治于粤中,孙中山则在沪摇旗呐喊,且鼓动民党北来,破坏北京政局"。(《黎黄陂之态度消极》,《满洲报》1922 年 9 月 21 日,"论说")

△　泰县各团体代表屡庄乡农会函请加入孙中山来上海之欢迎大会。(《加入欢迎总统又一团体》,上海《民国日报》1922 年 9 月 21 日,"本埠新闻")

△　报载护法议员来电,反对北京旧国会复会。(《护法议员办公处成立》,上海《民国日报》1922 年 9 月 21 日,"要闻")

9 月 22 日　派汪精卫联络张作霖,商讨对付曹、吴计划。

奉方派韩麟春(字芳辰)来沪谒见,讨论夹击曹锟、吴佩孚之方法。派汪精卫赴奉天与张作霖面商。行前汪精卫拟订了在军事、政治方面与段祺瑞、张作霖合作之计划:

军事方面,(一)李烈钧及朱培德所部之滇军,李明扬所部之赣军,陈嘉祐所部之湘军共约万余人,现在湘南。(二)许崇智、黄大伟、李福林所部共约万余人,现在赣东。(三)李烈钧、许崇智两部原定之计划,乃稍事休养,即从东西两路回定粤局。惟若中原有事,则许部可出闽助浙,李部可由湘南进取长沙、岳阳,以牵制敌兵。(四)李烈钧、许崇智各部,久战疲乏,饷弹均须补充。(五)海军舰队,仍听调遣。(六)现急需二三百万元,以补充各部队需要,如为借款最好。

政治方面,(一)现在北京政府,实不合法,故不承认。(二)如将来有合法政府成立,当和平统一。(三)合法政府未成立以前,对于营私垄断为国家障碍者,当扫除消灭。(四)对敌之法如下:甲、现驻广州之舰队调遣北来,驻泊于适宜地点;乙、现驻赣东之许崇智等部,使之入闽;丙、现驻湘南之李烈钧等部,派其定湘;丁、如敌先向奉天开战,浙江及闽湘各部暨舰队应并力合作,以扫除敌人;戊、如敌向浙江开战,奉天及闽湘各部暨舰队应并力合作,以扫灭敌人势力;己、如敌人向闽、湘各部开战,奉天、浙江应并力合作,以扫除敌人势力。(五)将来与敌人战争到底或相互讲和,皆需有统一步骤。(六)扫灭敌人之后,组织合法政府,由互相协商决定。(罗家伦主编、黄季陆增订:《国父年谱(增订本)》下册,第 1003—1004 页)

△ 复函张学良,主张双方军事战略上仍以南北同时配合为宜。

张学良来函,说明其对奉省局势拟采取的态度。孙中山复函称许,说从韩麟春处知悉东三省整军经武,养锐待发,不胜欣慰。并谓:"此后军事进行,仍宜由西南发难,据险与敌相持,使彼欲进不得,欲退不能;然后尊公以大兵直捣北京,略定津保,以覆其巢穴,绝其归路,敌必可灭,正与高明之见,不谋而合。望力持定见,他日运筹,可为预期也。"(《为派汪兆铭就商讨伐曹吴复张学良函》,中国国民党中央党史委员会编订:《国父全集》第 3 册,第 550 页)

△ 复函张作霖,盼速定与浙卢永祥商定之南北配合的反直军事方略。

张作霖派吴光新等人携带手书到沪,与孙中山商议合作反直事宜。孙中山复函谓:"国事至此,非有确定之方针,坚固之结合,不足以资进行。曾与自堂司令详加讨论,对于所拟方略,极为一致。复经卢督办子嘉参加意见与以赞成,尚希卓见定夺为荷。"今后破敌之策,仍须西南先发,与敌相持。奉张拟迅取京津保,使敌失所凭依,然后重兵威胁其后,此为双方"共同动作之必要枢纽"和关键。(《复张作霖请出兵北京并派汪兆铭面洽书》,中国国民党中央党史委员会编订:《国父全集》

第 3 册,第 815 页)

△ 复函宁武,告以特派汪精卫到奉,就近详报一切。

函告:9 月 10 日函悉,"韩君到沪,相见甚欢。又得雨公送二万,甚谢"。函中所说的赵某,孙等未尝谋面,"固无从置辞也。"特派汪精卫接洽要事和视察同志,有事可就近汇报。(《勉宁武等贯彻以党治国主旨函》,中国国民党中央党史委员会编订:《国父全集》第 3 册,第 817 页)

△ 致函林俊廷、王正卿,望其合力讨伐陈炯明。

函谓:粤桂纠纷,全与陈炯明挑拨有关,于是"浸至风潮日急,时事益非,此时固本清源,自非讨陈不可"。(《致王正卿勉合力讨陈函》,《中央党务月刊》第 9 期第 4 册,第 394 页)陈炯明等不仅残害西南,而且为祸国家,"此贼未除,祸患无已,而全国统一,阻碍愈多。素仰执事热心爱国,尚望合力讨陈,以安桑梓"。(《致林圃田促合力讨陈函》,《中央党务月刊》第 9 期第 4 册,第 394 页)

△ 同意邓泽如请求,委任黄复生为缅甸筹饷委员长。

是日,邓泽如函告仰光支部近情及建议应办事项七条,并请委任黄复生以名位,以责其成。批准黄复生为缅甸筹饷委员长。(罗家伦主编、黄季陆增订:《国父年谱(增订本)》下册,第 1004 页)

△ 报载拟分遣亲信前往京黎、保曹、洛吴、奉张、浙卢各处还拜,并宣示政见。

孙中山自来沪后,京黎、保曹、洛吴、奉张、浙卢各处均有函电慰问,并遣使接洽。近拟"分遣亲信同志前往报聘,以表示所抱之宗旨及共同救国之希望"。(《总统向各方宣示政见》,上海《民国日报》1922 年 9 月 22 日,"本埠新闻")24 日,派汪精卫偕张作霖代表吴光新赴奉。(《上海快信摘要》,长沙《大公报》1922 年 9 月 27 日,"快信")又派张继、郭泰祺、胡汉民等分赴保、京、浙等地。(《汪精卫赴奉之使命》,《香港华字日报》1922 年 9 月 29 日,"中外要闻";《孙文代表赴各方》,《满洲报》1922 年 9 月 28 日,"论说")

△ 下午,接见美国商务次长胡思敦。

美国商务次长胡思敦到沪,与各方相谈甚欢。是日午,特至法租界莫利爱路孙宅拜访,彼此叙谈甚久。(《美商次长谒见孙总统》,上海《民国日报》1922 年 9 月 23 日,"本埠新闻")

△　香港《士蔑西报》披露所谓谋组华、俄、德三国联盟密函经过及其影响。

报称:现今发现孙中山与前驻京德使辛慈谋组华、俄、德三国联盟之密函原稿,得知孙中山是激进党主义者。密函原本系孙要求廖仲恺"阅后付丙"的,不料陈炯明发动事变,仓促之间来不及毁掉,以致遗落。主要内容为,"此事之主要人物为前驻华德使、现驻俄大使辛慈及孙逸仙二人。孙派委员朱和中赴柏林运动辛慈与孙合作。将由德政府密派辛慈易名来华,预嘱国会议员曹亚伯到港接船,偕辛慈晋省往孙氏大本营组设公所。即由辛慈任总,并为孙之顾问,筹商派遣保路斯城(即激进主义——引者注)党人来华"。因事属机密,除当事人外,内外均不知情。(《西报发露孙文联络德俄之密函》,《香港华字日报》1922 年 9 月 23 日,"香港新闻")25 日,《益世报》载录上述所披露之孙中山联俄联德之密函及朱和中报告接洽此事之两函。(《孙文联俄联德之密函披露》,天津《益世报》1922 年 9 月 25 日,"要闻")29 日,以在沪孙宅秘书处名义,发表书面声明,公开阐明之所以联俄,实因苏俄奉行非侵略政策,"中国能以对等之条件与之周旋"。(《对联俄联德外交密函的辨证》,《孙中山全集》第 6 卷,第 564 页)

9 月 26 日,《香港华字日报》载文,认为从朱和中两次函稿以及刚从德国归来的社会党人江亢虎对此事之不知情来看,所谓孙文密函,顶多是华、德、俄三国联合,主要是专注于汇款问题,与政治没有多大关系。即便是朱和中从中国寄往德国活动经费之计算,也是涉及"只要美国英磅,不要马克"之币种及其汇率问题。(记者:《读西报发表孙文密函说》,《香港华字日报》1922 年 9 月 26 日,"论说")

10 月 3 日,报载孙中山指出,港报所载其通俄、德之函件,乃系伪造;德领事也否认辛慈与孙有过接洽。(《上海快信摘要》,长沙《大公报》1922年10月3日,"快信")10月4日报载,德国政府及辛慈氏均声明,并未办理所谓华德俄联盟之任何谈判。沪报载,去月29日柏林电称,孙中山密使与辛慈氏订中德俄三国联盟协约一事,德政府并无所闻,且不知辛慈使俄之事。辛慈氏亦称,并未办理此种联盟之任何谈判。(《辛慈氏对俄德联盟声明》,《香港华字日报》1922年10月4日,"中外要闻")10月7日,报载孙中山对辛慈密函发表声明,谓赞成中德俄亲善属实,称其依据过激主义则属妄谈。(《孙中山对密函之声明》,长沙《大公报》1922年10月6日,"中外新闻")

△　川军总司令刘成勋来电,汇报讨伐杨森之经过。(中国第二历史档案馆编:《中华民国史档案资料汇编》第3辑,第569—570页)

9月23日　函谢黎元洪,告派郭泰祺赴京代候起居。函谓:"前蒙遣使存问,至深感纫;息鞅海上,未能面致谢忱为歉。"特请郭泰祺赴京代候起居。(《复黎宋卿》,《中央党务月刊》第9期第4册,第393—394页)

△　致函杨映波,告盘公仪入桂与桂滇各军商议联合讨伐陈炯明事宜。函称,特着盘公仪专程入桂,联络桂滇各军,一致讨陈,以安粤局。"到时希与接洽,以利戎机。"(《致杨映波》,《中央党务月刊》第9期第4册,第394页)

△　原援闽粤军攻泉第一路司令林寿华来函,托陈春木代表赴沪请示机宜。

函中回顾自己在闽省参加革命之经过,特别是第二次护法时期在该地担任援闽粤军攻克泉州第一路司令以及援闽粤军第二军预备队第一统领、兼晋南二县辖民团指挥所部被迫暂行解散的经过。声明虽屡遭挫折,但坚守三民主义、五权宪法之宗旨不变,与民党相终始。最近得知孙中山拟与胡汉民、许崇智重返闽地,表示愿意再次追随,贡献微薄,并有所行动。"现已秘密通融各旧部并各辖民团等养精蓄锐,专待响应。特此托陈春木先生为职军代表,赴申请示机宜,守候大总统委任进行。"

批复云:"代答,着受许军长命令。"(《林寿华上总理函》,环龙路档案

第 13425 号）

9 月 24 日　报载粤省长陈席儒地位不稳。一方面因陈炯明禁止部下开赌以恢复纸币价格之主张；另一方面，陈炯明以所谓军民分治，防止部下效仿北方军阀成例，争相担任省长，干预政事，造成争功分裂，因而让陈席儒长担任省长一职，不料结果事与愿违。（《李廷玉将发发乎殆·粤省长也将不安于位》，《社会日报》1922 年 9 月 24 日）

△　国民党芝城分部长谭赞来函，告以梅友活因事返国，特介绍晋谒。

函中除介绍梅氏为人性格外，尤其强调三点：希望其面告美洲党务工作情形；提醒孙中山注意人身安全，"公之生命即中华民族之生命，不可不慎之又慎"，要防止国贼奸人行刺；关于统一问题，要抛弃仁义幻想，以拥有雄厚实力和根据地为重。而后者则又以广东为先。原因在于广东"交通最利便"，而且是国民党之仇人陈炯明的盘踞之地。陈氏为国民党建党以来"最大之仇人，若不诛之，不惟无以雪吾党之耻恨，谋国家之统一，而世界人道信义亦从此灭绝。凡我同志，对于斯举，当生死以之。望公速力图之"。

批复：陈树人主稿作答。（《芝城分部长谭赞上总理函》，环龙路档案第 08784 号）

9 月 25 日　报载吴佩孚近因陈炯明"欲将两广联成一气，以贯彻其联治宗旨"，一再疏通无果，妨碍其统一计划，将拟以武力解决桂局。（《吴佩孚将以武力解决桂局》，《社会日报》1922 年 9 月 25 日）

△　报载北京政府拟派奋威将军丁槐，再度赴沪敦请孙中山尽快北来，以便商量南北统一问题。（《政府拟派丁槐敦请中山》，《社会日报》1922 年 9 月 25 日，"要闻简报"）

△　报载徐谦致函吴佩孚，望提出或面商实行孙中山兵工政策的具体办法及条件。

函称：在两度复信中，看见了执事的爱国之心与负责之意的自然流露。国事解决必待时机，统一促成也须预计。"中山先生知执事诚意赞同兵工之策,颇愿早日观成,若有正式商订办法,即可与外交方面相商,且可促地方之觉悟。未知尊意如何? 弟意此事纵未至实行时期,不必须赞成舆论,庶免如昙花一现。执事若与中山商订,不妨定时、限额、悬一条件,如此中山、执事携手,大局之幸也!"(《徐谦对吴佩孚之表示》,长沙《大公报》1922 年 10 月 11 日,"中外新闻")

9 月 26 日　以中国国民党总理身份,批示国民党在大连设交通部有关问题。("中华民国"史事纪要编辑委员会编:《中华民国史事纪要(初稿)——一九二二年七至十二月》,第 609 页)

△　报载所派赴长沙代表刘菊坡来函,谓长沙国民党机关被破获,党人遭惨杀,环境恶劣,要求离开转往他地。(《党人又遭惨杀》,《满洲报》1922 年 9 月 26 日,"论说")

△　国民党总务部部长居正呈文,胪列请求给资姓名事由。(《为胪列请求给资人姓名事上总理呈》,陈三井、居蜜合编:《居正先生全集》中册,第 324-326 页)如葬母、抚恤、川资等,总数共六百五十元,请予以批准。(《居正上总理呈》,环龙路档案第 12415 号)并请委任傅立鱼为国民党大连交通部支部长。("中华民国"各界纪念国父百年诞辰筹备委员会学术论著编纂委员会主编、中国国民党中央党史史料编纂委员会编:《国父墨迹》,第 442 页)

△　许崇智来电,报告向福建进军情况及与各处函件互通情况。(张世福主编:《一九二二至一九二三年孙中山在沪期间各地来电汇编》,第 1-2 页)

△　《京报》主编邵飘萍来函,告该报拟发增刊,请赐鸿文大论,题字见赠,并送最近玉照一帧,以慰北方各界之望。(《邵振青上总理函》,环龙路档案第 09063 号)

9 月 27 日　与郭泰祺谈有关护法宗旨并否认与张作霖联合。

派郭泰祺定本日赴京。(《孙总统派员报聘次第出发》,上海《民国日报》1922 年 9 月 27 日,"本埠新闻";《上海电》,天津《益世报》1922 年 9 月 28 日,"专电")行前,孙中山与其谈话。郭氏抵京后,对某议员转达了此谈话,并将相关内容披露报端。

坚持护法重于统一之主张。在谈话中称,自到上海以来,各方面奉劝北上之电报,已积有八百余件,其电多系以湘、鄂、豫各法团之名义。此外,又有直系分子来电,询问是否有联张联段之事。前者试图以统一来淆乱自己所坚持的护法宗旨。这些人"不知予向来抱定护法宗旨,始终不渝,全不为权势威逼,彼方面借名通电,劝我统一,其用意在淆乱我的宗旨,好为彼等利用。当予北伐军初入江西时,并无一人劝我谋统一,何至今日而劝我者纷至沓来? 深知各方面均欲以我为玩具,借以居奇。惟予之心目中,除护法二字为主脑外,余概不足为动"。

否认与关外张作霖联合。关于后者,指出其人"向不知护法二字为何物,更谈不到与我有所接洽。惟彼等性同土匪,招集乌合之众,占几个地盘,遂张牙舞爪,以疆吏自居,在予目之,殊不值一笑也"。(《与郭泰祺的谈话》,《孙中山全集》第6卷,第562页)实际上,否认了联合张作霖的计谋,这显然是出于宣传方面的需要而放的一种烟幕弹。

△　上海《民国日报》称,已由联直转向了联段,时局将因之发生重要变化。

据称,前月间总统选举"孙正曹副"之说,现逐渐被"孙正段副"之说所代替。段祺瑞方面积极跟进。其心腹徐树铮在天津召集会议,"议决对于吴佩孚把持北京政府,应加攻击,并发一明了之宣言";段本人则拟月末到沪,"俟到沪布置就绪,即由长江某有力者发动,故时局将发生重大变化也"。(《时局不免又有变化》,上海《民国日报》1922年9月27日,"本埠新闻")这是孙派机关报所载,颇值得留意。28日,《社会日报》载文,对此有所注解。据称,孙中山联奉之主张战胜了联曹,实际上是大孙、奉张与主张联直计划之小孙(洪伊)之间角力的结果。所谓"适奉张代表之韩麟春,于时到沪,联奉派因力肆其手腕,以战胜小孙。奉方正思拥段以自重,其意旨遂与联段派不谋而合。于是党人之主张联段者,益与联奉一系互表同情。孙正段副之说,又跃诸纸上矣"。(《孙派之暗中活动》,《社会日报》1922年9月28日)

△ 复电张作霖,解释婉拒赴东之邀的缘由,请予谅解。

报载张作霖在联络段祺瑞之余,对内且极力讨好孙中山,"屡电速以东来"。是日具电以答,略云:"迭奉来电,聆悉种切,文一介书生,本乏治国之策,遑言建设之功,多蒙电奖,惶悚何似。惟处居沪滨,与下野之政客相往还,颇为欣适。际兹国事旁午,世乱横流之时,避之不遑,焉能再入尘纲。所言文赴东一节,本甚情愿,无如举足重轻,惹人注意,故不能成行。叨在知己,必不我罪。远客在座,草草奉履,敬乞原宥。"(《张作霖各种计划》,《社会日报》1922 年 9 月 27 日)

△ 自署自由党常熟部长程沼伊来函,欢迎平安抵沪。(《自由党人上孙总统函》,上海《民国日报》1922 年 9 月 28 日,"本埠新闻")

△ 派胡汉民赴津谒段祺瑞。(《孙中山代表分途出发》,《社会日报》1922 年 9 月 28 日,"要闻简报")

△ 张骏来函,申论政党之重要,请以安徽党务委诸叶光宗、陈光谱筹办。

函中大意:军阀宪法不可靠,国家统一惟有赖先生出山。根据时势,政党将成为政治枢纽,改造政党不仅成为要图,而且正当其时。其首选之地当为全国首善之区北京与长江中流之安徽。如果能在此两地先设党部,然后于大邑通都次第成立分支机构,意义重要,"既开人才自集,聚积全国多数之智识阶级,以与少数之有枪阶级相周旋,执鞭桴鼓,卷土重来,正未知鹿死谁手"。并推荐安徽省议员叶光宗、陈光谱,"均系本党党员,为该省翘楚,对于党务极其热心,且具扩充志愿,拟请钧座以皖省党务委嘱该两君前往办理",相信必能胜任而愉快。

代答批复:"俟党章修正后,由党部办理。"(《张骏上总理函》,环龙路档案第 00901 号)

9 月 28 日 廖湘芸来电,谓"已约西江各军,议决约滇桂军一致讨贼,反对者少数。直下广州,指顾间耳!关(国雄——引者注)师经湘接洽成熟,恳电令湘为讨贼军粤军第四师师长,以便指挥,首先发

动。"("中华民国"史事纪要编辑委员会编:《中华民国史事纪要(初稿)——一九二二年七至十二月》,第873页)

△　蒋群来函,报告多次求见不得。因花费军事七千余元无力偿还,信用尽失,不无怨言;建议应重视赣省军情,慎重负责人选。(《蒋群上总理函》,环龙路档案第00100号)

△　陕西王笃敬来函,请再赐三民主义、五权宪法讲演稿本,以便"分送各图书馆及各中级学校以资众阅,俾便播传"。因中学"尚有数处不敷分布,未免向隅。用敢再渎能否再颁若干,以便均沾。如尚有他种印刷之品,亦希惠赐"。(《王笃敬上总理函》,环龙路档案第01217号)日前,王笃敬曾在上海索要三民主义、五权宪法讲演稿,印刷品数本,"将来持归陕西送诸图书馆,俾吾陕人以沾雨露,藉沐德化"。(《王笃敬上总理函》,环龙路档案第01212号)

9月29日　复函萧翼锟、杨道馨等,提醒湖南虽号称自治,但杀民党者不可恃。在军阀手下讨生活,要多所留意。

是月,萧翼鲲等来函,报告湖南党务工作进行情形,言入党人数踊跃,成立了本省支部筹备处,并望催促覃振支部长早日返湘主持其事;公推袁华选、萧汝霖二人来沪,代表筹备处请示工作办法。(《萧翼鲲等上总理函》,环龙路档案第04206号)是日复函谓:"侧闻湘省虽称自治,而非法杀人之恶耗,时有所闻,同志无辜被戮者不知凡几;是湘省虽人人愿附于民党,独不悟杀民党者之不可依恃,殊憾事也。军阀惟知以武力据地盘,以欺诈保权利。多数人求自治,彼则附和自治;多数人向民党,彼则敷衍民党。其实彼乃无一时一事不与民党为仇,不与自治为敌,民党欲于其下讨生活,洵亦难乎其难。"虽然工作有困难,但"事在人为,甚望多所留意"。(《复湖南萧翼鲲杨道馨等》,《中央党务月刊》第9期第4册,第395页)

△　准国民党总务部部长居正呈请,委派管鹏为国民党安徽支部筹备处处长。(罗家伦主编、黄季陆增订:《国父年谱(增订本)》下册,第1004页;《请委任管鹏筹备安徽支部上总理函》,陈三井、居蜜合编:《居正先生

全集》中,第 328 页)

△ 报称将在沪组织西南联治政府并拟定了办法和步骤。

略谓,驻留沪上之孙中山,近正运用其灵活手腕,向各方极力联络。究其最终目的,无非欲促成所谓联治政府。这得到唐绍仪支持,并力向西南各省首领疏通一切。所拟定的组织西南联治政府的办法与步骤,即"由省各法团通电,声言组织联治政府之必要,并由同意省份引申其说,先行组织所谓国民大会。由各省法团荐派代表在沪集会,先行选举联治首领,组织所谓联治政府,再由联治首领将上海国是会议所通过之联治宪法,交付国民大会讨论。经三次召集通过后,即行表决,由联治政府公布之"。其步骤既已如是决定,并有以民国 12 年 1 月 1 日为联治政府成立之期。为此,所派赴各方之代表,业已次第离沪,各向其目的地进发。其任务于答聘以外,更拟宣示对于时局之主张。其中,"当一以财政问题为首要"。(《西南局势之进展观》,《社会日报》1922 年 9 月 29 日)

△ 《社会日报》登载对民党所发表的宣言,陈述陈炯明谋叛之经过,指出叛军之罪状包括炮轰总统府、逮捕护法议员、纵兵劫掠广州等;转入"永丰"舰后即与叛军相对峙。

关于叛乱的发动情况及主要责任人,宣言谓:"6 月 16 日之变,文于事前二小时得林直勉、林拯民报告,于叛军逻弋之中,由间道出总统府。至海珠,甫登军舰,而叛军已围攻总统府,步枪与机关枪并作,继以煤油焚天桥,以大炮毁粤秀楼。卫士死伤枕藉,总统府遂成灰烬。首事者洪兆麟所统之第二师,指挥者叶举,主谋者陈炯明也。"

该次叛乱对广州之浩劫,为明末以来二百七十余年所无。宣言谓:"总统府既毁,所属各机关咸被抢劫。财政部次长廖仲恺事前一日,被诱禁于石龙,财政部所存帑项及案卷部据,掳掠都尽。国会议员悉数被逐,并掠其行李。总统所属各职员,或劫或杀。南洋华侨及联义社员,亦被惨杀。复纵兵淫掠,商店居民横罹蹂躏,军士掠得物品于街上公然发卖,盛繁广州市,一旦萧条。广州自明末以来,二百七十余年无此劫也。5年逐龙济光之役，9年逐莫荣新之役，皆未闻有此。而陈炯明悍然为之，倒行逆施，乃至于此。"

对叛军的讨伐，从舰队发炮开始。宣言谓，"文既登兵舰，集合舰队将士，勉以讨贼，目击省垣惨罹兵祸，且闻叛军已由粤汉铁路往袭韶关，乃命舰队先发炮，攻击在省叛军，以示正义不屈，政府威信之犹在。发炮后始还驻黄埔，以俟北伐诸军之旋师来援，水陆并进以歼叛军。此为当日决定之计划，而文久驻兵舰之所由来也。其时虎门要塞已落叛军之手，惟长洲要塞司令马伯麟能坚守，与舰队相犄角，合以海军陆战队及新招诸民军，为数虽少，尚能牵制叛军兵力，使不能集聚于北江，以御北伐诸军之归来。"（《请看孙中山对民党之宣言（续）》，《社会日报》1922年9月29日）

30日，该报续载上述孙中山对国民党宣言的后一部分。要点包括：海军之备战与分裂；北伐军回师讨贼救援之失败经过；北伐军之惨烈和奋勇以及陈炯明鲜廉寡义之评价；未来之统一和建设方针；粤难平定为期不远，护法事业最终将取得胜利。

关于海军之奋战与分裂经过，宣言谓："故叛军必欲得此而甘心，一欲终置文于死地，一欲以死力攻下长洲，使舰队失陆地以为依据也。相持二旬有余，叛军终不得逞，而舰队中竟有一部分将士，受其运动，使'海圻''海琛''肇和'三大舰，驶出战线，长洲要塞孤悬受敌，遂以不守，文乃率余舰驶进省河，沿途受炮垒轰击，僚属将士，皆有死伤，所驻'永丰'舰，亦被弹洞穴。然以奋斗不馁之结果，竟于7月10日进至白鹅潭。此役也，以兵舰数艘，处叛军四集环攻之中，不惟不退，且能进至省河，以慑叛军之胆，而壮义士之气，中外观听，亦为之耸。海防司令陈策等，更引率兵舰及民军，往袭江门等处，以牵制叛军兵力。事虽未就，而诸将士之忠勇劳苦，诚可念也。"

关于北伐军回师讨贼救援之失败经过，宣言谓：北伐各军，未闻政变以前，已攻克赣州，进至吉安，陈光远已逃，蔡成勋也不敢进，南昌省城指顾可得。然北伐诸君入赣州后，接得陈光远致其部将电报，已尽悉陈炯明谋叛事实,盖陈炯明坚嘱陈光远固守赣州,以扼北伐诸军之前进,而其则将率兵以袭北伐诸军之后,故陈光远据此,严饬所部死守以待也。北伐诸将领见此等电报,已知陈炯明蓄谋凶险,祸在必发,及胡汉民自韶州驰至,告以 6 月 16 日变乱消息,军心激昂。"许崇智、李福林、朱培德,即日决议,旋师讨贼,黄大伟继归。李烈钧留守赣南,以为后方屏蔽,惟梁鸿楷所部第一师,于决议之后即归惠州,与陈炯明合。"第一师为邓铿所手创,"入赣之役,与许崇智等部,共同作战,乃闻变之后,始而踌躇不决,终乃甘心从逆,仲元之目,为不瞑矣"。"许、李、朱、黄之部,自南雄、始兴进至韶州,7 月 9 日开始与贼剧战,复分兵出翁源,湘军陈嘉祐所部,亦来助战。前后二旬有余,其始军锋甚锐,屡挫贼势,贼欲退者屡矣。然贼沿粤汉铁路,运输利便,且凭借坚城,以相顽抗,而西江等处响应之师,不以时应,使贼得倾注全省兵力,以萃于韶州、翁源一带,与北伐诸军搏。北伐诸军,饷弹不继,兵额死伤无可补充,犹力战不屈,直至蔡成勋、沈鸿英之兵,自后掩至,李烈钧所部赣军,与敌众寡悬殊,至于挠败。于是许、李、黄、陈等部首尾难顾,无可再战。许、李、黄等部退至赣东,朱、陈等部退至湘边。"

关于北伐军之惨烈和奋勇,以及陈炯明的鲜廉寡义,宣言评道:"此次北伐诸军,自 5 月初旬至 8 月初旬,凡三阅月中,始而由粤入赣,与陈光远之敌兵战,继而由赣回粤。与陈炯明之叛军战,曾无一日之休息,不但久战而疲,即远道之劳苦,已非人所堪,其坚苦卓绝,洵足为革命军人之模范。而陈炯明辈,为遂其把持盘踞之欲,至不惜沟通敌人,以夹击其十余年同患难、共死生之袍泽,廉耻道义,扫地以尽矣。"

关于弃粤赴沪的原因,宣言谓:"文率诸舰,自黄埔进至白鹅潭后,贼以水雷,击'永丰'舰。不得逞又欲以炮击沙面,酿成国际交涉,不得遂。诸舰虽孤悬河上,无陆地以相依倚,无可进展。然以为北伐诸军得进至省城附近,则水陆夹击,仍非无望,故坚决以待。自 6 月

16日至8月9日,历五十余日之久。舰中将吏,虽极疲劳,意气弥厉,及闻北伐诸军已由始兴、南雄分道退却,知陆路援绝,株守无济,文始率将吏离舰,乘英国兵舰至港,转乘商轮赴沪。"

关于统一和建设方针,宣言谓:"文于8月12日抵沪,15日发表宣言,进行方针大略已具,择其要旨不外数端。其一,文任用非人,变生肘腋,致北伐大计,功败垂成,当引咎辞职。其二,对陈炯明所率叛军,当扫灭之,毋使以祸粤者祸国。其三,护法事业,当以合法国会完全自由行使职权为究竟。其四,关于民国之统一与建设,当实行兵工计划,发展实业,尊重自治。至文个人,以创立民国者之资格,终其身为民国尽力,无间于在位在野,凡此荦荦诸端,凡我同志,所宜深喻者也。"

鼓励粤难平定为期不远,宣言谓:"近据报告,许崇智、李福林、黄大伟等部,现在赣东者,有众万余人。朱培德、陈嘉祐等部,现在湖南者,亦有众万余人,服装饷粮,固待补充,而军力未失,士气至励,疲劳恢复,不难再举。黄明堂在高、雷、钦、廉举兵讨贼,以为响应。迟不及事,退至桂境,而两粤同志军队,蓄志杀贼待时而动者,为数尤多。陈炯明叛党祸国,纵兵殃民,罪恶贯盈,难稽显戮。凡我同志,但当奋发,努力不懈。粤难平定,为期必不可远也。"

宣称护法事业最终将取得胜利,宣言谓:"至于国事,北方将士,既有尊重护法之表示,援洁己以进之义。开与人为善之诚,理所当尔,各方面使者来见,一切言论,悉取公开,但以主义相切磋,则举凡营私垄断之言,悉无自而入。若能以同力合作之结果,俾护法事业,完全无憾,则数年血战,卒能导民国入于法治之途,庶几牺牲不为徒劳,而吾党谋国之忧,亦得以少慰。至于以息事宁人为借口,而枉道以求合,吾党之士,所不屑为,无俟言也。于此犹有言者,文率同志为民国而奋斗,垂三十年,中间出死入生,失败之数不可缕指。顾失败之残酷,未有甚于此役者,盖历次失败,虽原因不一,而其究竟,则为失败于敌人。此役则敌人已为我屈。所代敌人而兴者,乃为十余年卵翼之陈炯明,且其阴毒凶狠,凡敌所不忍为者,皆为之无恤。此不但国之不幸,抑亦人心世道之忧也。迹其致此之由,始则虑文北伐,若有蹉跌,累及于己,故务立异以求自全,充此一念,遂冒天下之大不韪而不恤。其心虽大,其胆则怯。顾革命党人,常以国民之前锋自任,当其勇往直前之际,前敌未可料,后援亦未可必。其所自任者,本至险而至难,苟无坚确之操,则中道溃去,或半途离畔,亦事所恒有。数年以来,护法事业,蹉跎未就,与于此役者,苟稍存畏难苟安之意,鲜有不失其守者。特陈炯明之厚颜反噬,以求自全,为仅见耳。遇疾风,然后知劲草,盘根错节,然后知利器。凡我同志,此时尤当艰贞蒙难,最后之胜利,终归于最后之努力者,此则文所期望者也。"(《请看孙中山对民党之宣言(续)》,《社会日报》1922 年 9 月 30 日)

　　△　致函卢永祥,告已委派杨庶堪前往商议时局。("中华民国"史事纪要编辑委员会编:《中华民国史事纪要(初稿)——一九二二年七至十二月》,第 628 页)

　　9 月 30 日　报载与荷兰驻华使馆译员郦朴谈话,认为吴佩孚与陈炯明虽系人才,但在道义方面,后者不如前者。谓吴、陈二人"若能真正为国家谋建设,将来均有希望。但吴系北方军阀,近尚能有尊重法统之表示。陈炯明为余二十余年来同患难受恩惠者,竟至用种种不人道之手段,加害于余。如此则陈之德义,又不及吴佩孚矣"!(《外宾谒见中山》,上海《民国日报》1922 年 10 月 1 日,"本埠新闻")

　　△　任命陈友仁为广东航空局局长,郭泰祺为大本营外交部次长。(刘绍唐主编:《民国大事日志》第 1 册,第 221 页)

　　△　讨贼军闽军司令王荣光等电请允其讨伐李厚基。(《闽省讨李军之响应》,上海《民国日报》1922 年 10 月 3 日,"本埠新闻")

　　△　廖仲恺来电,报告与北方接洽进展。(张世福主编:《一九二二至一九二三年孙中山在沪期间各地来电汇编》,第 371 页)

　　是月　靖南司令官陈德全来函,谓"用是先饬听候后命,趋谒钧座该如何进行之处,请即训令祗遵,并颁发正式任命,俾昭信守,不胜翘企"。(《靖南司令官陈德全上国父告军事行止并请训令函》,黄季陆主编:《重建广州革命基地史料》,黄季陆主编:《革命文献》第52辑,第407页)

△　讨贼军第二军第一独立支队司令吴泽理呈文,汇报在新会、江门一带与袁带等部作战境况。("中华民国"各界纪念国父百年诞辰筹备委员会学术论著编纂委员会主编、中国国民党中央党史史料编纂委员会编:《国父墨迹》,第444页)

△　赵从宾来函,表示忠诚,并要求派人汇款。谓"此后一切只知有先生,不知其他。直接先生办事或仍由先生指派一共事之人,否则不敢任其事,亦不任其咎也。此番重关紧要,祈即电汇到津(最好仍汇中孚银行,由展堂名义交从宾——原注),余俟详报"。("中华民国"各界纪念国父百年诞辰筹备委员会学术论著编纂委员会主编、中国国民党中央党史史料编纂委员会编:《国父墨迹》,第470页)

△　复函林支宇,斥伪自治为军阀假托之割据手段。("中华民国"史事纪要编辑委员会编:《中华民国史事纪要(初稿)——一九二二年七至十二月》,第632页)

△　孙中山多次召开有共产党人参加的国民党核心成员会议,起草、审议和修改国民党党纲、总章和宣言,终于在1923年1月1日发表了《中国国民党宣言》(亦称《中国国民党改进宣言》),1月2日召集中国国民党改进大会,公布《中国国民党党纲》和《中国国民党总章》。(刘曼容:《孙中山与中国国民革命》,第112页)

△　许崇智等部自赣边向福建进兵,威胁陈炯明。

自胡汉民至延平与王永泉订立合作条件后,许崇智、李福林、黄大伟部即与王永泉部协同,自赣边向闽进兵。王永泉与李厚基本同属段派,自段祺瑞一蹶不振,曹锟、吴佩孚声势日隆,李氏为保全地位计,遂转附曹、吴。王永泉则思夺闽督为己有,因与许崇智通声气,合谋逐李。孙中山在沪,谋复广东,利用政略结好奉、皖两系。故徐树铮也由沪经浙潜往延平,促王永泉与许崇智合作。因是王永泉始有决心,调动外属部队,限期集中,并拟定作战计划,彼担任右翼,约定于 10 月 3 日发动。时许崇智所部已自江西瑞金经宁化、建宁、泰宁、建阳,进驻闽之建瓯。陈炯明对许崇智在赣闽边境之活动,如芒刺在背,曾电闽之李厚基,赣之蔡成勋,商定三省会师包围计划。粤派洪兆麟一师,闽派王献臣一旅,赣派周荫人一师,希图包围许军,一鼓而歼之。除周荫人部尚未接近外,粤洪兆麟由粤边入寻邬,闽王献臣由武平入桂坑,至塔门岭,向会昌之北伐军进迫,许崇智始采取自瑞金入建瓯,直攻福州,避敌主力之计。(邹鲁:《中国国民党史稿》,第 1171 页)

10 月

10 月 1 日　自赣湘入桂之北伐军朱培德部克桂林。

△　批复景梅九函,多加鼓励,自认国民党对宣传不够注意;告以待有机缘,定尽力资助办报经费。

景梅九自北京来函,请求资助恢复《国风日报》。批复云:"代答奖励,并告以刻下无力,俟将来得到,当助之。"(《景定成上总理函》,环龙路档案第 09286 号)11 日,又复函景氏,进一步称:"年来人心陷溺,正义销沉,北京狐鼠所凭,尤属暗无天日,诚赖有正大光明之言论机关,为之摧廓。惜吾党以时势关系,常置重军政方面,于宣传事业遂少注意,殊多憾焉! 今兄独能于困苦之际,树赤帜于幽都,佩慰曷可言喻! 正应力助,以展鸿猷。惟刻值财政奇窘,无法可筹,一俟稍有机缘,即当尽力,以副厚望。"(《复景梅九函》,《孙中山全集》第 6 卷,第 572 页)

△　张作霖特开大会,欢迎汪精卫及段祺瑞代表吴光新、前湖南总司令程潜,并讨论孙、段、张三角联盟进行之步骤。

是日下午,张作霖特开大会,热烈欢迎孙中山之代表汪精卫、段祺瑞之代表吴光新与前湖南总司令程潜。茶毕之后,张氏乃述其个人之意见,"大有与吴氏势不两立之意"。汪精卫等乘机进一步讨论孙、段、张三角联盟之事。张氏谓:"中山与余同声相应,同气相求,自今以后,余等当协力同心。第一步以驱除吴佩孚及曹锟为目的,第二步再谋新中国之建设,再图国家之强盛。予甚盼望彼此将权利之见,一律摒除,切勿再因争权夺利,至起分裂。中山道德素来甚高,必不数有争权夺利之事,但予之所言,非畏中山芝〔泉〕之争权夺利,盖畏其部下,不能遵崇道德,蹈前此覆辙耳。"汪精卫答曰:"中山芝〔泉〕部下非争权夺利之辈,请阁下放心,至于中山,则予更可为担保也。"(《奉张欢迎孙段代表》,长沙《大公报》1922 年 10 月 12 日,"中外新闻")

△　湖南省长选举总事务所总监督彭允彝来电,报告赵恒惕当选省长事。(《赵恒惕当选省长之通电》,(长沙《大公报》1922 年 10 月 2 日,"本省新闻")

10 月 2 日　潘季伦以快邮代电来函,报告粤中军机秘密,并希火速电达各处防御。

据查陈炯明部开会议决军事部署如下:(一)剿除滇军张开儒、朱培德部。"火速拨枪械子弹给刘振〔震〕寰,扑灭张开儒等军队以除后患,并朱培德军队一概剿除。"桂林滇、桂二军已经发生战事。计运梧州大炮六门,机关枪四架,步枪五千枝,子弹军实极多,并将第三师全部及关国雄、罗兆雄等军合围进攻滇军。(二)与李厚基前后夹攻扑灭许崇智。"东江方面已极力准备子弹军实,曾同福建李厚基前后夹攻许公崇智军队,无论退入浙边何处,均须合力扑灭方行停止。"已派洪兆麟、陈炯光、熊略、翁式亮等预备进攻。(三)黄明堂失败,现已退入十万大山之中。(四)陈炯明宗旨在于"铲除民党权利而达联省自治即割据称皇之美名"。以上四点,希望务必迅速分别电达各处,"以作防御之策而免临时急迫之误"。(《潘季伦上总理函》,环龙路档案第02341 号)

10 月 3 日　汪精卫在驻沈阳之日本记者团宴席上发表讲话,代为阐述联省自治、废督裁兵、兵工计划等主张。

问:阁下到奉重要使命何,及对于奉天现状之感想何如?

答:孙先生与奉天,当奉、直战前在桂林时,奉天因赞成孙中山之主张,曾遣使往还,当时中山派伍朝枢来奉,诸君当记忆之。此次中山自粤来沪,奉天又三次派代表抵沪会见,并陈奉天愿纳中山之意见而维国事。中山之主张由来取公开的,不论其人为谁,只肯赞成即为袍泽,是以此次遣鄙人来,一以报聘奉天之盛意,一以根据孙先生 8月 15 日之宣言而讨论国家之收拾问题也。至对于奉天之现状,个人观察未能彻底,不敢遽下断语,惟见张将军对于军备之充实颇抱热心,奉天一般人士对张将军抱有一种之好感。又见奉天人士沉着朴实,不似南省之轻浮,料其设或实行一种思想,毅力必佳,此优于南方之特点,而为鄙人所欣佩者也。

问:孙先生或赞成联省自治,或反对联省自治,赞成之理由安在?反对之主见若何?

答:现在之所谓联省自治本一笼统之语,故不能遽言赞成或反对。总之,孙先生之意见,在以国家根本之宪法,分清中央与地方之权限,如外交、军事、交通等应归中央者,定为中央之权。若地方自治事而应省政府监督或主办者,则归于各省。各得其平,事仍有济,否则一言集权悉集中央,一言联省悉归地方,其弊害将不胜言。反对之意,但在斯耳。孙先生现下亦愿地方之权加重若干,对此之具体计划,已在国民党内设置宪法讨论会,将来制定一种宪法草案,征求全国之同意,倘得各方赞同,则以此为根基,共定根本大法,以奠国本。

问:孙先生对于废督裁兵之计划若何?

答:废督裁兵计划,6 月 6 日宣言已经明确规定,现在征求各方之同意,众皆赞同即可实施。

问:遍观现下军人之现状,罔不思倚恃武力扩充地盘,至少亦欲以个人之武力统一南北,然则万众同声之废督裁兵计划,其果能实现否乎?

答:表面虽然而事实不尽然。孙先生之计划尚非谓废督裁兵,系取工兵制,即寓兵于工,一以养成完善卫国之兵,以一节俭不急之费,其主眼在适合国家军备之现情,在符合此多数国民及军官之同意,是故以时、以事、以地虽不免有几许之反对,终之大多数之心理,其制胜也必矣。目下赞成此意者已至夥矣。

问:废督裁兵与充实军备究竟不能两立,阁下于意云何?

答:奉天之充实军备系因不解对方,即曹、吴之诚意若何,吾人不能不为之谅,而况奉之对我,仅系意见上表示赞同,目下只能作意见之协商,不能为事实之相强也。

问:将来工兵计划一旦实行之际,倘有起而反抗者将若何?

答:如时机不至,有大多数之阻碍,设大多数赞成,有小部分之反对者,万不得已,唯有以武力排除之,然非至万难,决不出此。总之,孙先生之意,有实力以实力贯彻救国之主张,无实力以言论推行救国之计划。表面无论若何,此心靡有已时也。

问:报载张继衔命赴保,胡汉民同时赴津,其使命与阁下有以异乎?

答:保定曹锟曾派代表孙岳来见,孙先生故派张继前往答礼。胡汉民君系专赴天津段祺瑞处去,其表面之答礼虽同,而实际之关系则异。如段氏与孙中山自民国 7 年已结同志,奉天于今春始通往还,直隶则以先生毫无关系,今日始通使节,其关系各有不同者也。

问:奉、直现在有议和修好之说,阁下亦知之乎?

答:个人主要使命已如前述,一为宣传中山之主意,奉、直间关系若何未之详悉。吾人固极盼望其融和也。

问:战前伍朝枢来奉曾有军事上之接洽,今番亦有是否?

答:无此性质。目下孙氏计划,纯根基 6 月 6 日及 8 月 15 日之两宣言进行,不另作武力主张也。(《汪精卫在奉之谈片》,长沙《大公报》1922 年 10 月 15 日,"中外新闻")

△　国民党总务部长居正呈文求给资,复以待有来源方能发给。

(《为请求分别缓急洽谈事呈总理文》,陈三井、居蜜合编:《居正先生全集》中册,第 329—330 页)

通计七宗,共需九百元。分别为安徽支部筹备处长管鹏急于返安庆筹备党事,拟请给川资贰百元;宣子俊等七人呈请给资回籍,拟各给十元,共七十元;伍毓瑞函称所部湘粤来者日多,请先发给数百元以便遣送等。因其此次随北伐军转战,颇著劳苦,拟请给资二百元;宋镇华等函请补济等费,请给资贰百元;赵维桢面称经过情形及现在困状,请接济五十元;湖南刘毅夫、杨道声、吴景鸿函请维持《民业日报》,请酌给二百元;丁士杰函称各节,请酌给三十元。

批复云:"款已支竭,俟再有来源方能分给。"(《居正上总理呈》,环龙路档案第 12416 号)

△　南通纺线专门学校学生罗云、高敬基来函,报告呈献孙中山丝绣尊像一幅,以记其保障共和功德。批复:代答:谢谢。(《罗云等上总理函》,环龙路档案第 01218 号)

10 月 4 日　陈煊报告陈炯明叛变后粤省情形。("中华民国"史事纪要编辑委员会编:《中华民国史事纪要(初稿)——一九二二年七至十二月》,第 656 页)请派一有学识声望之人,回粤主持。

函中要点为:陈炯明与省长陈席儒因政务厅长人选之争矛盾甚深,前者返回惠州。军事方面,在许崇智东路粤军与西路滇桂军的联合夹击下,陈军内部或消极,或重点防守惠州,或懈怠于北江前线,未能作有效布防,惊慌不定。可见,其"因争权夺利,故互相冲突,各怀意见,已无斗志久矣"。在民心已失,盼望义师归来,军队派系复杂情况下,"最好派一有学识有声望之人回粤主持一切",建议以老成持重、与各方有关系的徐绍桢为宜,以便收统一各方之效。

批复云:"代答,函悉。相机而行可也,惟不可接洽民军。"(《陈煊上总理函》,环龙路档案第 02342 号)

△　刘成勋、赵恒惕分别来电,恭祝中秋。(张世福主编:《一九二二至一九二三年孙中山在沪期间各地来电汇编》,第 163 页)

△　冯熙周来函,报告黄明堂军在钦廉败退入桂境之经过,以及宋以梅愿意出面招抚钦廉各陈军等事情。

函中要点有:关于黄明堂在钦廉败退入桂情形。黄部从粤省高雷地区退守廉州北部,再入桂省。一路上先胜于钦城附近稔子坪,后为邓本殷所败,遂与琼崖讨贼军第一旅撤往广西,现驻贵台,拟往与安南交界之上思。其余各部退至灵山、罗海,仍有数万之众。认为黄氏"确系诚心拥护先生之人,但所用非人,致遭失败,甚为可惜"。

关于宋以梅愿意出面招抚钦廉各陈军归附孙中山。宋氏为廉州人,系第一届粤省会议长,此番愿意前往招抚,但需要满足两个前提条件。其一,需要孙修函数封交与林俊廷、陈德春、胡业兴等军官,并"许以相当位置";其二,委任其为钦廉军招抚使。如此是否可行,"乞即裁夺"。

关于运动虎门统领陈定邦事宜。陈氏曾在孙中山蒙难广州时一度援助响应,今又拟与驻梧州之滇军张开儒部联络起事。惜已被陈炯明侦知,恐所部被解散,骑虎难下。希电饬古应芬,"速接济子弹,俾得响应"张部。至于军饷之有无,尚在其次。

至于安南海防党务情况,从前梁庚辛主持时期情况不错,现有所退步,甚至不捐一文。建议对梁氏修书一封,并亲赐"博爱"二字加以鼓励,"嘱以筹饷,则十余日尚可得数千元"。此外,海防国民党副会长张寿年托带自种咖啡五包,请转交孙,以表诚悃。(《冯熙周上总理函》,环龙路档案第 02474 号)

10 月 5 日　报载陈炯明以粤全省矿权借外债千万,将成为事实。(《上海快信摘要》,长沙《大公报》1922 年 10 月 5 日,"快信")

10 月 6 日　北伐军许崇智部克复古田。

是月 3 日,李厚基派所部第十旅唐国汉一团兵力扼守古田。4 日,王永泉所部已由樟湖坂进占黄田,其余部队同时到达谷口,向水口攻击前进,然为优势之敌所阻,进展迟缓。而左翼之北伐军,则于 5 日迫近古田城,李厚基部一营退守城内,于晚间弃城遁往水口。是

日古田遂为北伐军占领。(邹鲁:《中国国民党史稿》,第1172页)

△　委叶任生为国民党纲甲烈港支部副部长。("中华民国"史事纪要编辑委员会编:《中华民国史事纪要(初稿)——一九二二年七至十二月》,第698页)

△　朱培德电示忠诚追随。谓"一俟道路肃清,准即准予添给枪弹,俾得效命,德虽愚鲁,誓当努力报国,以赎前愆"。(张世福主编:《一九二二至一九二三年孙中山在沪期间各地来电汇编》,第363—364页)

△　美洲哥斯达黎加华侨郑次豪来函,拟赴美学习航空,请求签署证明以便申请出国护照。

来函谴责陈炯明叛主,荼毒家乡,誓报此不共戴天之仇。其去岁即"拟赴美学习航空事业,以为男儿疆场用命,随公麾下戡乱"。为此屡次上书驻美中国公使,请给办护照,但因北京政府不肯开具护照而未果。现经美国驻华公使同意,如果孙中山同意给以护照,即可获得赴美成行护照。因而,其本人"万恳我公发给照纸,俾得早日学成,斩他奸佞之头。若我公不肯赐长缨作终军之请命,豪将必抑郁以终,步武易白沙君之故事矣"。

11月30日批复:"代答,此间不日当开设飞行学校,如欲专学飞机,请即回国便可。现时已得有高等飞机师,与美国无异。"(《郑次豪上总理函》,环龙路档案第04802号;"中华民国"各界纪念国父百年诞辰筹备委员会学术论著编纂委员会主编、中国国民党中央党史史料编纂委员会编:《国父墨迹》,第476页)

10月7日　蒋介石来谒,谈时局并陈处置广西各军之办法。(刘绍唐主编:《民国大事日志》第1册,第221页)

△　是日,赵士觐来函,汇报其部进行状况及逆军内情。("中华民国"史事纪要编辑委员会编:《中华民国史事纪要(初稿)——一九二二年七至十二月》,第700页)

根据徐苏中转来命令,特将所部进行状况及陈军内情详报如下:(甲)关于所部进行状况。(一)陈军投诚已受本处委任者,除经呈报外,正接洽者有七连,统计前后投诚者约三营上下,均驻扎在珠江河北、河南兵工厂。（二）所部均在肇庆三水狮山及石井兵工厂十三乡一带。（三）所部随时可以举义，已自筹发难费，但发难后应如何接济，未见明令。（四）所部集中在西江，与滇军有连带关系，事前各路义军应联络一致行动，但究应如何联络一致之处，请给以指示，以便遵循。

（乙）关于陈军内情。（一）陈军以欠饷无着，加以陈分配利权不均，互相水火，内部已不一致。（二）连日陈调兵于东北两江甚忙，省城甚空虚。若三江义师准备完毕，请速下攻击令，前述所部各队伍，皆可作为内应。（三）商民对于陈纵兵劫掠，私借外债及开赌等事，"大有余及汝偕亡之势。若因其众叛亲离而讨之，不难灭此朝食也"。详情返省再报。再次强调所部发难后应如何接济，事前应如何与各军联络一致行动，"伏乞速电训示，俾有遵循"。

批复云："代答，函悉。着积极进行，俟时机一到，则同时灭贼。"（《赵士觐上总理函》，环龙路档案第 02475 号）

△　报载徐树铮在福建延平置建国军政府，自任总领；已下总攻击令，李厚基有逃美领署讯。徐树铮通电各省，遥戴段祺瑞、孙文为领袖。（《香港华字日报》1922 年 10 月 7 日，"本报特电"）

△　廖仲恺来电，商讨对日借款问题。（张世福主编：《一九二二至一九二三年孙中山在沪期间各地来电汇编》，第 367 页）

△　国民党古巴支部总干事周雍能呈函，因"爱党爱国之热心毅力人所难能"，请表彰因公逝世之支部副议长褚序民、名誉部长彭国柱，拟请各赐亲笔题字，刻其墓上，"以慰忠魂而励来者"。（《古巴支部周雍能上总理呈》，环龙路档案第 07290 号）

10 月 9 日　李厚基部阻北伐军孙本戎部于白沙。（邹鲁：《中国国民党史稿》，第 1172 页）

△　许崇智来电，报告在福建军事进展。（张世福主编：《一九二二至一九二三年孙中山在沪期间各地来电汇编》，第 5 页）

10 月 10 日　为蒋介石撰《孙大总统广州蒙难记》一书作序。

蒋介石著《孙大总统广州蒙难记》一书,记自 6 月 15 日至 8 月 15 日在广州蒙难之经过。9 月 13 日脱稿后送来要求作序。序文谓:"陈逆之变,介石赴难来粤入舰。日侍余侧,而筹策多中,乐与余及海军将士共生死。兹记殆为实录,亦直其荦荦大者,其详仍未遑更仆数。余非有取于其溢词,仅冀掬诚与国人相见而已。余乏知人之鉴,不及预寝逆谋,而卒以长乱贻祸,贼焰至今为烈,则兹编之纪,亦聊以志吾过。且以矜吾海军及北伐军诸将士之能为国不顾其私,其视于世功罪何如也。"(《孙大总统序》,上海《民国日报》1922 年 10 月 10 日国庆增刊,"孙大总统广州蒙难记")

△ 粤军司令部举行秘密军事会议,讨论派军增援福建李厚基问题,各位司令及财政厅长钟秀南出席会议。会后不久,广东出现军事行动,据说,陈炯明委任驻在汕头的粤军第二师第三旅旅长尹骥,率广东北伐军驰援福建前线。(广东省档案馆编:《孙中山与广东:广东省档案馆库藏海关档案选译》,第 424 页)

10 月 11 日 复函四川国民党支部筹备处同志,望竭力宣传主义,团结合作。

函谓:"欲救中国,非实行本党主义不可,大有群蚁附膻之象。本党为容纳群材,扩张党势起见,刻正审筹改进方略,俟妥再行通告。"希望川中同志竭力宣传主义,更当力为团结,以厚基础。(《复四川支部筹备处》,《中央党务月刊》第 9 期,第 396 页)

△ 复函《旭报》,对该报拥护法权,作民喉舌及其效果,表示赞赏。

函谓:"今兹黠者方散法以惑众,懦者又甘枉法以求安,法之难言,于斯已极。骊探犀照,端赖鸿裁,既承广益之征,愿以衡平为颂。倘使群伦遵循有道,斯真远胜于三千毛瑟也。"(《复旭报》,《中央党务月刊》第 9 期,第 397 页)

10 月 12 日 北伐军李福林等部攻克福州,李厚基遁往南京求援。(毛思诚编纂:《民国十五年以前之蒋介石先生》第 4 册,第 50 页)

△　派居正接洽湖北省公民团代表。

湖北省公民团公举代表刘壬龙、萧炳炎来见,请拯救鄂民痛苦,孙中山命居正接洽。("中华民国"各界纪念国父百年诞辰筹备委员会学术论著编纂委员会主编:《国父年谱》下册,第862页)

△　长沙《大公报》载文,评析从孙曹联合到孙奉段联合之转变;闽省变动与局势关系。

文曰,自离粤后,实力已弱,孙部下民党多系无枪阶级,终属空谈无补。而孙氏虽在忧思之中,护法有心则始终不变。故到沪以来,决议联一北方军阀以图发展,并激励其统一之主张。其时小孙(孙洪伊)力主与曹锟、吴佩孚携手,孙中山以处穷蹙之时,又鉴于曹吴之有实力,故认作好计谋,"冀曹吴为人较为光明磊落,或可与之携手而共襄天下大计"。不久,派孙岳抵沪,遂大受中山之欢迎,但孙中山部党人仍有主张联段、联奉者极力反对小孙之策,旋孙岳去沪。奉张派韩麟春南下,所派之吴光新也同时抵沪,于是主张联段、联奉者遂于其中大肆鼓劝,"极力排斥小孙之议,主专联奉、联段以敌曹吴"。中山自己又无成见,屡受该派之请求,遂亦一变其宗旨而为联奉联段之计划。而闽省方面是时局势大变,群为展开倒李厚基之运动,闽人中之孙派民党相率回闽,与徐树铮、王永泉、许崇智连合,共树驱李之旗。"倘闽李一倒,闽粤唇齿之邦,恐陈炯明又不能安枕于粤中,洛吴亦不免受一番之影响,其牵连于时局前途者至巨也。"(《孙段联合揣测谈》,长沙《大公报》1922年10月12日,"中外新闻")

△　李福林、黄大伟来电,汇报攻克福州之经过。(张世福主编:《一九二二至一九二三年孙中山在沪期间各地来电汇编》,第59页)

10月13日　报载许崇智对抗李厚基计划泄露,内容之一为拥护孙中山和段祺瑞分别为正副总统。

晨,"本地报纸发布一则上海来电云,许崇智部一名团长被李厚基俘获,根据俘虏的供词,许最近作出对抗计划如下:(一)打倒黎元洪、曹锟和吴佩孚;(二)拥护孙中山和段祺瑞分别为正副总统。由于孙先生将赴外国,因而由段祺瑞行使总统职权;(三)全国分为三个军区,张作霖任北方军区首领;许崇智任南方军区首领;马良任中央军区首领"(广东省档案馆编:《孙中山与广东:广东省档案馆库藏海关档案选译》,第424—425页)

　　△　报载汪精卫由青岛偕马良来沪谒见。(《香港华字日报》,1922年10月13日,"本报特电")

　　△　报载卢永祥因被疑附徐树铮,通电自明,称"虽尊崇段祺瑞、孙文,但与徐异趋,只欲保境安民"。(《香港华字日报》,1922年10月13日,"本报特电")

　　10月14日　委任彭伯勋(字丕昕)为古巴湾京中国国民党民声日报馆总编辑,委任李月华为民声日报馆总理。(《任彭丕昕为古巴湾京〈民声日报〉总编辑状》《委李月华为民声日报馆总理状》,中国国民党中央委员会党史委员编订:《国父全集》第4册上,第423页)

　　△　李福林、黄大伟来电,汇报福州战况。称"李厚基主力军已完全击散,溃不成军,闽局定,指顾见"。(张世福主编:《一九二二至一九二三年孙中山在沪期间各地来电汇编》,第77—78页)

　　△　彭养光等电请为谢一净提供川资。(张世福主编:《一九二二至一九二三年孙中山在沪期间各地来电汇编》,第341页)

　　△　许崇智来电,报告所部在福建军事进展。(张世福主编:《一九二二至一九二三年孙中山在沪期间各地来电汇编》,第151页)

　　△　李福林、黄大伟来电,报称福建省城秩序现已大定。(张世福主编:《一九二二至一九二三年孙中山在沪期间各地来电汇编》,第79页)

　　10月16日　复批徐维绘之上书,不满其应对北京政局工作不力。

　　徐维绘上书,报告国会护法议员之奋斗及与黎元洪谈话情形。批云:"代答:屡接来信,甚感烦恼,惟先生对北京局面毫无办法,故不置一词。"("中华民国"各界纪念国父百年诞辰筹备委员会学术论著编纂委员会主编:《国父年谱》下册,第862页)

△　李福林向报界表示,只服从孙中山领导。海关档案载:"本地报载许崇智、李福林和前北伐军指挥官黄大伟已进入福州"。李氏对东方新闻社的一位通讯员说,"他近期的军事行动完全听命于孙逸仙,今后,他仍然只按孙先生的指令行事"。(广东省档案馆编:《孙中山与广东:广东省档案馆库藏海关档案选译》,第425页)

△　黄大伟电请尽快解决闽省人事任免。(张世福主编:《一九二二至一九二三年孙中山在沪期间各地来电汇编》,第63页)

△　李福林、黄大伟电请正式任命闽省各财政机关主持人员。(张世福主编:《一九二二至一九二三年孙中山在沪期间各地来电汇编》,第81页)

△　许崇智电请委任该军支队长吴近、袁德墀、林驹、郑永琛为东路讨贼军第九、十、十一、十二旅长。(张世福主编:《一九二二至一九二三年孙中山在沪期间各地来电汇编》,第17页)

△　宁武复来函,报告汪精卫来东三省所受热烈欢迎情形,并询问许崇智占领福州是否属实。(《宁武复总理函》,环龙路档案第12597号)

10月17日　许崇智等入福州后,来电请任命林森为福建省长;后者还受命暂兼管中央政府在闽直辖各行政机关。向张贞等解释由林氏长闽省缘由。

许崇智偕徐树铮、王永泉入福州,乃践前约,劝黄大伟、李福林让开督军公署及其他重要机关,以闽省军政交王永泉主持。(邹鲁:《中国国民党史稿》,第1173页)许崇智即电沪请孙中山派蒋介石、林森、居正、汪精卫等来闽商办一切。依徐树铮制置府官制,推王永泉为福建总抚,各方不赞成,乃以王永泉专任总司令,民政则归林森主持,由孙中山任命林森为福建省长。林森7日就职后,来电建议暂时兼管北京中央政府在闽直辖各行政机关。"唯闽省反正后,所有中央政府直辖之各行政机关,均由省政府统辖,以维现状。现在钧府各部未行职务以前,可否仍由森暂行兼管,抑或别定办法,谨候钧命,以便遵循。"批示云:着暂兼管。("中华民国"各界纪念国父百年诞辰筹备委员会学术论

著编纂委员会主编:《国父年谱》下册,第 862—863 页)

对于福建省长一席,闽省党人意见不一致。福建自治军张贞等人来电,请任黄展云为福建省长。批函作答:"海外华侨同志外属望于林子超,或藉此望华侨接济。然省长当由省议会选举方妥。"("中华民国"各界纪念国父百年诞辰筹备委员会学术论著编纂委员会主编、中国国民党中央党史史料编纂委员会编:《国父墨迹》,第 447—448 页)许崇智、徐树铮因闽省省长问题发生龃龉,道路谣传二人交恶,孙中山曾为之辟谣。(《为闽省长人选复张贞许卓然杨汉烈陈国华吴适卢兴邦黄炳武等函》,中国国民党中央委员会党史委员编:《国父全集》第 3 册,第 835 页)11 月 2 日,徐树铮离闽。或者事出有因。

△ 致函民友阁诸人,对其筹措饷项,赞助讨陈表示嘉佩。

函谓:"接仰光函,藉念先生等愤陈逆之叛乱,恫大义之沦亡,不辞粉墨登场,筹措饷项,醵金万盾,悉付共济会,赞助讨贼,足征挚诚爱国,黾勉从公,仰念贤劳,曷胜嘉佩。"(《奖励民友阁诸人助饷讨陈函》,中国国民党中央委员会党史委员编订:《国父全集》第 3 册,第 821—822 页)

△ 致函饶潜川,赞许其热心筹饷捐助北伐。

函谓:据邓泽如、黄复生二人报告,此次北伐筹饷,"仰光同志出财出力赴义急公者,大不乏人,而兄毅力热心,尤足称许,所举成绩,大有可观,逖听之下,感慰莫名。历年来建设民国,拥护民国,保全民国,殆全仗吾党之力,所赖于海外同志者实多"。如今饶兄效力所作一切,意义重要,"不特一党受其惠,全国且蒙其赐"。(《致饶潜川嘉慰为北伐捐输出力函》,中国国民党中央委员会党史委员编订:《国父全集》第 3 册,第 822 页)

△ 致函《觉民日报》,对其主持正义,声讨陈逆叛乱,表示嘉慰。

函谓:"夙仰贵报为吾党之喉舌,作侨界导师,大声疾呼,发聋振瞶久矣,尽宣传之巨责,收文字之奇功,一纸风行,万流景仰。而对于陈逆叛乱,尤能主持正义,力辟奸邪,激发人心,咸知急难,大张士气,共励同仇。"认为此次《觉民日报》之同志及侨胞能集巨额款项,是因

为得该报之鼓舞。国事多艰,希继续奋力猛进。(《致〈党民日报〉函》,《孙中山全集》第 6 卷,第 577—578 页)

△ 黄大伟来电,报告闽事进展。(张世福主编:《一九二二至一九二三年孙中山在沪期间各地来电汇编》,第 83 页)

△ 李福林、黄大伟来电,称闽局难统一,请预备亲来处理闽事。(张世福主编:《一九二二至一九二三年孙中山在沪期间各地来电汇编》,第 83 页)

△ 报载闽籍国会议员来电,反对徐树铮等在闽建国行为。(《闽人对闽事之请愿》,长沙《大公报》1922 年 10 月 22 日,"中外新闻")

△ 南路总司令部参谋长梁栋来函,报告黄明堂部自攻占高州、得知北伐军变更计划后,即退向廉钦,并受到林俊廷总司令欢迎。此时黄部决定与张开儒联合一致讨陈。黄氏派人前来报告,今后拟派何人来港主持工作,请通知梁栋本人,以便与各方联络;并恳请对林俊廷"加以抚慰,伊必能竭诚拥护元首"。

批复:"已答。存。"(《梁栋上总理函》,环龙路档案第 02409 号)

10 月 18 日 陈炯明与吴佩孚勾结,下令攻闽。

△ 拒绝奉张放弃广东计划建议;电令入闽各军改编为东路讨贼军,任许崇智为总司令,蒋介石为总部参谋长。与此同时,在广西组织西路讨贼军,分两路讨伐陈炯明。

福州克复,奉系遣人劝孙中山放弃恢复广东计划,令福建许崇智等部会同驻桂滇军,分向湘赣,进窥武汉,奉方则入关捣北京,掠津保。孙拒之,答谓:"孔明昔日欲出中原,先擒孟获,吾党欲出长江,非先灭陈不可;盖必得广东,乃能有力图长江,否则腹背受敌矣。"(邹鲁:《中国国民党史稿》,第 1132 页)至是,乃电令入闽各军改编为东路讨贼军,任命许崇智为东路讨贼军总司令,黄大伟为第一军军长,许崇智兼第二军军长,李福林为第三军军长,蒋介石为总部参谋长,襄办部队整理改编事宜。每军编四旅,三军共十二旅。蒋介石于 22 日抵闽,入第二军部办公。(毛思诚编纂:《民国十五年以前之蒋介石先生》第 4

孙中山史事编年 第八卷

册,第52页)同时,联络驻广西的滇军杨希闵部,桂系刘震寰部两支军队及梧州、江西的部分粤军,组成西路讨贼军。

△ 报载张知本来函,反对徐树铮等在闽建国行为。(《张知本致孙中山书》,长沙《大公报》1922年10月18日,"中外新闻")

△ 许崇智电请令汪精卫、居正(字觉生)速来闽。(张世福主编:《一九二二至一九二三年孙中山在沪期间各地来电汇编》,第43页)

△ 许崇智来电,报告职部开动情况。(张世福主编:《一九二二至一九二三年孙中山在沪期间各地来电汇编》,第19页)

△ 黄大伟来电,汇报与各方团结事及赴沪休养打算。(张世福主编:《一九二二至一九二三年孙中山在沪期间各地来电汇编》,第75页)

△ 原讨贼军第十三路军负责人张祖杰来函,陈述在粤经历并告流寓杭州之困状,请命愿效驱策。函中大意:个人先在广东四邑担任讨贼军第十三路军军务,部队为陈炯明解散;后组织粤军新编队,将占据恩平、开平之莫荣新赶跑,惜所部又被陈逆吞并;拟在广州袭击黄沙车站,事泄潜逃,落难杭州。经此诸役,折兵破财,"万分困乏,几有朝不保夕之叹",希望得到垂悯关照。值此北伐军进军福建之际,自愿潜行回粤,以再图讨贼,只是"以旅况艰难,有志未逮,每一念及,抚髀兴嗟,用特历陈下忱,如有可供奔走之处,付乞附加驱策,俾效微劳"。批复云:"代答,嘉慰,并着他对于广东军事仍与林树巍交涉便可。"(《张祖杰上总理函》,环龙路档案第02476号)

10月19日 邓泽如等在香港组织驻港办事处,策划讨伐陈炯明。

邓泽如、古应芬、林直勉、林树巍、李文范等商定在港组织国民党驻港办事处,处长推胡汉民遥领,设三科,每科置主任一人。第一科负责联络,推古应芬担任;第二科负责军事业务,推林直勉担任;第三科负责经济的运动与收支业务,推邓泽如担任。分函寄海外各埠同志,速筹巨款以助讨逆军饷糈。(邓泽如:《中国国民党二十年史迹》,第271页)

△　批示勉励廖湘芸报告联络驻桂军事情形。

前大本营参军、第二路游击司令廖湘芸上书报告驻桂各军近况及其联络情形,孙中山批复:着他努力进行,随时报告。(罗家伦主编、黄季陆增订:《国父年谱(增订本)》下册,第1013页;"中华民国"各界纪念国父百年诞辰筹备委员会学术论著编纂委员会主编:《国父年谱》下册,第864页)

△　许崇智电请转告汪精卫、蒋介石安排接船。(张世福主编:《一九二二至一九二三年孙中山在沪期间各地来电汇编》,第21页)

△　星洲中国国民党分部党员钱开云、陈明猷等来函,报告亲陈炯明之邓本殷派陈凤起四处掳勒,抢劫其家乡琼山县东第十八区会文市附近之沙港村,残害国民党人,有冤无处申,特上书希望"恳请查核。异日恢复广东希迅将邓本殷、陈凤起等拘案究办"。

批复:"代答:俟恢复广东照办。"(《钱开云陈明猷上总理函》,环龙路档案第02326号)

同年10月26日,新加坡党员林克谐在来函呈报办党经过情形之余,陈述同一地方党员之家乡遭军队抢掠勒赎,"乞存案核办,痛斥逆贼无道"。

批复:"代答:惋惜,并云俟平陈贼后当严办。"(《林克谐上总理函》,环龙路档案第07446号)。

10月20日　致函四川省长兼总司令刘成勋,告川局奠定,应着手由军事转向实业建设。

函谓:"欲图长治久安之道,必舍武力而趋实业。前日所谈,闻已由育仁诸人详电陈述,此要视兄等决心如何,始有办法。前题既决,则不难以专门名家,详其计划,复以现有兵力为之保障,相得益彰,内争之端,自不难无形消弭。公私之便,无逾于斯,此真足为四川开一新纪元者。"(《复刘禹九》,《中央党务月刊》第9期,第10—11页)

△　复函刘介藩,告以闽省军事形势乐观,利于进攻粤城,北方援闽因内讧不足为虑。

函谓:"汝为诸军已占领闽省,国事当益可为。又舒百川诸人相助为理,不致如报纸所传之杂糅。此间并已派精卫、介石、觉生诸人前往辅襄,大可据是以攻粤城。北庭日言援闽,而苦无办法,未足深虑。彼辈内讧,虽曹、吴有釁隙,他便无论矣。"(《致刘介藩函》,《中央党务月刊》第9期,第12—13页)

△　复函周震鳞,勉其起而倒赵恒惕,并告以湘军要能奋起,首在消弭恐惧吴佩孚之观念,此比款事重要。

函谓:款事刻不能办。然"湘军之能否奋起,首在消弭其惧吴之念,确知直军不能深入,然后乃有敢为之气,款饷似犹其后也"。并分析吴氏不可怕的原因,谓:"知洛吴四面楚歌,不能专力对湘,众志一决,则崛起倒赵不难。款项不过为辅助之一种,且现役军队尤非恃此为急。至冀执事于此先决问题,加之意也。"(《致周道腴函》,《中央党务月刊》第9期,第16页)

△　委任黄复生为缅甸筹饷委员长。(《任黄复生为缅甸筹饷委员长状》,中国国民党中央委员会党史委员会编订:《国父全集》第4册,第425页)

△　许崇智来电,请转鲁贻是否愿出任闽省民政署长官。(张世福主编:《一九二二至一九二三年孙中山在沪期间各地来电汇编》,第25页)

△　居正呈拟任周雍能为国民党总务部干事,请予批示。(《请委任周雍能为总务部干事上总理呈》,陈三井、居蜜主编:《居正先生全集》中册,第331页;《总务部长居正上总理呈》,环龙路档案第12059号)

△　冯成蹊来函,述陈炯明反对北伐之因果及国内局势与解决办法,并愿意协助筹饷,为党出力。

函中大意:个人弃兵从学,以为将来更好为党国服务;陈炯明破坏北伐大好时机,其所以敢如此,主要原因在于打着"利害问题""地利问题""自治问题"三张牌。对于国事,提出如下五个建议:"(一)补助真正护法派,以伸中华民国之正气。(二)计存许部之师,以俟其发展。(三)厚集兵力,以辅政略之进行。(四)与洛吴作一时之联络,以绝陈氏之后援。(五)以较精悍之文字,以揭联省自治之弊害。(六)以纵横之术联络党派。"关于南洋募捐,虽受橡胶价格影响,但民气可嘉,"如派能员前来,动之以感情,激之以大义,饷项问题或能为之相助也"。至于个人愿意为党效力,如蒙任用,自当弃商业从军旅。自荐具备多方面才能,在"宣布德音或作筹饷、诸贤之响导等口舌之间,自信颇能致力也"。(《冯成蹊上总理函》,环龙路档案第 02004 号)

10 月 21 日　报载闽省萨镇冰为省长一职之事不被承认,须待孙中山加以任命。(《徐许不承认萨镇冰为省长》,《京报》1922 年 10 月 21 日,"中外要闻")

△　派汪精卫到福州。(广东省档案馆编译,《孙中山与广东:广东省档案馆库藏海关档案选译》,第 425 页)

△　李福林来函要求添购枪支。函谓"万恳钧座无论如何,添购二三千杆,发给职部以厚兵力,而备驰驱"。("中华民国"各界纪念国父百年诞辰筹备委员会学术论著编纂委员会主编、中国国民党中央党史史料编纂委员会编:《国父墨迹》,第 456 页)

△　黄大伟来电,报告接管福州工作及个人苦劳。(张世福主编:《一九二二至一九二三年孙中山在沪期间各地来电汇编》,第 69 页)

10 月 22 日　函告吕超、邓锡侯、田颂尧等人,将派戴季陶赴四川,与其等讨论实业救川计划,要有决心推进。

是日,复函吕超、田颂尧、黄肃方、刘成勋、但懋辛、邓锡侯、赖心辉、陈洪范、刘斌、石青阳、余际唐、夏之时、向楚等,谓:"川局粗安,欲图长治久安,则当以图发展者谋善后。近代世界宏规,盖以实业为首。川省地大物博,为全国冠,以此图治,何功不成?顾视诸兄等决心为何耳!"又云:"顾兹事体大,非楮墨所能详尽,将派戴季陶君入川,与诸兄面究,惟进教不宣。"(《致田颂尧函》,《中央党务月刊》第 9 期,第 15 页)10 月 30 日,命戴季陶入川抚慰各军。(刘绍唐主编:《民国大事日志》第 1 册,第 223 页)

△　复函石青阳,命出兵助图湘,以解谭延闿之难。

函谓:"前数日间,汝为诸军已占领闽省,大可据以攻粤。曩时计划图湘,组菴、沧白皆望兄出兵助之,以鼓湘军之气;闻兄亦尝有斯志,函允组、沧。今已入于实行期间,至盼兄速为筹备。如已决行,文亦当筹开拨款费,汇寄来川。""此时湘中人士已视兄之能否助力,以为进止,组菴尤日夜企盼复音"(《致石青阳》,《中央党务月刊》第9期,第12页)

　　△　廖仲恺就借款问题来电。谓"借款案文日交去,现在研究中。内阁无能,政党外交均趋保守,军阁势衰,恐终失望"。(张世福主编:《一九二二至一九二三年孙中山在沪期间各地来电汇编》,第369页)

　　△　菲律宾第一支部戴金华来函,报告在菲筹款不易情形,并托戴愧生赴沪之便,进行拜谒。(《菲律宾第一支部戴金华上总理函》,环龙路档案第08497号)

　　10月23日　致函张开儒,告以委派邹鲁赴香港,商议讨伐陈炯明等问题。

　　是日,函告广西滇军总司令张开儒,谓:"兹特派邹海滨兄回港与各方面策应接洽。海滨于民党屡次图粤,皆有力量,且深知粤桂军之情,而与刘显丞深交,当我军东西并进之时,故使在港沟通一切,妥为照应。用特专函告知,即乞时与接洽为荷。"(《复张开儒》,《中央党务月刊》第9期,第10页)26日,正式派邹鲁为驻港特派员,邓泽如为理财员,嘱二人相为助理,调和各人意见,以期速达灭陈目的。(邓泽如:《中国国民党二十年史迹》,第272页)10月31日,电召邹鲁由北京来沪,授以大总统驻港特派员职务,主持调集各军,声讨陈炯明,克日登程。临行,问:"授汝重责,若干时可达任务?"邹答:"一个月筹款,一个月进行,两个月足矣。"是日,邹鲁抵港,李文范偕行,邀邓泽如、林直勉、林树巍、胡毅生、范其务、萧冠英开会商议进行事宜。滇桂军将领杨希闵、刘震寰、蒋光亮、刘玉山等均派代表来港接洽。李烈钧、古应芬、吴铁城、谢良牧、谭启秀、廖湘芸、魏邦平等均分头进行。邹鲁并致书陈炯明,促其及时觉悟,撤出东江,否则即以兵戎相见。(邹鲁:《中国国民党史稿》,第1132—1133页)

　　△　复函谢持,望在北京伸张正气,扩张党势。

函谓:"手书暨卢生报告均悉。洛事所见极是,自当酌量办理。北方党务,极须注意,切望设法推广党势,俾厚基础。"(《复谢惠生》,《中央党务月刊》第 9 期,第 9—10 页)

△　委任何侠为军事咨议。("中华民国"史事纪要编辑委员会编:《中华民国史事纪要(初稿)——一九二二年七至十二月》,第 809 页)

△　王永泉来电,反对黄大伟部占据闽省军政机关。(张世福主编:《一九二二至一九二三年孙中山在沪期间各地来电汇编》,第 105 页)

△　张启荣来函,请速接济滇军,以破陈炯明西和东拒之计。

滇军张开儒以派员前往上海日久不得要领,又派代表到香港接洽。滇军目前进驻西江平南等地,地瘠民贫,军饷无着;加以陈炯明暗中运动,恐生变故。现值闽局进展顺利,粤局正当用兵以为许崇智军东归之助,认为对张氏所部劲旅"似宜速筹接济补充服装,令其待机下梧取肇,以破陈逆西和东拒之计,方为得策"。

批复:"代答,滇军已有滇中同志接洽以复,不必转接矣。"(《张启荣上总理函》,环龙路档案第 11979 号;"中华民国"各界纪念国父百年诞辰筹备委员会学术论著编纂委员会主编、中国国民党中央党史史料编纂委员会编:《国父墨迹》第 446 页)

次日,张启荣再次来函,报告张开儒所部滇军宜筹备巨款,以讨陈炯明。批复:"代答,接洽滇军事已交朱培德办理,着前途就近磋商可也。"(《张启荣致总理函》,环龙路档案第 11980 号;"中华民国"史事纪要编辑委员会编:《中华民国史事纪要(初稿)——一九二二年七至十二月》,第 817—818 页)

10 月 24 日　派梁鸿楷兼高、雷、钦、廉各军总指挥。(刘绍唐主编:《民国大事日志》第 1 册,第 222 页)

△　粤军总司令部审讯炸弹案疑犯西人狄克博、陈英侠。前者称经伍廷芳介绍与孙中山有交往,但不认识许崇智、李福林等部下,拒绝审讯签字。

炸弹案嫌疑犯狄克博、陈英侠自前日解往粤军总司令部后,即羁押于天平街宪兵营部内。24 日下午始提往军法课审讯。据狄氏之供辞称，四十八岁，德国人，前于 1911 年往美国，1924 年由美往俄，后到中国山东、山西等处已近二年，但到广东则不过七个月。法官问：你识许崇智否？答：不识。问：汝此次何以助孙中山？答：我并非助孙中山，不过是欲求孙中山助我。问：你欲求孙助汝何事？答：求孙相助之事甚多。问：你不助孙，何以你竟收藏炸弹？答：我亦不知炸弹来自何处，或是一童子带来。问：你何以识孙？答：由伍廷芳介绍。问：你最后一次见孙系在何处？答：在黄埔。问：你见孙共有几次？答：共三次。问：你见他多次何故？答：前已谈过因欲求他助我。问：汝何以单独求他帮助？答：因是好友。问：孙后如何？答：自孙去后即转求伍廷芳相助，不料伍氏已死了。故往民国医院当医席。问：你识李福林否？答：不识。问：汝不识李、许等，何故欲往北江？答：系因孙中山与我手令，嘱往北江见李。后因军事断绝交通，故未能往。因此，始终不识李、许，且未尝见过两人。狄氏谓此供词错误甚多，决不承认，遂不同意签字。(《总部审讯狄克博情形另述》，《香港华字日报》1922 年 10 月 26 日，"粤闻")

又据报，日前江防司令部拘捕民国医院西人狄克博、陈英侠二人在部讯问，一过即录代解送总司令部。"所有在院内拾获之炸弹钢壳及各种药物，以及各往来密函均并解送总部。函件中有孙中山及各党人由沪港澳发来要函。""现官厅皆严守秘密，不肯发表。俟解总部后，再事研讯即能得实。现总部已由军法课长李心镜讯辩，大约将认为军事犯。"闻内中人言，"刻下审讯注意得其党人姓名机关，暂时断不能予执行刑法"。(《炸弹案之任供近志》，《香港华字日报》1922 年 10 月 26 日，"粤省新闻")

10 月 25 日　与即将北行的张继谈论使国会合法、总统选举等时局意见。

张继奉孙中山之命赴洛阳、保定与吴佩孚、曹锟会晤。张离沪前，孙与他谈关于时局的六点意见，分别是："(一)国家建设问题。中国国民全部,应具有法国革命及明治维新时之气魄与努力。(二)国家改造有两种机关,一为合法国会,二为非常机关。目下北京国会不合法,不能得国民之尊重,故使国会合法,为今日之急务。(三)总统问题。黎元洪三叛民国,以如此之人,身居要位,为国民元气不振之原因。总统不论为何人,须由合法国会选出。(四)县民自由。县由县民组织。县之自由,为确定人民发布号令主权之基础,县知事民选。(五)工兵政策。变兵为工。(六)防止国内战争。奉直调和,为目下之急务。"(《张继所述孙文对时局意见》,天津《益世报》1922年10月27日,"要闻")

△　港报载徐谦北上与各方联络情形,并乘机宣传工兵主张。

日前,徐谦奉孙中山命北上联络曹锟、吴佩孚、冯玉祥等及北京王宠惠、蔡元培等民党要人。期间,徐乘机宣传孙中山的工兵主张,徐曾对吴佩孚称"兵工主义确是救国办法,中山但为倡义者,实行仍在握有兵权者。甚望提倡,即此是救国"。吴对徐所言,均听之不倦。故徐称:吴谓其能尽言,并对吴声明,以现政府非依法组织,其本人决不愿入阁。(《徐谦北上之情形》,《香港华字日报》1922年10月25日,"中外要闻")

△　福建省议会来电,反对设立建国军制置府。(《闽议会反对小徐举动》,长沙《大公报》1922年11月2日,"中外新闻")

△　林森来电,谢绝出任福建省省长。(张世福主编:《一九二二至一九二三年孙中山在沪期间各地来电汇编》,第125页)

△　梅光培因闽省财政匮乏,电请"即给现款二万元,以维现状"。(张世福主编:《一九二二至一九二三年孙中山在沪期间各地来电汇编》,第135页)

10月26日　许崇智在汪精卫等招待宴会上讲话,称奉命征赣、援粤讨逆。

略谓:自己不过执行孙总统征赣、援粤两道命令。"征赣甫将成功,遽奉援粤之令,虽迄未在粤得手,但终必有以报总统。渠未有攻闽之命,第李厚基助陈炯明为虐,故不得不次第除之。将士用命,殊可感激,当呈明总统,以□其功。"(《孙中山代表在闽演说》,《申报》1922 年 10 月 29 日,"国内要闻")

△　《香港华字日报》载文,许崇智攻占福州后,李厚基势力锐减。出现许崇智、徐树铮与萨镇冰为代表的本土三股力量,目的不同,彼此角力,福建问题成为中外焦点,与时局关系甚大。

文曰:"盖许之目的在对粤,徐之目的在对北。其不欲逆闽人治闽之潮流,以与萨镇冰立于绝对反对之地位,当可想见。职是之故,许、徐之自为谋,必将一面利用忠厚长者之萨镇冰,直接以和缓闽人,即间接以和缓北方。一面则谋握闽省军政财政之实权,居其实而避其名,而以闽为作战之根据地。而其苦心孤诣,尤在暂时减轻保洛对闽之敌视,使得从容不得布置。"(惠风:《福建问题与时局》,《香港华字日报》1922 年 10 月 26 日,"论说")

△　刘成勋来电,谓"当此转危为安之秋,望先生勿稍灰心,力持救国大计,猥加指导"。(《刘成勋致孙先生电》,上海《民国日报》1922 年 11 月 13 日,"要闻")

△　王永泉来电,谓"闽中事现正竭诚疏通,当不致发生意外,且得精卫、觉生诸先生居间排解,自应同归一致。知关廑注,特电禀复"。(张世福主编:《一九二二至一九二三年孙中山在沪期间各地来电汇编》,第 107 页)

△　居正来电,汇报抵达福州三日后所见所闻,并称"十五万赏金尚无着落,钧座如能设法,请准照培兄电办理"。(张世福主编:《一九二二至一九二三年孙中山在沪期间各地来电汇编》,第 101—102 页)

△　居正来电,询问"委令充福建讨贼军总指挥许春草,颁给关防一方,式较总统印尤大"之公文是否属实。(张世福主编:《一九二二至一九二三年孙中山在沪期间各地来电汇编》,第 103 页)

△　居正就讨贼军军旗青天白日图案来电,"恳钧座电令二、三各军一律通用,以壮声色,而一军心"。(张世福主编:《一九二二至一九二

三年孙中山在沪期间各地来电汇编》，第 103 页）

10 月 27 日　朱培德来函，报告由桂林启行与张开儒部会合。

滇军总司令朱培德由桂林上书，谓："近因藻林在桂平地方，屡次来缄，促职部前往联络，未便再延；加以沈（鸿英）军由赣返桂，现已行抵江华，叠电职部表示和好。然两军逼处，旨趣各殊，纵能暂泯猜忌，终多障碍之处，准于即日内由桂启行与藻林会合。"并托议员陈绍虞来沪面陈，即给以接见。（罗家伦主编、黄季陆增订：《国父年谱（增订本）》下册，第 1016 页；"中华民国"各界纪念国父百年诞辰筹备委员会学术论著编纂委员会主编：《国父年谱》下册，第 867 页）

△　任命伍汝康为两广监运使。宋子文为两广监务稽核所经理。特派廖仲恺兼大本营筹饷总局总办，邹鲁为会办。函湘军将领，救湘讨陈。（刘绍唐主编：《民国大事日志》第 1 册，第 223 页）

△　促郑占南筹讨陈军饷。（"中华民国"史事纪要编辑委员会编：《中华民国史事纪要（初稿）——一九二二年七至十二月》，第 837—838 页）

△　致函湘军将领鲁涤平、蔡钜猷等，以救湘讨陈之大义相勖勉。（"中华民国"史事纪要编辑委员会编：《中华民国史事纪要（初稿）——一九二二年七至十二月》，第 838—839 页）

△　许崇智等来电，请示闽省省长人选（林森——原注）及军民分治问题。（张世福主编：《一九二二至一九二三年孙中山在沪期间各地来电汇编》，第 27—28 页）

10 月 28 日　报载召集国民党南下，筹备联省大会，另组政府。徐树铮欢迎其赴闽酝酿联省政府。

孙中山力图再举，但对许崇智、徐树铮邀请入闽，十分慎重，仅派汪精卫、居正、胡汉民前往。但能否为容纳，尚不可知。日来已分电"在京之护法议员与民党政客（除留一部分在京，争执法统外）速行南下，筹备招集联省大会议，另组政府，以为解决南北纠纷之手续"。据长江各督电告，"均谓徐树铮欢迎孙文赴闽，与徐之赴沪，酝酿中亦为组织联省政府问题"。而卢永祥分兵松江亦与此有关。（《此后孙卢之行动》,《社会日报》1922年10月28日,"时评")

△ 旅沪赣人黄威等来电,谴责吴佩孚等指使蔡成勋祸赣。("中华民国"史事纪要编辑委员会编:《中华民国史事纪要(初稿)——一九二二年七至十二月》,第848—849页)

△ 许崇智、黄大伟、李福林等电告,已分别就任东路讨贼军总司令兼第二军军长、第一军军长、第三军军长。(张世福主编:《一九二二至一九二三年孙中山在沪期间各地来电汇编》,第29页)

△ 汪精卫电询是否宣言反对建国军政制置府。(张世福主编:《一九二二至一九二三年孙中山在沪期间各地来电汇编》,第85页)

△ 蒋介石电告是日就任东路讨贼军参谋长。(张世福主编:《一九二二至一九二三年孙中山在沪期间各地来电汇编》,第91页)

△ 古应芬来电,告请准以辞职等四事。"(一)感电敬悉。内部能包容一切,方易处事,芬非其手,但愿以个人为党尽力接洽,各事仍继续进行,惟乞准予辞退。(二)逆军续调钟、杨两部,由东江赴闽。(三)关国雄已死。(四)范志陆云,谭启秀已允担任。"(张世福主编:《一九二二至一九二三年孙中山在沪期间各地来电汇编》,第255页)古应芬请求辞职,实因与邹鲁有分歧。

△ 林义顺来函,告邵君往上海之便,顺便送上自制黄梨膏两箱,请查收。

批复:"作答。精卫、溥泉、觉生、展堂、仲恺、天民诸君均此致意。"(《林义顺上总理函》,环龙路档案第08860号)

△ 吉隆坡支部吴德卿来函,告以该支部曾助款支持陈炯明叛乱,希望照章改组,划清界限,但不愿脱离国民党党籍,"特用缄奉询能否允可"。(《吴德卿上总理函》,环龙路档案第06347号)

10月29日 黄隆生函告驻钦廉之陈炯明部属黄业兴,愿率部归诚。批复云:"作答嘉许,并云已着谢良牧与之接洽。"(《批黄隆生报告驻钦廉之黄业兴部愿来归诚函》,中国国民党中央委员会党史委员会编订:《国父全集》第4册上,第426页)

△　报载,张继奉命回访北方政要返沪后,发表谈话。

略谓:"此次余受中山先生之命赴南京、保定、洛阳,纯系报答孙岳代表曹锟、吴佩孚两君,温世珍君代表齐燮元君来沪慰问中山先生之礼。临行时中山先生嘱余答礼之外,可自由的与曹、吴、齐三君谈论国建设计划,不必涉及局部问题。"(《张继之行之全般报告》,长沙《大公报》1922 年 10 月 30 日,"中外新闻")

△　福建张贞等来电,"亟恳钧座迅任黄君展云为福建省长"。("中华民国"各界纪念国父百年诞辰筹备委员会学术论著编纂委员会主编、中国国民党中央党史史料编纂委员会编:《国父墨迹》,第 448 页)

10 月 30 日　云南讨贼军总指挥杨希闵复函,告已迎金汉鼎就任总司令职,并请迅予接济军费。

函云:入桂以来多次函电未达为恨,现已得悉所派黄衡秋传达之指示。认为"国事益棼,非贯澈主义由根本解决不足以收统一建设之功,尤非团结西南不足以达经略中原之的"。并报告所部行止,时驻扎在濛江一线,已与桂林朱培德部取得联络,并暂时被推代理张开儒因病所辞总司令之职,希望尽快迎来新总司令金汉鼎。一旦其就职后,即与许崇智等协商进攻广州,"东事不足忧也"。只是军需伙食甚形困窘,"尚祈迅予接济,俾士腾马饱,以壮军心"。(《杨希闵上总理函》,环龙路档案第 11975 号)

10 月 31 日　任命伍汝康为中央盐务督办兼福建盐务稽核所经理。(《任伍汝康为中央盐务督办兼福建盐务稽核所经理令》,中国国民党中央委员会党史委员会编订:《国父全集补编》,第 564 页,)

△　汪精卫、许崇智电告林森将任闽省长职,"请嘱展云兄速来,共同担任进行一切事宜,并请将子超被推电告华侨,鼓励筹款,并请其电贺"。(张世福主编:《一九二二至一九二三年孙中山在沪期间各地来电汇编》,第 87 页)

是月　请梅光培促黄大伟攻粤。("中华民国"史事纪要编辑委员会编:《中华民国史事纪要(初稿)——一九二二年七至十二月》,第 873 页)

△ 李福林、黄大伟来电,感谢接济军饷。(张世福主编:《一九二二至一九二三年孙中山在沪期间各地来电汇编》,第70页)

△ 徐树铮来电,请即与北京政府决裂,集会沪上,折中各种政治争议;组织联军,拥段、孙入京,大定天下;如有争议,愿意居间调停。

略谓:"树铮愿为举国人民向诸公泥首垂涕,以请诸公各捐旧怨,共策新猷。即与北京伪府断绝往来,通告外国,勿与交涉。公推浙江卢嘉帅、奉天张雨帅为领袖,联合有力各省区,选派廉正忠勇代表各二或三人,集议沪上,奉迎合肥段上将军移驻龙华,与中山孙先生朝夕晤聚,主持议局。所有历相争持之集权、分权、均权诸学说,自治、统一、联省各政论,折衷取舍,期易推行。斟酌国情,勿持成见,议有定章,即由与议各省区,抽调劲旅为联军,共推名将率之,护送段公、孙公入京,共践尊位,妙选贤良,合组政府,按照议定节目,切实践行。即以联军驻卫京师,保持根本,天下大局一举而定。此议未定以前,凡有旧嫌未释者,在北若奉、洛之争持;在南若许、陈之疾视,树铮不敏,愿以只身来往,居间调停。鼎镬在前,所不敢避;风尘舟棹,万里奚辞。是否可行,请径以商之浙奉,树铮静待指挥,备供奔走,惟诸公详察焉。"("中华民国"史事纪要编辑委员会编:《中华民国史事纪要(初稿)——一九二二年七至十二月》,第961—962页)

△ 滇黔桂联军中路总指挥官蒋光亮来函,推荐并派李伯涛赴沪晋谒,并报告其在粤运动与滇军合作详情,但因经费"殊形拮据,挪持无从",请即拨款助其成事。

批复:"作答:款已交邓、卢带去。此外,又托沈鸿英处挪借,以应发动之需。"(《蒋光亮上总理书》,环龙路档案第02941号)

11 月

11月1日 致函李庆标、黄壬戌等,望海外贤豪继续赞助饷糈,完成讨陈戡乱。

函中大意,讨陈义师进驻福州,大局初定,即将返粤戡乱。大军开拔,急需军饷供给,请李、黄二人"本爱国爱党之心,再为卜式输财之举",则戡乱目的,不难完全达到。(中国国民党中央委员会党史委员会编订:《国父全集》第3册,第836页)

△　戴永萃来函,叙述驻桂滇军与香港民党负责人联络情况,及其军饷物资援助成效不甚理想。据报告,张开儒所部滇军转战万里,饷项向无接济,服装已破烂不堪,忍饥受苦待援,请统筹兼顾维持。如果不及时解决,恐被与陈炯明有染的卢焘及唐继尧以金钱运动策反回滇,影响大局,"则陈逆西和东战之计一行,吾党其有豸乎"?(《戴永萃上总理函》,环龙路档案第11947号)

△　杨希闵、蒋光亮、范石生等来函,报告滇军内部情况以及其"驻桂、图粤、复滇三阶段"行动计划。表示服从孙中山指挥,期以与许崇智配合,实行"东西并举"图粤讨陈战略。滇军在金汉鼎总司令未到任以前,一切事宜公推杨希闵以总指挥名义暂为维持,并请筹济粮服药品。(《杨希闵范石生等上总理呈》,环龙路档案第11948号)

11月2日　致函蒋介石,介绍吴佩孚代表卢凤冈往见。

函中大意,吴佩孚代表卢凤冈来沪,熟悉北方吴佩孚情形,特介绍其与蒋介石见面,以了解详情。(毛思诚编纂:《民国十五年以前之蒋介石先生》第4册,第53—54页)

11月3日　汪精卫等来电,报告闽省政事和军情。

电文大意,徐树铮十分秘密离开福州,前往厦门,但此消息未确定。卢永祥派臧致平赴漳州接洽徐树铮,称绝不对许崇智、王永泉等采取敌视态度。王永泉将宣布制置府不在福州设立,将开会选举其为总司令兼督闽粤边防。如果江西北军入侵福建,则先攻江西,得手后旧历年内即回广东,"此时担任闽赣边防名义,以懈敌志"。(张世福主编:《一九二二至一九二三年孙中山在沪期间各地来电汇编》,第97页)

11月4日　批管鹏、李乃璟自安庆来函,准与由豫入皖之赵杰所部靖国军联络。

管鹏、李乃璟来函,报告赵杰所部靖国军自豫入皖,与其并无联络;是否加以援助以及如何用密码与沪联络,请提点具体办法。如有联络,"则用电文曰:'安庆民治报管速来';如无联络,则用'缓来'二字。"

代答批复:"可与联络。"(《管鹏等上总理函》,环龙路档案第00975号)

△　批廖湘芸来函,告以接洽驻梧州军队,可与港中同志联络。

大本营参军兼大本营第二路游击司令廖湘芸来函,承古应芬等公推接洽湘籍官兵,以事情关系重大,"诚恐力难胜任",已商请古等另推同志担任,自己愿意从旁赞助。对已有效联络的西江军队将继续极力进行,并表达忠心之意。

代答批复:"已悉。当就近与港中同志接洽进行便可。"(《廖湘芸上总理呈》,环龙路档案第11949号)

△　是日,派李烈钧和前任广州市长孙科乘船从上海到达福州。他们带去了任命徐树铮、许崇智和其他将军的委任状,并协助策划福建的军事行动。(广东省档案馆编译:《孙中山与广东:广东省档案馆库藏海关档案选译》,第426页)

△　任命邝金保为缅甸筹饷委员,陈辉石为筹饷委员。("中华民国"史事纪要编辑委员会编:《中华民国史事纪要(初稿)——一九二二年七至十二月》,第938页)

△　饶潜川来函,称推举林森为闽省长系知人善任。并报告当地党得以落成,前副部长唐钟霖功不可没,希望准许其回福建家乡省亲修墓,并拟与唐氏同行回国。

批复:代答。(《饶潜川上总理函》,环龙路档案第07447号)

11月5日　报载黎元洪派员来接洽将民政还诸闽人一事。(《黄陂关怀闽事》,《中华新报》1922年11月5日,"紧要新闻")

△　许崇智来电,请求设法让北方撤回入闽赣兵。谓江西军队侵入福建境内,阻挠回粤计划,请派张继赴保定、洛阳,接洽曹锟、吴

佩孚,"告以军民分治,无用兵理",且与国民党及福建全省为仇,皆非上策,请撤回入闽赣军为要。(张世福主编:《一九二二至一九二三年孙中山在沪期间各地来电汇编》,第33页)

△ 汪精卫来电,报告福建军政,并乘船回沪。

电文称,昨日福建开会,推举王永泉为福建总司令、臧致平为闽粤边防督办,萨镇冰职务因未获得一致同意,所以暂未发表。赣兵入闽境内,为免影响在闽粤军,所以闽赣边防督办未发表。汪精卫本人、居正明日搭乘"新丰"舰回沪。(张世福主编:《一九二二至一九二三年孙中山在沪期间各地来电汇编》,第89页)

△ 焦易堂自北京来函,请派于右任、张继或王用宾、王恒等得力人员来京办理宣传工作。认为文字宣传攻心优于武力战胜,在今日为尤紧要。北京报纸"多数肯为吾党宣传三民五权之主张者,与之联络亦可得其助力"。

批复:"党生代答,并酌量办理。"(《焦易堂上总理函》,环龙路档案第09146号)

11月6日 致函陈洪范、刘成勋,委派张左丞赴川,面告救国主义,建不朽之业。

函中大意,值此乱世,同人应持救国治世的主义,奋斗牺牲,各尽其能,建功立业。陈、刘等手握重兵,身居要地,"务望互相策勉",做长远规划,以图利于国家,"洵诸君子不朽之业也"。(《勖陈洪范救国治世函》《勖四川刘成勋为国立不朽功业函》,中国国民党中央委员会党史委员会编订:《国父全集》第3册,第837—838页)

11月7日 致电齐燮元、萧耀南,谴责北军捕杀国民党人,破坏和平。

孙中山在得知武昌杀金华衮、南京杀韩恢的消息后,即致电齐燮元、萧耀南,称自己来沪以后,已密令各省党员,停止军事活动,并与黎元洪、曹锟、吴佩孚、齐燮元信使往返,协商和平统一方法。不曾料到此时竟有人肆意捕杀国民党员,在中华民国为共和国家里,官吏却视百姓生命如草芥,令人痛心。"心所谓危,不敢不告,其何以示国人而销海内不平之气,唯两公实图利之。"(《孙中山为金韩被杀致齐萧电》,上海《时报》1922 年 11 月 10 日,"本埠新闻")本月 13 日,齐燮元来电,解释法办韩恢事,称此举"专为救济江北人民,免再遭彼荼毒,决无丝毫他意,可质鬼神"。(张世福主编:《一九二二至一九二三年孙中山在沪期间各地来电汇编》,第 171—172 页)本月 18 日,萧耀南来电,解释查办前在湘鄂赣三省毗连之临平、崇通一带土匪金华袞部。(张世福主编:《一九二二至一九二三年孙中山在沪期间各地来电汇编》,第 167—168 页)

△　海关档案载称,孙陈重新结盟之说不可靠。香港中文报纸报道,从革命党中获悉,陈炯明派广西财政厅长杨愿公去上海重新联合孙中山的消息不真实。陈是孙最为痛恨者之一。而且由于陈不顾公众反对,执意签订一项巨额借款,因而没有理由相信孙会同陈重新结成联盟。(广东省档案馆编译:《孙中山与广东:广东省档案馆库藏海关档案选译》,第 425 页)

11 月 8 日　复函杨希闵、张开儒,并给杨部以经费,嘱速图广东,援粤讨陈。

孙中山函广西滇军将领杨希闵、张开儒,望把握时机,速图广东。(《复杨希闵函》《复张开儒函》,《孙中山全集》第 6 卷,第 605—607 页)是日,邓泽如在港交付杨希闵代表黄实港币四万三千圆,广东银行券一万圆,携往广西,作为杨部滇军发动费。(邓泽如:《中国国民党二十年史迹》,第 273 页)

△　复函徐镜清,嘱速图闽南各处,化除畛域,合力讨陈。

函中大意,北方仍望李厚基部进驻厦门,估计一定与陈炯明部联合,福建南部各处将成为必争之地。希望前方将领努力奋斗,扩张军队势力。最近已改编粤军为东路讨贼军,以许崇智为总司令,节制各路军队。该军的主要目的,"在于一致讨贼,重整纪纲,务使化除畛域之见,相成而不相妨碍"。(《复徐瑞霖》,《中央党务月刊》第 9 期,第 18—19

页)

△ 护法议员驻京办事处来函,请求派人来京协助宣传。批云:"代答:日来甚困,俟筹有的款,当〔派〕张溥泉来京助理宣传。"(《批护法议员办事处函》,中国国民党中央委员会党史委员会编订:《国父全集》第4册上,第428页)

△ 报载粤军第七路司令黄强令焚毁孙中山所发军用票。

当孙中山在粤时,曾由大本营度支处印刊专用钞票,以作北伐军经费。北伐军携往江西行使,后经第七路司令黄强"截获黄大伟辎重内有此种钞票十数万,当即尽数焚毁"。目前尚存有此项钞票一百六十余箱,票价共值三千余万,黄强令人将此种钞票尽数运往广惠路第七路司令部前旷地,"发火焚毁,将之悉付一炬"。(《焚毁孙中山之军用票》,《香港华字日报》1922年11月9日,"粤闻")

△ 讨逆军第二路司令叶沾春等来函,公举刘百泉代替被害之韩恢担任讨逆军总司令,盛赞刘氏品行学识性情,请核准并请酌济饷款。还表示部队现在"暂取守势,一经潮汕苍梧告警,敝军决先收复广州以为声援,倘有迟误甘当军法"。

批复:"代答,此路可取消。"(《叶沾春等上总理函》,环龙路档案第02946号)

11月9日 陈楚楠来电,担心臧致平割据,并催汇办事机关款。谓臧致平部于7日晚击退敌军,缴获李厚基部枪支甚多,但臧未向许崇智报告战况,所以怀疑臧致平有割据之心。对此情况,许崇智昨已致电厦门,"派人各出,密探军情"。另外,厦门、漳州等处办事机关,屡次电请汇款接济。"虞夕臧缴李枪,高、李同逃,但许军长尚未接臧之电,此间颇疑臧有割据之忧。昨许军长嘱电厦,派人各出,密探军情,陆续通告。厦、漳等处办事机关,屡电催款,急请速接续汇来。"(张世福主编:《一九二二至一九二三年孙中山在沪期间各地来电汇编》,第15页)

△ 黄大伟来电,报告赣兵退出闽境。据称入闽赣兵已退回江

西境内;臧致平部 7 日晚击破敌军,缴李厚基部枪械甚多,李等逃往鼓浪屿,"审堂地方安谧"。(张世福主编《一九二二至一九二三年孙中山在沪期间各地来电汇编》,第 71 页)

△ 张继、谢持来电,谈及洛吴、北京政府、浙奉、闽局王永祥等内容。电文大意,"昨与亮、汉协商,停止对福建的军事援助,亮、汉声明愿对李厚基事负责。亮允任代表,要求开列具体办法并交由其提出。亮、汉并要求促徐谦就任司法长职"。来电指出,与浙江、奉天方面不宜有签字条约。越飞称俄国没有联合奉天的计划,要求派代表来北接洽。并提及夏芝芳代表王永泉与谢持见面,说王永祥"行动纯图缓兵,且与子荫龃龉,益自危,今陆张语渠,王须与李合攻粤,否则调兵他走"。但未提及王的兵力地位,王永泉认为王永祥"绝不背驰"。并与谢持商定,已电王永祥,嘱其与讨贼军合击李厚基,只是"此计应请孙先生裁夺,密令许崇智等办理,总宜乘机收王为我用"。(张世福主编《一九二二至一九二三年孙中山在沪期间各地来电汇编》,第 347—3481 页)

△ 拟任广东讨贼军第三军长梁柏明自香港来函,告已有效运动西江、四邑等地绿林及防军参加讨贼,请速颁发委任状,"以安部曲",树立威信。

批复:"作答:就近与胡文官长接洽。已办。"(《梁柏明上总理函》,环龙路档案第 02590 号)

11 月 10 日 复函王永泉,望与许崇智合力治闽,以慰所怀。

函中先向王永泉通报了最近军事消息,臧致平部已击溃李厚基、高全忠两部,入闽赣兵也将退回江西,福建局势即将平定。局势平定后,整理内部、贯彻主义等事至关重要,且甚为复杂。请王永泉与许崇智等通力合作,"必能和衷共济",措置裕如。认为王永泉平定福建后,威望大增,十分希望继续努力,发挥光大,"以慰所怀"。(《复王永泉》,《中央党务月刊》第 9 期,第 20 页)

△ 复函王懋功,望加强内部团结,合力图闽,以为讨陈后援。

函称已收到臧致平部击溃李厚基、高全忠两部的报告,知入闽赣兵即将退回江西。现与各方面都有所接洽,以期福建局势稳固,使"讨贼军将士心无旁挠,集中精力,以完未了之任务。"自己目前身居上海,"接济军实,有心无力,时以为歉";表示如有机会,当多参与谋划。此时内部团结最为重要,"得三军一致,同心戮力,则足以立于不败之地"。(《复王懋功》,《中央党务月刊》第9期,第19—20页)

△　徐瑞霖上书请肃清闽南残敌,孙中山批示:"努力进取。"("中华民国"各界纪念国父百年诞辰筹备委员会学术论著编纂委员会主编:《国父年谱》下册,第869页)

△　日本驻沪副领事田中、熙华德路五号日本饭店的米田以及日本律师菊池,前往法租界莫利爱路孙宅参加午宴。(《档案与历史》编辑部:《上海公共租界工部局警务处情报选译》,《档案与历史》1986年第3期)

△　报载汪精卫就奉命赴闽事与记者谈话。自称奉孙中山命令前往福建主要有两个任务:一为慰劳东路讨贼军诸将士"间关劳苦";一为与许崇智总司令等商量此后进行方针。现在任务已经完成,即将回沪复命。(《汪精卫先生由闽回沪之谈话》,上海《民国日报》1922年11月11日,"本埠新闻")

△　海关档案载称:据本地报刊消息,陈炯明委托钟鼎基作为代表谒见总统黎元洪和总理王宠惠,请他们任命陈氏为两广军务总监兼广东省省长。(广东省档案馆编译:《孙中山与广东:广东省档案馆库藏海关档案选译》,第426页)

△　蒋介石来电,请运来棉外套及卫生厚衣一万五千件,最近拟派人到上海购置工作器具,请代支约三千元款项。蒋并报告太宁、邵武各敌已退回江西境内,已听闻李厚基、高全忠确实败逃。(张世福主编:《一九二二至一九二三年孙中山在沪期间各地来电汇编》,第93页)

11月11日　报载孙中山改持联治主张,已派代表赴川省。(《孙文改持联治主张》《孙文代表已赴川省》,《满洲报》1922年11月11日,"论说")

△　杨大实来函,报告如下内容:东北各界拥护国民党者不断增加;袁金铠到北京与直派议和,并游说张作霖取消独立,服从中央,遭到拒绝;省长王永江、军界杨麟葛、政界佟得一等要人,"始终主张正义,保守信约",不为所动。王永江还说奉系与直系接洽不过是为应付起见,"嘱实专函先生,求为谅解"。

批复:"代答:函悉,以后要事仍望常常通报。"(《杨大实上总理函》,环龙路档案第 12619 号)

△　谢建诚函寄入党誓约一万张之收据,此据于 11 月 14 日收到。(《谢建诚致孙先生之收据》,环龙路档案第 10078 号)

11 月 12 日　任命周之贞为西江讨贼军司令。(《任周之贞为西江讨贼军司令令》,中国国民党中央委员会党史委员会编订:《国父全集补编》,第 565 页)

△　讨贼军南路别动队司令黄德来函,请接济所部军饷。(《黄德上国父报告南路讨贼军布署情形并请接济函》,黄季陆主编:《重建广州革命基地史料》,黄季陆主编:《革命文献》第 52 辑,第 407—408 页)

△　邹鲁电告所得厦门臧致平致陈炯明电详情。(张世福主编:《一九二二至一九二三年孙中山在沪期间各地来电汇编》,第 275—276 页)

△　张开儒来函,解释率部出滇黔参加北伐,之所以未能及时到粤效命,主要因为分别想做广西督军、广西省长之卢焘、范石生两人互相勾结阻挠坑害所致。指出卢焘已经归附陈炯明,请公开进行通缉,以"正彼误国家、误大局、误我公之重罪"。部队已经开到平南、濛江一带,"以待时机而听驱策",请迅速接济薪饷服装。(《张开儒上总理函》,环龙路档案第 11950 号)

△　赵士觐来函,告已自行筹备发难费,以声援返粤义师;发难反应后如何接济,请示知。

批复:"代答,发难后准由地方征发,入城后则由指定港商担任接济。信由直勉转。"(《赵士觐上总理函》,环龙路档案第 02652 号)

11 月 13 日　复函蔡钜猷、陈渠珍,告以在湘西从速起兵,讨伐赵恒惕之有利条件和意义。

函称赵恒惕昧于大势,假借联省自治之名,行地方割据之实,一意孤行,以致人心尽失。而且赵生性多疑,排斥异己,失败之日当为期不远。蔡、陈二人手握重兵,占据要地,起兵讨赵,民众必然起而响应。湖南战略位置重要,而湘西则为其重中之重,"统一南北,平定广东,均以解决湖南为急务",望蔡、陈二人从速讨伐赵恒惕。(《复蔡钜猷陈渠珍》,《中央党务月刊》第9期,第21页)

△　函示赵杰有关陈军情形。("中华民国"史事纪要编辑委员会编:《中华民国史事纪要(初稿)——一九二二年七至十二月》,第980页)

△　报载复函上海妇女节制会,称因公事繁忙,所以暂时捐款五十元,其余当再代为设法征募。(《中山赞助抚育工儿院》,上海《民国日报》1922年11月14日,"本埠新闻")

△　委任高发明为夏湾拿中国国民党分部正部长。(中国国民党中央委员会党史委员会编订:《国父全集补编》,第565页)

△　典的市分部长黄振之等来函,谴责陈炯明叛乱,表示彼间同志愿意追随孙,"誓死以赴"。并希望以后收到筹款及时回复。

函称:关于筹款,已经进行三次,只是前两次汇出后,收到与否,尚属未知,甚为挂念。如不及时回复,将会影响以后捐款的积极性,如第三次捐款,"观同志之热烈,愤逆贼之未除,而筹款成绩反逊于前",与此事不无关系。因此,专此上函,询问"二次电汇之款获收与否,务饬(林——引者注)焕庭君早赐一音,照示同志,俾全信实"。(《典的市分部长黄振之等上总理函》,环龙路档案第08498号)

△　刘玉山来函,报告已催派参谋长到沪晋谒,当面陈一切。滇桂联军移驻濛江,"静候钧命",但军粮军衣俱缺,恳请尽快拨汇接济。(《刘玉山上总理函》,环龙路档案第11992号)

11月14日　远东共和国与俄罗斯苏维埃联邦社会主义共和国合并。18日,越飞和远东委员团分别通知北京政府,远东委员团撤销,以后一切事宜均与越飞接洽。(陈锡祺主编:《孙中山年谱长编》下册,

第1523页）

△　批黄日权来函，嘱转致其父黄明堂坚持以待，以便讨贼。

黄日权、梁栋来函，报告黄明堂所部近况，缺衣少款，请接济一万元，并请函林俊廷协同黄部东下讨陈。来函大意：所部现散布桂南各地，或暂借林俊廷处栖身，或驻扎在马笃山，均缺衣少食；驻廉州白沙一带杨辟臣、刘朱华等部，屡屡面临邓本殷、黄强等运动收编，如无接济，恐有失劲旅之虞。所部无论为滇军后援或径返廉北，均需费用至少一万元，请及时接济，以免坐失戎机。另外，黄明堂总司令希望致函林俊廷总司令，饬令协同黄部东下讨贼。（《黄日权等上总理函》，环龙路档案第11989号）

孙得函请人代答批示："函悉，先生甚为喜尉〔慰〕，属转致（黄——引者注）明堂司令，坚持以待，得款则各路筹备，齐发讨贼。"（"中华民国"各界纪念国父百年诞辰筹备委员会学术论著编纂委员会主编、中国国民党中央党史史料编纂委员会编：《国父墨迹》，第450页）

△　许崇智来电，报告北京停止援闽说恐不可靠并告知陈炯明军事计划。

电文称，敌军常部占领光泽后，继续向前攻击推进。张亚伯来电，告以刘冠雄即将赴闽，据称直派决定援助福建，海军之所以未有动作，是因实力不足，并非采取中立立场。许军目前正在联系各处民军，以期行动一致。据其观察，"北京停止援闽之说恐难靠"。另据香港消息，陈炯明有以主力击破在桂滇军的计划。（张世福主编：《一九二二至一九二三年孙中山在沪期间各地来电汇编》，第37页）

△　黄大伟来电，感谢理解；并称拟克日处理悬赏费后，即来沪面见。（张世福主编：《一九二二至一九二三年孙中山在沪期间各地来电汇编》，第73页）

△　大本营参军兼大本营第二路游击司令廖湘芸来函，报告滇、桂军近情及办事处经费拮据。

函中大意：朱培德部已离桂林开往柳州方向，有回滇之迹象。胡庆巨函报陈炯明布防大概情形,特予转呈。滇军全部至濛江一带,刘震寰口头上始终拥护先生,"事实上代陈勾通滇军各部长官,双方敷衍,态度可疑"。"据报陈逆拟日内进攻滇军,即派人催令滇军通电讨贼或就地响应,并与温营长在港商定,一致坚定讨贼。办事处经费川资困难,影响对湘籍官兵的联络工作,正设法解决。"总之,西江方面讨贼大有跃跃欲动之势,"可否恳令许军同时举发,或如何策划之处,出自钧裁"。(《廖湘芸上总理函》,环龙路档案第 02343 号)

△　林文忠等来函,痛斥陈炯明叛党叛国,决意"追除陈逆",希望随时赐教,"指吾南针"。(《林文忠等上总理函》,环龙路档案第 08503 号)

△　雪梨支部党员陈安仁来函,报告寄上自著《三民主义之连环作用》一册,请求赐正。(《陈安仁上总理函》,环龙路档案第 13755 号)

11 月 15 日　在沪召集会议,审查国民党改进案。

孙中山在上海召集各省国民党同志五十九人,审查国民党改进案全案。修订告成,推胡汉民、汪精卫为宣言起草人。(邹鲁:《中国国民党史稿》第 1 篇,第 306 页)

△　举行家宴,欢迎徐绍桢、杨度以及在保定府完成使命回沪之廉南湖。(《档案与历史》编辑部:《上海公共租界工部局警务处情报选译》,《档案与历史》1986 年第 3 期)

△　批张开儒来函,嘱与邓泰中、卢师谛协商接纳粤军投诚问题。

张开儒来函称,其部已开至濛江一带,听候孙中山调遣。近日其旧部之步炮将士散布于粤军中者,及滇籍军官率部分粤军约八九营之众前来输诚,愿意听从开儒指挥,只要"衅端一起,即倒戈攻陈"。并派代表高致和前来觐见,请对投诚粤军有所接济。孙中山批云:"各事请与邓和卿(泰中)、卢锡卿(师谛)协商可也。"("中华民国"各界纪念国父百年诞辰筹备委员会学术论著编纂委员会主编:《国父年谱》下册,第 870 页)

△　批赵士觐来函,告以广州发难讨陈炯明部后之物资接济

办法。

广州军务事宜处长赵士觐上书,请示广州发难讨伐陈炯明部后的物资接济事宜。批云:"发难后准由地方征发,入城后则由指定港商担任接济。"(《批筹办广州军务事宜处长赵士觐函》,中国国民党中央委员会党史委员会编订:《国父全集》第4册上,第429页)

△　蒋介石来电,商讨许崇智部军事统辖,反对黄大伟回闽。(张世福主编:《一九二二至一九二三年孙中山在沪期间各地来电汇编》,第95页)

△　何成濬、蒋介石来电,商讨速令黄大伟离闽赴沪事。(张世福主编:《一九二二至一九二三年孙中山在沪期间各地来电汇编》,第99页)

△　山西万泉县王建元来函,抱怨民国之后,军阀穷兵黩武,南北分裂混战,建议由孙中山牵头召开和平统一会议:"敢请我公邀集南北要人、各方将士,捐除党见,同心协力,磋商和议,速谋统一";改变行政制度,"铲除各省之境域,即消洱无穷隐患,废省存府,直接中央,道为可存,作为军区",消灭藩镇割据,遣散各路军队,挽救国家于水火。最后,请求赐寄改组国民党党纲,以便阅读。

批复:代答。(《王建元上总理函》,环龙路档案第13937号)

△　党员庄廷芳等来函,已组建厦门支部,"分途广招新党员",请寄来支部通则、誓约证书、《国民党通讯》及《民信日刊》等文件报纸,以便参考。(《庄廷芳等上总理函》,环龙路档案第13303号)

11月16日　致函加拿大顷士顿,切望竭力资助讨伐陈炯明。

函谓:国民党一直以来,救国多赖于海外同志资助,加拿大方面,供款尤其积极,综计贵分部党员捐款额数,"允称属中巨擘,热诚毅力,钦佩奚如"。又云:救乡救国,不甘后人,出力出财,各宜尽责。况且此次再讨陈逆,胜败结果,"实关于国运之隆污,正义之消长,凡有血气,自应被发缨冠,赴兹急难"。(《致加拿大顷士顿同志函》,《孙中山全集》第6卷,第612页)

△　在上海寓所举行家宴,招待段祺瑞的使者何全勋。当晚来

客还有吴光新、徐树林、虞仇、居正等。（《档案与历史》编辑部：《上海公共租界工部局警务处情报选译》，《档案与历史》1986 年第 3 期）

11 月 17 日　派黄复生赴缅甸、印度各埠筹饷。

是日，黄复生奉命由沪起程赴仰光、加尔各答等地筹款。前后历时三月，筹款六万盾，所经各埠，侨胞莫不表示竭诚拥戴孙中山。（《国民周刊》第 1 卷第 5 号）

△　黄大伟来电，汇报在闽因"粤军名义偏于一省，未免有狭隘之嫌"，不足以代表国民党军队和当地防军，于是改粤军第一路军为国民军，用青天白日旗帜，自己暂任令总司令，将所部编为步兵五旅。（张世福主编：《一九二二至一九二三年孙中山在沪期间各地来电汇编》，第 65 页）

△　谢持来电，报告与张继接洽孙丹林、蔡元培，以阻止北兵入闽等事。

电文大意，一，某亲近萨镇冰要人致电孙丹林，催其下令攻击许崇智部。现许军陆战队四五千人驻扎城内，与海军协力，足以御敌。孙丹林"暂缓决裂，但若许与徐合则击之"。二，孙丹林决定除掉吴景濂，否则推翻国会。三，谢持与张继昨日访王宠惠，商议阻止北方军队援闽事。现在张继与孙丹林、蔡元培均有接洽，蔡已致电吴佩孚，请中止派兵入闽。孙丹林则告蔡元培八项消息，主张吴佩孚与孙中山联合。四，张继明日赴沪。五，催促邹鲁汇款来沪。（张世福主编：《一九二二至一九二三年孙中山在沪期间各地来电汇编》，第 345 页）

11 月 18 日　国民党总务部长居正来函，请委田铭章为黑龙江支部筹备处处长。（《总务部长居正上总理呈》，环龙路档案 12502）是日，批复同意居正呈文推荐，委任田铭璋为中国国民党黑龙江支部筹备处处长。（"中华民国"各界纪念国父百年诞辰筹备委员会学术论著编纂委员会主编：《国父年谱》下册，第 870 页；《请委任田铭璋为黑龙江省支部筹备处处长上总理呈》，陈三井、居蜜主编：《居正先生全集》中册，第 332 页）

△　黄大伟来电，告称准备日内来沪。（张世福主编：《一九二二至

一九二三年孙中山在沪期间各地来电汇编》,第67页)

11 月 19 日　复函李福林,望与林森在闽妥筹解决讨贼军饷。

函称自己到沪以来,失去策源地,军饷只能依赖海外汇款援助,所获十分微薄,但接济十分重视,未尝一日忘怀。福建富庶,整理财政得当,则可获得充足款项,供给军饷,以助完成讨贼任务。务请与林森"尽心筹划,以充军实"。(《复李福林》,《中央党务月刊》第9期,第22页)

△　致函林驹,嘱支持李福林,完成讨贼任务。

函称李福林军已编为东路讨贼军第三军,任命林驹为旅长,希望名副其实,认真管束部下,"以大义相激发,卒成讨贼之功,完救国之愿。是所至嘱"。(《致林驹》,《中央党务月刊》第9期,第22—23页)

△　电阻蒋介石离闽,嘱克服一切困难,完成回粤讨伐陈炯明任务,并论及蒋赴俄考察以及联俄联共问题。

蒋介石任东路讨贼军总司令部参谋长后,曾致函居沪的胡汉民、汪精卫,表示工作有困难,称"十日内如无进步,则无论如何,将去而返沪"。孙中山即复电:"接函甚愕。我以回粤讨贼重任,托书汝为与兄,无论如何困难,总须完此任务,方能释肩,万勿轻去,以致偾事。如有阻力,当随时为兄解除。"(毛思诚编纂:《民国十五年以前之蒋介石先生》第4册,第55页)

11 月 24 日,再致函蒋介石,鼓励其要坚强意志,留守福州;并论及蒋赴俄考察以及联俄联共问题。

称已阅蒋介石致胡汉民、汪精卫的书信,不满信中"十日内如毫无进步,则无可如何"等提法,斥责蒋氏辜负重托,并加以开导,"夫天下之事,其不如人意者固十常八九,总在能坚忍耐烦,劳怨不避,乃能期于有成"。如以十日内无进步为由而不做事,那将一事无成。望蒋"切勿稍萌退志,必期达灭陈之目的,而后乃能成一段落"。

随后,孙中山在函中谈到与苏俄及共产党联络事。谓蒋介石希望赴莫斯科学习、考察军事，自己在上海已向苏俄代表请教过军事经验，并"已大得其要领"。其中困难甚于在福州谋划军事，难怪中国有志之士前赴莫斯科考察，大多乘兴而去，败兴而返。虽然可以得到一些途径和办法，但关键还是得靠自己有实力和根本依托。俄国人、共产党加入国民党以及统一西南需要广东，均可作如是观。"吾幸而得彼津梁，从此日为接近。然根本之办法，必在吾人稍有凭借，乃能有所措施。若毫无所藉，则虽如吾国之青年共产党与彼主义完全相同矣，亦奚能为？所以彼都人士，只有劝共产党之加入国民党者，职是故也。此可知非先得凭借不可，欲得凭借，则非恢复广东不可。此次广东一复，则西南必可统一，如是便可以西南数省为我凭借，则大有办法矣。"（毛思诚编纂：《民国十五年以前之蒋介石先生》第 4 册，第 56—59 页）

△　前国民党福建莆田支部总干事林允恭来函，请赐国民党党纲一册，并指导设施方略，以便有所遵循。（《林允恭上总理函》，环龙路档案第 13335 号）

11 月 20 日　复函黄隆生，嘉慰郭某运动黄业兴率部附义讨陈。

函谓："郭君来，得诵手书，备悉黄军款附，极慰。此固由我兄与郭君介绍之力，而黄君见义勇为，能结吾党于失败之后，尤足感念。""使得大勇如黄业兴者，传檄一呼，应者必众，陈逆之亡可翘足竢也。陈逆多行不义，已为南北所共弃，今复野心勃发，倾全粤以图闽桂；闽桂之战起，粤防必空，此殆所谓天夺之魄邪？扶义而起，此其时矣。"（《复黄隆生》，《中央党务月刊》第 9 期，第 21 页）

△　复函徐瑞霖，告以闽事复杂，必须团结合作，大局为重，方能解决问题。

函谓："闽事复杂已极，危机四伏，计惟有团结各部民军与东路讨贼军一致进取，庶能立于不败之地。外寇方炽，我军宜处以大度，勿争得失于一隅，致同舟树敌。"（《复徐瑞霖》，《中央党务月刊》第 9 期，第 22 页）

　△　上午,谭延闿到莫利爱路孙寓所拜访。(《档案与历史》编辑部:《上海公共租界工部局警务处情报选译》,《档案与历史》1986年第3期)

　△　许崇智来电,请从优抚恤前该部代理步兵第七旅旅长改充第一支队司令何梓林,并颁恤典。(张世福主编:《一九二二至一九二三年孙中山在沪期间各地来电汇编》,第45页;桑兵主编,谷小水编:《各方致孙中山函电汇编》第6卷,第475—476页。)

　△　张绍曾来电,呈请黎元洪迅予开去其陆军总长署职。("中华民国"史事纪要编辑委员会编:《中华民国史事纪要(初稿)——一九二二年七至十二月》,第1055页)

　△　浙江王之恩来函,索要《建国方略》等书籍。(《王之恩上总理函》,环龙路档案第01219号)

　△　曾甦汉来函,请抚慰并照顾来沪之革命家属邓惠芳之生活,以免流离失所。(《曾甦汉上总理函》,环龙路档案第01839号)

　△　陆军少将张鉴唐来函,原拟参加徐树铮在福建成立的军政府,因路远音隔,且发生变故,未能赶上而失联。为联系,特修书一封,烦代寄或递交徐树铮。(《张鉴唐上总理函》,环龙路档案第13292号)

11月21日　函蒋介石坚守福州,努力恢复广东。(刘绍唐主编:《民国大事日志》第1册,第225页)

　△　委任黄德源为仰光中国国民党支部正部长,李庆标为副部长;梁卓贵为评议部议长;陈辉石为党务科主任;朱伟民为宣传科主任;陈东平为会计科副主任;许寿民为干事。("中华民国"史事纪要编辑委员会编:《中华民国史事纪要(初稿)——一九二二年七至十二月》,第1052页)

　△　朱和中来函,报告北方政局并条陈军事、用人计划。

　函中大意:关于北方政局,矛盾纷繁复杂,主要表现在直奉和议,拥护曹锟为总统,而吴佩孚与曹锟有冲突。国会与内阁冲突之制造,使曹黎势不两立;而罗文干案,更加深了国会与内阁矛盾。这些多与吴景濂为首的天津派的挑拨离间有关。

　关于孙中山长江军事方略,鉴于各方实际形势和互相关联,建议单方面进攻一省，不如分道并进：即"与其专攻一省以集吸赣、苏、皖、鄂四省之敌兵，不如赣、苏两省分道并进，同时进攻，如此则闽浙两军不致混淆"；对于福建，采取有条件交换，各从所欲办法。福建自治，海军自主，"以援助我军之兵力、饷械为交换条件，则闽局反以攻赣而解除一切纠纷"。

关于用人方面，宜采取"以中国之人才治中国，本国人才不足，尚须求才于外国"的原则。具体而言，秘书权力不能过大，所任职务不能过久。张知本可以用为法律秘书；谭延闿能够独当一面，可以担任长江方面以及内治诸大端任务；孙洪伊，有活动能量，但与段派不协，需要从中沟通；李烈钧、徐树铮分别为南、北方军兴主谋；钮永建也可以借重。至于其本人则忠于国家和孙中山。

批复："代答，各信收悉。"（《朱和中上总理函》，环龙路档案第 09190 号）

△　居正来函，请委张朝选、马文元、水楠为甘肃支部筹备处筹备员。

批复："准。文。"（《居正上总理呈》，环龙路档案第 11870 号）

11 月 22 日　国会议员焦易堂在北京活动，来函请求资助。批示："作答：现适奇困，俟稍宽裕，当为设法，望同志为国奋斗。"（《批焦易堂在国会奋斗情形函》，中国国民党中央委员会党史委员会编订：《国父全集》第 4 册上，第 431 页）26 日，又复函焦易堂，告财政竭蹶，"竟至无从筹措，深为廑念。此间适值奇困。莫能为力，尤所歉然。俟有机会当为设法，请勿为念"。（《复焦易堂》，《中央党务月刊》第 9 期，第 24 页）

△　黄实来电，汇报桂平张部五旅情况。（张世福主编：《一九二二至一九二三年孙中山在沪期间各地来电汇编》，第 263—264 页）

△　廖仲恺来电，请速令胡汉民访探浙江卢永祥，探询关于刘冠雄马江行之意图。（张世福主编：《一九二二至一九二三年孙中山在沪期间各地来电汇编》，第 13 页）

△　叶夏声来函，告知驻西江滇粤军的内部情形以及与香港联

络处联系之情况;并告以张开儒专候孙之动员令。

函中大意:驻西江滇粤有向东移动迹象,陈炯明以金钱运动范石生、金汉鼎等后撤;张开儒派人到港取款,仅领到军服;张开儒现尚得杨如轩、范石生等人尊重,"现专候先生之动员令"。其本人将在三月内来桂直到平南,传达孙中山命令。(《叶夏声上总理函》,环龙路档案02344)

11月23日　报称陈炯明对闽取缓和态度。(《陈炯明对闽决取缓和态度》,《京报》1922年11月23日,"中外要闻")

△　委任叶独醒为宿雾中国国民党支部总务科正主任,林不帝为会计科副主任。("中华民国"史事纪要编辑委员会编:《中华民国史事纪要(初稿)——一九二二年七至十二月》,第1067页)

△　王懋功来电,告以黄大伟已随同蒋介石赴沪。(张世福主编:《一九二二至一九二三年孙中山在沪期间各地来电汇编》,第117页)

△　蒋宗汉来函,报告先汇款三千元,并由总支部通告各部同志,竭力筹款。同时担任报务,注重宣传,并希望尽快回国面见。

批复:代答。(《蒋宗汉上总统函》,环龙路档案第08499号)

11月25日　复函王永泉,赞赏与许崇智、臧致平设立联合办事处;并望集中兵力,乘胜扫荡闽省残敌。

函谓:关于军事之进行,"兄又约同汝为、和斋商设联合办事处,以收联络统一之效,根本已植,分条发达,尤有无尽之蕲望也"。但是,寇不可玩,敌不可纵,"终须厚集兵力,一扫荡而廓清之"。(《复王永泉》,《中央党务月刊》第9期,第23页)

△　粤海关档案载称:一些前任县长正策划给陈炯明广州政府制造麻烦,其中最知名的是吴铁城、周之贞和邓三,他们是孙中山忠实的追随者。据报道,他们秘密返回家乡,企图招募土匪并将以前的人马集结在民军的旗帜下,以图扰乱广东的治安与秩序。(广东省档案馆编译:《孙中山与广东:广东省档案馆库藏海关档案选译》,第427页)

△　函复赵杰,嘱其结纳沈阳后彦,并盼合力扫除粤中叛徒。

("中华民国"史事纪要编辑委员会编:《中华民国史事纪要(初稿)——一九二二年七至十二月》,第 1086 页)

△　邹鲁电告与滇军第一、三、四师及刘震寰军队、西江下游各部廖湘芸等联络进展。("中华民国"史事纪要编辑委员会编:《中华民国史事纪要(初稿)——一九二二年七至十二月》,第 1122—1123 页)

△　许崇智等来电,请求设法阻止赣兵入闽,以防扰乱攻粤计划。

略谓:"顷据徐镜清报,赣兵已抵光泽,请向京洛疏通,徐已去,闽自治,用兵无名。以缓敌兵,俾不至挠图粤计划,此间各界已分电呼吁。"(张世福主编:《一九二二至一九二三年孙中山在沪期间各地来电汇编》,第 98 页)

11 月 26 日　中国国民党庇能支部部长钟豪来函,请赐陈瑞云、张不飞、陈福民、林道帆等五人尊人之碑文及寿文,"为有功本党之同志得存永久之纪念"和鼓励。(《钟豪上总理函》,环龙路档案第 04805 号)同日,钟氏又特派陈瑞方代表本支部赴沪晋谒,面陈支部情形,并略述陈氏与党国关系历史及其贡献。(《庇能支部钟豪上总理函》,环龙路档案第 07448 号)

11 月 27 日　王宠惠辞职,汪大燮署北京政府国务总理,组织过渡性内阁。(陈锡祺主编:《孙中山年谱长编》下册,第 1528 页)

△　复函滇军张左丞,告以派邓泰中前往帮助,以小心应对内外。

函中大意,收到战报,内容十分详细。鉴于交通不便,不能及时了解战况,香港同志穷于应付。拟派邓泰中前往帮助,以小心应对内外复杂人事与敌人间离之术。(《复张左丞》,《中央党务月刊》第 9 期)

△　奉孙中山急召,蒋介石返抵上海,命议输运手枪办法。(刘绍唐主编:《民国大事日志》第 1 册,第 225 页)

△　滇军旅长杨春芳来函,报告受熊克武部排挤情形,希能妥善解决该部隶属问题。"敢请径电刘(刘湘)、熊善言诱导正气所摄,事

必有济";表示愿意追随孙中山到底,并拟派人前来沪面陈一切。

(《杨春芳上总理函》,环龙路档案第00668号)

11月28日　滇军杨希闵派参谋长夏声到港,与邹鲁具体磋商讨陈五项问题,夏声对此表示极为满意。

这五项问题包括:开拔时之接济及卫生材料;发动之时间;发动后各友军之表示;在港各同志应补助之件;闽之确信。关于第一项,夏云:"已收到五万,因太少,要求二十万。大总统前已允藻林开到梧州即给二十万者,请履行前约。"邹云:"目下筹款艰难,请减少。"讨论结果,如滇军开到梧州即给五万,药材照来单采办。关于第二项,不能确定时间。第三项:解决即可发动,愈速愈妙。邹云:"第一师已言一致,第二师已有三分之二赞助于我,第三、四两师除小部分外,急欲发动者,彼犹恐滇军不动。拟派代表到濛江联络。至刘师长与滇军早已取同一态度,不用多说。即邱可荣、余六吉、袁带等亦表同情也。沈军本欲打梧州,我劝他打北江,他是否依从,未敢决定。我可担保其不与滇军为难。"夏了解各友军情况后,极为欣慰,因拟顺道经肇庆与第一师接洽及梧州各军联络,再回濛江,邹并分函各军为之介绍。关于第四项,各同志当尽力补助。第五项,夏谓:"滇军本俟许军先发,但许军久不发,滇军不能不先发。闽省因何项关系不能发者,请示确信。"邹云:"许军已向闽南移动,臧致平断不为陈助。"夏声对上列各项交涉极为满意。惟邹鲁希望滇军先行发动,否则,即不能不向刘震寰师与第三、四师运动。孙中山为促滇军速发,并已派邓泰中、卢师谛为代表与滇军联络。("中华民国"各界纪念国父百年诞辰筹备委员会学术论著编纂委员会主编:《国父年谱》下册,第871—872页。)

△　复函林森,告目前筹款为至要及困难,望在闽省发行公债救急。

函中大意,目前筹款困难,昨已电发行公债三百万,以作救济,要坚决执行;今日江西军事紧急,香港方面不筹款一文;邓泽如掌管财政,报告沪上筹款无措,被迫将住宅典去。请林森在福建发行公债,

并向华侨募捐,才是解除燃眉之急的办法。(《复林森》,《中央党务月刊》第9期,第25—26页)

△　函复邹鲁,对军事进行顺利表示欣慰。("中华民国"史事纪要编辑委员会编:《中华民国史事纪要(初稿)——一九二二年七至十二月》,第1111页)

11月29日　滇军已决定讨贼,但敌强我弱,需要慎重行事。

叶夏声自濛江致函张启荣,称滇军内部意见一致,讨贼计划业已确定,只等军饷发放即开赴前线讨贼。并电催朱培德尽快东下,且电约沈鸿英绕道进攻北路。滇军战斗兵力为一万二千名,因陈炯明再派林虎统率黄业兴、黄任寰、苏廷友、陈德春等部加入,敌强我弱,需慎重考虑,以符兵法所谓知己知彼之意。("中华民国"各界纪念国父百年诞辰筹备委员会学术论著编纂委员会主编:《国父年谱》下册,第872页)

△　广州接吴佩孚电,谈及关于中国局势的几个重要问题,且建议选举孙为总统,并要求陈炯明给予同情和支持。(广东省档案馆编译:《孙中山与广东:广东省档案馆库藏海关档案选译》,第427页)

△　许崇智来电,报告已就兼理第一军军长职,并请示该军部是仍旧设置,抑并归总部。(张世福主编:《一九二二至一九二三年孙中山在沪期间各地来电汇编》,第47页)

△　王懋功来电,表示竭尽忠诚。谓"除饬属一体遵照外,职旅即日遵令归总司令直辖,此后为党为国,当遵从大总统电令,服从总司令命令,竭尽忠诚,至死不变"。(张世福主编:《一九二二至一九二三年孙中山在沪期间各地来电汇编》,第121页)

△　日人前田彰年来函,请撰《支日亲善方法》《支那政局大观》等长篇文章,使得"日本国民知公老而益强",以便宣传事迹,并索要最近照片一张。

批复:"代答,孙先生无暇握管,但寄近照一枚。"(《前田彰年上总理函》,环龙路档案第04803号)

11月30日　采纳邓泽如、胡毅生等人建议,将与邹鲁意见不协之古应芬调离香港,责成后者继续负责联络驻桂滇粤各军工作。("中华民国"各界纪念国父百年诞辰筹备委员会学术论著编纂委员会主编:《国父年谱》下册,第872—874页。)

△　两次复函张作霖,强调彼此协商时局,一致行动,互为援手。

是月17日,张作霖曾有来函。孙中山复告以关于时局,必须坚持一定宗旨,始终贯彻。以不变者待其变,庶其变乃有穷期。是日,孙又复函张作霖,谓:"文前与公书,让此后对于大局,无论为和为战,皆彼此和衷,商榷一致行动,决不参差。迄今此意,秋毫无改。凡公所斡旋,文必不生异同,且当量力为助。"(《复张作霖函》,《孙中山全集》第6卷,第627页)

△　举行家宴等,率部欢迎黄大伟,称赞其在福建取得的成绩。

黄大伟由闽抵沪。是日,孙中山设午宴招待黄大伟,作陪者有张继等。12月1日,上海国民党人又在大东饭店设午宴招待黄大伟,会上颂扬黄最近在福建取得的胜利。宴会由孙中山的侍从参谋长徐绍桢主持,出席者约九十人,其中有孙氏的秘书长马君武、前广东都督胡汉民、前内务部长孙洪伊、孙氏的秘书张继、已故伍廷芳之子伍朝枢以及国民党要员和汪精卫等。(《档案与历史》编辑部:《上海公共租界工部局警务处情报选译》,《档案与历史》1986年第3期)

是月下旬　任刘达庆为桂军司令,并函促东下讨贼。函勖林义顺,领导侨商参与救国行动。复函杨大宝,以辟许崇智与徐树铮交恶谣传。("中华民国"史事纪要编辑委员会编:《中华民国史事纪要(初稿)——一九二二年七至十二月》,第1130—1131页)

△　戴永萃来函,报告与孙科商定汇款到广西的具体办法以及讨伐陈炯明计划。

函云:在港与孙科筹款已有头绪,但一时没有妥善办法运到广西签收,"商定作战计划并补助一切"。经与孙科再次商量收汇款事,决定分为两种办法:"(一)卢、邓能到濛江,即由卢、邓会同张、叶、萃签收。(二)卢、邓不能到濛江或萃亦不能到濛,即汇由张、叶签收,免误戎机。"关于东下讨陈计划,相信款到后,有利于加强滇军内部团结,使其认识到攻粤远比回滇有利,并可以提高张开儒威望。如此一来,"连络各军协同动作,声势既大,士气即振,不待福建发动,即可攻取西江,会师羊城"。(《戴永萃上总理函》,环龙路档案第 11967 号)

　　△ 梁栋来函,请庇护黄明堂,使保全其原有实力。12 月 2 日收到。

　　函云:历述黄明堂部在桂省被林俊廷收容之经过;希望礼待其所派来沪谒见者,并建议善待和保护黄部及其有关人员,"黄总司令为一忠厚之人,宜保全其原有实力,勿堕他人之计";并请对于林氏方面嘉奖其容纳黄部之好意"。关于此节意义,进一步而言,当此世风日下,犯上作乱之时,黄氏孤军发难,不图功劳,忠贞不二,不愧为军人楷模,"仍望我大总统始终卵翼成之,未始不足以挽颓风而励薄俗"。

　　批复:"代答,所言甚是,当采纳施行。"(《梁栋上总理呈》,环龙路档案 11968)

　　是月 到上海波尔照相馆拍摄半身照。此照片成为日后正式场合所用孙中山相的标准版。(黄健敏:《孙中山的影像与形象研究初探》,《世界视野下的孙中山与中华民族复兴——纪念孙中山先生诞辰 150 周年国际学术研讨会论文集》[D 组],第 157 页)

12 月

　　12 月 1 日 蒋介石代拟闽中军事报告书,并筹讨逆第一军改编事宜,迭前来谒见,讨论对时局之应付。(刘绍唐主编:《民国大事日志》第 1 册,第 226 页)

　　△ 报载汪大燮出任北京政府内阁总理,旋因曹锟反对而辞职。(《汪内阁已决意辞职》,《满洲报》1922 年 12 月 3 日,"论说")对汪氏之辞职,黎元洪特派阁员慰留。(《黄陂之慰留汪内阁》,《满洲报》1922 年 12 月 3 日,

"论说")其后继内阁人物,估计为保定派之颜惠庆。

　　△　朱乃斌从香港来函,报告在港进行讨贼宣传工作方法、进展和成绩。

　　函中大意为,在团体组织方面,设有华侨演说团、建国宣传团,成立办事机关,根据不同行业分工进行讨贼宣传,在工、商、基督界取得较明显成绩;在文字宣传方面,将《建国方略》要点著成小本三册,每本约二三十字,定名为《建国常谈》《建国指南》《革命建设》,并付《大光报》代为印刷之后呈上,"请察并分送各团体各机关,以广宣传"。代答批复:"嘉奖。"(《朱乃斌上总理函》,环龙路档案第07449号)

　　12月2日　方瑞麟来函,历数邹鲁种种疑点,请勿委以重任;建议所有驻港重要问题,委托邓泽如料理。(余齐昭:《孙中山文史补考》,第202—203页)

　　△　张启荣来函,报告联络滇、桂两军情形,并请电港筹款接济滇军及其方法。附批复。

　　函中要点:关于运动滇、桂军各种情形,濛江滇军军官宣言一致拥护先生;滇军东下之意已决,但有两种不同主张;滇军一致要求张开儒回部主事,统一内外;张开儒电告欢迎朱培德前来会合东下;经张开儒极力联络,驻平南之陈天太、刘达庆、刘炳宇各部桂军,愿意与滇军一致行动;滇军衣食均极缺乏,应即请急电驻港办事处同志筹款接济,以免误军务;关于款项交接办法,不要交给在港滇军旅长代表,而应径交张开儒亲收。

　　代答批复:"如其他两函。"(《张启荣上总理函》,环龙路档案第02482号)

　　是日,张启荣又来函,请速下令拨付滇军军饷。

　　函云:自己具体负责接济滇军军饷事宜,因只从邹鲁处获得卫生衣一万二套,并无饷款;后又说没有先生命令,所"担任办理滇军一事及嘱拨款接济,妨难遂准所请,必俟先生电到始允遵办";加以邹鲁交人带之款未到,张开儒现在"候款开拨急如星火",因而无论如何"请即电饬邹、邓诸位,立即筹措四五万元交去,免误戎机,是为至盼"。信中还顺便提到,邹鲁与古应芬闹矛盾,影响筹款工作,希设法消弭。

代答批复:"先生已交款托邓、卢二君带往,与藻林商量,能动则交,不动则不交。"(《张启荣上总理函》,环龙路档案第 11991 号)

12 月 3 日 报载湖北督军萧耀南电请曹锟、吴佩孚,希望直隶派为国家一致协力。(《鄂督致电曹吴内容》,《满洲报》1922 年 12 月 3 日,"论说")

12 月 4 日 报载曹锟、吴佩孚将以孙传芳所属之第二师由江西入闽。

曹锟、吴佩孚以福建形势尚未完全收拾,故仍有往该地派遣军队意向,将以眼下在长江上游之总司令孙传芳所属之第二师,经由汉口而往九江上游输送。(《曹吴仍将派兵援闽》,《满洲报》1922 年 12 月 6 日,"论说")

△ 宣传部干事李儒修来函,请指派委员笺释党纲,同时发交本党各报,庶令"轨持有范"。

认为新颁党纲多概括而无具体解释、运用方法和例子,对外易生误解,或本党报纸解释不统一,产生负面影响,建议"宜由总理指派委员,先事参考并承奉总理讲授,然后设为问难,详加笺释,编订成册,于宣布新订党纲同时,发交本党各报,庶令轨持有范"。

代答批复:"并注意。"(《李儒修上总理呈》,环龙路档案第 12116 号)

△ 广东大埔县长张煊来函,痛斥陈炯明祸粤害民,时已通告全省县长"一致罢税抗捐,绝其饷源;分约就地驻军反戈声讨,以扶正义而靖妖氛"。至于应如何进行及用何种名义号召,请指示具体方法。

代答批复:"着与邹海滨接洽。"(《张煊上总理函》,环龙路档案第 02653 号)

△ 曹亚伯致函孙夫人宋庆龄,为甘肃金雅丞托代向孙中山转达消差信件,并告知正在写作革命真史。(《曹亚伯致孙夫人函》,环龙路档案第 11817 号)

12月5日　焦易堂从北京来函,报告北方政情,建议本党议员不参加黎元洪操纵的汪大燮组阁,所谓"本派议员除在国会奋斗外,绝对不宜向政治方面活动";并告经费困难,请速派张继来京主持一切,并力请邮寄所著《建国方略》《五权宪法》《三民主义》《军人精神教育》各书,以便印布宣传。

代答批复:"对于政局主张极合,各同志能本主义以奋斗,甚为快慰。""各书当速寄去。"(《焦易堂上总理函》,环龙路档案第09191号)

△　王永泉来电,发表对闽局的意见。(张世福主编:《一九二二至一九二三年孙中山在沪期间各地来电汇编》,第109—111页。)

12月6日　经邹鲁联络,滇桂军决定联合讨陈;委任杨希闵在广西平南县白马墟就任滇军总司令,刘震寰为桂军总司令。

邹鲁联络滇桂军赴粤讨伐陈炯明叛军工作,已取得进展。时滇军分二部:一部为朱培德,向随孙中山北伐,为陈炯明挫败至桂者;一部为顾品珍旧部,至桂而北伐军已败者,有杨希闵、范石生、杨如轩、杨池生、蒋光亮各部。桂军之可靠者,为第一师长刘震寰部,邹鲁派范其务往游说,刘震寰慨然允诺,约期发难。滇军方面,遣使去后,即由杨希闵遣其副官长夏声来港接洽,询问敌情,并要求接济款项军装,当告以各方部队胥经准备,夏声也欣然同意,谓归后必可举义。孙中山复加派卢师谛、邓泰中协助滇军,孙科也来港筹款。其余驻梧州、肇庆之粤军,如陈济棠、莫雄、吕春荣、卓仁机等部,早已密通款曲,一旦滇桂军东下,即一路佯退,引进至相当地点,即一齐举义讨贼。政学系之岑春煊也答应,促在桂之沈鸿英协助。夏声回报,滇军各部,一致决心,并推杨希闵为总指挥。是日,杨希闵与范石生、张开儒、朱培德、刘震寰、沈鸿英等将领,在广西平南县城下游三十五公里的白马墟开军事会议,决定讨陈,于10日发动。邹鲁得报,即转呈孙中山,用大总统名义委任杨希闵为滇军总司令,即在白马墟宣誓就职,并委任刘震寰为桂军总司令。(邹鲁:《中国国民党史稿》,第1133—1134页)

△ 致函王宠惠,并继续派谢持北上联络。

函谓:谢持返上海后,转达了各种关怀,十分感谢。"久要不忘,纫感曷极。"政潮发生,无奇不有,不足为怪。至于各种阴谋酝酿已久,乘机发难,何有忌惮。但相信舆论公正,终究会真相大白于天下。真正的爱国者,"尽拼牺牲即亦无尤悔之足言也",无悔无怨。现趁兹嘱谢持北上联络,并"藉致拳拳之意"。罗文干处不便直接打搅,请代为问候。"书不能尽言,由慧生面罄一切。"(吴相湘《王宠惠是蜚声国际法学家》影印原函,《传记文学》[台北]第44卷第1期)

△ 致函列宁,告不久将派代表去莫斯科同他及其他俄国领导人磋商合作问题,并提醒不要与北京政府交往,以免陷苏方于不利。

当时有人谣传苏联将联合吴佩孚出兵东北驱逐张作霖。为此,孙中山致函列宁说:"我利用这个机会给您写信,简单地谈这个重要的事情。这即是希望您能够促使张作霖在适当的范围内,做一切对苏俄安全必要的事情。""假如您这样做,不仅能避免在中国产生有人反对您的危险,而且还能帮助我创造条件建立起一种促进和加速俄中两国之间联合工作的形势。你们以前对中国的宣言在我国人民中产生了极大的影响,从而使中国人民将俄国看作中国的朋友,并使中国有从帝国主义列强压迫下获得民族解放的可能性。"孙中山打算在不远的将来派全权代表去莫斯科,"同您及其他同志磋商合作事宜,以俾俄中两国之合法利益。与此同时,我要重申:同现在的北京政府谈判,不仅旷废时日,而且也是冒风险。因为此时北京政府是帝国主义列强的奴仆和工具,与它交往无异于同帝国主义列强交往。更危险的是,北京和列强将有可能使用他们的阴谋,而使您处在与中国人民对立的不利地位"。([苏]卡尔图诺娃:《孙逸仙——苏联人民的朋友》,《苏联历史问题》1966年第10期,转引自陈锡祺主编:《孙中山年谱长编》下册,第1531-1532页)

△ 任命杨仙逸为广东航空局局长。(《任杨仙逸为航空局长令》,中国国民党中央委员会党史委员会编订:《国父全集》第4册上,第435页)

　　△　批廖湘芸来函,告款项已解决,促张开儒速统滇军,立即发动讨逆进攻。

　　是日,廖湘芸来函,报告广西滇军决定取消回滇,专心讨陈军事宜。

　　略谓:滇军是否回滇,关键是经费问题,"视吾党之有无接济为转移";滇军坚定拥护孙中山者首推张开儒,经派人疏通杨如轩、范石生等各旅长后,一致服从,协力讨贼;朱培德部决定东下濛江,"滇军回滇之说当可打消"。

　　代答批复:"已托邓泰中带款往与藻林(张开儒——引者注)相商,并嘱其协助藻林速统滇军,立即发动进攻。"(《廖湘芸上总理函》,环龙路档案第 11952 号)

　　△　许崇智来电,报告应邀引荐刘冠雄事及所部进展。(张世福主编:《一九二二至一九二三年孙中山在沪期间各地来电汇编》,第 149—150 页)

　　12 月 7 日　致函江少峰,望继续借款以应讨贼军急用。

　　函谓:讨贼军自入福建后,军实开支比前加增数倍,一旦筹备妥当,即从事讨贼,现正急需用款之际,有劳烦阁下设法借款,以备应用。阁下一向热心国事,相信定能竭力襄助。对于筹措情形,还望随时通报,并告"现定前时仲恺经手之款,俟恢复粤省后,即如数清还"。(《致江少峰函》,《孙中山全集》第 6 卷,第 633 页)

　　△　批赵从宾来函,告知对北方政策,宜采取缓和态度。

　　赵从宾来函,报告已在天津布置成立倒阁之机关,以天津为主要活动之处,急需款三千到五千元,请速汇至中孚银行,以守信用。

　　代答批复:"此前对北方已取和缓态度,故一切急烈之举皆当停止。"(《赵从宾上总理函》,环龙路档案第 09284 号)

　　△　仰光支部党务科主任陈辉石来函,附上入党誓约,请发给证书;中国国民党缅甸支部改成总支部,请示所属各分部应否改换名称。(《仰光支部陈辉石上总理函》,环龙路档案第 07076 号)

△　林作舟来函，提出挽回闽垣金融意见书一件，并请委以如电政、海关、造币厂、印花税等某一独立部门职务，使得有所贡献。（《林作舟上总理函》，环龙路档案第 13620 号）

△　庇能支部长钟豪来函，报告党员刘俊仟对党忠心，服务国家有成绩，今返国省墓，请题"节孝"二字，以作为鼓励人才办法。（《庇能支部长钟豪上总理函》，环龙路档案第 04804 号）

12 月 8 日　在寓所召开会议，讨论福建和青岛局势。与会者有黄大伟、胡汉民、张继、居正等二十人。（《档案与历史》编辑部：《上海公共租界工部局警务处情报选译》，《档案与历史》1986 年第 3 期）

△　电唁宫崎寅藏病逝，后又发起追悼大会，高度评价其功绩及彼此友谊。

1922 年 12 月 6 日，宫崎寅藏病逝。8 日，即去电唁。次年 1 月间，又和其他八十余名同志，发起宫崎寅藏追悼大会，发表公启，称宫崎为"日本之大改革家也，对于吾国革命历史上，尤著有极伟大之功绩，此为从事于中华民国缔造之诸同志所谂知者也"。继谓，"不幸先生于去冬病殁。噩耗传来，痛惋曷似。追念往烈，倍增凄恻。盖以先生之死，不惟于邻邦为损失一改革运动之领袖，而于吾国前途上亦失去一良友，不有追悼，何伸哀忱"！故在沪同人决定发起追悼大会，"以志不忘，而慰幽魂"。旋又由追悼大会筹备处发布通告第一号，告以由环龙路十四号收转之诔词、挽联及花圈等。（李吉奎：《孙中山与日本》，第 538 页）

12 月 9 日　报载同约翰·白莱斯福特谈赞成劳工参政、主张地价征税，国家社会主义等问题。

孙中山认为：自己目的在使劳工被认为社会间一种有资格之人；并确信公共生活，如果有劳工力量参加其间，"其意味当益浓厚"。表示赞同一切关于改良劳工状况的运动。

在谈及地价税时，又指出："余仍持依地价征税主义，但与正派单一税主义者不同，即余主张再征收他种税款是也。近世国家生活情形复杂变化,迥非昔比,若严格施行单一税主义,于理于势,恐皆不当。依余之计画,应将现时地价重行估定,以后地主苟有不以代价换得之地产,概归为国有。地主得自行定价,但国家有权随时依地主自定之价购其地产。"还说:国家社会主义是一种稳健主义,但根据自己的经验,也知其确实存在有缺点。有许多事业可由国家管理而有利,"亦有必须竞争始克显其效能者"。(《西报载孙总统最近谈话》,上海《民国日报》1922 年 12 月 9 日,"本埠新闻")

　　△ 复函王永泉,告以与陈炯明矛盾难以调和;指出福建的外患为粤陈,制赣不如攻粤。

　　函谓:粤陈持地方部落持割据主义,"自知与吾辈国家社会决不相容",其视我军为心腹大患,不惜一切代价置我军于死地;而且,各处叛逆惟其马首是瞻,"不独李厚基在闽遗孽恃为后援,即赣省寇闽之计,亦必待陈而后定。倘陈贼朝倒,闽祸可期夕解"。强调了攻粤倒陈之重要。(《复王永泉函》,《孙中山全集》第 6 卷,第 637 页)

　　12 月 10 日　致电蒋介石,盼速来沪商议运械办法;并促回闽接收美船军械。

　　电谓:美国运械船因讼事停沪过久,"超武"舰不能等待,以致没有接上头。该舰现在开往香港,已电其将货船转运福州,约本星期六可到。届时要秘密设法接收,"盼兄速来商议,并即返闽"。(毛思诚编纂:《民国十五年以前之蒋介石先生》第 4 册,第 63 页)

　　△ 是日,曾克齐来函,称张福兆自费组织义军,暂用讨贼军东路总司令名义,讨伐陈贼,请求转饬,并告以将来愿为第三军李福林军长收编。

　　代答批复:"不得称东路总司令,盖第三军即在东路总司令许崇智之下也,如能立功则名目由李军长委便可。可暂称讨贼军司令。"(《曾克齐上总理函》,环龙路档案第 02779.1 号)

　　△ 报载派黄大伟协同居正赴杭州晋谒某当道人物,"商办闽浙边境联防事宜"。(《黄大伟由杭返沪》,《中华新报》1922 年 12 月 11 日,"本埠

新闻")

　　△　邹鲁、邓泽如来电,汇报联络滇桂军及款项等事宜。"(一)任潮(李济深——引者注,下同)、演达专人来告:第一师三日内全部调梧,商与滇、刘(震寰)各军联络事。(二)协和(李烈钧)要公万元,作海陆军接洽费。(三)(程)天斗款仍未交鲁(邹鲁)"。(张世福主编:《一九二二至一九二三年孙中山在沪期间各地来电汇编》,第283页。)

　　△　中国国民党英属毛里西埠主盟人吴章甫,奉委赴毛里西办理党务,适遭粤变,侨民热情大减,人心缓散,以至进行困难,请指示打开局面办法,使工作得以顺利开展。(《吴章甫上总理函》,环龙路档案第07450号)

　　△　张启荣等来函,告以滇桂军愿意东下讨贼,但兵力不敷,经费筹措尤须加紧。

　　函中大意,滇军一万二千人虽然一致决定讨贼,但兵力不足。林虎部加入陈炯明一方后,敌强我弱更为明显。为符合知己知彼兵法,我方至少有兵两万之众,才能"势均力敌"。为此,广西讨贼军司令刘玉山兵马需要从原来的二千五百人扩充到五千人;并且战事爆发后,还须要联合桂军陈天太、刘达庆等部加入。但是,招兵买马需要增加募兵费,但筹款不易,需要进一步筹划。如今在香港林晖廷处设法筹得六千元,可供刘玉山部使用;孙科所得银十万元仅足以接济滇军,可由卢师谛、邓中泰转交。

　　批复:"函悉。惟至今尚未见发,有无变动,甚念。"(《张启荣等上总理函》,环龙路档案第02564号)

　　12 月 11 日　复函李福林,告枪支已经设法解决;强调兵贵精贵多,须发奋努力。

　　东路讨贼军第三军军长李福林来函请添购枪支,以厚兵力。批以"枪支已与谭君设法"。("中华民国"各界纪念国父百年诞辰筹备委员会学术论著编纂委员会主编:《国父年谱》下册,第877页)又复函云:"兵贵精而不贵多",如果单计较数量之多寡,则以我方今日财力,无论如何也难以与那些据有广土众民之军阀争胜负。"立念及此,尤不能不望我兄之发愤百倍,于万死中力辟生路也。"(《复李福林》,《中央党务月刊》第16期,第176页)

△　报载李烈钧来谒,谈其与滇军张开儒等计划相左。

李烈钧由浔州至沪,假公共租界戈登路十三号洋房暂寓,并携部下前来晋谒,详述此次来沪系为滇军司令张开儒、朱培德等变更原定计划,且因意见各殊,对于军事进行既生障碍,尤恐入于险境,只好暂避。并说张氏等现已决意回滇推倒唐继尧。孙中山以朱培德现正派有代表赵仁伯在沪,建议"待询问赵代表后再行磋商定夺"。(《李烈钧晋谒孙中山》,《香港华字日报》1922 年 12 月 13 日,"中外要闻")

12 月 12 日　越飞撰文论述苏俄对华政策。

越飞在文中指出,孙中山领导的国民党为一纯正的党,它组织完整,团结巩固,在中国具有无比的重要性,"可藉以联络民族主义与革命"。文中还认为,在北京的一切谈判均欠妥当。无论对吴佩孚,还是张作霖的私人联系,都非最要紧之事。([美]艾伦·惠廷:《苏俄对华政策(1917—1924)》,第 201—202 页,转引自陈锡祺主编:《孙中山年谱长编》下册,第 1534 页)

△　张启荣来函,报告讨陈准备、经费等事宜。

驻桂滇军举行军事会议,一致决定讨贼,公推张开儒为滇桂讨贼联军总司令,杨希闵为滇军总指挥,陈天太为广西讨贼军第一路司令,刘玉山为广西讨贼军第二路司令,一切准备就绪。为顺利将款汇入,变通办法,由某公司先行汇到平南,由张开儒签收。询问闽省许崇智、李福林各军"是否布置妥当,请即将此间情形电知,俾赶筹应付,以收夹攻之效"。

代答批复:"函悉。滇军各事请与邓和卿接洽。"(《张启荣上总理函》,环龙路档案第 11969 号)

12 月 14 日　报载孙中山撤销广西全省督办绥靖处。(《撤销广西全省督办绥靖处》,《香港华字日报》1922 年 12 月 14 日,"粤省新闻")

12 月 15 日　复函许卓然,劝其同许崇智、徐镜清消除误解,统一军事,互相提携,共同对敌。

函谓:此次驱除李厚基收复福建,闽军发挥了重要作用,而其多年为党为地方策划奔走,大家有目共睹。前次许崇智等没有马上开赴闽南,或因准备不足。现在听闻已分道进攻泉州,肃清李氏余孽。"汝为兄与兄亦相知有素,闽事本所洽闻,当无偏听误信之虞。"徐瑞霖如有处置未当之处,应直率相告,并应与许崇智切实磋商。又云:军事问题贵在统一指挥,提醒各同志部队,不应有界域之分,"所望兄等互相提携,互相体谅,共同对外,以收成功"。(《复许卓然》,《中央党务月刊》第 16 期,第 175 页)

△　何成濬来电,谓"濬奉许总司令命,为兴永等属前敌总指挥,今午抵莆,即督率各军向泉州进攻"。(张世福主编:《一九二二至一九二三年孙中山在沪期间各地来电汇编》,第 147 页)

△　万里洞支部钟棋汉等来函,告以收到证书、委任状、部长指示,并请补发遗漏之李问泉委任状;且请求将前托香港万通安记代缴党金粤省钞票三千零七十元,转知财政部查收;告知已将十二月十三日手谕向各侨胞传达了。(《万里洞支部钟棋汉等上总理函》,环龙路档案第 07078 号)

△　中国国民党宋卡分部部长邢诒濡等来函,报告已经成立分部,选举分部职员,请颁印信以及各职员委任状,"以重职守而促进行"。(《邢诒濡等上总理函》,环龙路档案第 04971 号)

12 月 16 日　在沪召集会议,审议国民党改进宣言。

胡汉民、汪精卫起草国民党改进宣言结束后,交委员会讨论,复有增修。是日,孙中山在沪召集各省同志六十五人,开会审查,略有修正。次日汇集党纲、总章全案呈上,请作最后酌定。(邹鲁:《中国国民党史稿》,第 306 页。)

△　批复福建总司令王永泉来电,告以北京政府不可靠,闽人将有排斥外人的思潮。

是日,福建总司令王永泉来函,赞赏孙中山闽患"不在北赣而在粤"的洞见,表示愿意与许崇智和衷共济;闽局甫定,百事待兴,务请随时指导提携。

代答批复:"讨贼军不日回粤讨陈,北京不可靠;闽人将有不容外之思潮,问彼将何以善其后。"(《王永泉上总理函》,环龙路档案第13574号)

△　黄展云来电,告以闽省秩序平安和军事进展。

略谓:关于省城福州附近自治军,黄展云本人已发出通告,声明与省属无关,并请许崇智处理。福建省中秩序平安,报纸谣传不可信。本日,接厦门张毅来电,报告所部军队已于1日下午2时完全克复安溪、安海,泉州城不日可下。(张世福主编:《一九二二至一九二三年孙中山在沪期间各地来电汇编》,第129页)

△　国民党潮安分部长林少梅来电,报告担任国民党广东讨贼军第三路司令,并请求指授机宜。

电文大意:自己奉命南下,并已将孙中山的思想主张传达各位同志,以便努力奋斗。各位同志一致推举自己组织讨贼军,当由广东邓泽如部长委任为国民党广东讨贼军第三路司令。自己虽不敏,但公义所在,不敢不从,已即向潮梅、两阳二方面进发,各路敌军也经与同志分头进行秘密策反。"伏乞谕知各军,一致协助,以免误会,并望随时指授机宜。"详况拟出陈菌民抵沪面告,不赘。("中华民国"各界纪念国父百年诞辰筹备委员会学术论著编纂委员会主编、中国国民党中央党史史料编纂委员会编:《国父墨迹》,第462页)

△　邹鲁来电,谓"(一)一、三、四刘师答复一致应滇军促沈攻北江,代表亦允。(二)滇军东下改期,但决不致变更计划"。(张世福主编:《一九二二至一九二三年孙中山在沪期间各地来电汇编》,第279页)

12月17日　派居正主祭伍廷芳,并撰有挽额和悼词。

伍廷芳因陈炯明叛乱刺激病逝后,孙中山十分悲愤,一直以各种不同方式表示追悼。是年11月上海寰球中国学生会、广肇公所等发起筹备追悼伍廷芳,与章太炎、黄炎培等人一起署名发起。(《追悼伍廷芳会近讯》,《申报》1922 年 11 月 14 日,"本埠新闻")11 月 26 日,上海各界在戈登路三号伍廷芳住宅举行悼念会,赠送了挽幛。(《档案与历史》编辑部:《上海公共租界工部局警务处情报选译》,《档案与历史》1986 年第 3 期)12 月 13 日,伍廷芳追悼会筹备处发出通电,拟定与 12 月 17 日下午在上海九亩地新舞台举行伍氏追悼大会。报载孙中山将进行主祭。(《追悼伍廷芳之筹备》,《中华新报》1922 年 12 月 14 日,"本埠新闻")12 月 17 日下午,追悼会在上海九亩地新舞台如期举行,派代表居正代为主祭,所书挽额"人亡国瘁"悬于会场中央(《伍廷芳追悼大会纪》,《申报》1922 年 12 月 18 日,"本埠新闻")所作悼词略谓:"公为国死,痛乃无期。系国存亡,貌躬未敢。义之所在,责无能道。我不敢死,公不欲生;愿持此志,证之冥冥。"(《伍公廷芳追悼大会纪》,上海《民国日报》1922 年 12 月 18 日,"本埠新闻")。

△　法兰西留学生熊运洪、林祖烈来函,请求加入中华革命党成为正式党员。保证人为程潜、林祖涵。(《熊运洪、林祖烈上总理函》,环龙路档案第 06644 号)

12 月 18 日　徐绍桢来函,报告与曹锟亲家靳云鹏洽谈情况,告以北方绝不助陈炯明;西南之事由孙中山解决;反对由当时的国会选举总统;设立辟政院,隆其礼仪,罗致孙、段两系人才,以共谋国是。

函谓:已到天津数日,昨天与熟人、前国务总理靳云鹏谈话。靳乃曹锟亲家,心腹要人。彼此交流意见颇充分,择要而言,主要有:曹锟方面既无实力,也绝对不会援助陈炯明;西南之事由孙中山解决,"不特两粤,滇黔川湘亦可由先生解决之也";对国会选举总统最为反对,"本届总统能不由此选出最好,俟一二年后,有组成完全合法之国会,再办选举"。对孙中山、段祺瑞两位共和先驱,设立"辟政院"。一方面对前两位"宜隆其礼仪,授以永久之保障,使人不得而摧残之";另一方面,也可以借此罗致"两系人才,共谋国是"。最后,靳云鹏还说请转告孙中山,自己可对以上所言负责。("中华民国"各界纪念国父

百年诞辰筹备委员会学术论著编纂委员会主编:《国父年谱》下册,第878—879页)

　　△　中国国民党福建支部长黄展云来函,报告福建支部成立,党员加入踊跃,福建学生军也积极参加;各县分部正在分头筹设,"当能次第推广"。

　　批复:作答,嘉奖。(《黄展云上总理函》,环龙路档案第13304号)

　　次日,黄展云又来函,告自治军借词筹饷,到处讹诈,已请许总司令改编究办,"登报脱离关系";自己负责盐政,一方面表明无意与林森争省长,以避外间谣传风潮之不实,另一方面也可以借此支持军队费用。

　　批复:作答,嘉奖。(《黄展云上总理函》,环龙路档案第13411号)

12月19日　东路讨贼军攻克泉州(另一说20日攻克泉州)。

　　东路讨贼军与王永泉部暨厦门臧致平部,三方会师,攻克泉州;并改编张清汝降部为一旅,委张毅为东路讨贼军第十三旅旅长。(毛思诚编纂:《民国十五年以前之蒋介石先生》第4册,第67页)

　　△　报载汪精卫就赴奉访问事与日本记者之谈话,称孙中山与奉张之间联络加强;后者能在东北实行自治、民生主义,原因在于坚持革命主义。

　　略谓:民国建立十多年,但革命主义仍不能彻底,这是最引为遗憾的。此时孙中山在上海努力图谋"实现革命精神之民生主义",并承认孙中山与奉张之间的联络关系,已达至相当程度。之所以能够如此,是因为奉方也试图实行自治、民生主义等革命主义。以护法为目的加以奋斗,纵使主义、主张不易实现,但毕竟能让北方军阀等知道"自治之为何物,且能谅护法之精神",这实在是一件令人愉快的事。(《孙张有相当联络》,长沙《大公报》1922年12月25日,"中外新闻")

　　△　报载赵恒惕来电,说湘省省宪成立,业已选举省长,组织正式政府。其本人于是日依法解除湖南总司令职,宣布就省长职;所有湖南总司令名义也即于同日撤销。(《赵省长就职后通电》,长沙《大公报》

1922 年 12 月 20 日,"本省新闻")

12 月 20 日　复函张启荣,促滇军与桂军联合东下,早戡粤乱。

函谓:如果如来信中所云,滇桂军应当已连舸东下,"何至今尚未见报,岂又中变耶"? 南天引领而望,盼望尽快将所见真实的情况转告。(《复张启荣》,《中央党务月刊》第 16 期,第 177 页)

△　委任何如群为庇能中国国民党支部宣传科正主任。("中华民国"史事纪要编辑委员会编:《中华民国史事纪要(初稿)——一九二二年七至十二月》,第 1249 页)

△　许崇智来电,报告数事:20 日攻占泉州,张清汝等逃跑,但未得到详细报告;已与王永泉"商谋对付"刘冠雄之事;隆和钱庄现正清理,除没收李厚基等人股款外,"其余商款自当维持"。(张世福主编:《一九二二至一九二三年孙中山在沪期间各地来电汇编》,第 23 页)

△　黄展云来电,报告已克复南安、泉州。并已得到前敌司令张贞电告,泉州、南安于昨日午后 2 时攻下,张清汝在逃。(张世福主编:《一九二二至一九二三年孙中山在沪期间各地来电汇编》,第 131 页)

△　卢师谛、邓泰中来电,请示处置如何交滇军款事。经再三审察和考虑,建议缓办交款十万元给张开儒及给联军总指挥任状一事。因他们两人"并已许滇军到梧,予以十万"。现在此款是否仍命令要两人"负责保存,敬乞钧裁。详由函报"。(张世福主编:《一九二二至一九二三年孙中山在沪期间各地来电汇编》,第 271—272 页)

△　黄明堂之子黄日权来函称,奉其父亲之命,拟赴邕督率全军,保持现状。但囊中羞涩,请先生予以五六千元,以便"维持现状,并为家父之后盾"。

作答:"就近与胡文官长接洽办理。已办。"(《黄日权致徐苏中函》,环龙路档案第 11994 号)

12 月 21 日　批北京政府外交部来函,揭露北京政府指使驻墨西哥公使驱逐余和鸿出境系违法,与其恢复法统主张相左。

北京政府驻墨西哥公使以护法政府派往墨国的余和鸿"筹款北

4632/ 孙中山史事编年　第八卷

伐,诋毁现任元首"为名,强勒出境。孙中山批函答复北京政府外交部云:王公使所报"当是一面之词,按余和鸿果是犯法,当有墨国法律处分之。今不出于法律,而出于总统之特权,是足证明余并未有犯法之事,而勒余出境,乃全由该使之偏帮一面而尽力运动总统,乃有此结果"。北京政府既已自称恢复法统,而其外交公使犹欲加罪于护法之人,此所为"已与现在承认法统政府相背驰"。王公使直接听命于北京政府,而其现在敢于在墨西哥任性妄为,实质上是"佯认法统而暗仇护法之人也"。(《批外交部关于余和鸿案函》,中国国民党中央委员会党史委员会编订:《国父全集》第4册上,第437—438页)

△　派陈中孚赴洛阳与吴佩孚联络,寻求合作,陪同前往者即是吴佩孚新聘的日本顾问冈野增次郎。(李吉奎:《孙中山与日本》,第529页)

△　卢师谛、邓泰中来电,报告滇军杨希闵、范石生等将领,"奉大总统谕及谛、中函大慰",决定东下讨贼,"念日动员,接触在即";并要求许崇智西路军配合行动。关于运动滇军所需要款项问题,十分盼请电告经手之刘季生如数交付所部,"免临事延误失信"。(张世福主编:《一九二二至一九二三年孙中山在沪期间各地来电汇编》,第273页)

△　焦易堂来函,报告北京党务发展颇为顺利;请催促张继速来京主持一切,并转劝胡汉民、杨庶堪前来察看;关于宣传,《三民主义》《五权宪法》已付印,《军人精神教育》以在京刊布为宜;绥远都统马福祥希代为转告景仰之忱。

批复:"作答,溥泉因家稍延,但必来。"(《焦易堂上总理函》,环龙路档案第09151号)

△　总统府参军处委员张拱来函,告已来沪,不巧前长官徐绍桢参军长赴津不遇。目前生活困难,请予接济。(《张拱上总理函》,环龙路档案第11596号)

12月22日　何成濬来电,要求电告闽局负责人团结合作,并谈及自己经费拮据情形。

略谓:泉事已完全解决。陈炯明图闽甚急,我军须要预备,但款不易筹。请电告黄展云、张贞、许卓然、杨汉烈,要注意团结协作,"事事与许(崇智)公及(何成)濬开诚接商,共维大局,并加以奖励"。自己经济上极为困难,请拨给二三百元为盼。(张世福主编:《一九二二至一九二三年孙中山在沪期间各地来电汇编》,第157页)

12月23日 报载湖南新政府成立。(《湖南新政府成立》,《满洲报》1922年12月23日,"论说")

△ 驻三藩市总支部总干事陈耀垣来函,告邝溥敬因"反对总理甚烈",革除其党员党籍,以惩效尤,请核定示复。(《三藩市总支部陈耀垣上总理函》,环龙路档案第07327号)

12月24日 批罗翼群来函,嘱鼓励各将士火速回粤讨贼。

东路讨贼军总司令部参谋处长兼第二军参谋长罗翼群来函,报告闽省军政情况。批云:"作答慰劳,并着鼓动各将士火速回粤,以赴时机。"(《批罗翼群来函》,中国国民党中央委员会党史委员会编订:《国父全集》第4册上,第438页)

△ 在上海《民国日报》刊发广告,介绍日本医生高野吉太郎来沪。(李吉奎:《孙中山与日本》,第679页)

△ 杨蓁、邓泰中等来电,催促将运动滇军经费及时转交滇军,作为东下讨陈的发动费,主要用以"为鼓励士兵之用";愿负全责,保证滇军一定如期发动,希望请电刘季生,将款交两人处理。张开儒确实无实力运动及领导滇军,滇军联合总指挥暂缓发表,并已代委杨希闵为滇军总司令,蒋光亮为副,"以促其发动",东下讨陈。(张世福主编:《一九二二至一九二三年孙中山在沪期间各地来电汇编》,第269页)

△ 邹鲁来电报告,杨希闵、刘震寰派人来港,商量决定进行讨陈计划:"决定由滇军攻梧,刘及三、四师均诈退,袭西江下游,现叙会一、三、四各师代表集决后,即可动作。"陈炯明对滇军也有作战计划,这也足以促使滇军迅速行动。(张世福主编:《一九二二至一九二三年孙中

山在沪期间各地来电汇编》,第281页)

△ 英伦利物浦中国国民党支部部长骆谭、书记张静愚来函,报告此间党员爱党国如家,"支部发展不可限量"。

批复:"作答。"(《骆谭、张静愚上总理函》,环龙路档案第07788号)

12月25日 报载孙派仍极力反对北京张绍曾阁案。(《孙派对张阁案仍极反对》,《京报》1922年12月25日,"中外要闻")

△ 致函嘉奖冯百励、黄海山等为国捐款。("中华民国"史事纪要编辑委员会编:《中华民国史事纪要(初稿)——一九二二年七至十二月》,第1259页)

△ 宋渊源来函,报告闽省议会改选省长动向及其已起草省宪会议组织法。("中华民国"各界纪念国父百年诞辰筹备委员会学术论著编纂委员会主编、中国国民党中央党史史料编纂委员会编:《国父墨迹》,第458页)12月29日,复函宋氏望转告闽省各军勿陷陈炯明毒计。("中华民国"史事纪要编辑委员会编:《中华民国史事纪要(初稿)——一九二二年七至十二月》,第1274页)

△ 何克夫函告军情,并指责邹鲁阻抑民军。

在军队人数方面,包括北江联防队、连县保卫团、阳山县梁秀清一营、南韶连各县驻军频附义来归,加上绿林等四部分,共六千人可供调集。在军用方面,自己独立负责上述各军伙食及一切军用品,目前尚可支持,开拔后希望命孙科设法帮忙。关于邹鲁,陈炯明叛乱时,身为盐政负责人,给款助逆;极力阻挠招募大批民军,居心不良,因而其"此次回粤驻港以运动逆军为名,实则多方阻抑民军,阴为贼助而为民军内梗",建议早作处理。

代答批复:"此间已有定策,不招民军。至若见义勇为,起而杀贼得有土地,始予以承认。"(《何克夫上总理函》,环龙路档案第02588号)

12月26日 任命李铖森为讨贼军川军第一军军长、郭汝栋为第一旅旅长、赵鹤为第二旅旅长、许绍宗为第三旅旅长、王兆奎为第四旅旅长。("中华民国"史事纪要编辑委员会编:《中华民国史事纪要(初

稿）——一九二二年七至十二月》，第1266页）

△　上海广肇公所等来函，请为汤节之因席上珍在商报馆自缢身死获刑一案主持公道。（《广肇公所等续请主持汤案》，上海《民国日报》1922年12月26日，"本埠新闻"）12月29日，为援助汤节之案，复函广肇公所等各团体，以期消除剥夺人权之执法现象。（"中华民国"史事纪要编辑委员会编：《中华民国史事纪要（初稿）——一九二二年七至十二月》，第1274页）

△　张贞来电，报告职部进军及编组训练情形。（张世福主编：《一九二二至一九二三年孙中山在沪期间各地来电汇编》，第155—156页）

△　居正来电，呈请提前发给汉口《大汉报》津贴。

总务部长居正来函，鉴于"在江汉舆论界颇有价值"，呈请提前拨给经费困难的汉口《大汉报》三个月津贴共九百元。批复："准。"（《居正上总理呈》，环龙路档案第13112号）

△　香山讨贼军第四支队第八统领部副官张我极来函，对孙中山表示敬仰之情，毛遂自荐，请准以补入卫队，"尽厥绵薄，以卫钧台"。（《张我极上总理函》，环龙路档案第01647号）

△　林森来函，请谕令程天斗从速担任外洋劝售债券。

函中大意：闽省财政支绌，为应付军需，需向小吕宋华侨发行债券。此事原由廖仲恺、魏怀负责，因两人忙于他事，拟请程天斗代劳。除到上海印刷二百万元债券外，特恩就近谕令其"务必从速照办，担任往外洋劝售"。与此同时，仍需请廖、魏二人赶往小吕宋各处帮忙筹画，"方可应付军粮急用"。此外，关于福建财政问题，请多给指示。代答批复："函悉。"（《林森上总理函》，环龙路档案第08700号）

12月27日　张启荣来函报告，广州军商情势以及陈炯明策划悔过求和阴谋。

函谓：眼下广东省币已跌至二成二、三，陈炯明"无法维持，人心惶惶"，一般叛逆，尤为恐慌。前日各将领嫡派在总部秘密会议，都以为各处军队多有不稳之象，惊惶失措，筹议多时，无办法解决。因拟请陈炯明暂回惠州,以免危险。总部则由叶举代拆代行。这种情形,有利于"粤局本可早日平定"。要了解到陈炯明最近以势力日穷,还有一大阴谋,即利用人心好和恶战、厌乱思治之弱点,拟在不得已之时,"即通电悔过,提出媾和条件,以老我师"。此种计划已着手布置,密谋进行。(《中华民国"各界纪念国父百年诞辰筹备委员会学术论著编纂委员会主编:《国父年谱》下册,第880页)

△　报载派杨庶堪致祭湖南前财政厅长陈树藩,并致挽词。

湖南前财政厅长陈树藩,民国9(1920)年12月以积劳致疾,卒于任上。当时军事孔急,仓卒营葬。昨为其二周年纪念,其子陈嘉祐旅长适在沪上,谭延闿等特发起为陈氏开追悼会于广西路报本堂,自上午10时起至下午4时止。孙中山特派杨庶堪致祭,并题写挽词"谋国心长"四字。此外,如孙洪伊、张继、李烈钧、蒋作宾、居正、路孝忱、李明扬等皆亲往致祭。(《陈树藩追悼会记》,《中华新报》1922年12月28日,"本埠新闻")

12月28日　滇、桂军合同粤军克梧州,誓师东下讨陈。

滇军总司令杨希闵,会同桂军总指挥刘震寰,于12月27日攻克藤县,次日会同粤军第三、四师克复梧州。30日,滇、粤、桂联军会师梧州。次日,分兵两路,誓师东下讨陈。(上海《民信日刊》1923年1月5日)

△　杨希闵来电,报告所部向梧州、肇庆等处军事进展及就任讨贼军滇军总司令职。(《中华民国"史事纪要编辑委员会编:《中华民国史事纪要(初稿)——一九二二年七至十二月》,第1271页)

△　致函蒋介石饬东路讨贼军假道闽南,速攻广东,直取潮汕。

近日,吴佩孚纠合其长江兵力四五万人,以孙传芳为总司令,向福建进展。江苏之齐燮元、江西之蔡成勋,皆协力图闽,北伐军形势危殆。孙中山致函蒋介石速攻广东,另辟出路,略谓:"此我人生死危急之秋,不可不速为逃生也。逃生之道,只有效法南雄退兵之事,假道闽南,直冲潮汕。潮汕一得,则陈内部必立即瓦解而无疑,时机紧急,不可终日,稍迟则无路可逃矣。"并告以出发及入粤善后费,杨西岩已设法筹措,泊汕头之"肇和""楚豫"两舰,必可响应不误。(毛思诚编纂:《民国十五年以前之蒋介石先生》第4册,第67页)

△ 复函焦易堂,谓"京中既多宣传机会,希与诸同志努力进行为幸",望善用宣传机会;并告张继因家事滞沪,暂不能赴京。(《复焦易堂》,《中央党务月刊》第16期,第178页)

12月29日 函促王永泉,先发制人,攻粤图存,破陈吴夹击之计;并告调兵回粤讨陈的意图。

函谓:我方与奉、皖两方推诚相与,形势既佳,而川湘各省亦皆来附从。如今最大隐患,是陈炯明秘密与吴佩孚勾结,派孙传芳入赣,协而谋我;"我若不趁孙传芳、蔡成勋未臻妥协之际,先行取粤,则陈逆犄角势成,必实行其夹击之诡计"。惟有先发制人讨陈,使孙传芳不及乘我之后,则我可并力前进,"一鼓而擒陈逆,粤定而闽乃可固"。因此,已经令福建讨贼军"不日回粤,即此意也"。(《复王伯川》,《中央党务月刊》第16期,第177—178页)

△ 许崇智来电,报告所部开动回粤的计划和日期。(张世福主编:《一九二二至一九二三年孙中山在沪期间各地来电汇编》,第51—52页)

△ 总务部长居正来函,请示应邀讨论本党改进方略人员之名单及其开会时间。(《居正上总理函》,环龙路档案第12315号)

△ 吴铁城来函,详述运动虎门及广州省炮团以讨伐陈炯明详细情形。

函中大意:(一)关于军队运动,虎门委托沙角总炮台长张会标进行有效运作,深信得人,电请同意。广州省城炮台由伍慎修担任运动,"现已运动成熟,且能冒险先发",可得到驻省部队一半响应,占领省城,辐射动摇逆军东部防线。东莞、宝安、顺德、香山四县军队无多,均有运动,成效明显。其中陈德春部愿意暗中输诚。(二)关于经费,各方运动均要金钱,其中虎门与省垣最为重要,至少需款八千元,请邹鲁、邓泽如拨付。此外,对邹鲁筹款方法和效果有所不满,众人"谓其藉公图私,不统筹兼顾,怕事又凌乱无章,尤以其不解敛囊,阻碍筹款为最",但愿其此次做法不影响大局。(三)关于指挥与联络,为便于统一领导,吴铁城本人需要以中路讨贼军总指挥兼虎门要塞司令名义办理一切,请给以委任。另外,广东省内各地各部起事,彼此之间须连成一气,互相配合;粤省行动则尤须与西江滇桂各军之东下同时并举。(《吴铁城上总理函》,环龙路档案第 02484 号)

12 月 30 日　复函徐绍桢,指出不能同意张绍曾对陈炯明采用息事宁人的态度。

函谓:张绍曾本为创造共和有力之一人,素来主张为国无私。最近听闻其抛弃武力统一计划,尤为难能可贵。但对南方事情似未了解,"故或认陈氏真有实力,而以息事宁人之见,欲予优容"。对此,孙中山严肃表示:"叛党亦即叛国,自非敌视护法者必不与陈氏为友甚明。我为此断断而不肯稍假以博取宽大之名者,以其鸱张恣恶,不能为国家社会容恕之也。"(中国革命博物馆藏件,转引自陈锡祺主编:《孙中山年谱长编》下册,第 1538—1539 页)

　△　致函杨希闵,告以许崇智即将发动攻击,宜先发制人,望滇军同时并举,勠力讨伐陈炯明。函谓:陈炯明知我本人即将回粤,因出种种阴谋,捣乱桂局;又勾结唐继尧及桂派无识者,"协陷贵军,迫使消灭"。故我方无论是为正义考虑,还是为利害计,"皆宜先发制人,以除此獠"。此时许崇智军已发动在即,"企望贵军同时并举,使贼首尾不顾,则成功易矣"。(《致杨希闵函》,《孙中山全集》第 6 卷,第 656—657 页)

　△　致函越飞,请求苏俄给予"西北战略计划"军备援助,遭到拒绝。

孙中山对自己逐步酝酿形成的"西北战略计划",相当迷恋神往,屡次向苏俄方面提出。是日,致函越飞,提出派十万军队从四川和甘肃进入蒙古,然后进攻北京,以推翻北京政府的建议,并请求苏俄给予武器、装备、技术和顾问等方面的帮助。他还向越飞询问得到这些帮助的可能性。可该计划得不到越飞赞同,越飞在向其上级的报告中称,该计划是孙氏"旧梦"。([苏]赫菲茨:《苏联外交政策与东方各民族(1921—1927)》,第 148—149 页,转引自陈锡祺主编:《孙中山年谱长编》下册,第 1539 页)

△ 致函黄展云,望努力发展党务,扩大党势。

福州自治军总指挥黄展云来函,报告福建国民党支部的工作情况。孙中山复函赞扬福建"党务甚形发达",并对学生军加入国民党表示欣慰,谓:"本党于新年元旦起实行新章,规模更为阔大,可以容纳群流,切望努力推行至幸。"(李锡贵:《孙中山先生致黄展云先生的一封亲笔信》,《文物天地》1985 年第 2 期)

△ 致函蒋光亮,促其移军讨伐陈炯明。函示林支宇,不除当前隐碍,无由实现自治。函示杨毓棻,湘省自治之道在于去内奸而图奋发。函复谢良牧,为筹济相应部队军费事。("中华民国"史事纪要编辑委员会编:《中华民国史事纪要(初稿)——一九二二年七至十二月》,第 1281—1283 页)

△ 复函徐谦,嘱宣言抄录后即请掷还原件。

函谓:裁兵宣言大约当晚可通电,明日当交上海各报。"兹如命先交一份与兄抄录快邮寄津京,抄后请将原底掷回",以便是日午后 3 时交到各省代表手上。(杨雪峰:《国父给徐谦几封未见发表的函电》,《传记文学》[台北]第 41 卷第 5 期)

△ 批复蒋梦麟之来函,该函告以担任裁兵劝告员,拟于元旦颁发通电。

函略谓,蒋氏本人被全国商会推为裁兵劝告员,拟在新年元旦以兵工政策发一通电,请赐复电,以"引起国人注意"。并告北京教育景况如旧,经费更加困难。

批复:"答函,抄底。"(《蒋梦麟上总理函》,环龙路档案第 13740 号)

是月 派张继赴北京会见越飞,望勿与北京政府交往。

张继奉命北上。因曹锟曾派孙岳来沪请示有关方略,故先赴保定曹锟处答礼。旋往北京会见越飞,商谈越飞在去日本之前能否到沪与孙中山会谈。同时,张继还带去致越飞的信。信的主要内容是要越飞不要再与北京政府交往,而应到南方同孙中山联络。越飞要张继带话给先生云:"苏联革命刚成功,形势很危险,不能不拉拢。革命是要经过曲折道路的,不是可以走直线的。"(《张溥泉先生全集》,第195—196、243、251 页;陈锡祺主编:《孙中山年谱长编》下册,第1539—1540 页)

△ 与日本记者谈话,提出在反对盎格鲁·撒克逊人的侵略当中,日本必须与俄国合作。

在第二次护法失败回到上海之后,孙中山为缓和反对日本的情绪,在1922 年12 月一次对日本记者谈话中,提出要反对盎格鲁·撒克逊人的侵略,日本必须与俄国合作,这种合作,将展示出日本与其他东方国家从大灾大难中获得拯救的唯一希望。(李吉奎:《孙中山与日本》,第537 页)

△ 复函叶夏声、刘玉山,勉艰苦以待,合击陈逆。复函贺龙(字云卿),望秣厉待时,共戡大难。致函梁楚三、陈耀垣、马素及国民党舍利分部,介绍刘生初往与联络。("中华民国"史事纪要编辑委员会编:《中华民国史事纪要(初稿)——一九二二年七至十二月》,第1303—1305 页)

△ 黄复生来电,告在仰光筹款成绩颇佳。(张世福主编:《一九二二至一九二三年孙中山在沪期间各地来电汇编》,第377 页)

是年 滇军全权代表寸性奇来函,告特派李柱洲来沪面陈一切,并请接济滇军驻梧州办事处。大意是陈述由原来赴黔改道往梧州;暂派李柱洲与沈子箴"赍函驰呈",面陈请教;所部军队伙饷困难,急需接济,梧州办事处尤其需要特别支持,"以免掣肘,坐误事机"。(《滇军全权代表寸性奇上总理函》,环龙路档案第11993 号)

△ 1922 年某月23 日,侨南槟城国民六十八人来函,报告南洋国民党机关为奸人破坏,请设法维持。批复:交总务、党务两部办理。(《侨南槟城国民六十八人上总理函》,环龙路档案第07789 号)

△　1922 年某月，刘成禺来函，报告陈炯明、吴佩孚、萧耀南勾结秘情。其要点为：河南地方士大夫希望国民党执掌本地政权；陈炯明、吴佩孚、萧耀南、赵恒惕彼此通款，在军事计划、军费上实施"援闽援粤"战略。其具体做法为"先牵制闽中不能出兵攻粤，再用他种方法"。（《刘成禺上总理函》，环龙路档案第 02347 号）